キモとなる
寸法から
インテリアの知識まで、
これ1冊で
丸ごとわかる！

建築知識＝編

住宅の高さ寸法攻略マニュアル最新版

X-Knowledge

住宅の高さ寸法攻略マニュアル　最新版

contents

美しさ・快適さをデザインする／高さ寸法編

LDK

玄関

階段

和室

寝室

浴室・洗面室

COLUMN

Chapter 2

上質空間をデザインする／家具・インテリア編

ワンランク上のインテリアを実現する方法

知っておきたい!

インテリア設計の最新基礎知識

主要な材料を網羅

木材マテリアルスクラップ

COLUMN

Chapter 1

美しさ・快適さをデザインする／高さ寸法編

LDKの「高さ寸法」を攻略する

本間至

取材・文＝岡村裕次
写真＝冨田治

1｜フラット天井2,300㎜

2｜吹抜け4,640㎜

3｜高い天井3,000㎜

4｜床座居間の腰壁300㎜

5｜オープンキッチンカウンター900㎜

6｜セミクローズドキッチンカウンター1,200㎜

高さの根拠とは?

建築基準法では、居室の天井高さが2100㎜以上と定められている[※]以外は、「高さ」に関する規定はそれほど多くない。多くの設計者は、部屋や各部位の高さを決める根拠として、機能や製品の規格寸法、建築資材の歩留まり、そして感覚的な空間性や温熱環境などの複合的な要因を挙げるだろう。また、出身アトリエで血肉化された、独自のノウハウもあることと思う。

私の場合、まずは平面計画から着手し、そのうえに高さ（断面）を肉付けし、実現可否を法規に照らすという順序で「高さ」を決めている。ただし、都心で計画する場合は、どうしても北側斜線制限や高度地区制限が厳しく、屋根形状や階高が必然的に決まってくることも多い。

居室と居室の境界を区切る場合、一般に、天井高か床レベルのどちらかを変えたり、異なる仕上げにしたりする。私の場合は、天井高の操作によって空間に変化をもたせている。

たとえば、LDKのような大きな居室のなかに、複数の天井高を設定する。また、天井高いっぱいまでの掃出し窓は採用せず、必ず150㎜程度の垂壁を設けている。垂壁に影が落ちることで、室内に落ち着きをもたらすと考えているからだ。垂壁は、天井面と開口部の縁を切り、それぞれが備える水平性を際立たせることができ、よりメリハリの強い空間をつくりだす。

リビングにおけるフラット天井の高さは、ミニマムで2250㎜。2400㎜までは取り入れるが、それ以上は必要ない。

一方、ダイニングの天井高は、落ち着いて食事や会話を楽しむ空間をつくるため、2100㎜の天井高も多用する。また、キッチンの天井高さは、2100㎜や2050㎜と極力低く抑えたい。さまざまな機能が詰め込まれるキッチンは、天井を低くすることで、空間の密度を高めている。

※：建築基準法施行令21条では「居室の天井の高さは、2.1m以上でなければならない」とされている

1 | フラット天井2,300㎜

綾瀬の家

ペンダントライト:床から1,350㎜

ダイニングテーブルに吊るすペンダントライトは、ダイニングに落ち着きをもたらし、重心を低くする役割をもつ。椅子に座ったときに向かい合った人の顔がしっかりと見える高さとして、床から1,350㎜(テーブル面から670㎜)とする

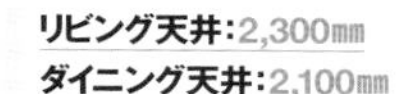

リビング天井:2,300㎜
ダイニング天井:2,100㎜

リビングとダイニングの天井高に200㎜の差をつけ、空間を緩やかに区切っている。高さの切り替えは、2つの領域が重なり合う部分(ダイニングテーブルの端からダイニング側に250㎜寄ったところ)としている。ダイニングテーブルの端で天井高を変えると、唐突な印象になるので注意する

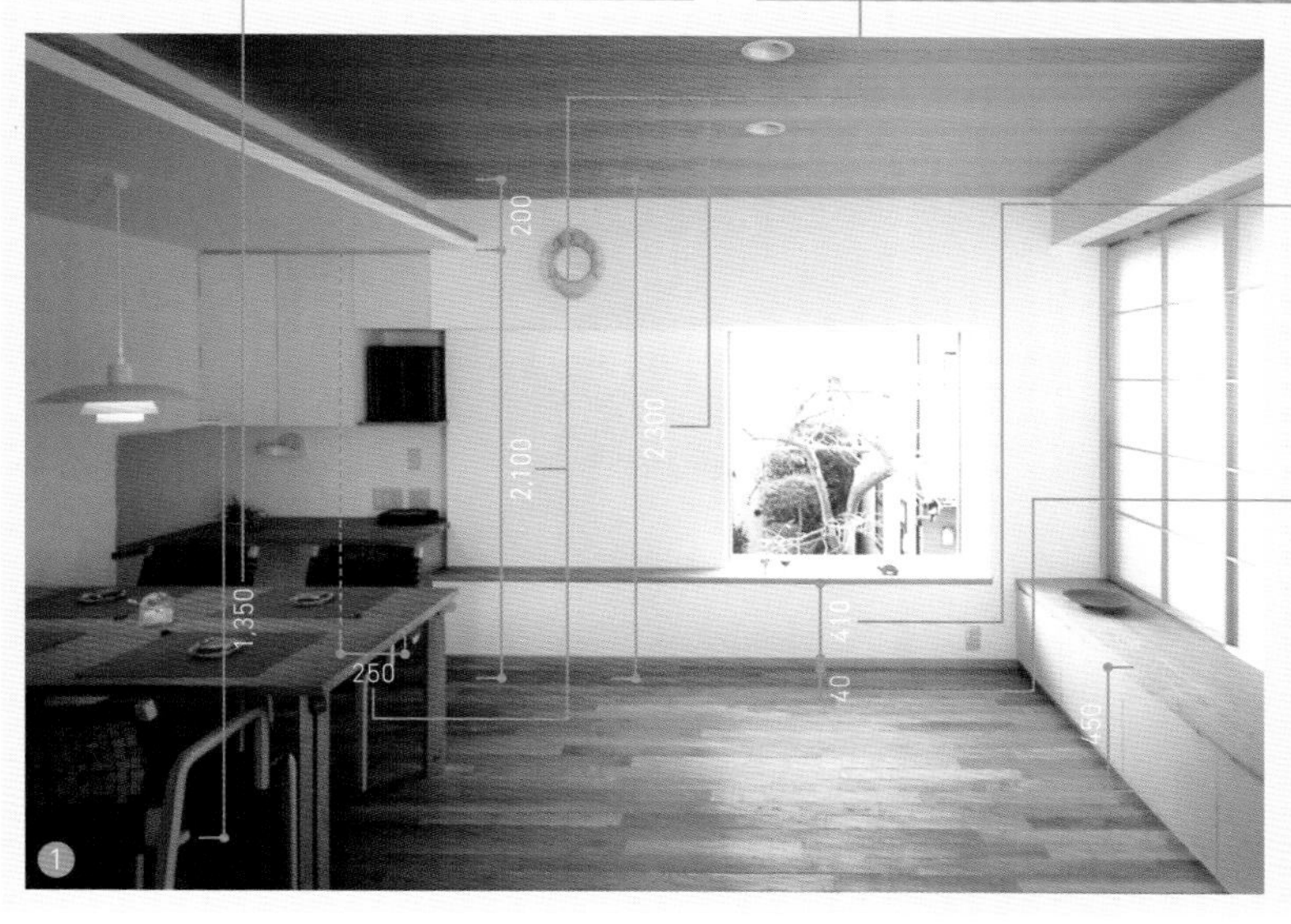

開口部下端:450㎜

窓の高さや位置の根拠を、周辺の要素(高さ)に求めることがある。本事例は、借景としての窓の上端と障子の桟の高さをそろえ、これをもとに障子の桟割りや高さを決定している。2つの開口部の下端レベルも床から450㎜として、1つのラインをつくっている

幅木:40㎜

本事例では、幅木は40㎜としている。天井高が2,100㎜の空間においては、一般的な高さ60㎜では高すぎる。幅木の機能を満たしつつ、プロポーションを考慮して40～50㎜とすることが多い

都心の限られた敷地面積のため、採光に優れた2階に小さなLDKを設置した。リビングとダイニングを一体化する場合、天井高を操作して、リビング(天井高2,300㎜)とダイニング(天井高2,100㎜)との差を200㎜つくることで、緩やかに分けている

2 | 吹抜け4,640㎜

田園調布の家

断面図[S=1:150]

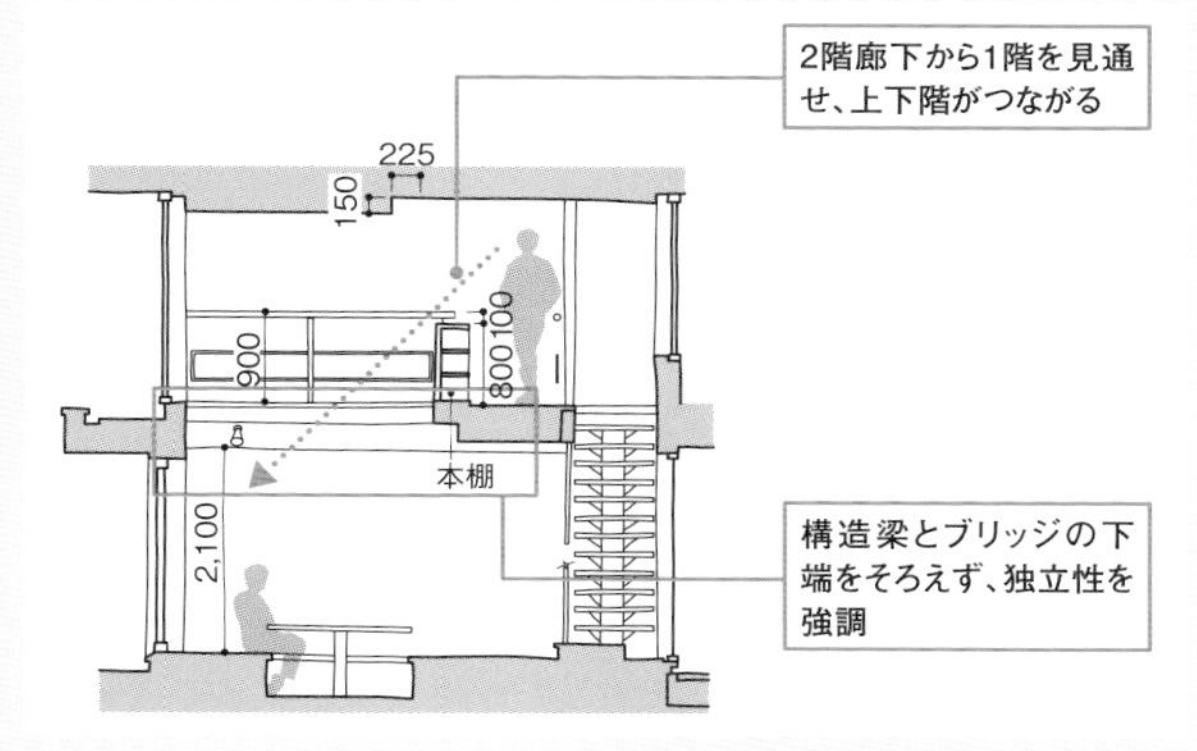

リビングとは異なる要素(ブリッジ)として表現するために、仕上げはセン練付け合板で統一。また、構造梁とは下端をあえてそろえずに、独立性を強調している

手摺:900㎜、本棚:800㎜(※)

鉄製の手摺高さは900㎜、ブリッジの役割を果たす手摺兼本棚天端は800㎜と100㎜変えることで、それぞれの差異化を図っている。本棚は奥行きがあるため、手摺機能としての高さが800㎜であっても、安全上の問題はない

吹抜け:4,640㎜

吹抜けは上下階がつながることが重要。2階廊下から、1階リビングが見通せるようにするとよい。必ず1階に床暖房を導入して、温熱環境に配慮することもポイント

※:建築基準法で、吹抜け手摺(室内手摺)に関する規定はないが、自治体によっては屋上やバルコニーの手摺の高さとして定められている1,100㎜や落下防止対策をする場合がある

3 | 高い天井3,000㎜

小さな家

天井:3,000㎜

「高い」と感じさせるための天井の高さは、3,500㎜を限度としている。天井高が3,500㎜を超えると、4,000㎜でも4,500㎜でもあまり違いは感じられず、ただ単純に「高い」と感じるだけである。本事例では、勾配を考慮して3,000㎜とした

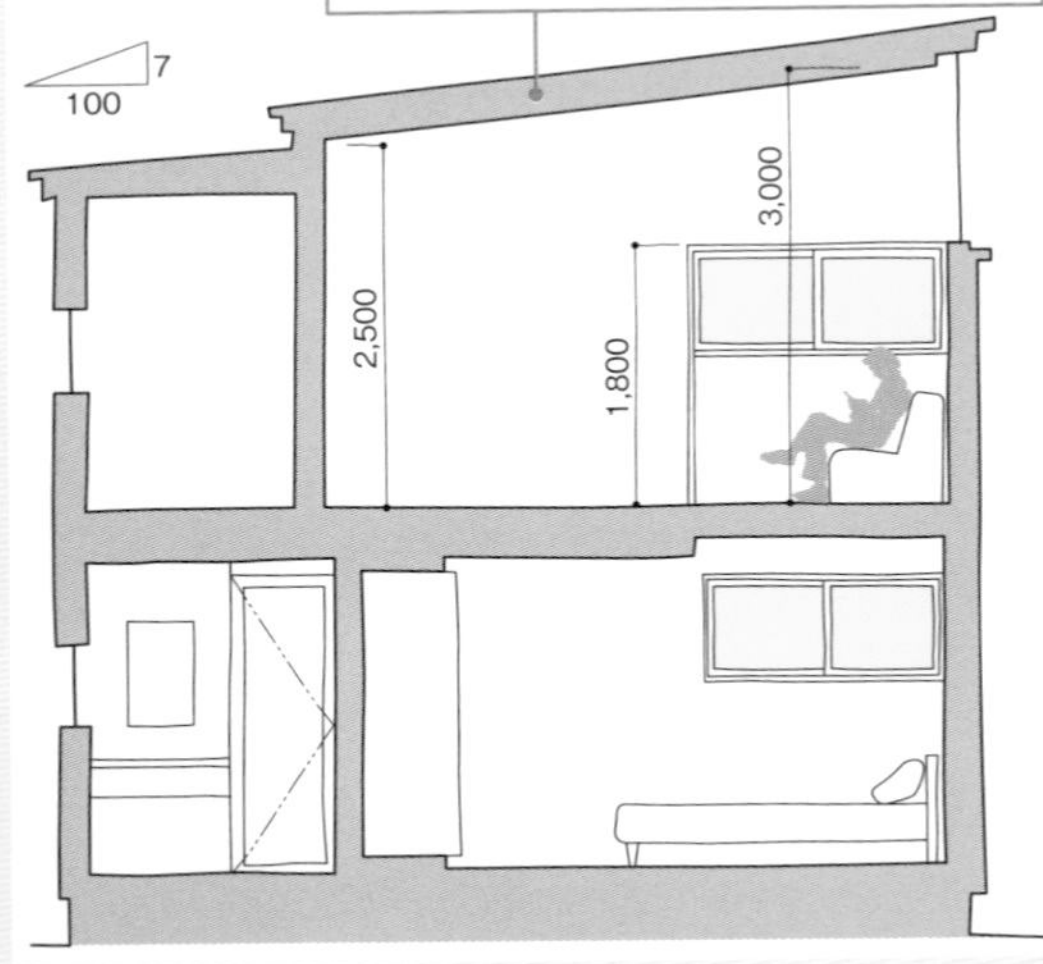

断面図[S=1:100]
雨仕舞いを考慮すると、金属屋根の縦はぜ葺きの限界勾配は0.7寸と考えている。本事例は、その勾配に基づいた斜め天井であり、ここでは天井高さは最低2,500㎜から最高3,000㎜となる
7
100
3,000
2,500
1,800

2階にLDKをつくると、天井高さを屋根勾配に合わせてダイナミックに高くする(変化をつける)ことができる。本事例のように建築面積の限られた小さな住宅の場合、縦に抜ける開放的な空間を演出しやすい

腰壁:450㎜

階段を上がるときに床レベルと目線がそろうと、どうしても床の汚れが目立ってしまう。これを避けるためには、腰壁を設けるとよい。腰壁を設けずに床までガラスとすると、受け止めるものがなくなった視線が階下に落ちてしまう。また腰壁には、冷気が階下に落ちるのを防ぐという役割もある

4 | 床座居間の腰壁300㎜

桜ケ丘の家

腰壁:300㎜

床座のリビングの場合、床までの掃出し窓があると、空間は落ち着かない。本事例のように開口部下に300㎜の高さの腰壁を設け、座ったときに腰が隠れて、安心感を実感できるようにしたい。ただし、腰壁が高すぎると空間の重心も上がってしまうので、腰壁の高さは最小限(〜450㎜)とする。こうすることで、天井が高くても重心は下がり、落ち着きを得られる

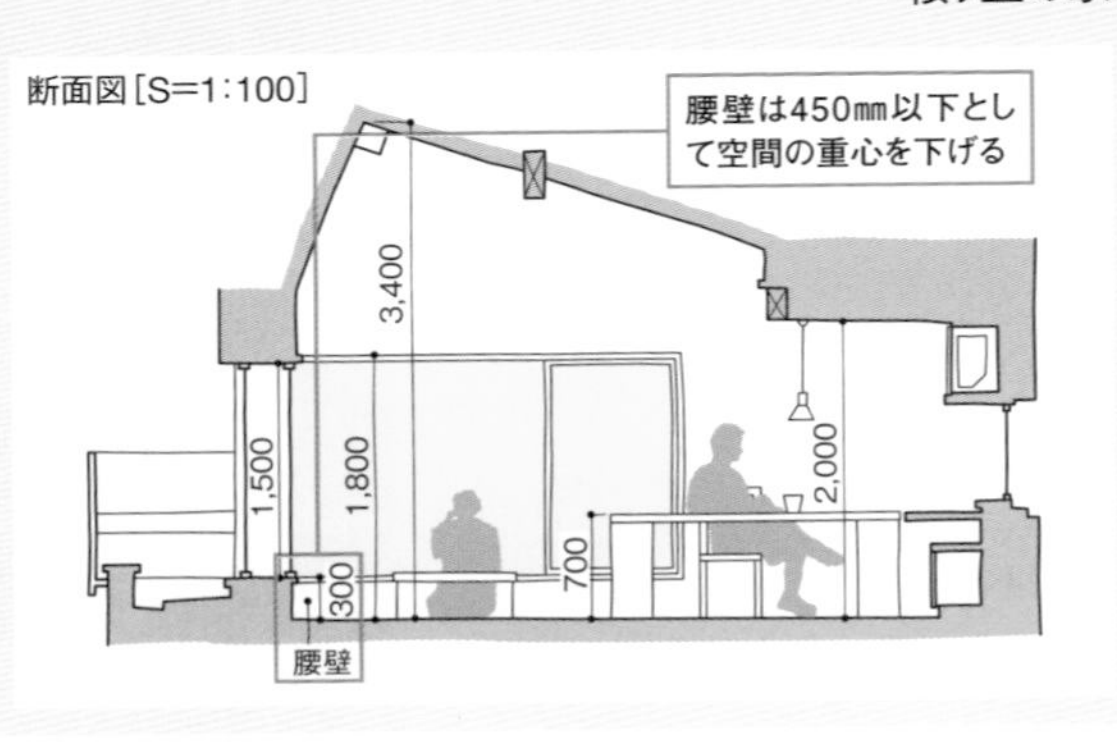

5 | オープンキッチンカウンター900㎜

秦野の家

キッチン天井：2,050㎜
キッチンの天井高は2,050㎜。天井仕上げを白色塗装とし、圧迫感を軽減。反対に、ダイニングの天井高は2,350㎜、仕上げを突き板合板柾目として、落ち着きをもたらした

キッチンカウンター：900㎜
キッチンとダイニングをオープンにつなげたいときは、カウンター高さを900㎜としている。カウンターの奥行きは580㎜（天板奥行きは450㎜）と大きく確保し、ダイニング側と平面距離を確保しつつ、視覚的にはキッチンとダイニングをつなげる。カウンターが低くなるほど大皿など大きなものを置きやすくなるため、奥行きも確保したい

断面図［S=1:60］

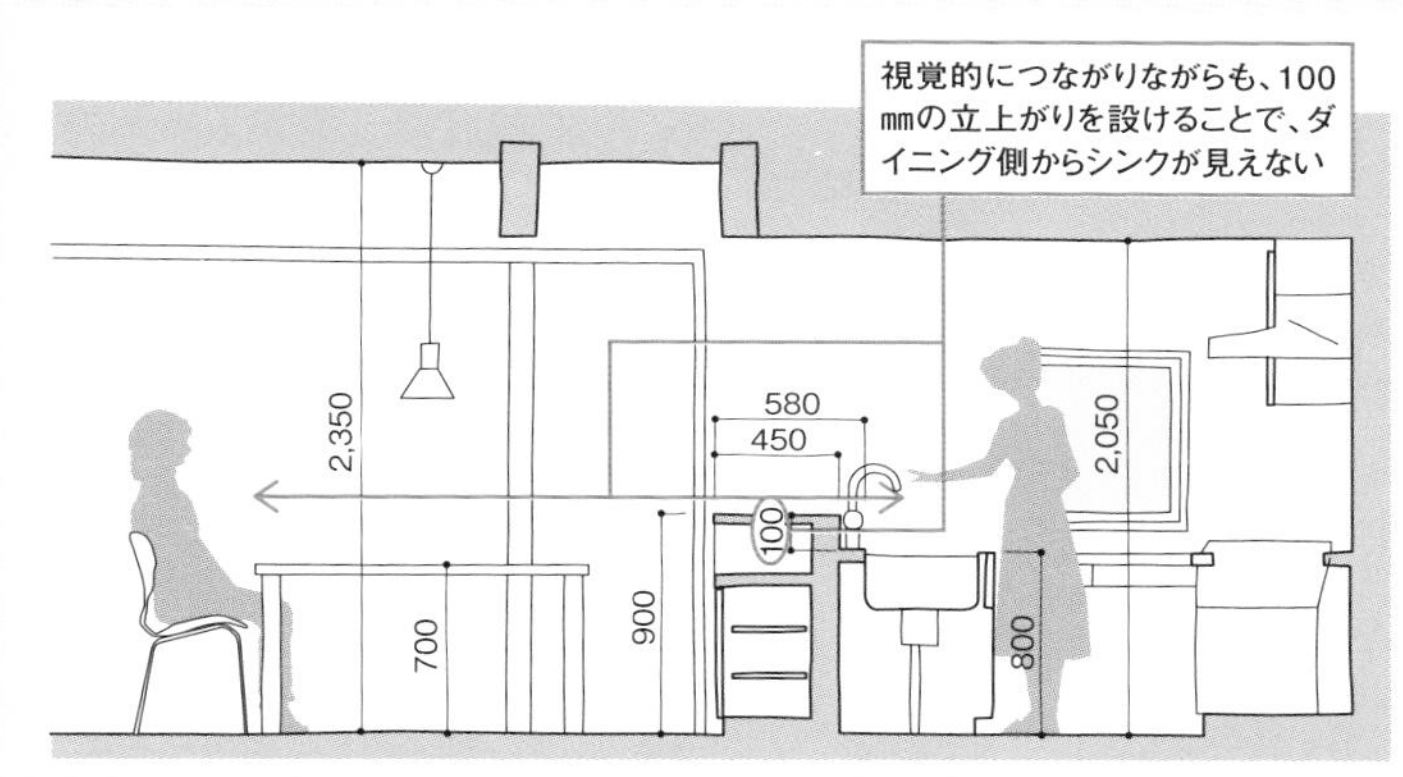

キッチンカウンターは、奥行きと高さが連動しており、その比率を変えることでキッチンとダイニングのつながりが大きく変化する。本事例では、キッチン内部が見えるオープンキッチンカウンターとして、ダイニングとのつながりを強めた。一方、100㎜の立上りを設けて、遠目からシンクが見えにくいようにしている

6 | セミクローズドキッチンカウンター1,200㎜

久が原の家

キッチンカウンター：1,200㎜
シンク側の前に高さ1,200㎜のカウンターを設置。ダイニングから手元を隠し、キッチンの雑然とした様子を見せない。ただし、1,300㎜を超える高いカウンターとすると、ダイニングとキッチンが完全に途切れてしまう。ここでは1,200㎜の立上りを壁として見せることで、ダイニングテーブルを置く拠り所となっている。この立上り壁がない場合、部屋の中央でダイニングテーブルが孤立している印象になりかねない

天井：2,100㎜
キッチンは調理作業のための空間なので、天井高を2,100㎜と低くする。廊下も同じ高さの天井高とし、流れるように2つの空間をつなげている。この空間の流れとは対照的に、リビングの天井高は2,300㎜と200㎜上げて変化を与え、空間に溜まりをつくっている。200㎜の垂壁にくぼみをつけて、高位差のある天井高の分節を図っていることもポイント

カウンター天端から横のラインを通すことで、水平ラインが強調される。視線がとどまることなく、空間に広がりを感じさせる

北側の公園の緑を取り込む連窓。下端は850㎜

垂壁:50〜260㎜
勾配天井下で窓が途中で折れているため、リビング北側は壁の天井の入隅高さが変化する。窓上枠と天井の見付けは最小50㎜の逃げを残しておき、連窓の屈曲点から西に向かって窓上の逃げ(垂壁)を大きくしている

構造柱:スギ絞り丸太末口135㎜
構造柱を露しとしたが、建築主の希望もあって床の間に使う丸柱を使用した

南面テラス窓付近は腰掛けられる居場所となっている[図2参照]

連窓:腰高850×下枠見込443㎜
公園のカエデを取り込む連窓。ダイニングテーブル(天端700㎜)で休んだときに、アイレベルが水平に外に抜ける高さとした。ダイニングテーブルを連窓に沿わせて配置することも想定し、天端700㎜に対して立上りをある程度(150㎜)残した。850㎜の腰高に対し、下枠見込寸法を443㎜と広めに取っているため、身を乗り出したときの安全性につながっている

北側で公園に接する旗竿敷地に建つ小住宅。公園の隅から敷地内に越境するカエデの姿形をダイレクトに取り込むべく、立ち樹の葉張りと同程度の高さで2階にＬＤＫを設けた。手を伸ばせばカエデの枝に触れられるくらいの距離としたかったので、北側連窓の下端を850㎜に抑えている。これはダイニングテーブル(天端700㎜)を考慮したものでもある。[安藤和浩・田野恵利]

1 断面図[S=1:200]

敷地南側に建物を寄せることで北側斜線制限をクリア。公園の木立と茂みに建物越しの日照を確保すべく、北下がりの片流れ屋根とした。南北の窓はすべて木製建具。北側は斜線制限いっぱいまで軒を出して雨から建具を守り、南側は夏の南中の日差しが直接室内に入らないように軒の深さ(924㎜)を決めた

隣地境界線
夏の光
924
最高高さ(+6,830)
最高天井高 2,770
最小天井高 1,900
木立の葉張りから反射光をもらう
隣地境界線
カエデ
640
テラス
椅子に座ったときの視線の高さ
リビング ダイニング
公園の広がりを捉える
6,830
2,070
子供室
2,300
玄関
2,646
3,146
5,216
公園内
200

北に向かって天井が低くなるため、窓を幅4,800㎜に及ぶ連窓として、公園中央に向けて視線を水平に逃がしている。連窓からは公園から越境したカエデを間近に見ることができる

2 テラスにつながる南側掃出し窓

テラス窓下端を2階床から150㎜立ち上げた。窓下枠とテラス床レベルをほぼフラットにそろえて、奥行きのある立上りを設ける場合のまたぐ動作を不要とした。木製建具の雨仕舞いを考慮して、網戸・ガラス戸は軸組の外側に出しており、結果的に下枠の見込寸法を約400㎜とることができた。窓辺は、子どもと一緒に腰掛けられる場となった

南側開口部を150㎜立ち上げて、下枠に自然と腰を下ろしたくなるスペースとなった

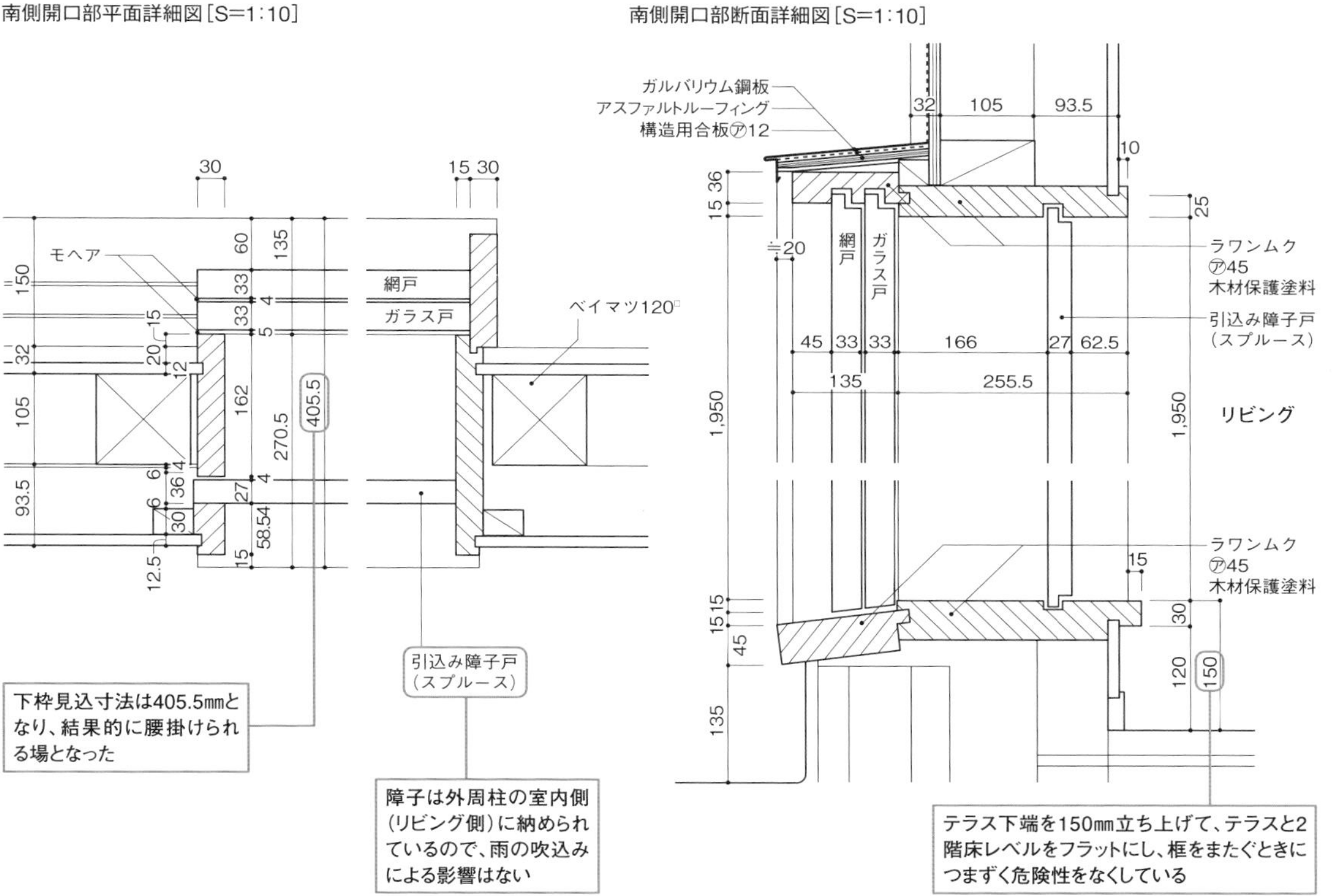

武蔵小金井の家

設計：アンドウ・アトリエ
［写真：大木宏之］

南側道路から路地のアプローチを入ると、玄関前で公園から伸びたカエデが訪問者を迎える。このカエデを室内に取り込むように、建物は北面で折れた五角形となり、2階リビングの連窓はやや西に振れて公園の中心に向かう。南北から入る趣きの異なる光が家全体に行き渡るように、2階は天井面を1つにつなげたワンルームとした

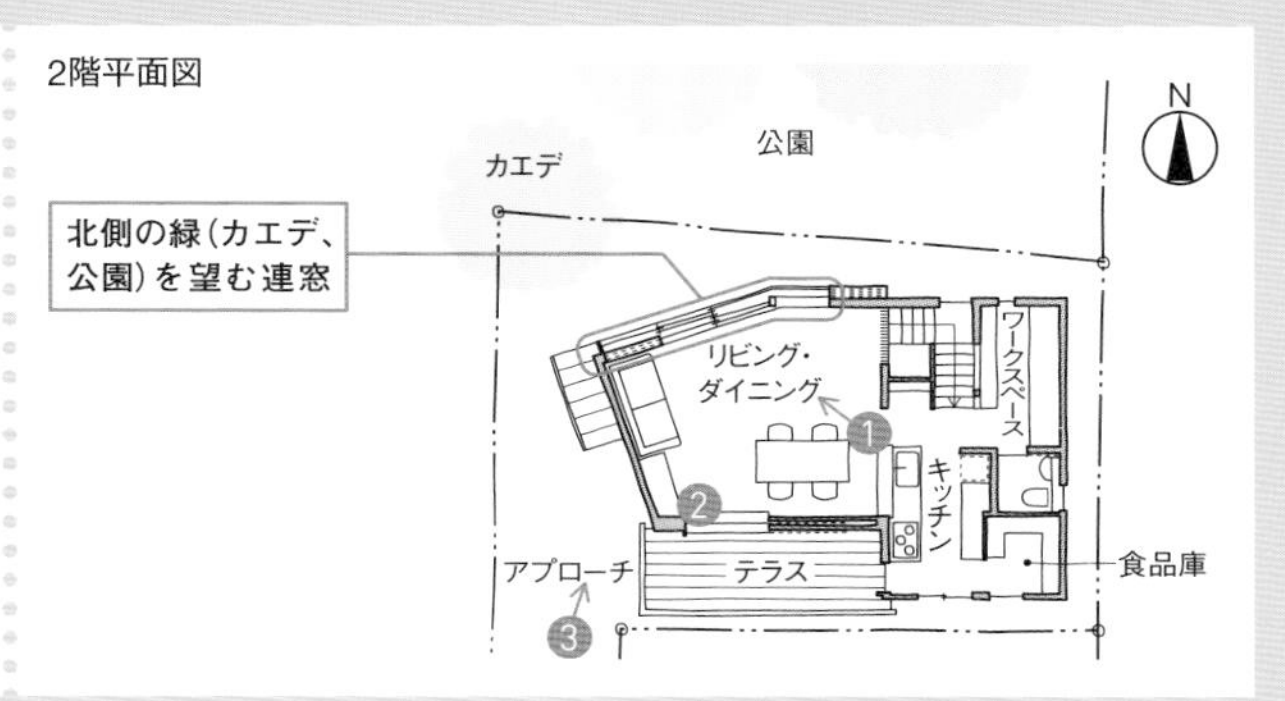

天井高2100㎜と吹抜け4120㎜の豊かな空間

1

家具の扉は基本的に引戸。天井高を抑えている分、横長のデザインとして水平のラインを明確にし、視線を左右に流したい。シナ合板の木目を横使いするように図面で指示することがポイント

天井:2,100㎜
天井高2,100㎜は心地よい高さで、決して低くはない。沖縄県の銘刈家(めかるけ、写真④参照)の美しいプロポーションに触れ、本事例でもその要素を取り入れた

腰壁:700㎜
腰壁の上端も700㎜と抑える。奥行きがとれて安全性を確保できるなら、600㎜程度とすることもある。900㎜とすると重心が高くなりすぎ、落ち着かない空間になる

開口部:1,400㎜
天井高を2,100㎜で抑えるときは、必ず天井いっぱいの開口を設けて(向かいの借景や庭を望めない場合は除く)、視線の抜けをつくる

1 | スイッチやコンセントの重心もできるだけ低くする

障子:1,800㎜
障子も横長のラインとして、水平のラインを通す。断熱効果と、光を柔らかくする効果を期待して、筆者は障子をよく使用する

スイッチ:1,080㎜
一般的には1,200㎜

コンセント:150㎜
一般的には250㎜

2 写真1の見返し

垂壁:300㎜
向かいの住宅2階からの視線を遮るため、垂壁を300㎜設けている

ペンダントライト:1,330㎜

ダイニングテーブル:680㎜
一般的には700～720㎜

幅木:45㎜
一般的には50～60㎜

筆者は、LDKの天井高を2100㎜か2200㎜を標準としている。2100㎜は建築基準法で定められた居室の最低高さであり、一般には低いと考えられている。しかし住宅のプロポーションは、重心が低ければ低いほど美しい。しかも階高を抑えると階段の段数も少なくて済み、生活するうえでも便利になる。より少ないエネルギーで温熱環境の質を向上させることも可能だ。

LDKの天井高を2100㎜とする場合は、ペンダントライトやコンセントなどの細部の重心も下げ、天井いっぱいの開口で抜けをつくることが重要である。

この事例では、4120㎜の吹抜けを設えた。吹抜けは、「天井を高くする＝開放的な空間」と誤解されがちだが、本来、吹抜けは「上下階をつなげる」ことに意味があるはずだ。本事例では吹抜けに面した2階に書斎を設け、打合せ室と一体となって使用できる関係性をつくった。［伊礼智］

2 書斎とつながる高さ4,120㎜の吹抜け

吹抜け：4,120㎜
2階の書斎と1階の打合せ室をつなぐ吹抜け4,120㎜。吹抜けの天井はさほど高くなくてもよい

建具枠から1,800㎜の水平ラインを伸ばした。空間を引き締める効果をもたらす

地窓：900㎜
地窓上端は900㎜。吹抜け天井は上方に視線が流れやすい。そこで、地窓で床面を柔らかく照らして、下方にも広がりをもたせている

3 展開図

テレビ台カウンター[S=1:100]

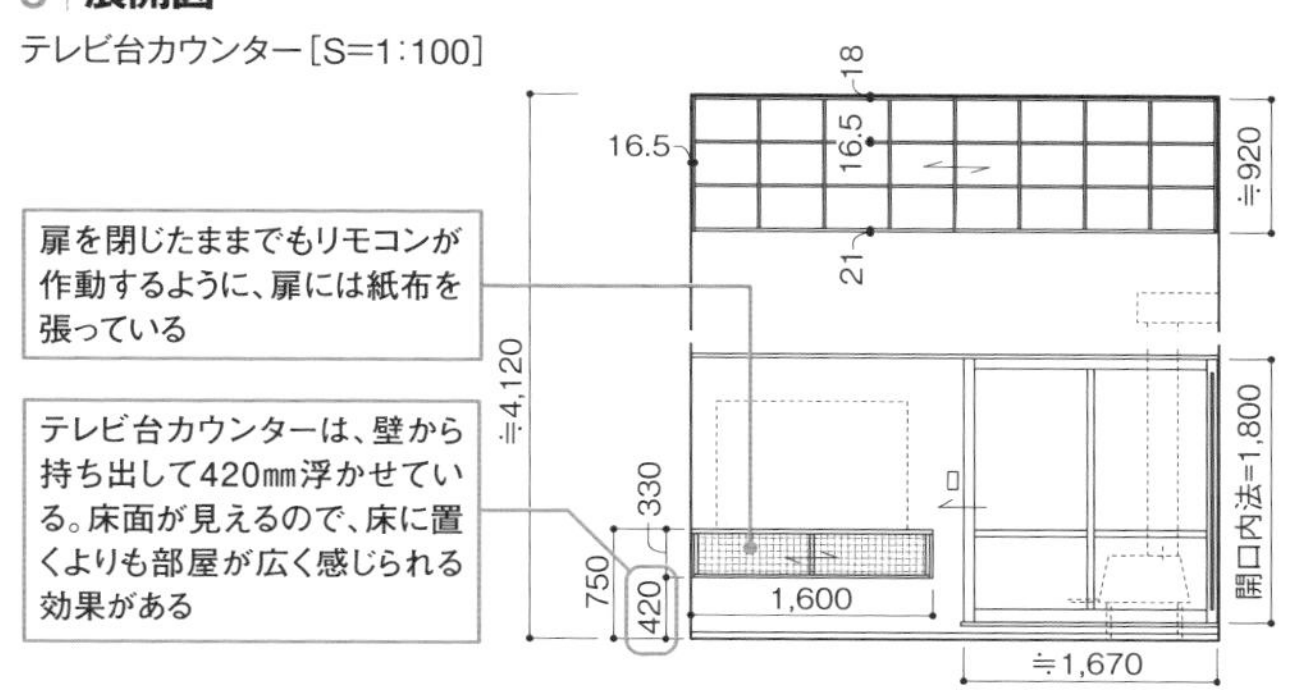

地窓[S=1:60]

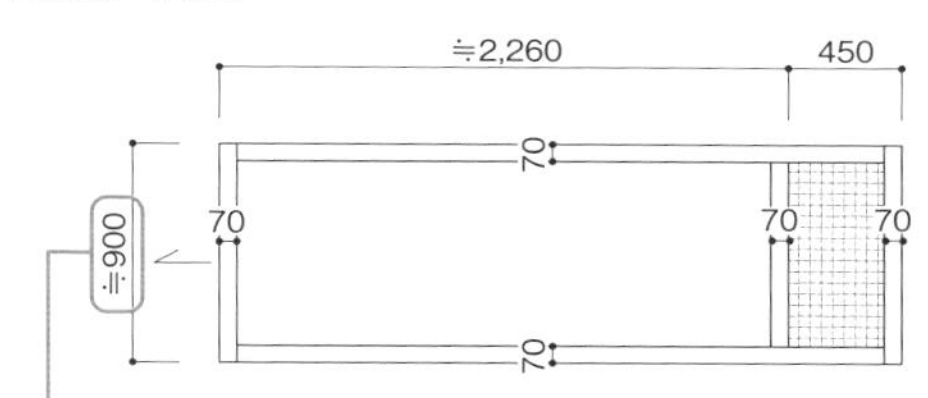

西面には隣家が迫るため、腰窓にしてもきれいな風景は望めない。そこで地窓によって柔らかな光のみを得ている

守谷の家

設計：伊礼智設計室
[写真：西川公朗]

銘刈家の外観(筆者撮影)

銘刈家は建物の重心が抑えられている。地面から軒下まで2,100㎜。「守屋の家」では、この軒下高さに抑えたいと考えた

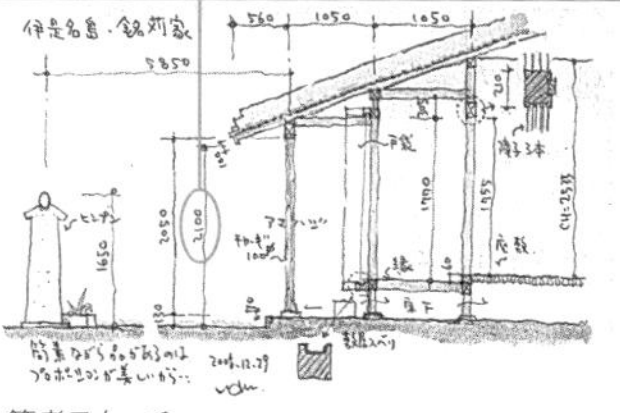

筆者スケッチ

「守屋の家」断面図[S=1:250]

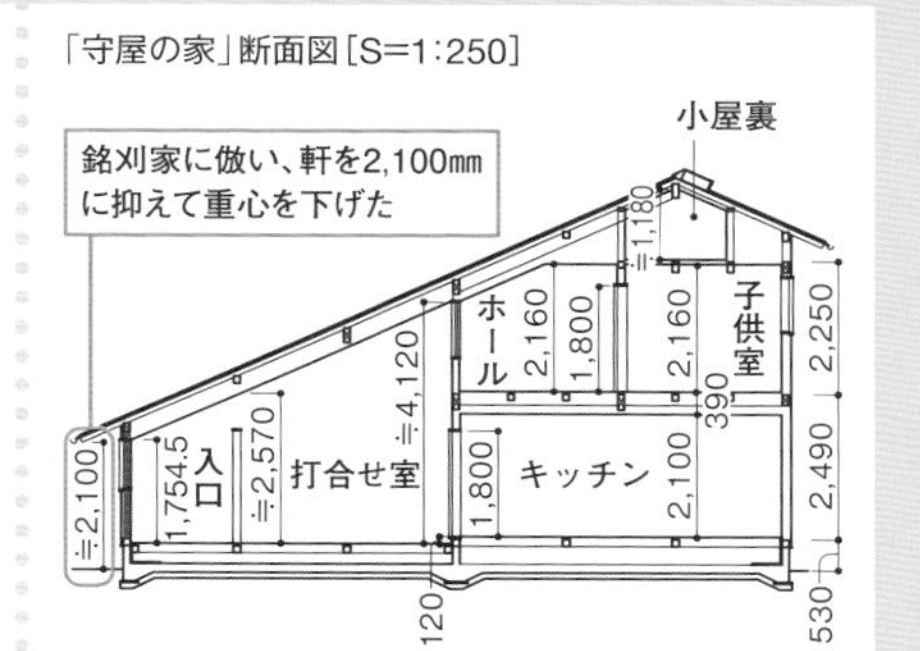

ダイニングの開口部を985mm上げて浮遊感を演出

ペンダントライト:φ920mm
ペンダントライトは直径920mmある大ぶりなもの。高さ調整は現場で行う。腰掛けた状態で光源が目に入らず、向き合う相手と目を合わせられる高さとするのが基本(筆者は、ダウンライトなど天井に照明を付けることは少ない)

東面は通風窓、壁、開口という構成。東面を、南面と同様に全面開口とすると、空間が落ち着かなくなる。ダイニングテーブルの東側に座ったとき、後ろが壁のほうが落ち着くし、西側の椅子に座っても同様に、向かいが壁であれば落ち着く。空間にはこのような開放と閉鎖の同居が重要である

開口部:2,100mm
2,100mmフルハイトの開口部。外部に視線が抜けるようにするため、垂壁は設けていない。天井の勾配とLDの奥行き4,550mm、間口8,645mmを考慮して2,100mmとした

敷地はなだらかな丘状。南側の視界が開けているので、駐車場を地下1階に、生活空間を地上1階に配置した。ダイニングから外部を見やったときの視界に浮遊感を与えるために、掃出し窓でテラスに直接つなげるのではなく、1階の床レベルを設計GL(前庭レベル)から985mm上げた(FIX窓)。これを、ベンチや縁側のように400mmや350mmといった高さに設定すると、浮遊感は生まれない。985mmであれば、大人が窓辺に腰掛けても、地面に足がつかない。実際にはFIX窓で腰掛けることはできないが、985mmという高さによって、外部を取り込みながら地面に足のつかない距離を意識づけることができると考える。一方、リビングからテラスにつながる開口は掃出し窓として、外部との連続感を強調した。

[八島正年・八島夕子]

1 | リビングの高さ寸法

天井はラワン縁甲板張り。立ったときの視線が外部に抜けるように、外部に流れるラインをつくっている。一方、床フローリングは天井羽目板と直交させた。これは、リビングダイニングの横のラインを強調するためである

段差:300mm
図書室は、床を300mm上げ、仕上げを絨毯として、LDKとの境界を明確にしている。本棚は高さ750×奥行き150mm

水切:115mm
ガルバリウム鋼板を巻き込んで見切っている。戸袋、開口部の水平ラインが強調され、ガルバリウムのゆがみも目立たない

1FL:GL+985mm
ダイニングからの景色に浮遊感をもたらすため、1階の床レベルを設計GL+985mm(基礎立上りは715mm)に設定。また、地下室からの段差をここで解消している

1 断面図[S=1:120]

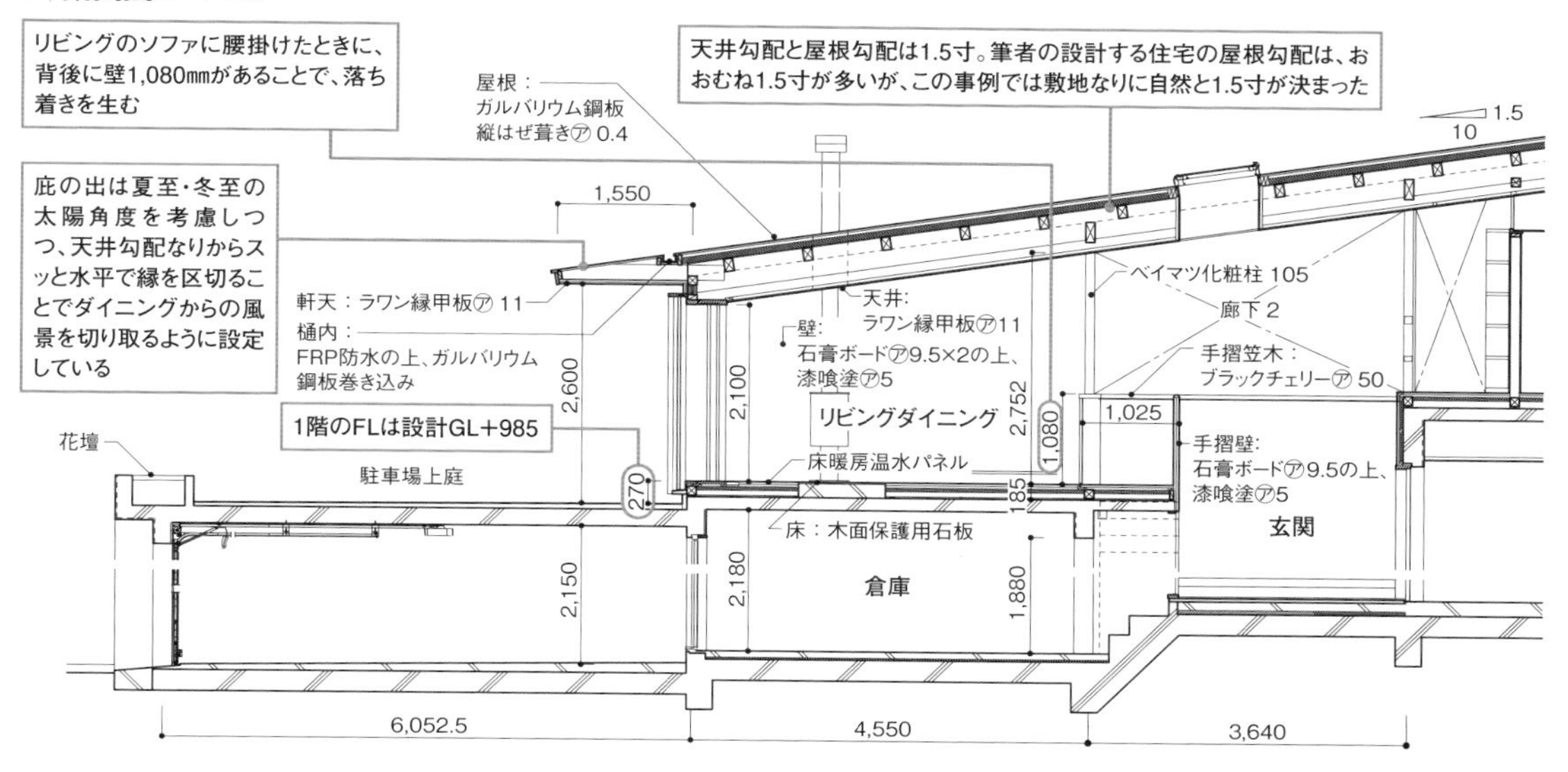

2 開口部詳細図

平面詳細図[S=1:30]

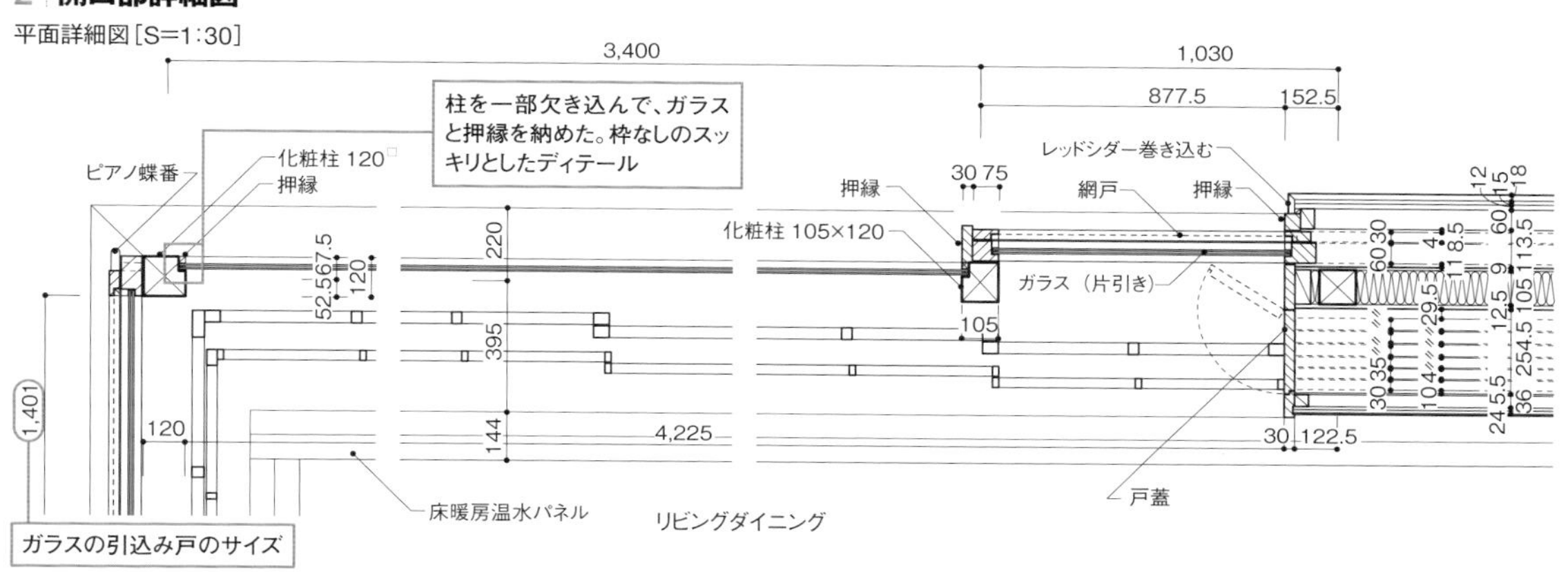

断面詳細図[S=1:40]

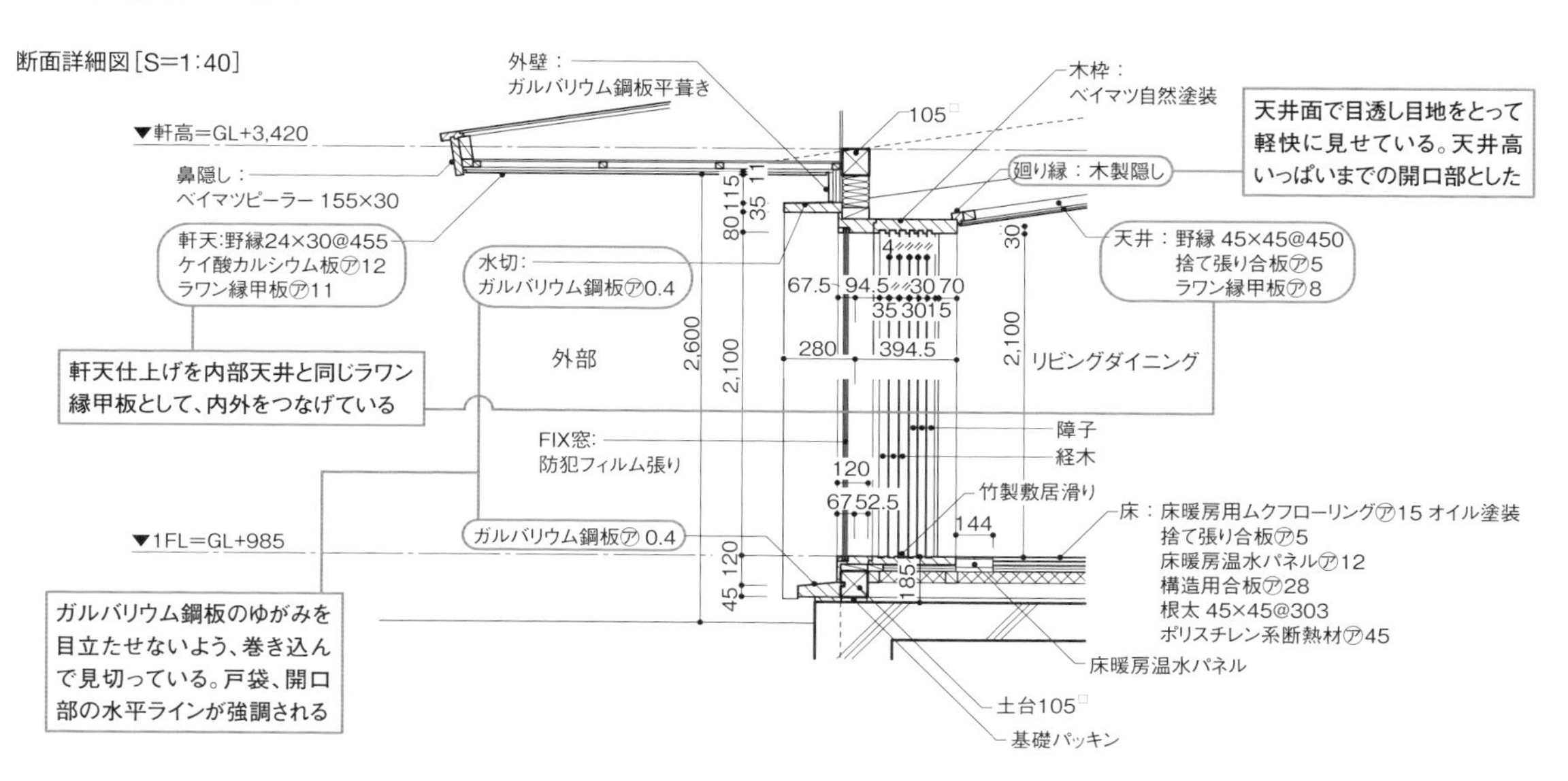

「牛久の家」設計：八島建築設計事務所、写真：鳥村鋼一

LDK

天井・床の懐を700㎜掘り込んでリビングに変化を

垂壁：300㎜
開口部は内法1,800㎜と高さを抑えて、外部と内部で明暗のコントラストをつけた。開口部の4周に余白を残してくり抜かれた印象を強めるため、垂壁を300㎜設けている。バルコニーデッキには木製ルーバーを仕込み、隣家からの視線を遮る

梁材：270㎜
60×270㎜の梁材をダブルで使用。重厚感のある梁間には照明を組み込んでいる

棚：700×450㎜
2階床がそのまま連続して奥行き450㎜のテレビ台、飾り棚となる。下部にAV機器やCDを収納できる

床：700㎜
2階床レベルを700㎜掘り込んでつくった、南側にあるリビング。700㎜という高さは、北側に位置する書斎の机（2階床）の高さが基準となっている。梁下2,800㎜となり、ワンルームでありながら、視線が交差する変化のある空間となった

木造2階建ての天井懐と床下空間に一工夫した事例である。まず、各階の床をそれぞれ上下2枚に分解。2階床を700㎜掘り込んだ所に書斎を設けて、床と机のレベルをそろえた。2枚の床を任意にくり抜くことで、食事をする所、くつろぐ所、仕事をする所といった場所が生まれる。視線は抜けたり交差したりし、空間が緩やかにつながる。上下の床の間（隙間：有効寸法450㎜）は収納として利用され、間接的に居住面積を補う。

全体の構成は第1種高度地区制限［※］により、上階から必要寸法を落とし込んで決めた。2階天井高さは2100㎜、リビングと書斎の700㎜の凹み部分は2800㎜。各階の天井高さを低く抑えることで、上下に抜けている部分とのメリハリが強調されている。

［森清敏・川村奈津子］

1 床を操作して設けた書斎

書斎からリビングを見る。700㎜掘り下げられた書斎は、1,630×1,050㎜のスペース。キッチン立上り前（高さ980㎜）には、幅350㎜の床を残し、本や小物を置くスペースとして活用できるようにした

700㎜掘り下げられた書斎。2階床がそのまま書斎のデスクとなる

※：高度地区制限とは、用途地域内で地方公共団体によって定められた建築物の高さ制限のこと。このうち、第1種高度地区制限では、斜線制限が適用される。立上り高さ5m、斜線勾配0.6となっている

2 2枚の床で生まれる豊かな空間［S＝1:100］

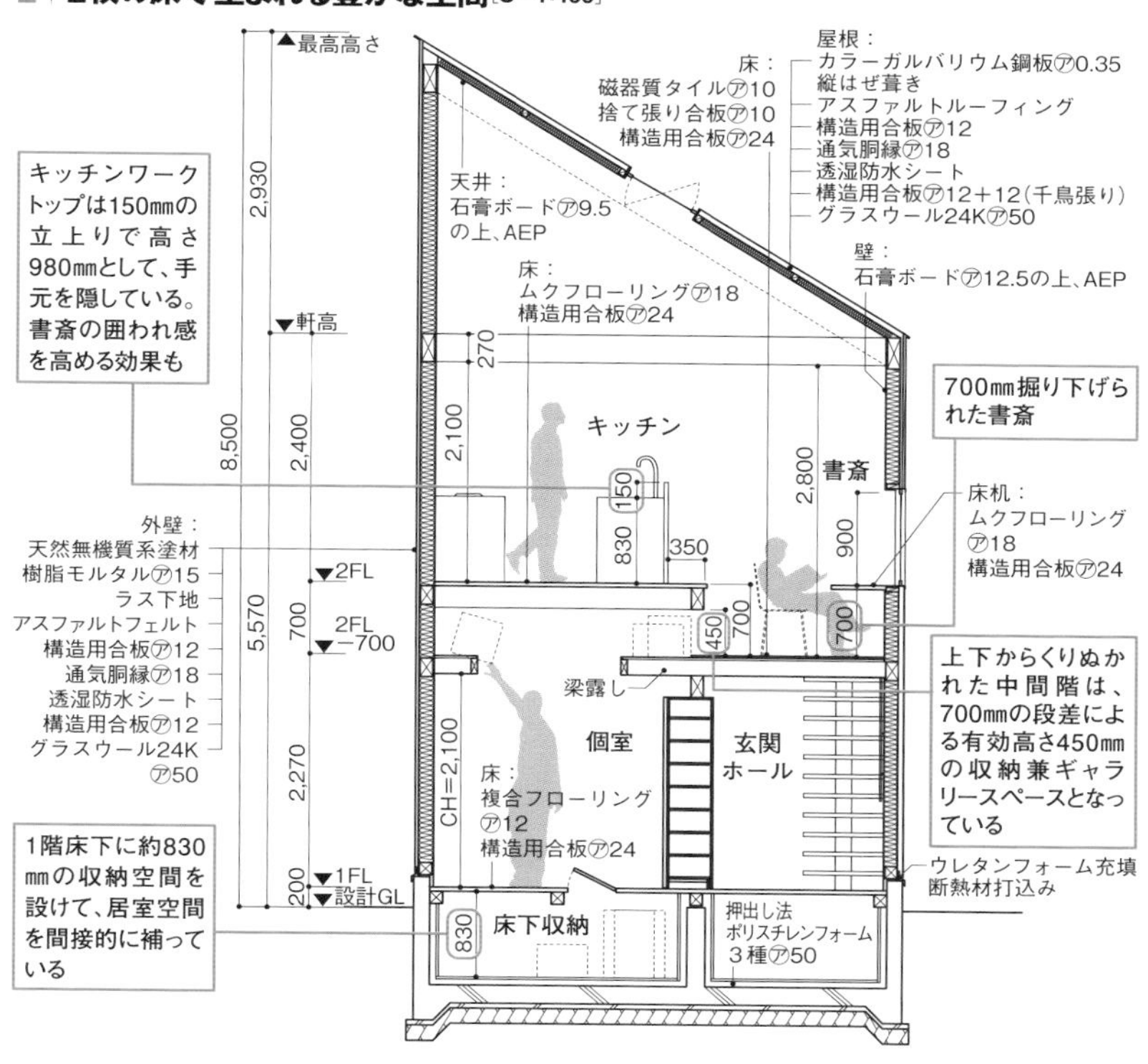

4 床間450㎜の階段脇のギャラリースペース。本や小物などを飾って楽しめる

5 外観夕景。書斎の机（2階床）が浮遊感のある印象をもたらす

3 梁間を生かした間接照明

中間層天井伏図［S＝1:150］

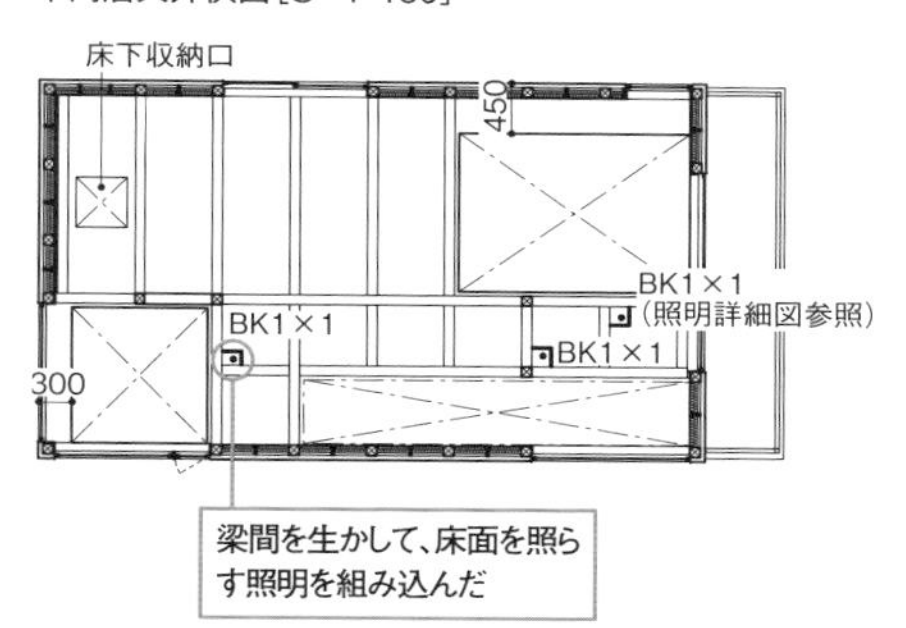

照明詳細図［S＝1:50］

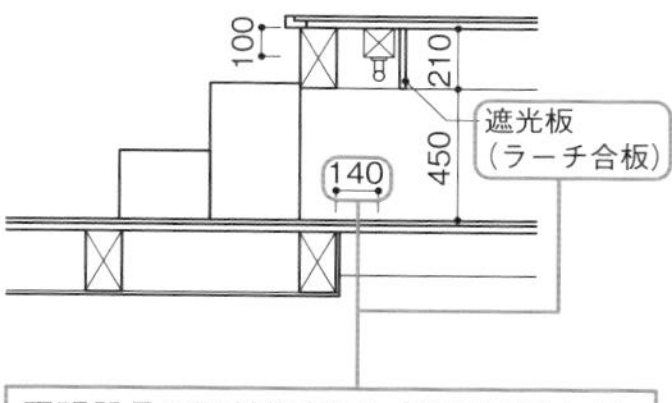

6 写真：シリウスライティングオフィス

たまらん坂の家

設計：MDS
［写真：石井雅義］

1階は玄関ホールから洗面・浴室まで同じ磁器質タイルで仕上げ、空間の連続性を高め、広く感じられるようにしている。個室は、将来的に3分割できるように玄関ホール側から均等に扉を設けて、床下収納・天井裏収納も同様に設置している。一方、2階は2枚の床が、LDKや書斎をゆるやかに区切る構成としている

1階平面図

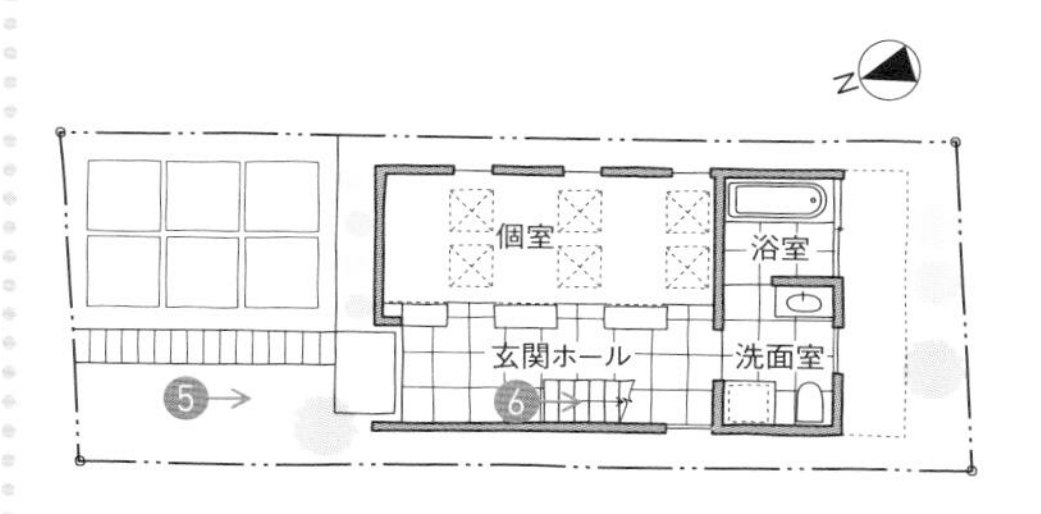

2階平面図

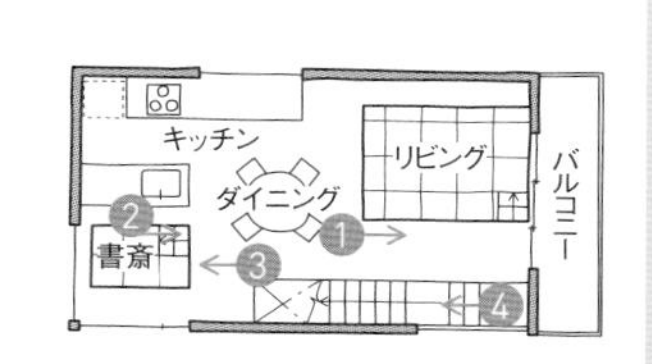

LDK

キッチンワークトップ高さは800㎜や850㎜とは限らない!

支輪:逃げ20㎜、奥行き30㎜
天井の不陸や突起物を避けるための逃げ寸法(支輪)を20㎜以上は確保したい

コンロ高さ:220㎜
IH・ガスのいずれでも、グリル付きの機種寸法は220㎜で共通している。隣り合う引出しの高さ寸法をそろえるときれいに納まる

台輪:50㎜
幅木高さと家具台輪の高さをそろえると、ラインがきれいに納まる

キッチンカウンター天板:70㎜
アイランド側をステンレスの塊に見せ、かつカウンターとしての強度を確保するために70㎜の天板とした

1

調理作業は、①洗う（シンク）、②切る・こねる（作業台）、③加熱する、の3つに大別できる。キッチンのワークトップ高さは、建築主の要望や身長を考慮したうえで、作業性を含めて検討したい。JIS規格では800㎜、850㎜、900㎜、950㎜の4種類の高さを規定しているが、これだけでは杓子定規。適正な高さの目安として「身長÷2＋50」㎜という計算式もあるが、この式には体型や体格、スリッパの有無などは考慮されていない。また、キッチンを使うのは家族中の特定の1人ではない。もちろん、最近は男性が料理することも多い。

調理作業から高さを考える

①の洗い物をする場合、ワークトップの高さに加えてシンクの深さも検討したい。一般的なシンクの深さは190～200㎜程度（一部には300㎜以上の製品もある）とされるが、混合水栓の吐水口の高さや使用する調理器具なども含めて検討したい。②の作業台の上にはまな板が載るので、その厚みも加えて高さを検討する必要がある。③の加熱作業は、IHとガスを分けて考えたい。ガスの場合は五徳のトップがワークトップよりも50㎜程度高くなる機種もある。加えて、フライパンを煽る動作や寸胴鍋を覗き込むことなども考えると、理想的には作業スペースよりも50～100㎜程度低くしたい。

輸入食器洗浄機では最低820㎜必要

設備機器との関係も忘れてはならない。特に、輸入メーカー（ASKO、Miele、AEG、GAGGENAUなど）の食器洗浄機をビルトインするには、最低820㎜（一部810㎜）が必要となる。これに天板の厚みを加えると、食器洗浄機をビルトインした場合のワークトップ天端高さは、ミニマム寸法で850㎜以上になる。それ以下とする場合には、国内メーカーの引出しタイプの食器洗浄機を選択するしかない[※]。［和田浩一］

※：加熱調理機もガスコンロ下にオーブンを組み込む場合は、その選択肢が著しく少なくなる

1 キッチンの高さ寸法

吊戸棚①：600㎜

吊戸棚をつけるか否かは、全体のデザインと収納量のバランスで決めたい。最近は「天井付近の場所はほとんど使用しない」という意見も多く、吊戸棚を設ける機会は減少している。しかし収納量の確保のための貴重な場所ではある。そこで吊戸棚を設ける場合は、収納するモノを明確に決めてからデザインする。収納するモノが決まると棚の奥行きを確定できるため、高さ寸法も検討しやすい。写真の例では、床から1,840㎜より上の600㎜を吊戸棚とし、壁の一部のように見せている。奥行きは、ワークトップとそろえて680㎜としている

吊戸棚②：高さ580×奥行き375㎜

奥にある吊戸棚。奥行きを375㎜とし、下端は床から1,260㎜とした。下部には電子レンジなどを置く予定だが、もしこのスペースの主目的を調理作業とするのであれば、棚に頭がぶつからないように、もう少し奥行きを浅くしたほうがよい。吊戸棚の高さ寸法は、目的を明確にしたうえで、奥行きと身体寸法、所作との関係で決めるべきである

差尺：305㎜

差尺（椅子の座面の高さから、テーブルや机の天板までの垂直距離）寸法によって、座り心地や使い勝手が左右される。一般に300㎜を基本に考え、この事例では305㎜とした

冷蔵庫の高さ：1,840㎜

一般的な冷蔵庫の高さは1,840㎜。吊戸棚までの下端高さは、この寸法が納まるようにするとよい。本事例では1,840㎜とした

2 キッチン詳細図

展開図［S=1:50］

天井の逃げ寸法

レンジフードの取付け高さは、建築基準法によって火元から1,000㎜以下と定められている［*1］。一方、火元からグリルフィルターまでの距離は消防法で800㎜以上と定められている［*2］。ただし、全火口に安全センサーが付いてる場合、600㎜とすることもできる。現在のガスコンロは全口に「Siセンサー」を備えることが義務付けられているので、600㎜でよいことになる（ただし、IHコンロについては原則800㎜以上）。しかし、ワークトップ（高さ900㎜程度）にプラス600㎜とすると、レンジフードの下端が1,500㎜となって頭をぶつける危険性が高まり、現実的ではない。実際にはワークトップから800～900㎜になることが多い。もちろんこの寸法は、レンジフードの形状も考慮に入れなければならない

レンジフード
キッチンパネル
レンジフードスイッチ
冷凍冷蔵庫
600 1,040 2,440 800 765 950 50 20 560 460 2,400 564 36 1,840 20
130 2,242 573 695

調理中はキッチンに近づいて作業することも多く、つま先が家具の下に入ることを考えると、台輪は最低でも50～60㎜は欲しい。また、扉面から奥に50㎜以上は引っ込めたい

台輪詳細図（海外メーカー製の食器洗浄機に合わせた幅木の納め方）［S=1:8］

扉材
食器洗浄機
台輪材
20 50 100 50 A

扉の回転軸と軌跡、幅木との隙間、扉の大きさを確認して決める

食器洗浄機の台輪を幅木50㎜とそろえたいが、一般に海外製品の台輪は100㎜以上必要となる。そこで、台輪材の形状を工夫して50㎜分は扉材とゾロでそろえ、幅木との調整を図っている

*1：昭48建告1826号
*2：東京都火災予防条例第3条1項イ

設計：STUDIO KAZ、写真：STUDIO KAZ

2階の床懐を200㎜にして軽やかな吹抜けをつくる

2階床懐:200㎜
吹抜けを軽やかに見せるように、2階床懐は200㎜と最小限の構成とした。床の小口に配線ダクトを組み込み、1階の白い天井面に器具が現れないようにしている

リビング天井:2,400㎜
キッチン天井:2,100㎜
垂壁:300㎜
1階の天井高を2,400㎜、開口高さを2,100㎜と統一して、領域を明確に区切る

収納の扉を壁と一体化させて、空間に余計な線が現れないようにしている

床段差:25㎜
建具を引込むとテラスとLDKが続き間のようにつながる。内外のレベル差は水勾配を考慮して25㎜とした

2階の床懐を200㎜、屋根を240～402㎜とできるだけ薄くして、上下階の関係を近づけた。2階の床では梁を300㎜ピッチで並べて梁せいを120㎜と小さく抑え、屋根は梁の位置と屋根勾配を工夫している。

リビングなどの生活空間につながる開口部の高さは、1階を2100㎜、2階を1900㎜で統一。ただし、天井よりも開口部を低く（1階は300㎜）して、各領域の出入りを強調し、リビングの開放感を高めている。［横田典雄］

1 リビングの高さ寸法

箱として見せる部分は内壁をすべて縦羽目板（スギ）で仕上げ、収納扉も壁面と一体化させている

空調機を設置するスペース。板と板の隙間を給気口として、下部のテレビ台の開口から吹き出す仕組み

LDK南北方向の見通し。廊下を介して客間の出入口が重なって見えるので、空間に奥行きが生まれる

ソファベッド:420㎜
造作のソファベッド［図3参照］。ソファ下部には、2階の上部にたまった暖気をファンで循環させている

2 断面図［S＝1:100］

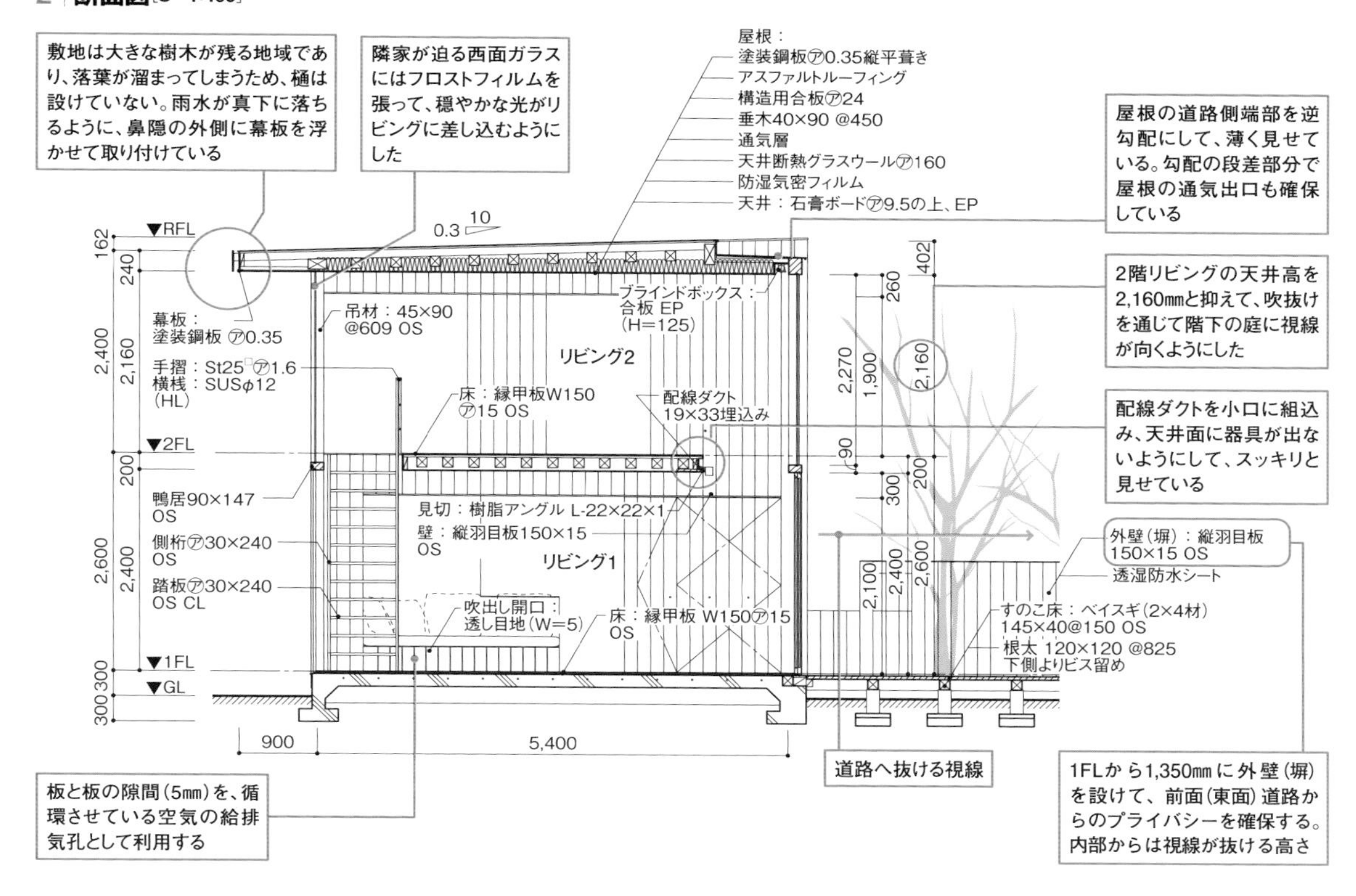

3 ソファベッド詳細図

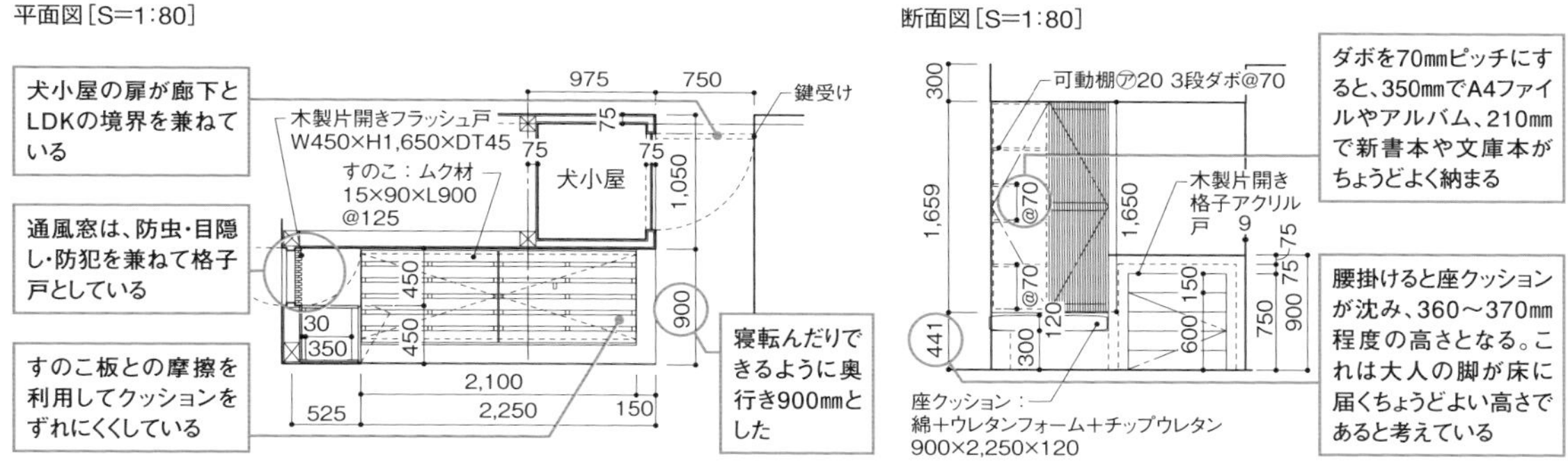

吉祥寺北の家

設計：CASE DESIGN STUDIO　［写真：CASE DESIGN STUDIO］

敷地（方形）は、所々に屋敷林や畑が残る閑静な住宅地で接道する東側以外、近接する住宅とアパートに3方を囲まれていた。南に庭をとる配置も考えられたが、隣家との間に挟まれた小さな庭では、アウトドア派の建築主にとっては手狭。そこで建物を西に配し、東側を道路の広がりまで取り込んだ開放的な外部空間とした。建物は単純な箱で構成し、収納や小部屋を納めた部屋は、外壁を縦羽目板張りで統一したり、内部の収納扉を壁と一体化したりした。1階LDKは、建具を引き込むと続き間のようにテラスと一体になり、大勢で集まれる

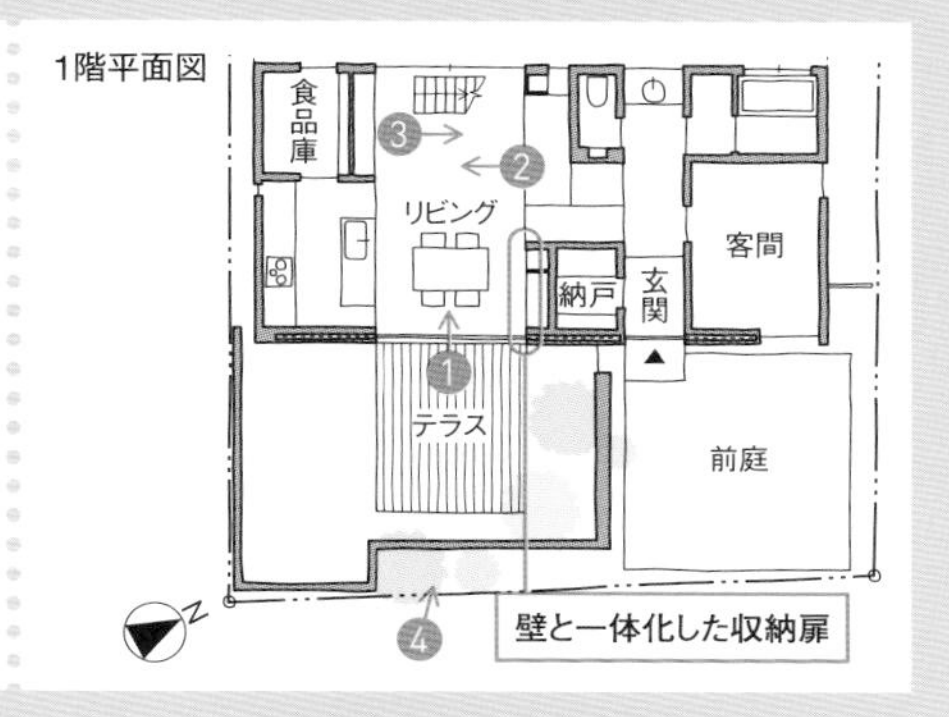

デッキにつながる開口部を440mm上げて内部縁側に

内部縁側(ベンチ):440mm
階段2段分440mm(220mm×2段)の内部縁側(ベンチ)。窓を開ければ、デッキと縁側が連続した広い空間が生まれる。ベンチの下にはさまざまなものを収納できるキャスター式のワゴンを仕込んだ。玄関横部分は下足入れとなり、階段下の部分はテレビ台も兼ねる。440mm上がった縁側から階段にアクセスするため、階段の段数も減らすことができた

デッキにつながる掃出し窓の内側を440mm上げて「内部縁側」をつくった。縁側の周囲には、その場にとどまりたくなるような落ち着いた居場所が生まれる。奥行き1間の大きな庇がかかるデッキは、内部縁側と連続し、外部が内部に滑り込んでくるような印象となる。縁側の床は道路よりも1m程度高く、敷地境界にフェンスがなくても内部のプライバシーが保たれ、縁側に隣接するキッチンからも快適な環境を楽しめる。

[飯塚豊]

1 デッキ・内部縁側断面図[S=1:40]

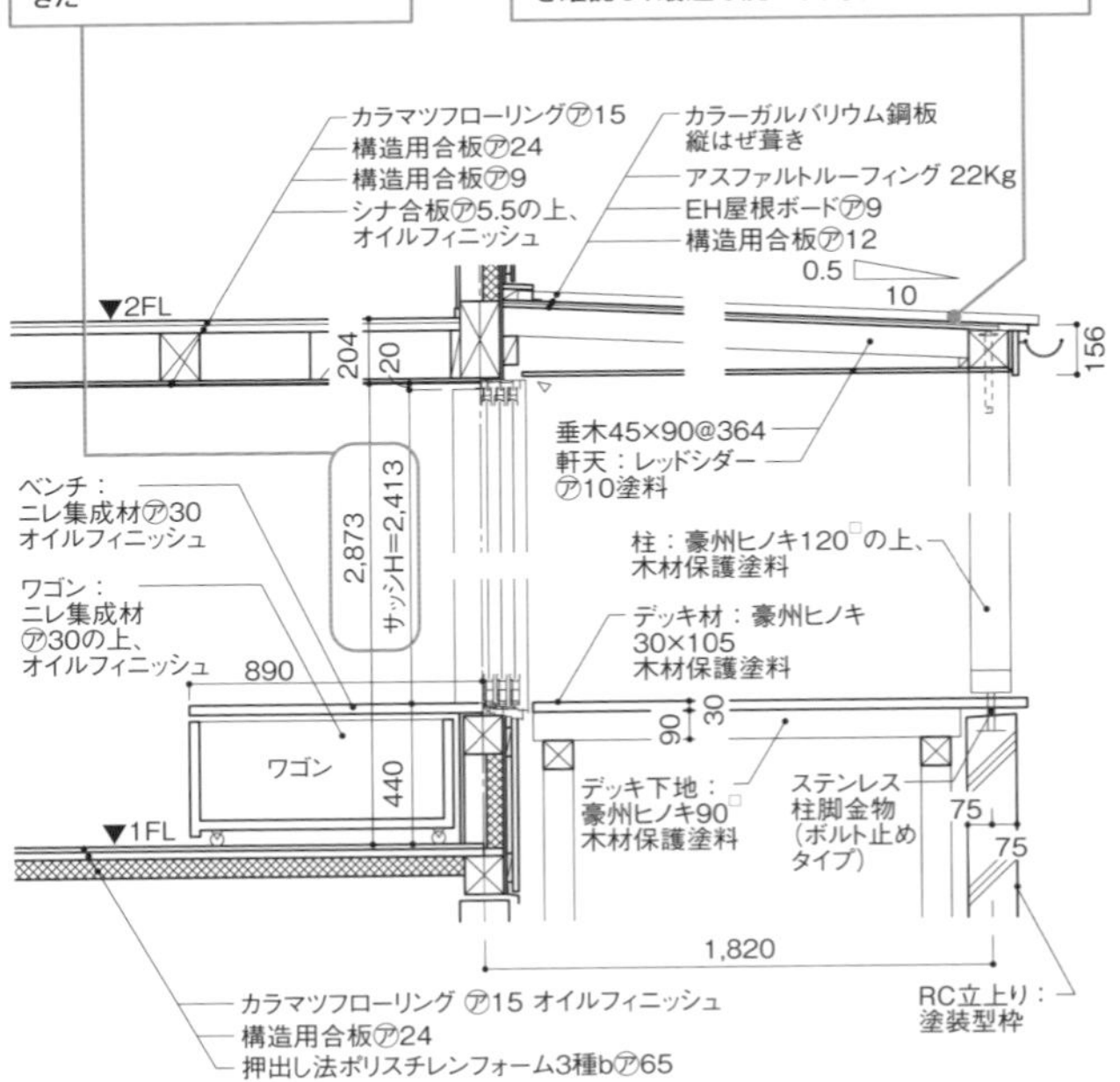

2 断面図[S＝1:120]

トップライトから玄関と2階廊下に光が注がれる。玄関に立つと、廊下に取り込まれた光に誘導されるように、手摺壁1,100㎜越しに2階の気配が感じられる

「高さ」は常に相対的なものである。玄関で吹抜けの高さを体感した後に、天井高がグッと抑えられた廊下をくぐることで、最も天井高の高いリビングがより高く感じられるようになる

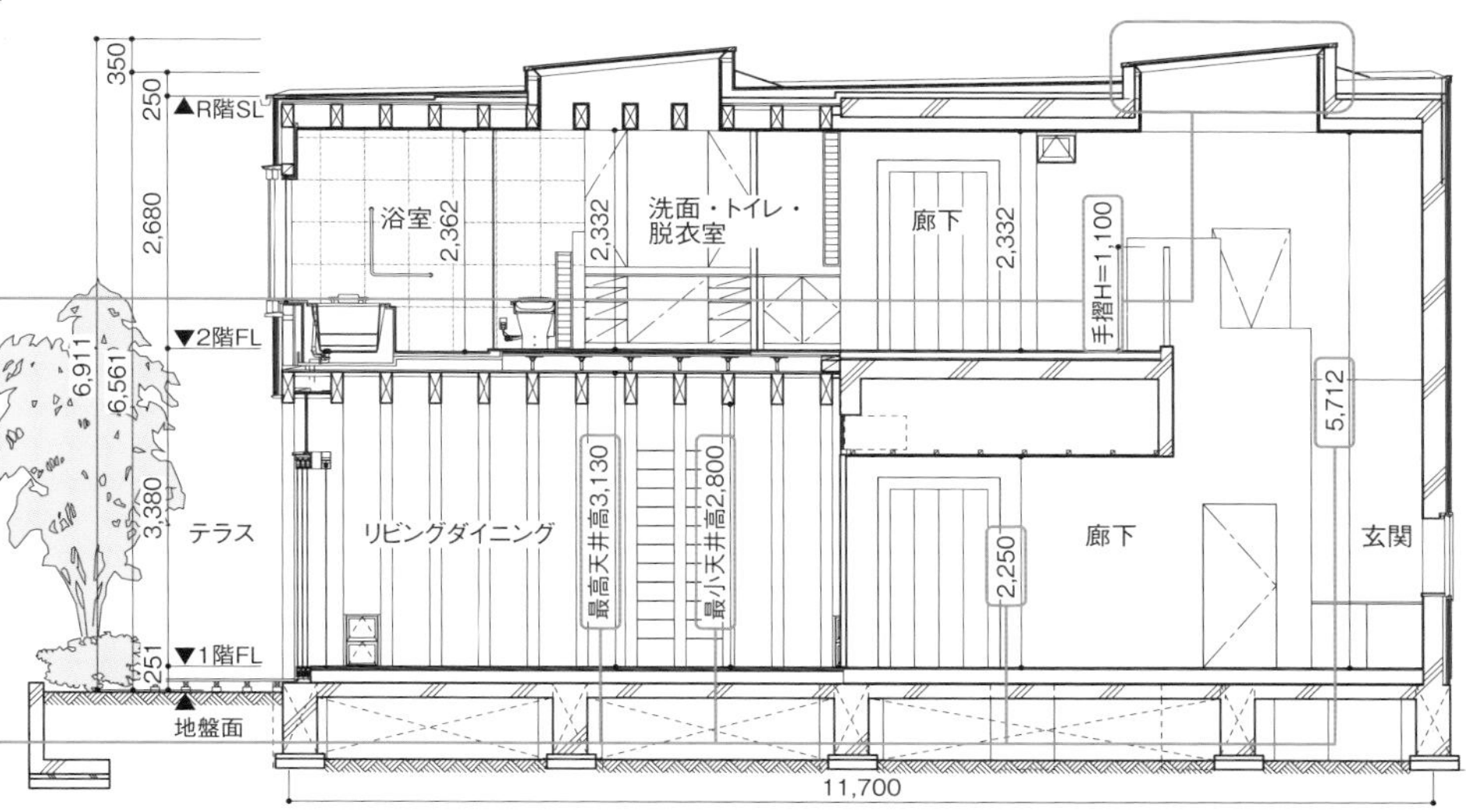

2 写真1の見返し

廊下：2,250㎜
高さのコントラストを強めるには、廊下をミニマム寸法(2,100㎜程度)としたかった。建築主と相談して、結果的に2,250㎜の天井高となったが、コントラストは十分につけられた

キッチン側壁：2,400㎜
リビングダイニングからキッチンの先の気配を感じられるように、キッチン側壁高さは2,400㎜とした。光をつなげて奥行きを演出している

建築主の要望を満たす収納ボックスは2つで十分だったが、それではリズムが生まれない。そこで、空間にリズムを生み出すために、インテリアをすべて「3」で統一した。壁埋込み型の給排気口も3つ。柱間を利用した棚収納も3列としている

篠原台の家

設計：鈴木謙介建築設計事務所
[写真：新建築社]

横浜の高台に建つ眺望の開けた敷地。眺望を生かすべく、リビングに大開口を設えることに決まったが、7mの古い擁壁の上に敷地があり、できるだけ建物を軽量化する必要があった。そこで、擁壁側半分を木造として鉛直荷重のみを負担させ、擁壁から離れた側の半分はRCとし、木造の水平力を床(構造用合板)を通してRC側に伝達する構造形式とした

構造アクソメ図

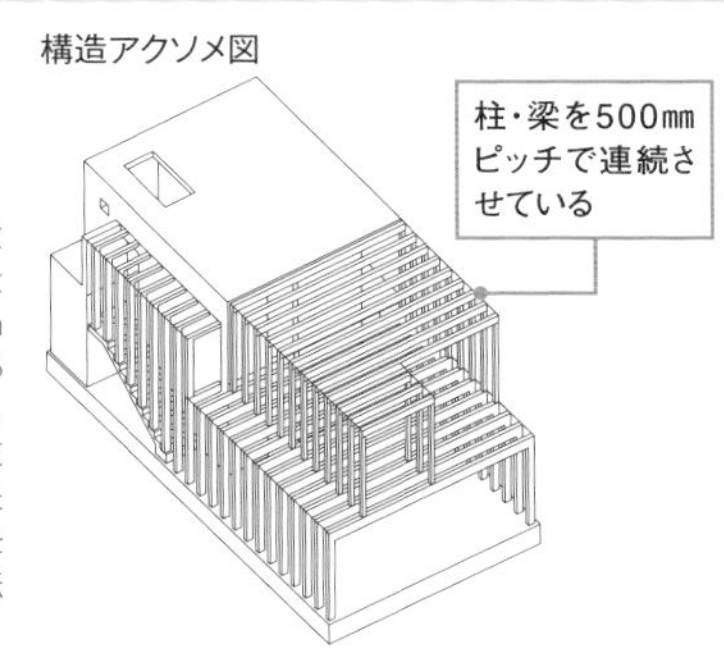

1階平面図

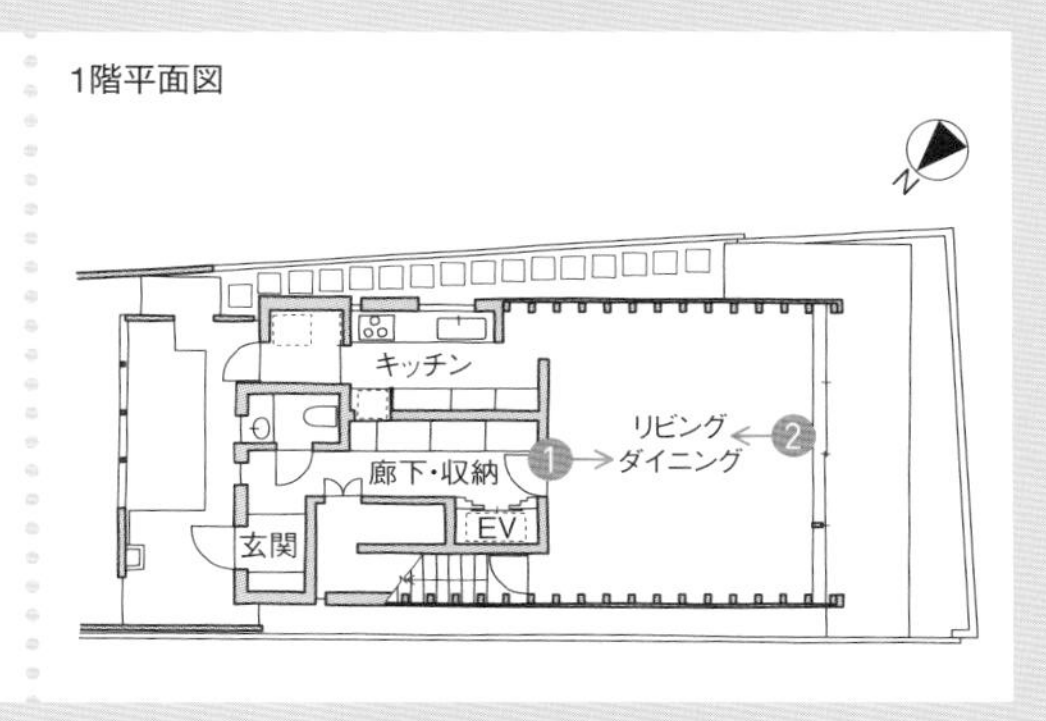

床を450㎜上げてピクチャーウィンドウが浮遊感を演出

ロールスクリーンボックスを隠して天井面をすっきりと見せるために、天井面と同面納まりの蓋を設けている(図1参照)

レベルを上げた部分(内法396㎜)は、エアコンやキャスター付き収納ワゴンなどの設置スペースとして副次的に有効活用している(図2参照)

床：450㎜、開口部：1,600㎜
視界の先に広がる山並を遮ることなく見通し、地面も視界に入らないようにする(地面が入ると安心感が生まれてしまう)ために、床レベルを450㎜上げる。そこに、フルハイトのピクチャーウィンドウを設置した。垂壁は、設けると囲われ感が出て安心感が増長してしまい、浮遊感が損なわれてしまう(不安定な感覚が少し薄れてしまう)ので、設置していない

遠景に広がる圧倒的な山並をダイレクトに体感できるよう、リビングにピクチャーウィンドウを設置。この窓からの遠望時、空中に投げ出されたかのような浮遊感（少し不安定な感覚）が、地面が視界に入ることで損なわれないために、床レベルを450㎜上げている。［石井秀樹］

1 開口部詳細図[S=1:15]

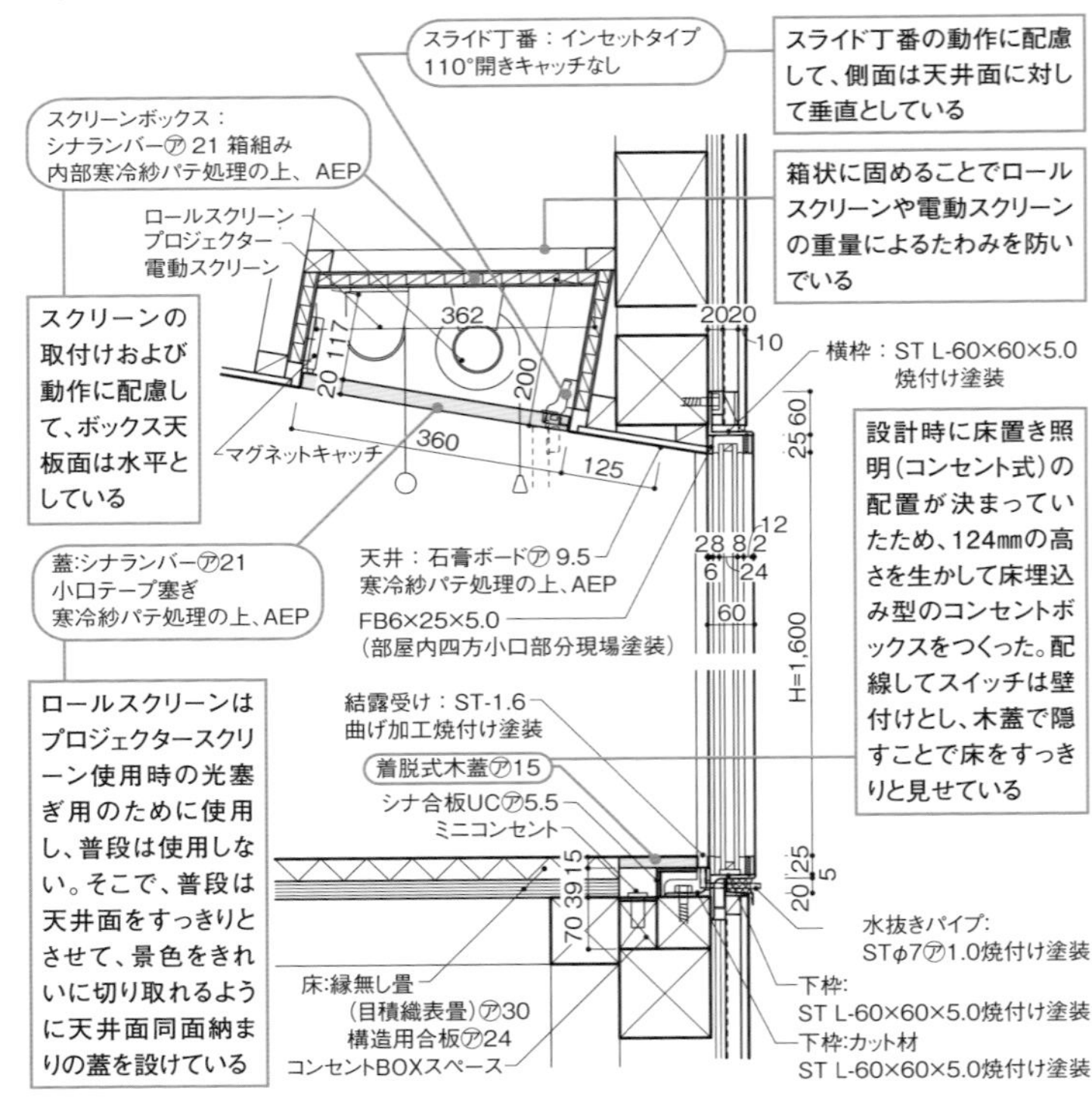

1 開口部詳細図[S=1:25]

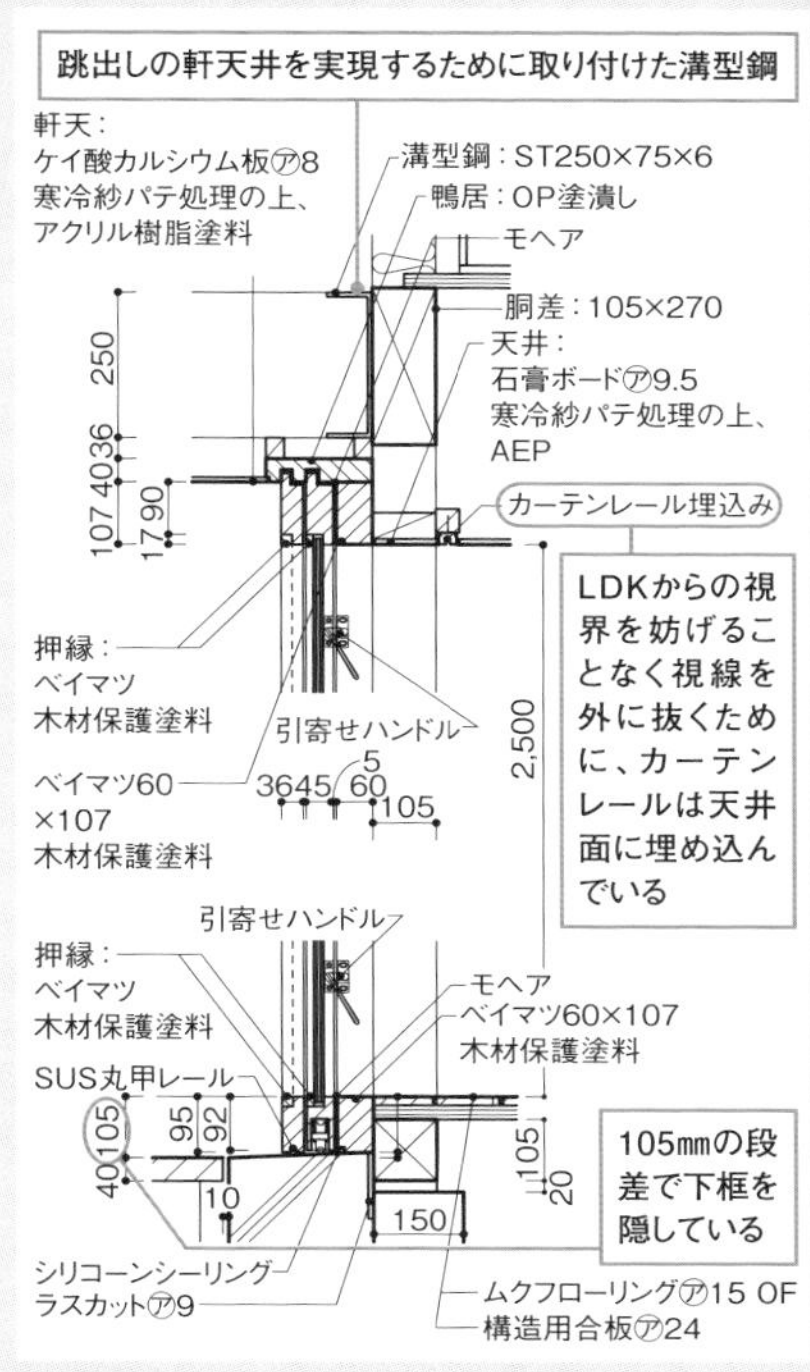

「鶴ヶ島の家」設計：石井秀樹建築設計事務所、写真：鳥村鋼一

開口部：2,500㎜

高さ2,500㎜の大きな南向きのガラス面。開口高さが高い分、日射をコントロールする庇の長さを1,775㎜と深くした。庇は鉄骨で組み、建物から跳ね出させている

レベル差：105㎜

視覚的な連続性を確保するために、サッシの割付けを柱割りに、縦框の幅を柱サイズ(105㎜角)にそろえ、縦框を柱と同化させて隠している。また、室内床と濡れ縁に105㎜の段差を設けて下框を隠す一方、室内の垂壁下端と軒天面にも107㎜の段差を設けて上框を隠している。濡れ縁との段差をあえて設けて框を隠すことで、視覚的な連続性をより高めている

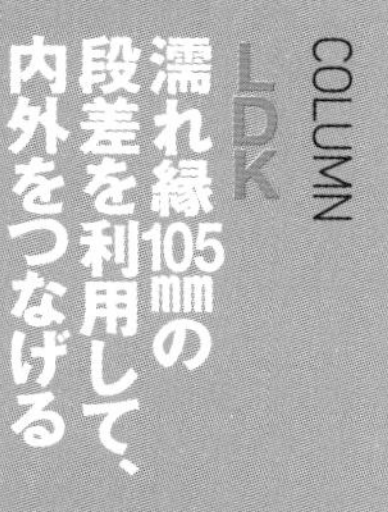

COLUMN LDK

濡れ縁105㎜の段差を利用して、内外をつなげる

建築主は、広い庭の眺めと家庭菜園を楽しむ暮らしを望んだ。そこで、視覚的にも物理的にも室内と庭との連続性を確保すべく、濡れ縁の段差105㎜を利用して框を隠し、内外の連続性を演出した。 [石井秀樹]

2 収納スペース詳細図[S=1:15]

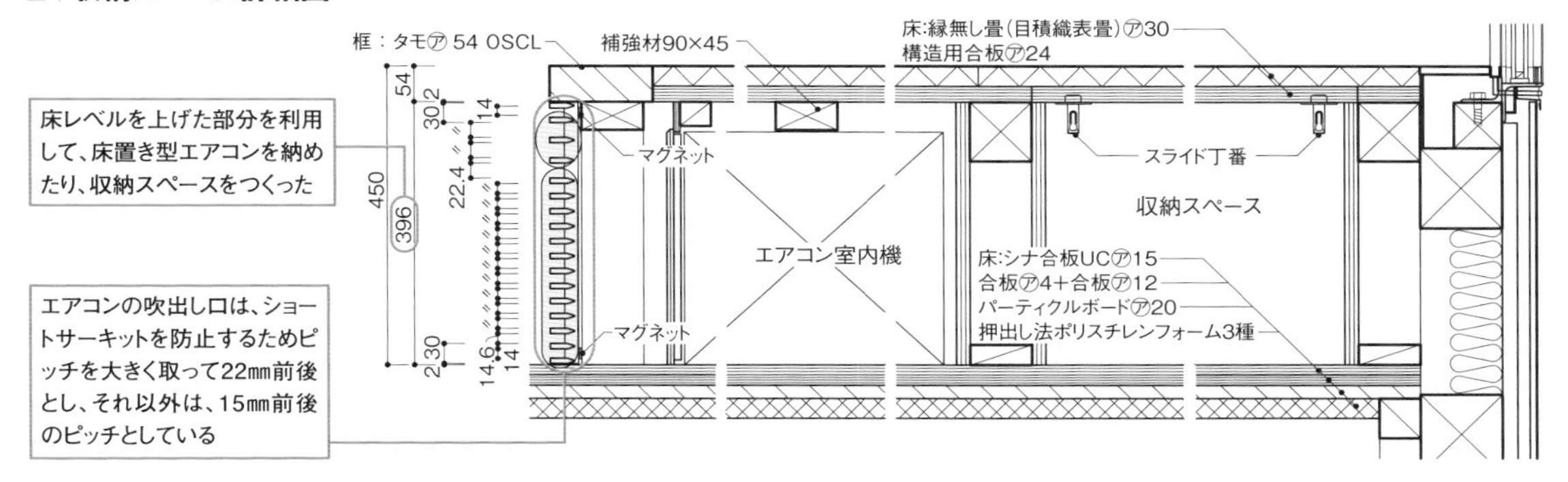

富士見ヶ丘の家

設計：石井秀樹建築設計事務所

[写真：鳥村鋼一]

南傾斜の住宅団地の北端に位置し、南側には道路を挟んで住宅が並ぶ。一方、北側には、日差しを順光で受けた美しい森が広がる。北東側では木々が敷地に近接し、森に抱かれているかのよう。北西に目を向けると木々は眼下の斜面を覆い、高台から森を見渡すような視界が開ける。この特徴的な北側の森との関係性を室内に取り込むよう、北側の開口部を操作し、南側には住宅街との境界として寝室、書斎を設けている

北側から見ると、地面がすぐ近くにあること、地面が連続していることがわかる。これを感じさせないように、設計GLから485㎜、1FLから450㎜レベルを上げ、地面が見えないような高さに開口部を設けた

平面図

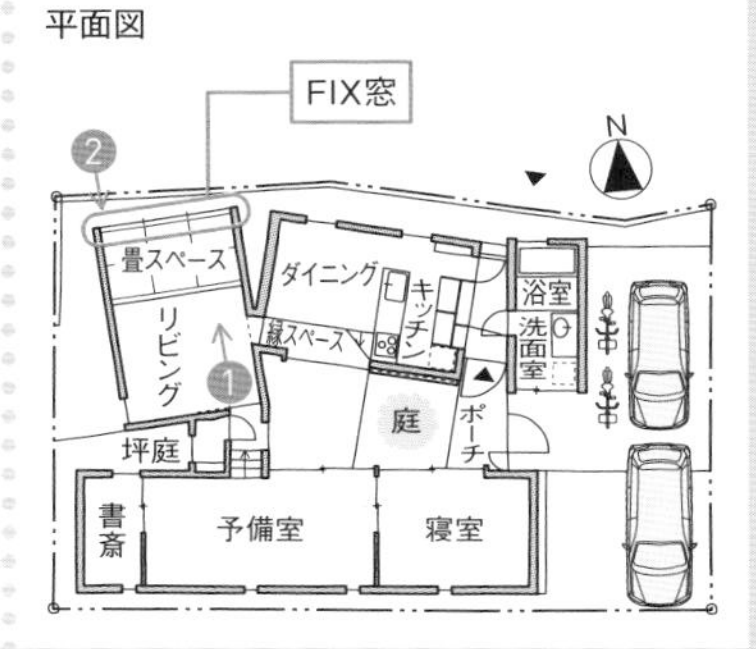

※：居室の名称は、一般名称としている

水平方向の吹抜け。5850×1万800㎜の大空間

吹抜け天井：5,850㎜
敷地の東西長さ約13mを存分に生かした「水平の吹抜け空間」が住宅のコンセプト。水平方向の抜けを強調するため、天井高さを5,850㎜と高くしている

南面では天井の一部に中空ポリカーボネートを採用し、差し込む光を和らげる障子のような効果を狙った（図2参照）

厚さ40㎜、幅180㎜の集成材（柱・梁）を450㎜ピッチで並べ、4本の鉄筋でつないでいる（図3参照）

階高：3,000㎜
1階は階高が3,000㎜、幅が2,700㎜。水平に吹き抜ける印象を強めるために、少し縦長のプロポーションとしている

天井：2,500㎜
筆者はいつも、リビングダイニングの天井高を一般的な集合住宅のそれよりも高くしたいと考え、ミニマム寸法を2,500㎜としている

水平方向に抜ける吹抜け空間をどのようにつくるかが最大のテーマ。厚さ40㎜、幅180㎜の集成材（柱・梁）を450㎜ピッチで25本並べ、4本の鉄筋がそれらをつないでいる。同じ材を細かいピッチで連続させたことで、繊細な美しさを表現できた。天井高さ5850㎜、長さ11mにも及ぶ空間に並んだ柱・梁が、水平方向への抜けを強調している。［今永和利］

1 「1:1.1」の縦長プロポーション

開口部：2,500×2,750㎜
筆者は、少し縦長のプロポーションを好んで使う。比率を「横：縦＝1：1.1」程度とすると視線が上方に抜け、伸びやかな空間が生まれる

断熱性を考慮して、ハニカム構造のブラインドを組み込んだ。ボトムアップタイプなので、隣家の視線を遮りながら、空を眺めることができる。1枚1枚が非常に薄い構造なので、サッシ下部にたまっても30㎜程度の厚みで納まり、気にならない

1階LDKと、2階の子供用リビングが吹抜けで結ばれる

2 屋根詳細図

パラペット屋根詳細図［S＝1:20］

A-A断面詳細図［S＝1:10］

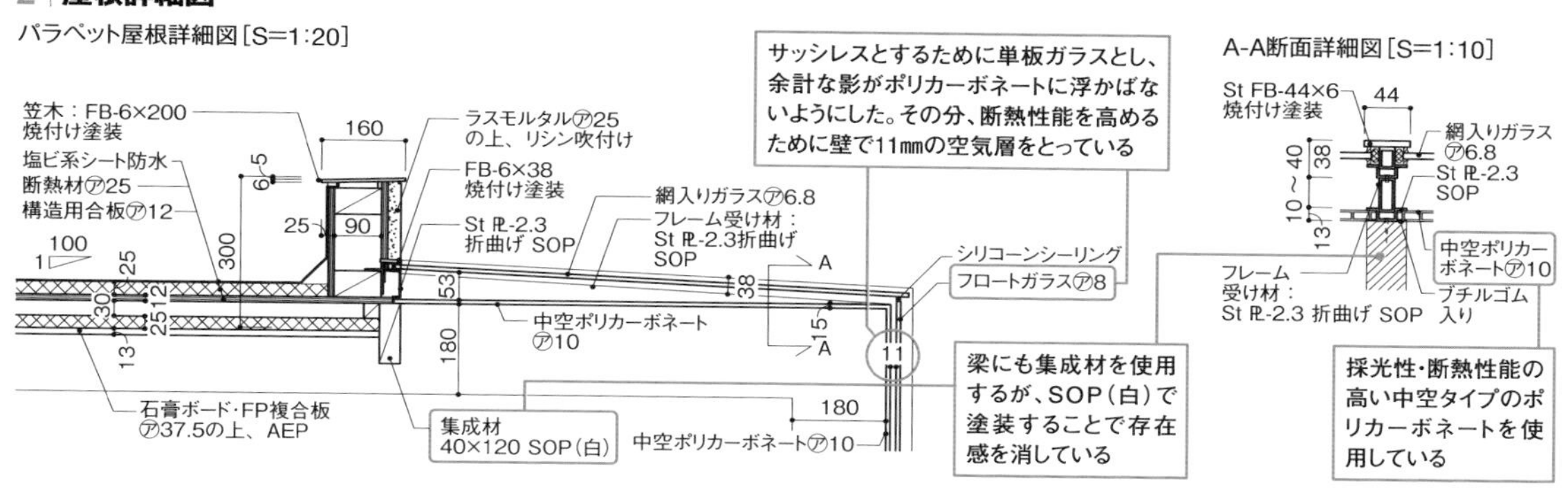

3 化粧柱詳細図［S＝1:60］

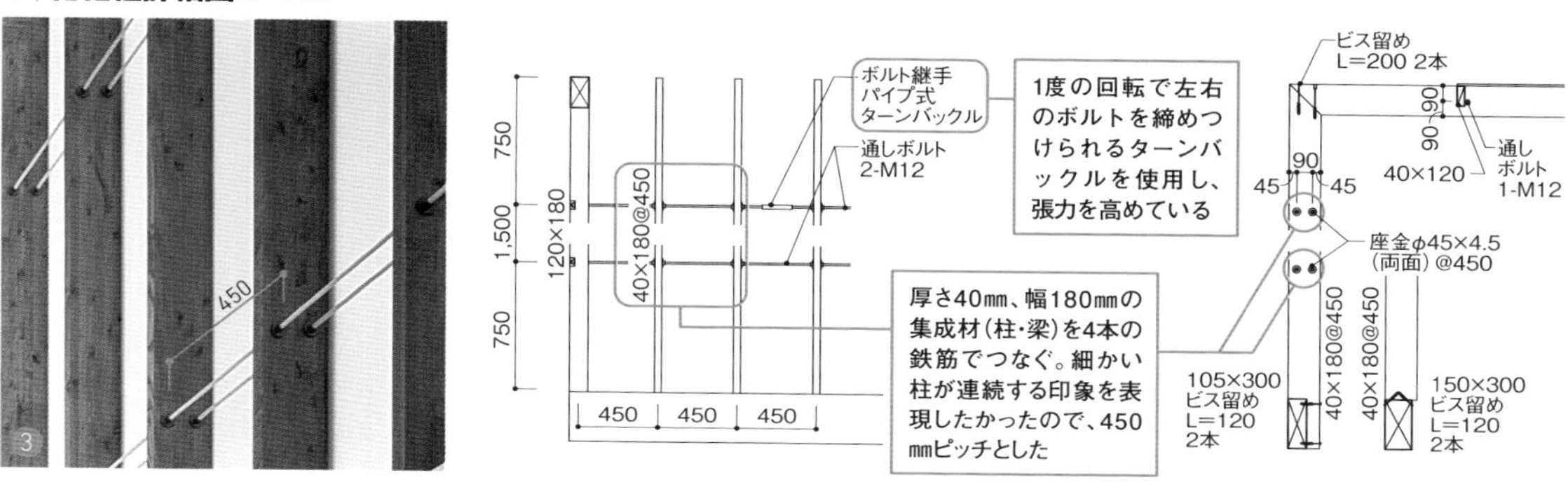

4 階段詳細図

断面図［S＝1:15］

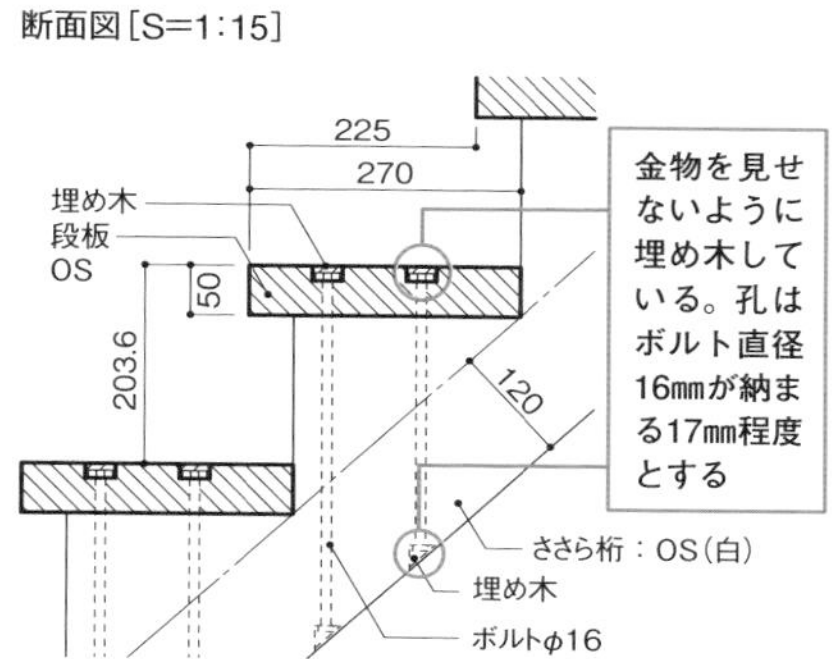

展開図［S＝1:50］

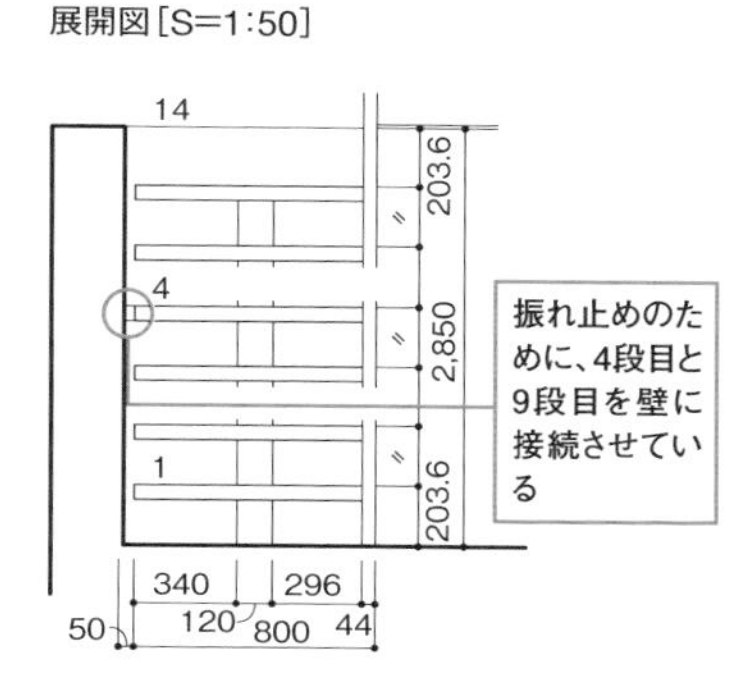

水平吹抜けの家

設計：今永環境計画

［写真：ナカサアンドパートナーズ（①、③）、ライトスタッフ後藤徹雄（②、④）］

南北に隣家が近接する都心の住宅街にあって、東西が道路に面しており、計画敷地だけが抜けるように東西方向に開放されていた。そこで、薄い木板を連続させて水平吹抜けをつくり、吹抜け部分の壁と天井の一部からは柔らかい光が注ぐように計画。2階に子どもたちのリビングを設けて、1階と緩やかに区切りつつも、上下で互いの気配を感じ取れる空間とした

1階平面図

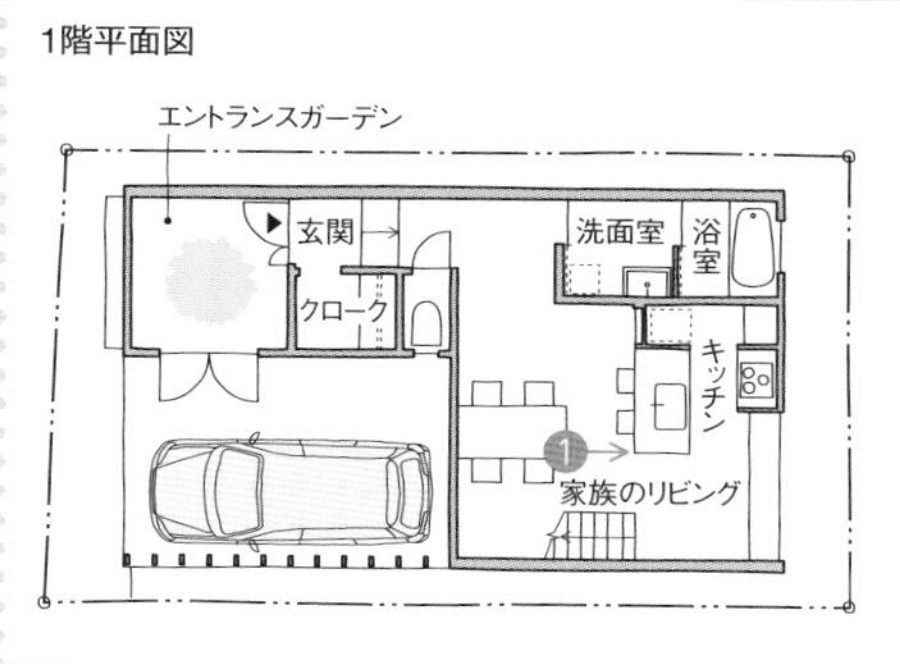

2階平面図

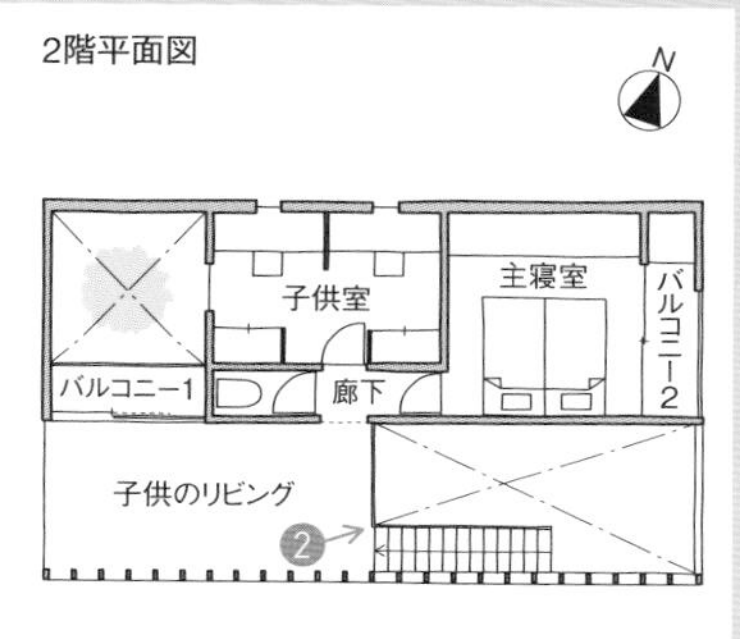

キッチンとダイニングテーブルを720㎜でそろえる

ダイニングテーブル:720㎜
キッチンワークトップとダイニングテーブルを720㎜として、フラットにつなぐ。キッチンの床レベルは、ダイニングよりも180㎜下げている。ワークトップの奥行きを780㎜取り、ダイニングからも配膳しやすいようにしている

吊り棚:600㎜
吊り棚は、キッチンワークトップ天端から600㎜。建築主の身長にもよるが、必ず棚板を見下ろせる高さに設置している

垂壁:350㎜
キッチンの開口を壁と孔の関係として表現したかったので、垂壁を350㎜設けている

1 ダイニングテーブルから続くカウンター

ダイニングテーブル天端にそろえたカウンター。リビングの床面からは370㎜の高さにくる。同じレベルで連続する外部デッキのベンチへとつながる。カウンター下の地窓から穏やかな明かりをとる。引違い窓にワーロンシートを重ねて、既製アルミサッシの枠などの余計な線を消している(図3参照)

キッチンワークトップ天端とダイニングテーブル天端の高さをそろえて、連続性をもたせた。キッチンの床レベルは、ダイニングよりも180㎜下げている。ダイニングテーブルの高さは720㎜。ダイニングベンチの高さ350㎜をそのままリビング（奥の間）の床レベルとしているので、LDKがひとつながりの空間となった。

ベンチ350㎜という高さは、筆者が好んでよく使う寸法である。経験的には、蕎麦屋の椅子がおおむね330～350㎜という印象だが、これを400㎜まで高くすると、座布団を敷いたときの差尺が小さくて窮屈になってしまうので、少し低めの350㎜とした。　［岸本和彦］

2 断面詳細図［S＝1:100］

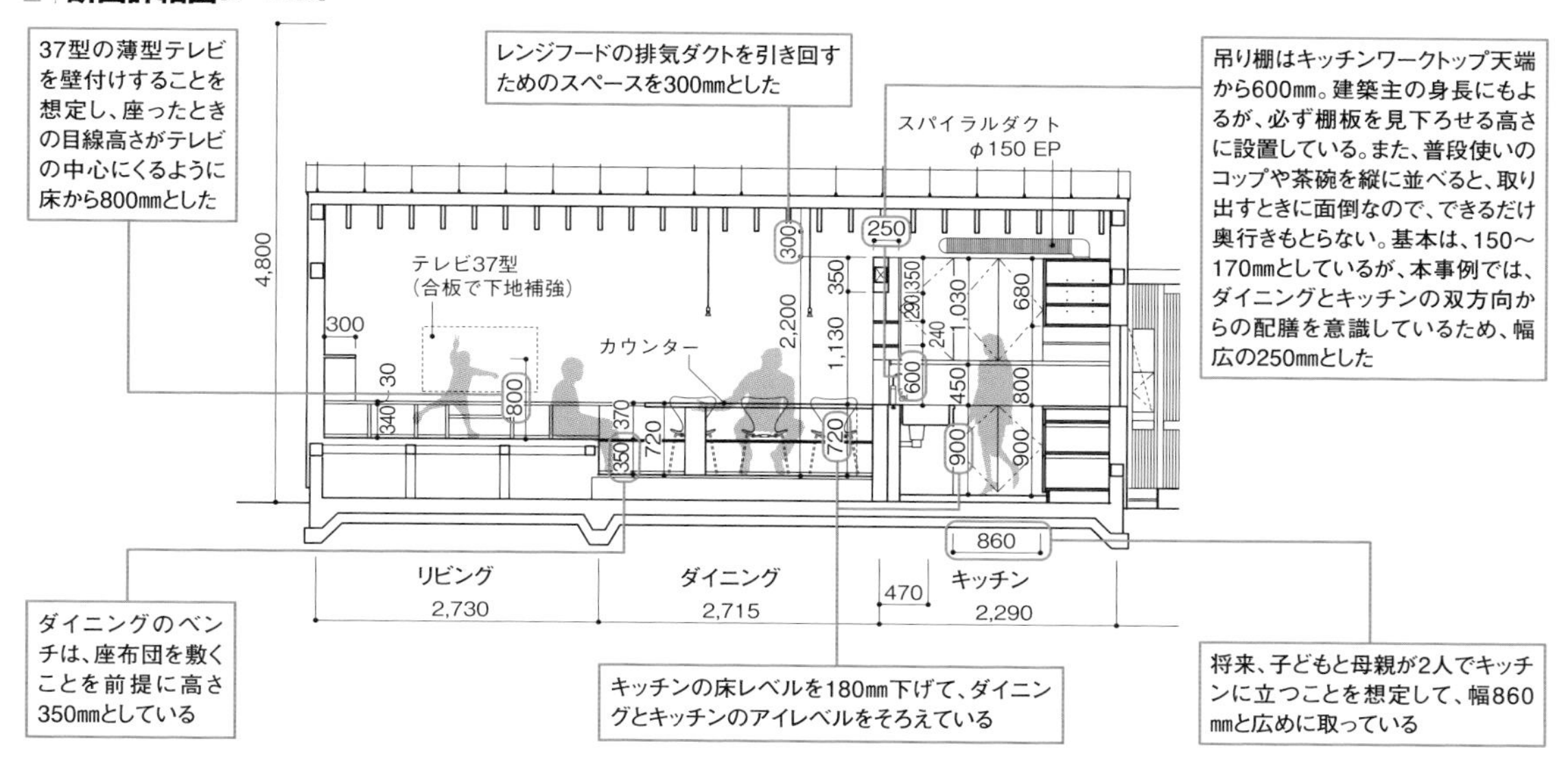

3 開口部詳細図［S＝1:15］

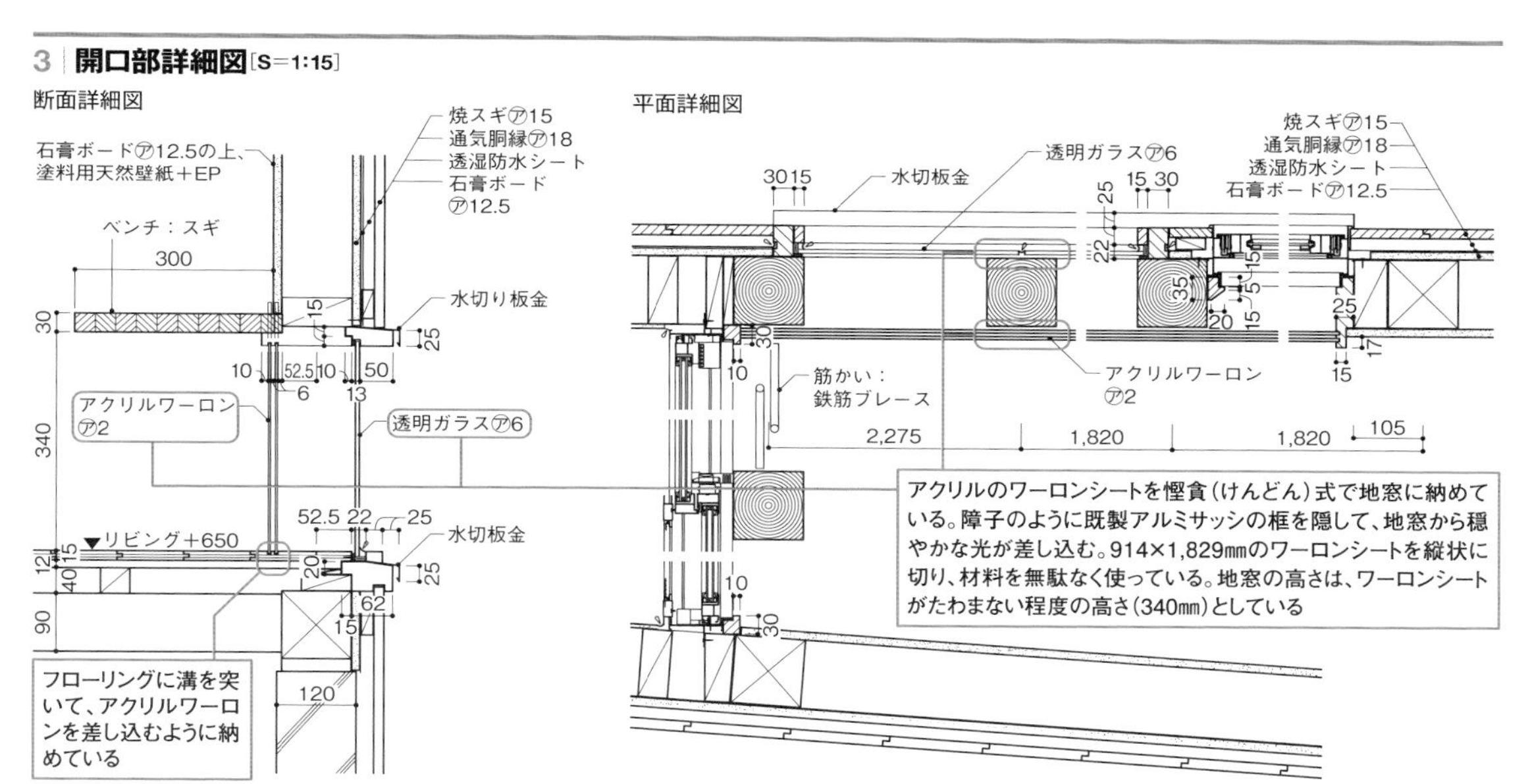

小松島の家

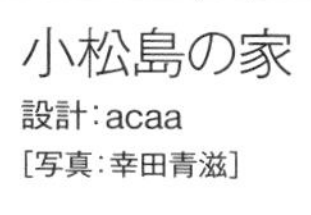

設計：acaa
［写真：幸田青滋］

建物は矩形だが、長い線のようなひとつなぎの空間をS字状に曲げて、住宅全体を回遊できるようにしている。S字部分を1枚の大屋根で包むように構成し、1階にそれぞれの居場所を設けた。LDKも連続する空間として感じられるように、キッチンワークトップとダイニングテーブル天端をフラットでつなげたり、床レベルを操作したりしている

1階平面図

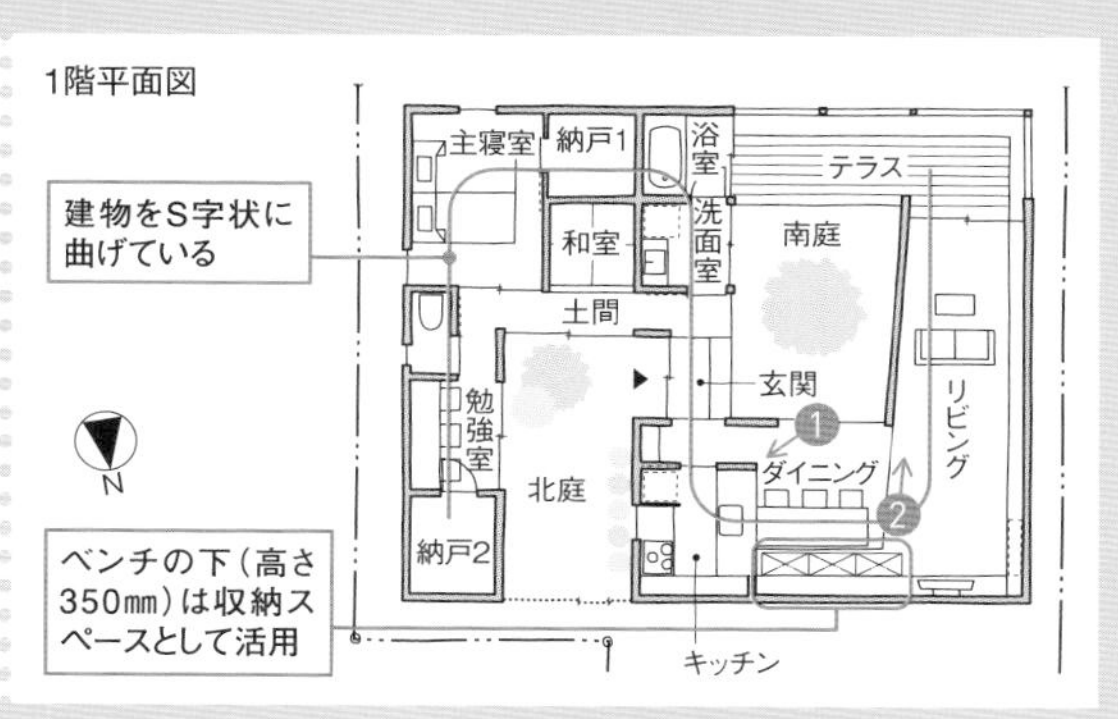

法面庭。垂壁580㎜で視線を下部に誘導する

木製建具：2,400㎜
木製建具を開いた状態で2,400㎜の有効開口とし、閉めた状態で左右のアルミサッシの開口高さ1,820㎜とそろえている。天井吊りの建具上部をポリ合板のフラッシュとして壁に見立てる一方、床から1,820㎜の部分を下框なしの強化ガラスとした。開口部の種類に関係なくガラスの高さが一直線にそろい、法面庭への視線の誘導効果が高まる

垂壁：580㎜
前面道路や隣接住宅からプライバシーを確保しつつ、視線を下部（法面庭）に誘導する高さにするため、580㎜の垂壁を設けた。これにより、開口部の上端は、前面道路からの視線を遮る高さ（床面から1,820㎜）に抑えられている。なお、1,820㎜は、外部サイディング1枚455㎜の4枚分の高さである（図2参照）

3つの棟からなる住宅である。中央の2階建ては、地盤改良を施さずに適切な地盤面まで1500㎜掘り下げ、両側の平屋2棟はもともとの地盤面に建てた。3棟の間に生じた土地（幅1600〜1750㎜、高低差1500㎜）の造成を最小限にとどめ、45°の切土を行って植栽し、法面庭を設けている。外部からの視線を遮りつつ、内部からは法面庭を望めるように、LDKの開口部上端を1820㎜とし、垂壁580㎜を設けた。

［井上玄］

1 枠廻り詳細図［S＝1:10］

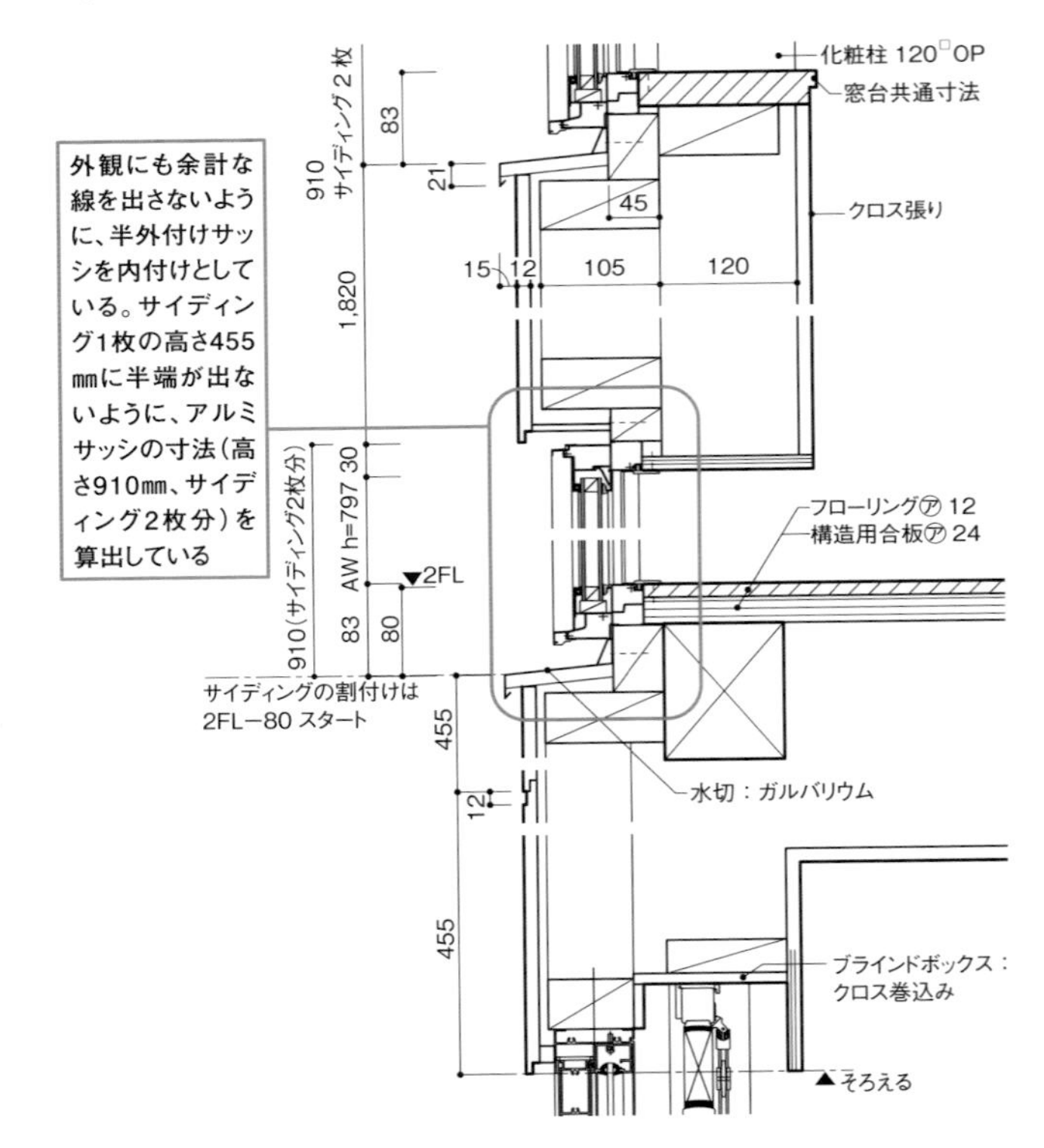

2 矩計図[S=1:100]

法面庭(下部)を眺めるように視線を導くため、目の高さには開口部を設けず、800㎜の高さのローサイドライトを設置

手摺のデザインもサイディング@455㎜の割付けにそろえている

近隣を気にせず、空しか見えない800㎜のハイサイドライト

手摺:φ27.2、手摺子:φ21.7
仕上げ:めっき

サイディング
通気胴縁⑦105 金具留め工法
グラスウール⑦100

▼最高高さ
6,470
3,740
1,520
455
550
800
1,200
3,540
主寝室
800
800
浴室
2,350
FIX ガラス
サイディング2枚分のAWの高さ
150
2,205
玄関
2,830
493 342
サイディング1枚分のアルミサッシの高さ
ブラインドボックス
580
2,400
1,820
反射光
FIX ガラス
FIX ガラス
リビング
600
▼設計 GL
防湿コンクリート⑦80
180
▼キッチン
390
45°
300

洗い場部分はメンテナンスを考慮して、床下空間を400㎜確保する

雨水を浸透させるため、捨てコンは打設しない

2,400 | 1,750 | 3,180 | 1,600 | 1,550
10,480

スウェーデン式サウンディング(SWS)試験の結果、平屋の場合は地盤改良の必要はないが、2階建ての場合は、道路レベルから深さ1,500㎜の地盤改良が必要と判断された。しかし前面道路幅員が狭く、地盤改良の重機を敷地に入れるのは困難。そこで地盤改良を断念し、敷地全体に3つの棟を分散して配置することとした

前面道路の公設桝の深さを調査し、ポンプアップなしで雨水と排水を処理することを決定。キッチンはLDKよりも390㎜上がった床レベルにあるので、公設桝までの排水の水勾配は1/50以上確保できた。雨水は、法面庭の傾斜に浸透管を設けて、それより上部からくる雨水を公共下水へ排水する勾配を確保し、配管している

前面道路や玄関アプローチとの高低差を無理なく解消するために、床高を180㎜とし、同時に天井高も2,205㎜と低く抑えている。道路境界線まで接近して建つ圧迫感と、道路に面して窓のないファサードの閉塞感を和らげる効果を狙った

2

サイディングの目地の高さをそろえている

3つの棟は、構造的な剛性を確保するために基礎部分でつながっている。ファサードも3棟の一体性を表現すべく、外壁に同一のサイディングを用い、サイディングの目地の高さをそろえている。サイディングの高さ455㎜はファサードデザインのモジュール(910㎜の半分)であり、内部空間との整合性もとった。また開口部の高さも、サイディング高さ455㎜の目地を基準にサッシ高さの寸法を算出し、半端が出ない高さに調整している

法面庭の家

設計:GEN INOUE
[写真:GEN INOUE]

地盤調査結果から出された1,500㎜という高低差を利用して、3棟の建物と法面庭から構成される。プランは、敷地境界からセットバックさせた四角形から、2つの法面庭を抜き取るように計画。LDKや寝室・個室などの生活空間を中央棟に、水廻り・玄関などの機能的な空間を左右の平屋に、それぞれ集約している

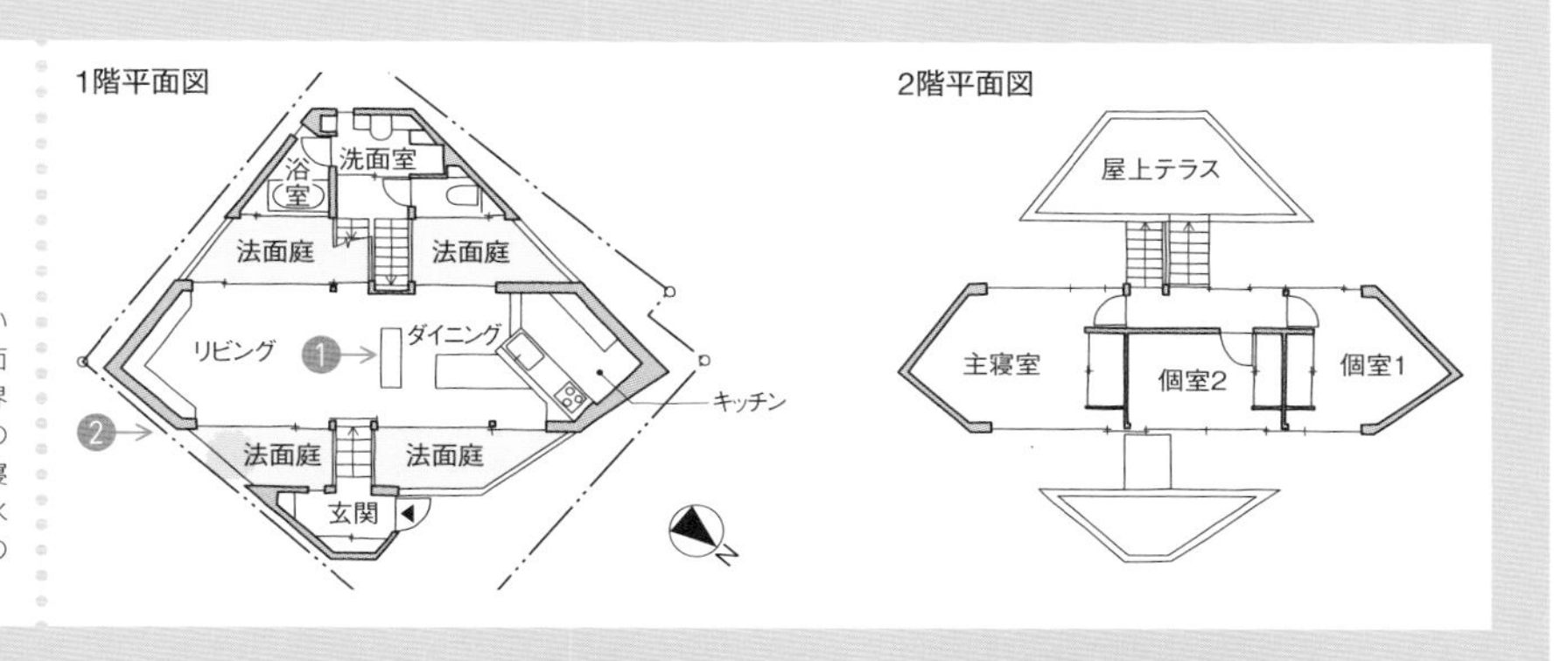

COLUMN

LDK・寝室 150㎜で刻まれた天井高

天井高2250㎜が標準

筆者は、天井の標準高さを2250㎜としている。そこから、住宅の規模や建築主の要望に応じ、前後150㎜刻みで天井高を変えることが多い（2100㎜、2400㎜）。建築基準法では、居室の天井高が平均2100㎜以上と定められているので、水平天井では2100㎜が下限となる。ただし、吹抜け天井やスキップフロアの場合を除き、2400㎜以上とすることは少ない。

勾配天井の場合は2100㎜を下回る1800㎜や1950㎜を天井高の下限高さとすることもある。しかし、こうしたケースは斜線制限などの外的条件による場合がほとんどであるため、積極的に採用することは少ない。また、勾配天井の下限にエアコンを取り付ける場合は、取り付ける高さ（位置）に苦労する場合があるので注意を要する。

なぜ150㎜ピッチなのか

設計事務所の寸法体系は、事務所ごとに異なっている。たとえば、枠の見付けを15㎜とする事務所もあれば、10㎜や27㎜とする事務所もある。新しく入所したスタッフは、その事務所に連綿と受け継がれてきた寸法体系を学び、血肉化していく。いわば、寸法体系は、各事務所なりの「設計作法」ともいえる。

では、なぜ筆者は150㎜ピッチで天井高を刻み、標準を2250㎜としているのか。そもそも日本には、尺貫法という日本人の身体感覚に合った固有の寸法体系がある。天井高さは、空間を規定する重要な要素であり、尺貫法は感覚的になじみやすい。

そこで、1間（1820㎜）を基準として、そこに1尺（303㎜）を加えると約2100㎜、2尺（606㎜）を加えると約2400㎜となる。メインの居室で2100㎜を天井高の標準とすると低すぎるし、一方、2400㎜では、特に都市部の斜線制限が厳しくかかる立地の場合、成立しにくい。そこで、さらに0.5尺（約150㎜）だけ刻んで2250㎜を標準としたというわけである。

この高さ、元をたどれば筆者の師である村田靖夫が好んで使っていた寸法を踏襲しているのだが、自分自身の経験と身体感覚に照らしても違和感なく使えるため、そのまま採用している。

「ひき」を頼りに天井高を決定

開口部（特に掃出し窓）の高さも、天井高を基準にフルハイトから150㎜刻みで設定している。もちろんケースに応じて対応しているので、厳密にルール化しているわけではない。

とはいえ、部屋には、その広さに合った天井高があり、開口部の大きさに応じた「ひき」がある。ひきとは、奥行きやプロポーション、内外のつながりなどを踏まえた総合的なバランスである。ひきが小さければ、開口部も抑えたほうがよいし、内外の連続性を表現するにはフルハイトにする場合もある。これらを決めるモジュールとして、150㎜が基準となるわけだ。

垂壁が現れる場合、ロールスクリーンを取り付けるスペースを確保したり、壁を大きめに残して面として表現したりすることもある。開口部の高さにはバリエーションが多い。 ［村田淳］

1 天井高2,100㎜、開口部2,100㎜

鎌倉の家

1 寝室

平面図［S=1：120］

2,380 / デッキ / 2,730 / 主寝室 / ウォークインクロゼット / ホール / 3,290

断面図［S=1：120］

ホール / 主寝室 / 2,100 / デッキ / 2,730

天井、開口部：2,100㎜

9㎡弱という、比較的コンパクトな寝室で、ひきは小さい。そのため、天井高は標準の2,250㎜よりも低く抑えて2,100㎜とし、開口部も2,100㎜とした。庭に面した掃出し窓は、内外の連続性を強調するようにフルハイトとした

敷地は、住宅密集地の1角。そのため、採光条件に優れた2階にLDKを配置し、1階に寝室を設けた。2階は借景として緑を取り込み、1階は庭の緑とつながっている。高度斜線制限や北側斜線制限により、2階の天井高を高く取った分、1階居室は広さに応じて天井高を抑えている

2 | [標準]天井高2,250㎜、開口部2,250㎜

成田東のコートハウス

3 リビング

2 リビング　障子を閉めたとき

天井、開口部：2,250㎜
奥行きが2間半(4,550㎜)のLDK。天井高を高くすると中庭を囲むコートハウスとのつながりがうすれてしまうので、天井高は筆者の標準寸法2,250㎜とした。また開口部は、内外の連続性を強調するよう、垂壁のないフルハイトとしている

季節に応じて、障子とロールスクリーンを使い分けている。戸袋を設けていないため、障子は慳貪[けんどん]式で納めた

断面図[S=1:150]

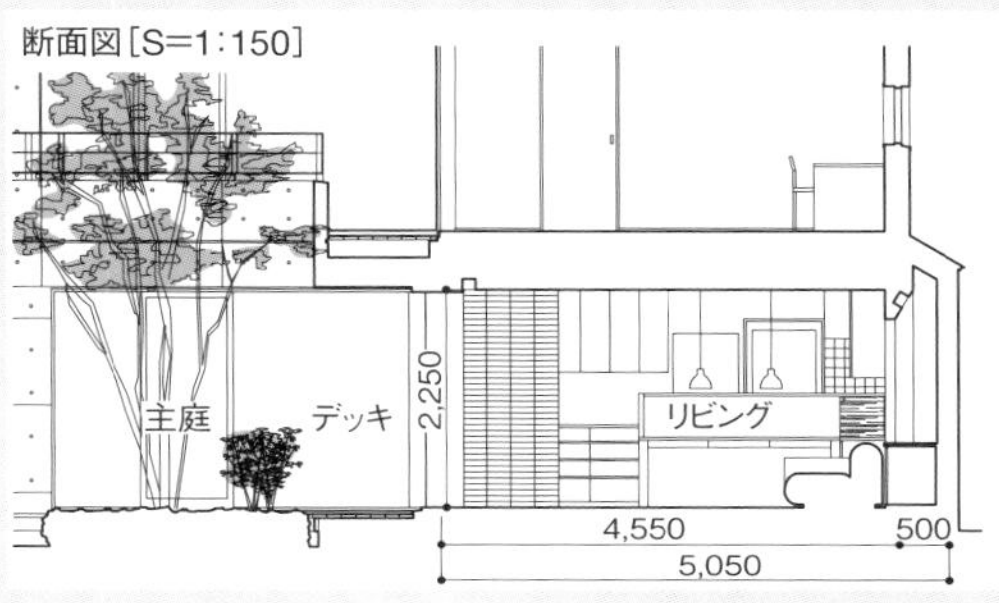

緑あふれる中庭とつながるコートハウス。中庭に面するL型のLDKの開口部は、室内からの庭の風景の見え方を考慮し、FIX窓と片引き戸のシンプルな構成としている

3 | 天井高2,400㎜、開口部2,400㎜

大きな町屋(設計:村田靖夫)

5 リビング

4 ダイニング

天井、開口部：2,400㎜
デッキを介して庭とつながる奥行き5,460㎜の広いリビング。庭を含めて10m超の広がりに応じて、天井高も2,400㎜と高くしている。掃出し窓の構成は、木製のFIX窓、隠し框の引戸である。木製建具の高さ寸法が大きくなるに応じて、縦框の寸法を大きめに取った。いずれの建具も堅いチークで製作している

断面図[S=1:150]

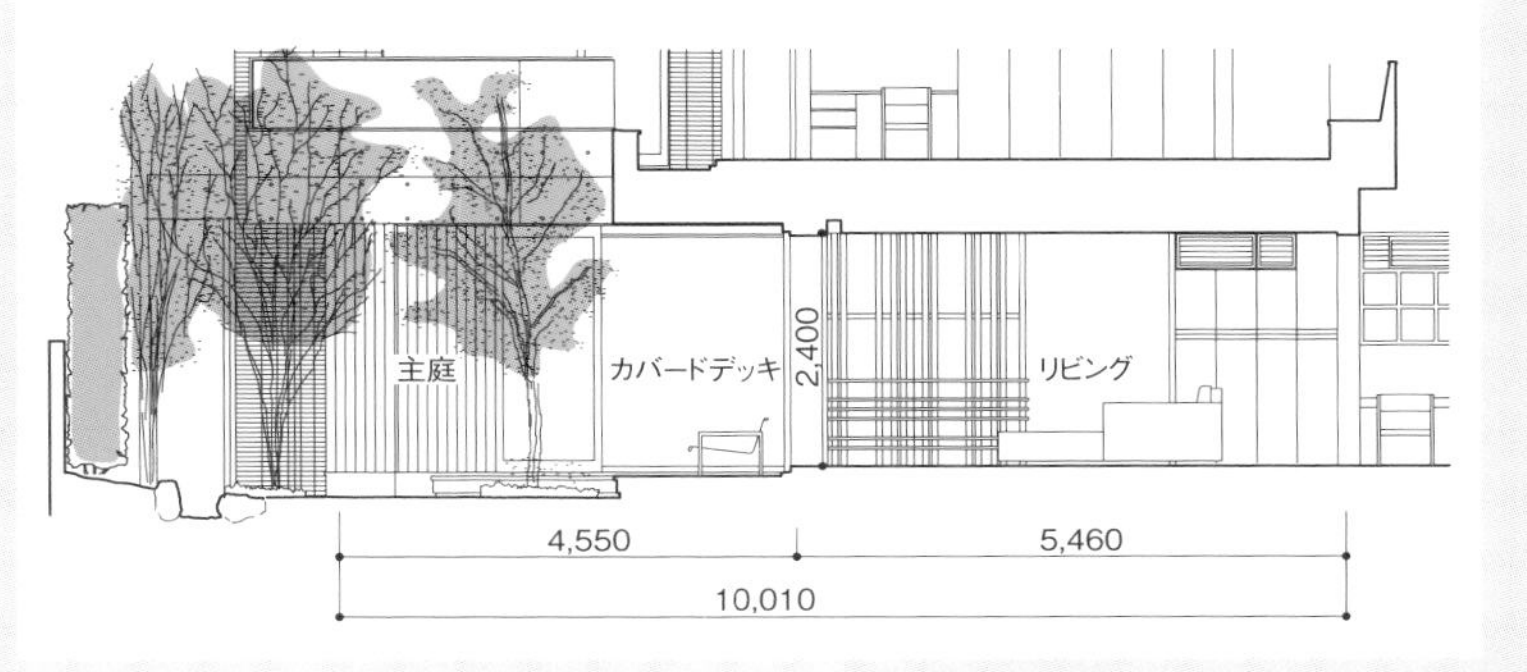

都内の成熟した住宅地にありながら、敷地面積400㎡超という敷地にある住宅。北側斜線制限などによる規制も緩やかであった。中庭に向かってL型の建物が開く配置にして、どの居室からも光や風、緑を楽しめるようになっている

玄関の「高さ寸法」を攻略する

本間至

取材・文=岡村裕次
写真=冨田治

1 明と暗。玄関天井高2,050㎜

祖師谷の家

1 玄関からポーチを眺める

2 写真1の見返し。階段吹抜けから廊下に光がこぼれる

1FLから玄関越しに外部を眺めると、ポーチの天井（高さ2,100㎜）が目に入る。玄関の天井がいったん抑えられている分、外部の強い緑がダイレクトに取り込まれないよう配慮している

細長い玄関の扉は、防犯上有利な内開きとしている

廊下天井：2,050㎜

廊下の天井をいったん2,050㎜と抑えている分、階段越しにトップライトから落ちてくる光のコントラストが強まる。玄関から視線が階段上方へと素直に導かれるように、空間の流れをつくっている

断面図［S=1：150］

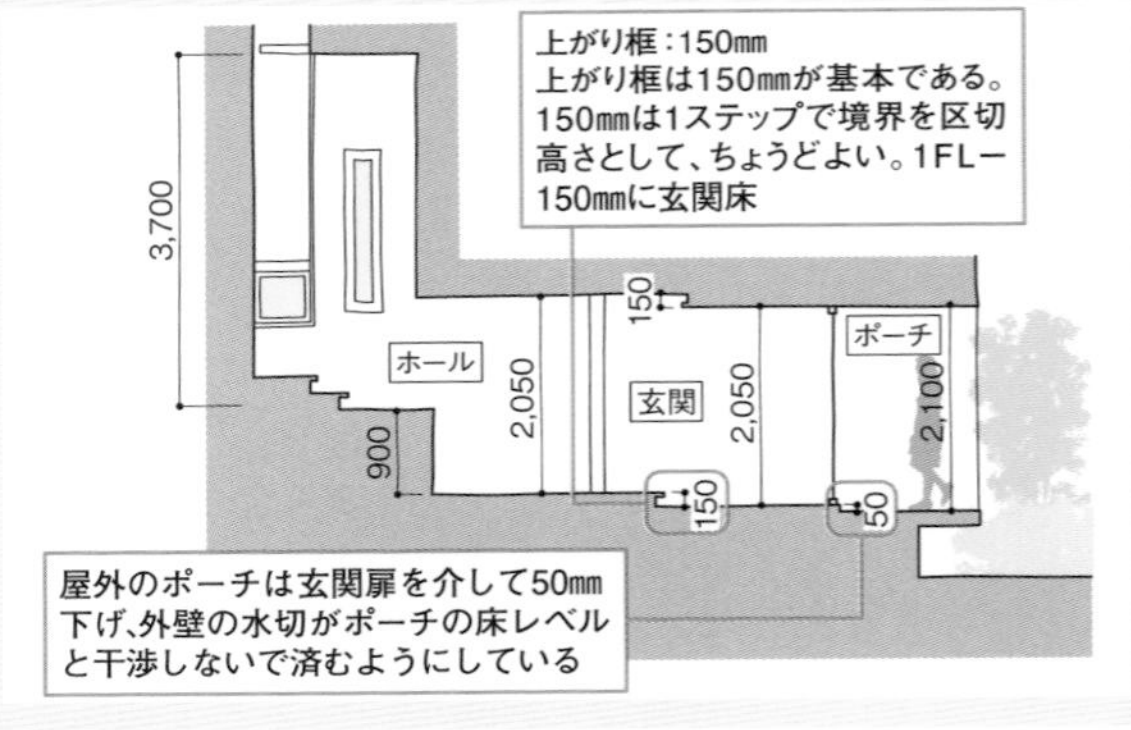

玄関は必要最小限の機能を果たせばよい。それゆえ、基本的に広く取らない。本事例もそのルールにもとづき、敷地が200㎡と十分な広さはあるが、玄関は小さくて細長い、高密度なものとした。玄関の天井高2,050㎜と好対照をなす階段吹抜け3,700㎜から光がこぼれてくるので、視線が吹抜けに導かれるとともに、明暗のコントラストが強まり、奥行きのある空間になった

上がり框は150㎜

玄関の床レベルは、1階床レベルからマイナス150㎜を基本（上がり框：150㎜）としている。上がり框としては少し低い印象があるかもしれないが、これ以上レベル差がつくと、室内空間へのつながりが玄関でいったん途切れてしまうと考えている。それゆえ、どんなに敷地が狭くても、外部から玄関に至るまでの空間にはアプローチや外階段などを設え、GLから徐々に上げている。ただし、上がり框150㎜は床に接地させず100㎜程度浮かせて見切ることで、空間を軽やかにつなげる。

天井高の操作で、玄関から室内へ引き込むのも重要である。面積に余裕がある場合は、玄関ポーチ部の天井高さを極力低くして、玄関天井をその分上げて2100㎜とし、その先の廊下は、上がり框で上がった分だけ天井を高くする。このようにすれば、天井高が高い方向に向けて視線が抜ける。

2 | 浮遊感のあるポーチ。GL+1,400㎜

桜ヶ丘の家

断面図［S=1:80］

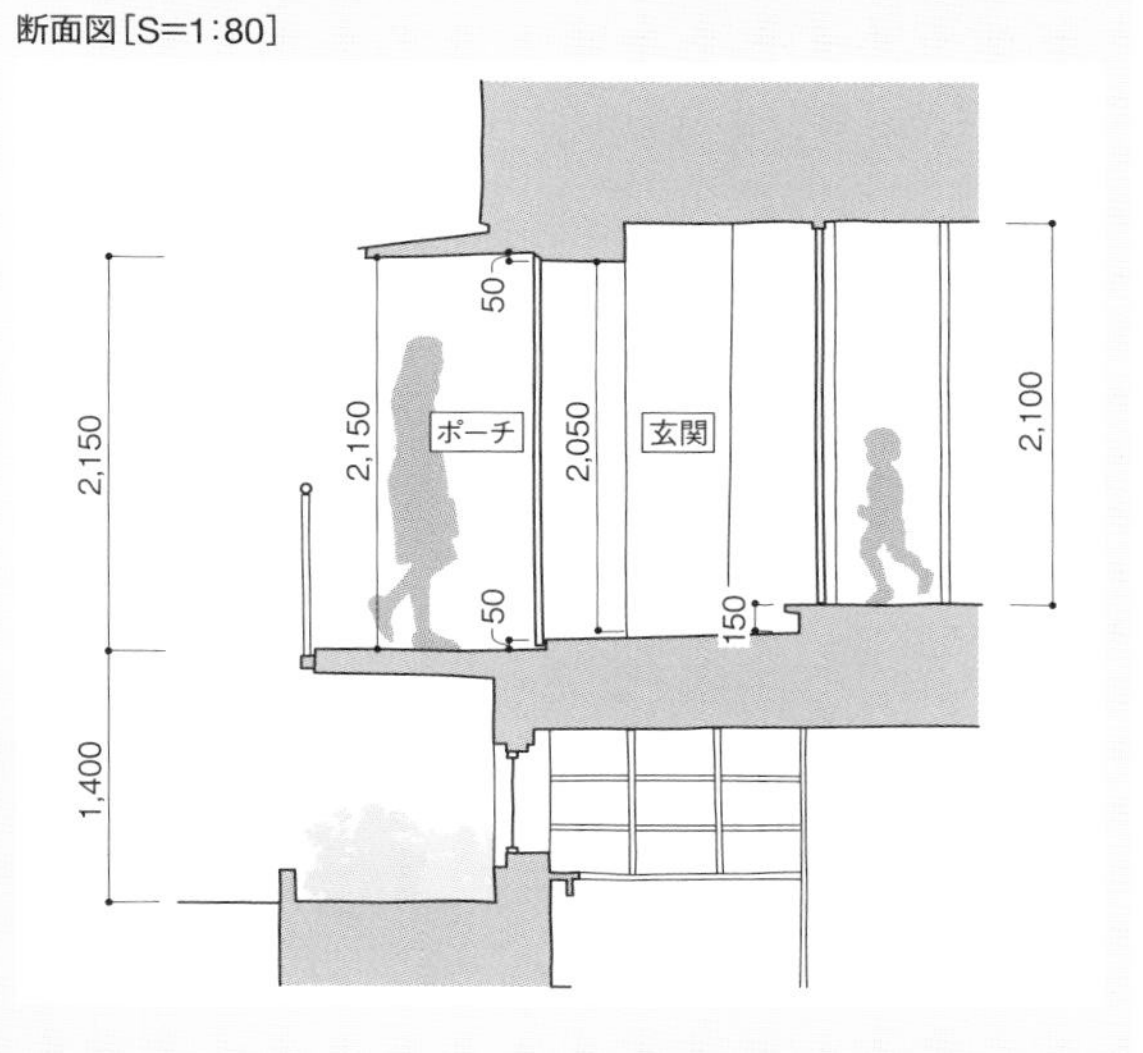

敷地と道路レベルの高低差(1,400㎜)を利用して地階を設けた。玄関ポーチへのアプローチ階段を5段(蹴上げ180㎜、踏面250㎜)設けることで、敷地レベル差を解消しつつ、緩やかに外から内に入る気構えを促している。手摺高さは踏面から900㎜

3 | 吹抜け5,400㎜の玄関

二葉の家

高密度な都市型住宅の場合、玄関から平面的な視線の抜けをつくることは難しい。そこで本事例では、視線が断面的に抜けるように配慮し、スキップフロアの玄関を設えている

断面図［S=1:150］

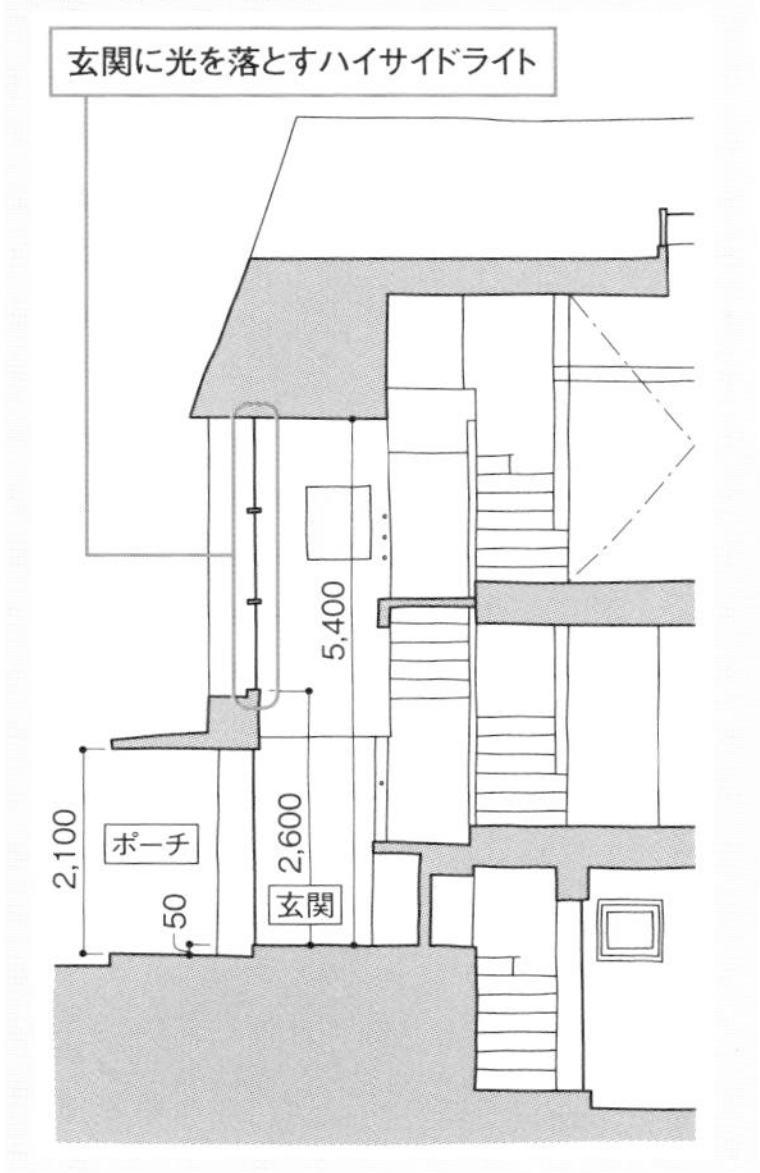

階段の蹴込み板を設けず、光を階下へと導いている

吹抜け：5,400㎜
玄関上部は5,400㎜の吹抜けで階段室とつながる。2,600㎜の高さから開口部(930㎜角×3)を設けて、暗くなりがちな玄関に安定的な光を落とす

階段と階段の間の壁にスリットを設け、視線の抜けをつくることで空間をつなげている。木製バーは階段を昇るときに回転する際の手摺となる

明暗のコントラストを高める地窓高さ750㎜

地窓:750㎜
坪庭に面した地窓(上端750㎜)から落ち着いた光を取り込み、玄関土間を重心の低い空間とした。坪庭は浴室と共有している(図2参照)

ステップ:150㎜
玄関土間からL字形に誘導して、150㎜のステップ3段を介してリビングにつながる。階段のように「上がる」という動作になることを避け、150㎜に抑えた。また、2段目と3段目のレベル差150㎜は、キッチンワークトップの850㎜とダイニングテーブル700㎜の差を埋め、天端高さをゾロで納めている

天井:4,015㎜
玄関とは対照的に、リビングは最高天井高4,015㎜の開放的な空間として、居室の明暗のコントラストを高めている

玄関土間は重心の低い空間とするため、開口を2100㎜と抑えてから、天井高2550㎜とした。ただし天井高2550㎜は一般的な高さであるため、それだけでは低さや暗さを実感できない。そこで、北側の坪庭に面した地窓(上端750㎜)から落ち着いた光を取り込み、上方に暗がりをつくりだすことで、重心の低い空間をつくった。

[石井秀樹]

1 長手方向に強調されたリビング

天井と床は、視線が長手方向に抜けるように、ともに長手方向に張っている。なお、軒天井も同様に長手方向に張って、内外の連続性を表現している

外形のプロポーションを模型で検討し、勾配が立ち上がりすぎず、潰れすぎないプロポーションとした結果、5寸勾配となった

勾配天井にダウンライトを組み込んでいる。テーブル面の照度が350～400ルクス程度となるよう、傾斜角度と照明位置を調整した

低座椅子に腰掛けたときに、天井高が高すぎると落ち着かない。そこで、軒の下がり、開口部の高さを2,100㎜と抑えている。屋根に覆われている安心感が落ち着きをもたらす。また、室内の開口部高さは2,100㎜でそろえ、1本のラインとなるように調整し、すっきりと見せている

2 坪庭FIX窓詳細図[S=1:10]

玄関土間の地窓は、坪庭とつながる。坪庭は、低い位置では土間の地窓からの見通しとして、高い位置では浴槽上の開口部の抜けとして、上下で使い分けられている。互いの視線が交差しないよう高さを調整している

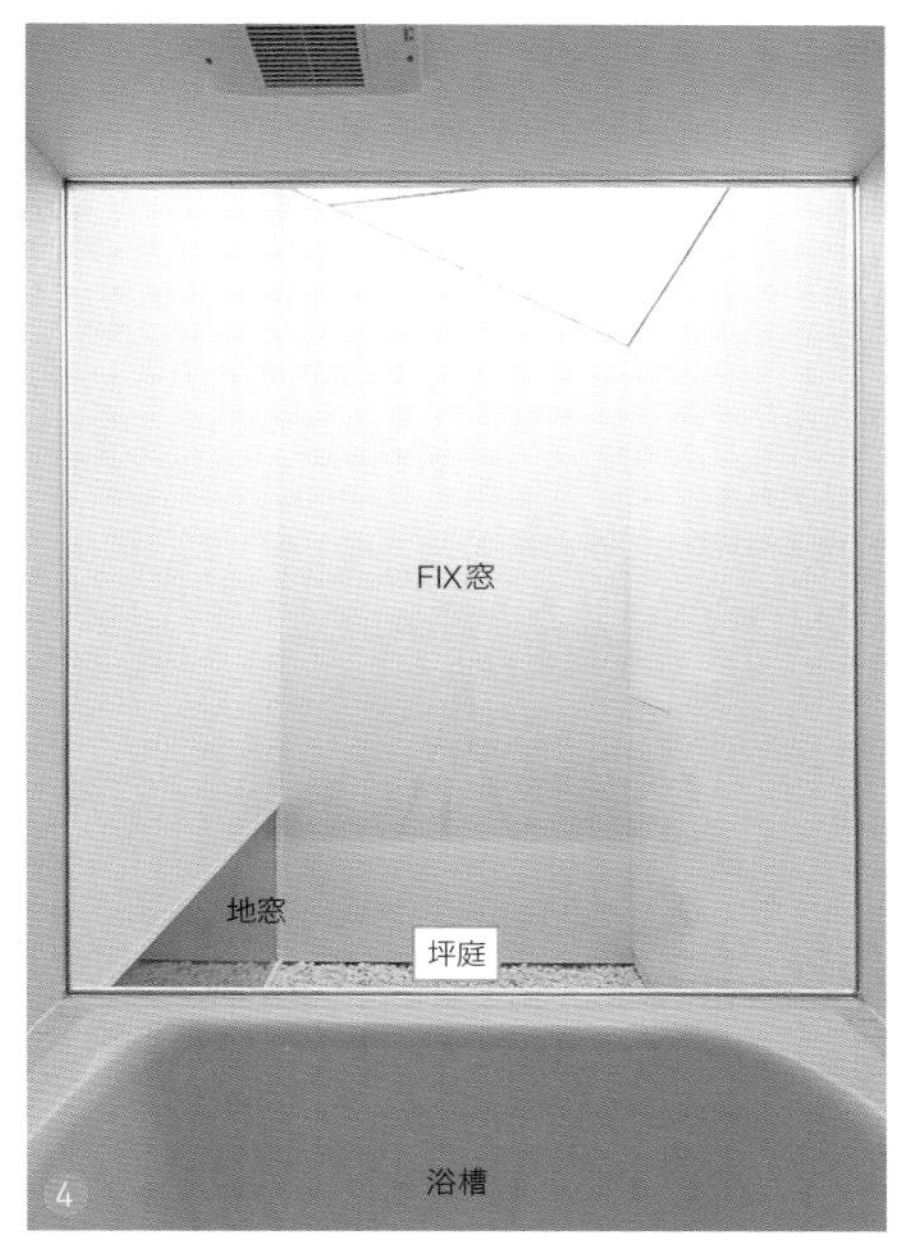

スチールサッシ納まり現場スケッチ

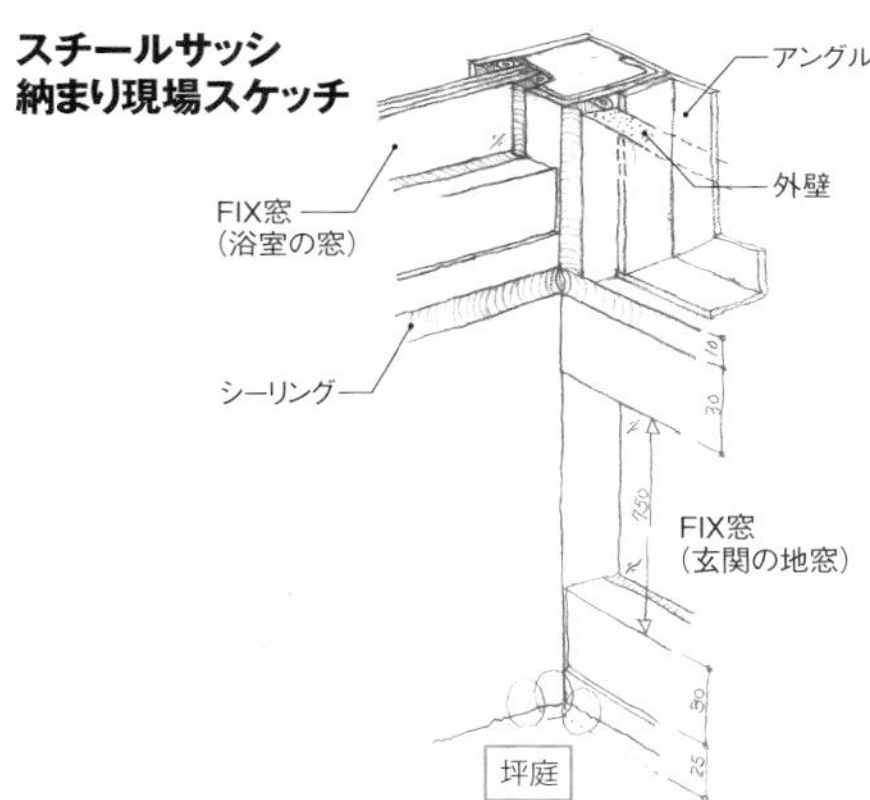

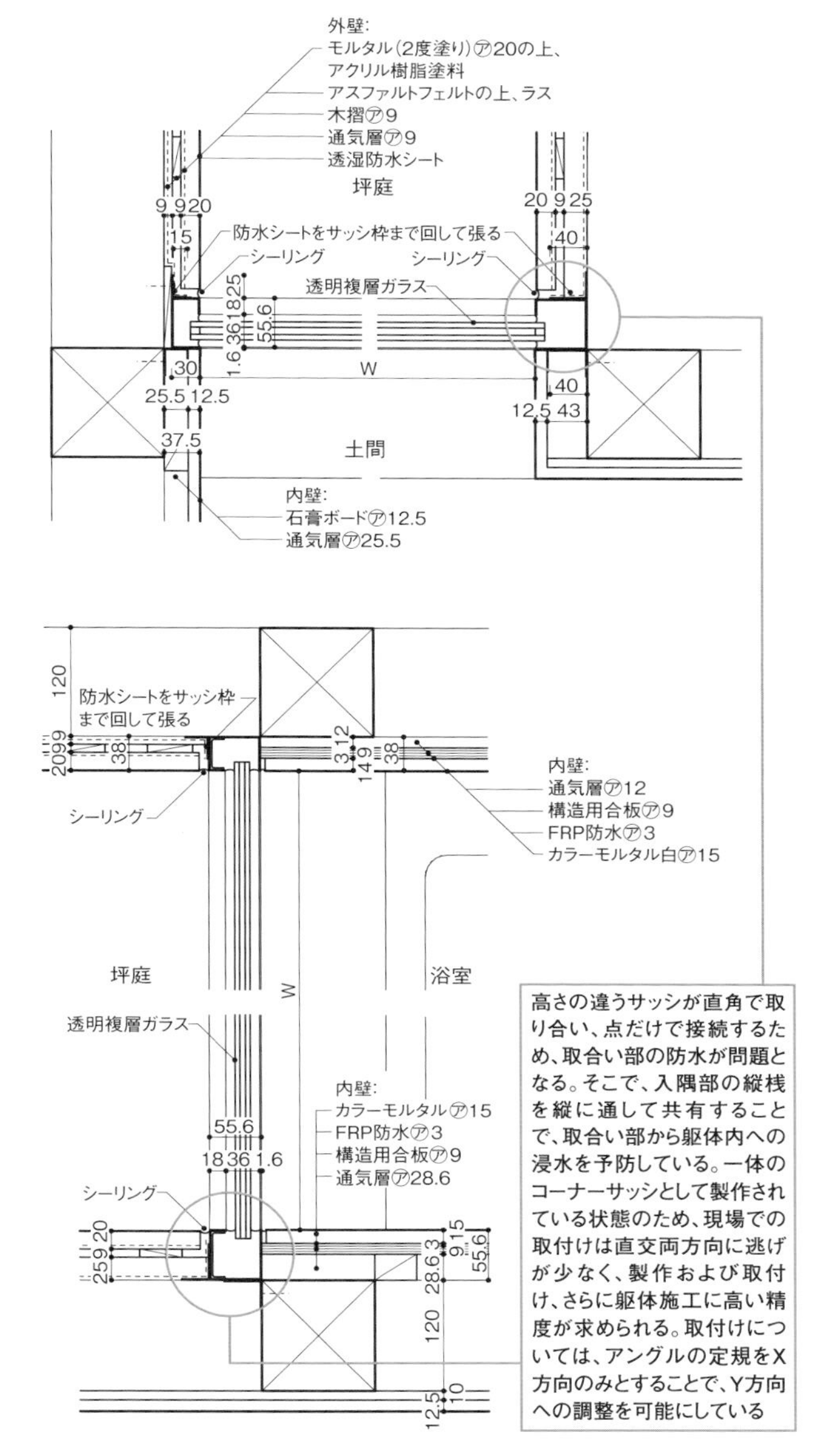

高さの違うサッシが直角で取り合い、点だけで接続するため、取合い部の防水が問題となる。そこで、入隅部の縦桟を縦に通して共有することで、取合い部から躯体内への浸水を予防している。一体のコーナーサッシとして製作されている状態のため、現場での取付けは直交両方向に逃げが少なく、製作および取付け、さらに躯体施工に高い精度が求められる。取付けについては、アングルの定規をX方向のみとすることで、Y方向への調整を可能にしている

浜北の家

設計:石井秀樹建築設計事務所
[写真:鳥村鋼一]

東西に長い長方形の平面を、南北方向の壁で短冊状に分節し、諸室を計画した。南入りの玄関+南に広い庭などの要望があった。建物の南北一杯を玄関土間として、まずは南北に強い動線を生み出し、東西方向の単調さに変化を与えた。また、各空間に明と暗の性格付けを行い、暗い部屋(玄関・洋室)と明るい部屋(リビング・寝室)を交互に並べて、空間の奥行き感を強めている。加えて、床高と天井高を変化させることで、表情豊かな空間となった

断面図

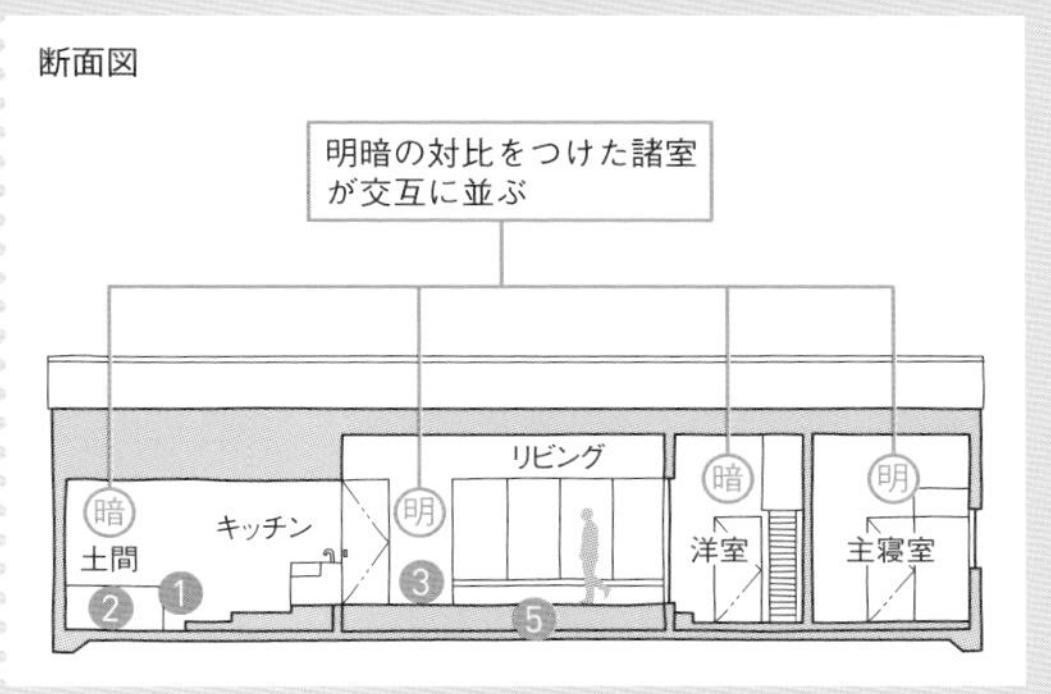

350㎜と少し高めの腰掛けやすい上がり框

土間と一体化した玄関を設計するにあたり、腰掛けやすく、かつ靴の着脱もしやすい（靴の着脱は基本的に腰掛けて行うことを想定）高さを検討した結果、上がり框の高さを350㎜とした。

玄関床面から165㎜浮かせた部分を設けて間接照明を仕込み、足元を穏やかに照らしている。165㎜あれば照明のメンテナンスも十分にしやすい。

［柏木学・柏木穂波］

下足入れ：1,050㎜
手摺を兼ねられるように、下足入れの上端は1,050㎜とした

上がり框：350㎜
客間玄関で腰掛けやすい高さ350㎜としている。靴の着脱も基本的には腰掛けて行うことを想定している。下部に間接照明を組み込んでいる（図2参照）

地窓：600㎜
窓の開閉やメンテナンスを考慮すると、地窓の上端はミニマムで600㎜は必要。今回は押入れがせり出しているため、地窓スペースにテレビを置いたり、床の間のように使ったりできる

1 ホールから客間につながる

引込み戸：2,400㎜
玄関と客間を区切る建具は2,400㎜。障子の割付けと下足入れの高さの線をそろえている

2 上がり框断面詳細図 [S=1:8]

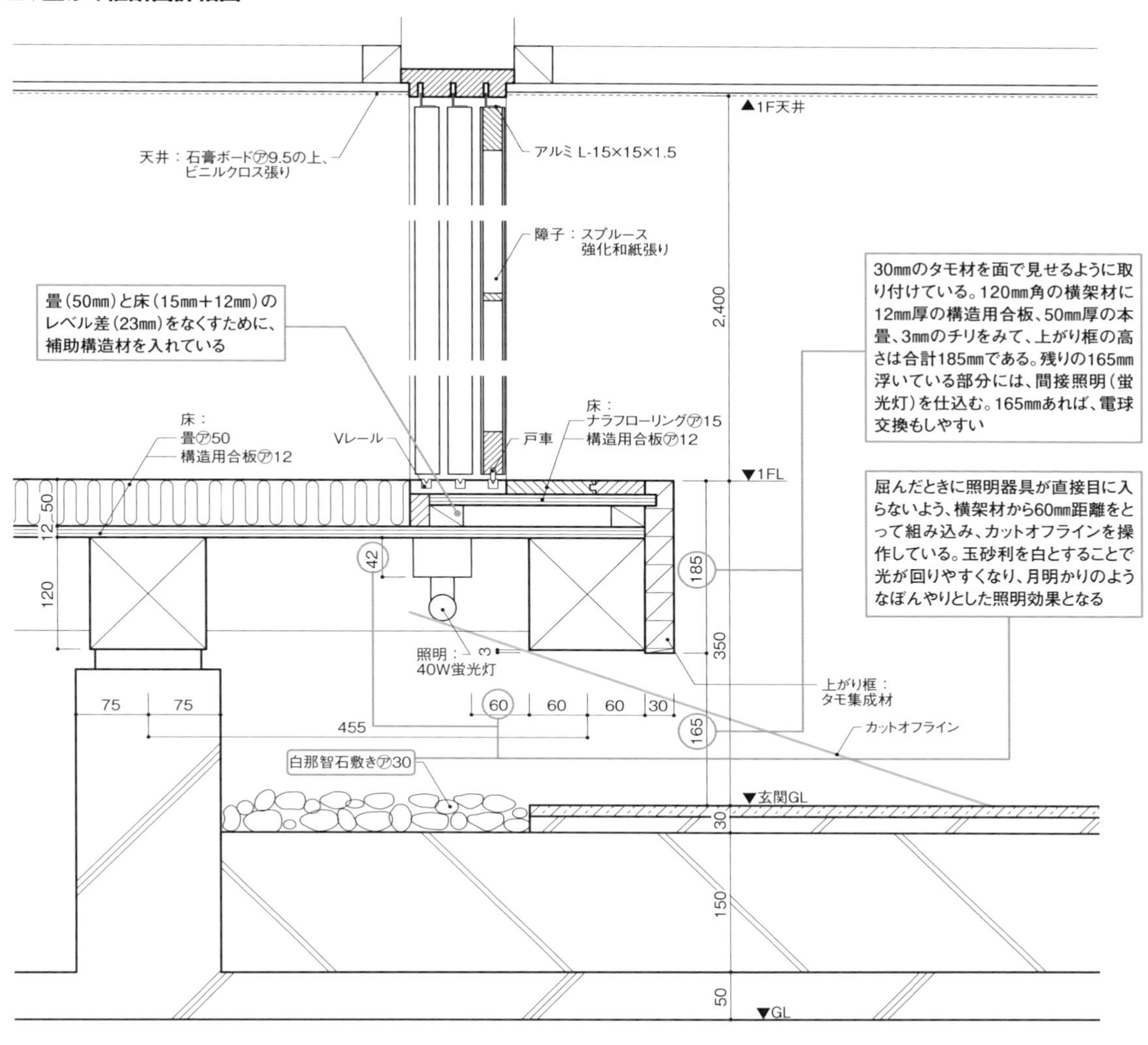

露地の家

設計：カシワギ・スイ・アソシエイツ　[写真：上田宏]

旗竿敷地のため、自動車は土間で転回して前向きに駐車・発車できるように、土間スペースを広くとっている。結果、土間を介して玄関ホールという配置にできたので、開放的な玄関としてもプライバシーは確保されることとなった

1階平面図

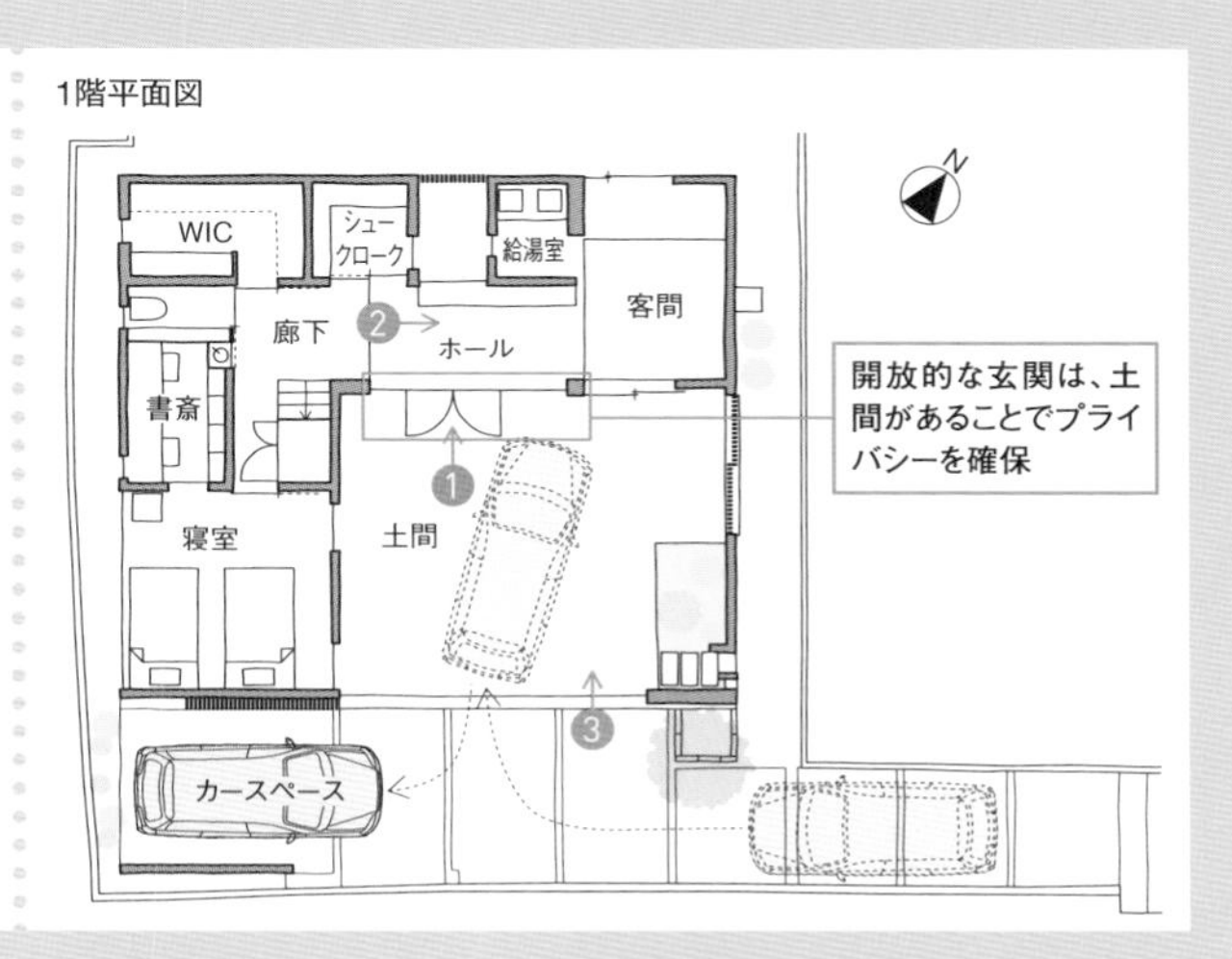

敷地レベル差400㎜をアプローチにして視点の変化を

ポーチの外壁見切は、玄関らしい正面性を表現するために、外壁を下端に塗り回して見切るのではなく、玄関扉と同じピーラーに板金をかぶせた水切を外壁に勝たせて設けている

手摺壁高さ：1,740㎜
手摺壁の高さはポーチから1,150㎜、アプローチからは1,600㎜となっている（道路は切り下げのため、道路からは1,740㎜）。この高さであれば道路からは玄関が見えにくく、かつ塀としても圧迫感がない

レベル差：870㎜
1階床レベル（GL＋470）を基準に、道路側のアプローチレベル（GL－400）までのレベル差（870㎜）に階段状のアプローチを設けている

400㎜のレベル差（±0〜－400）がある敷地に、水仕舞いや湿気を考慮して、高いレベル（±0）に合わせて建物を建てた。そこから決まった1階の床レベル（＋470）を基準に、道路側のアプローチレベル（－400）までのレベル差（870㎜）を利用して階段状のアプローチを設けた。直線状に設けることもできたが、道路までの距離が近く、単調かつ道路から玄関が丸見えになる。そこで、建物に沿って数段のステップを上がり、ポーチの前で一度折れて動線の長さをとり、視点に変化をつけた。また、アプローチの曲折点には手摺壁を設け、玄関を緩やかに隠す塀（目隠し）も兼ねさせた。［村田淳］

2 玄関廻りの平面図［S＝1:100］

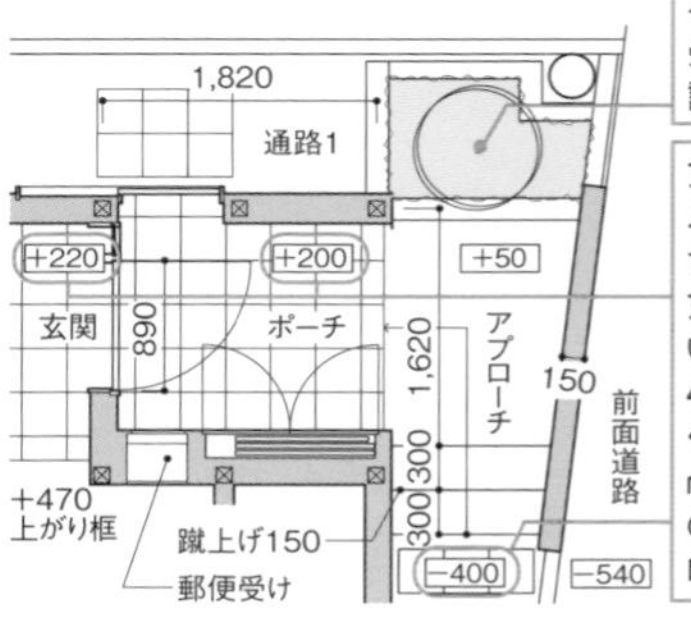

隣家に向かってアプローチするので、ポーチ前には視線を受け止めるための植栽帯を設けている

玄関土間と上がり框のレベル差は、座って靴を履くのにちょうどよい250㎜、外開きの玄関扉の敷居段差を20㎜という具合に室内側（1FL＋470㎜）から寸法を決めていくと、ポーチのレベルは＋200㎜になる。そこから道路までのレベル差約600㎜をアプローチで解消している

「高田のコートハウス」設計：村田淳建築研究室、写真：村田淳建築研究室

玄関を柔らかく照らす高さ600㎜の地窓

収納高さ：1,850㎜
収納下端は室内床上から350㎜。シンプルな壁面として見せるように、扉（開き戸）を天井いっぱいまでの高さ1,850㎜とした。内部は可動棚で靴やサンダルなどの下足入れ、傘の収納、郵便などの受け箱を兼ねる

地窓：600㎜
東側に面している地窓。朝日が差し込み樹影が落ちる。土間床上より600㎜として、靴の着脱時に腰掛けた際に、窓の上端が目線の少し下になるようにしている。防犯性・断熱性を考慮してFIX複層ガラスとした。立った姿勢の視点からは、窓外の風景が足元に覗く程度のため、天井高2,200㎜に対して地窓の重心の低さが強調される

上がり框：250㎜
床に座って靴を着脱するのに適した最小限の高さと考えている。框の材種はムク材のタモ60×90㎜。床仕上げはサクラフローリング

1 収納展開図［S＝1:80］

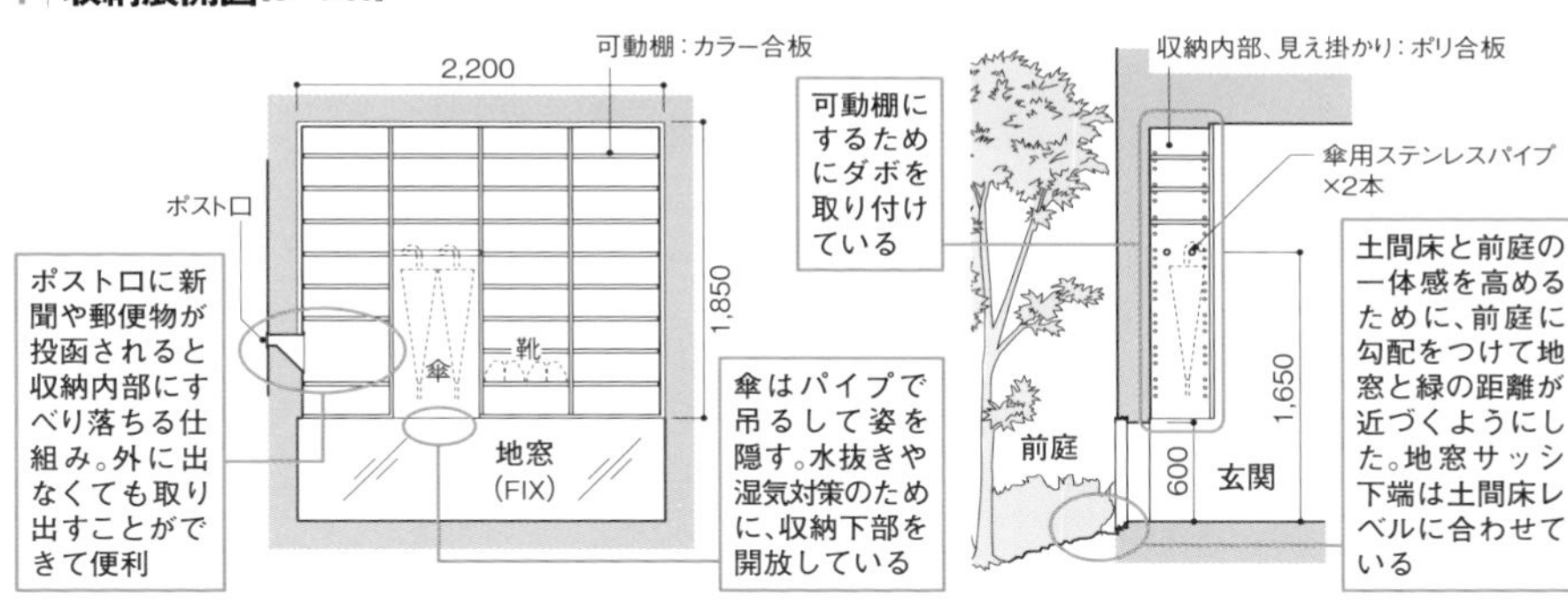

2 1階平面図

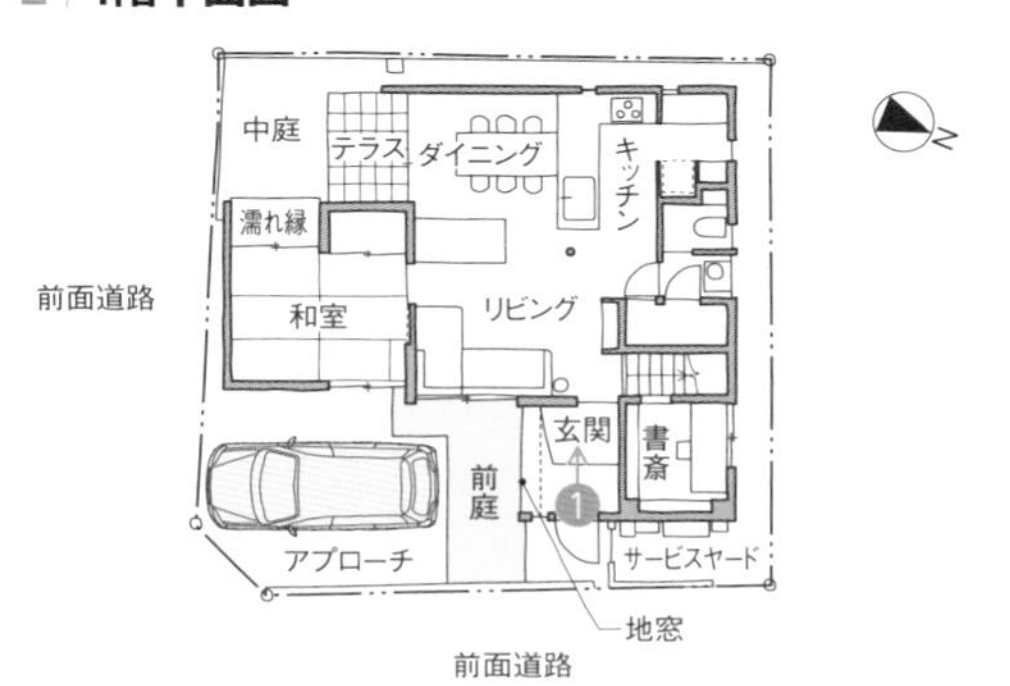

玄関に必要な雑多な収納を確保すると同時に、自然光による適度な明るさを確保するため、前庭に面した壁の幅いっぱいに地窓（上端玄関FL＋600㎜）を開け、その上に天井までの壁面収納（高さ1850㎜）を設けた。収納下面からは水抜きや通気も可能で、傘など水気の多いものの収納にも適している。
［小野喜規］

「桜坂の家」設計：オノ・デザイン建築設計事務所、写真：田伏博

階段の「高さ寸法」を攻略する

本間至

取材・文=岡村裕次
写真=富田治

1 | 3,650×550㎜の横長窓に導かれる階段　綾瀬の家

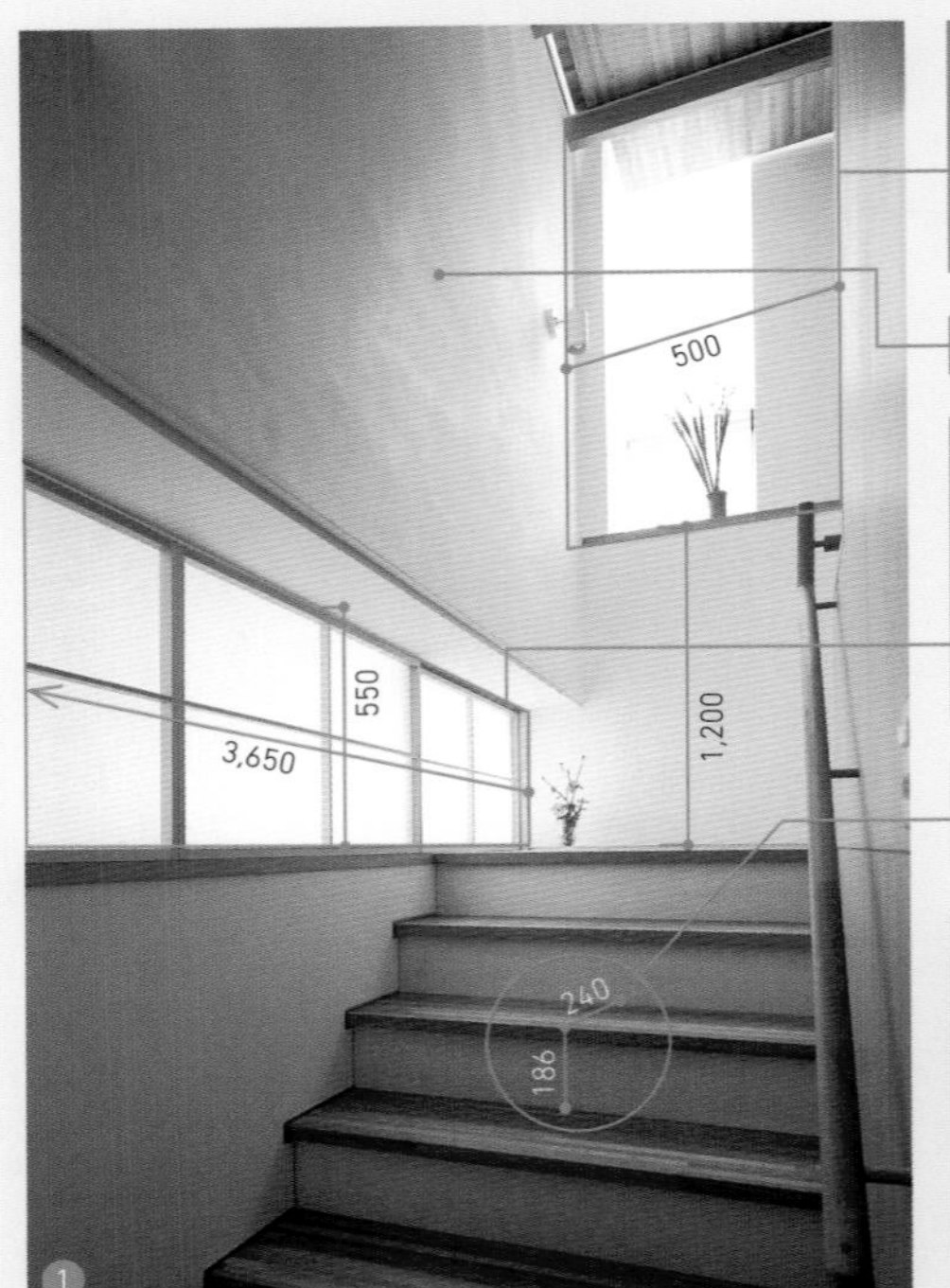

縦長開口部：幅500×高さ2,200㎜
階段を上ると視線は上へと向けられる。そこで、階段正面上部に縦長の開口部を配置して、いったんその視線を受け止める。そのまま上に伸びる開口部は、上階の踊場の地窓となる

漆喰壁(白)。取り込まれた光で柔らかく照らされる

横長開口部：幅3,650×高さ550㎜
玄関を入ると、目線の高さに細長い窓が設えてあり、障子を通じて柔らかく光を導く。その光に誘導されるように、目線は階段を通じて2階LDKにつながっていく。開口部は、折返し階段の踊場高さではそのまま地窓となって、足元を照らす

蹴上げ：186㎜、踏面：240㎜
踏面は標準寸法である240㎜を採用している

1階平面図

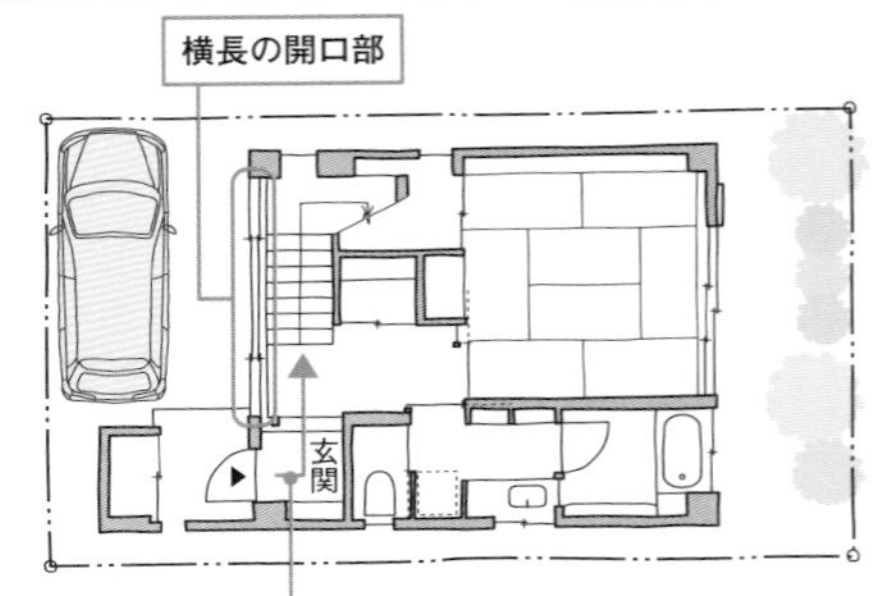

開口部：600×600㎜
階段室は寝室の書斎コーナーと開口部を通じてつながる。換気窓も兼ねる

S造3階建ての都市型住宅。幅3,650×高さ550㎜の開口部を階段に沿って設け、採光しつつ、昇り降りという動作を誘導する。また、書斎コーナーやダイニングとも開口でつながったり、トップライトから光が注がれたりと、開かれた階段室をつくった

踏面240㎜、蹴上げ180〜190㎜

階段の昇り降りのしやすさは、踏面と蹴上げの寸法で決まる。大きなレベル差を小さな床面積で解消するには、踏面を狭く、蹴上げを大きく取らなければならない（例：はしご）。反対に、踏面を広く取る場合は、蹴上げを小さくしないと歩行しづらくなる。筆者は直線階段の踏面240㎜、蹴上げ180〜190㎜を標準としている。都市部の狭小敷地など、どうしても面積を取れない場合は、踏面を230㎜としたり、少ない面積で済む回り階段を採用したりする。

回り階段は降りにくいという側面もあるが、面積をミニマムに使い切れるというメリットがある。そのうえ、踏面の狭い中心面を歩けば早く上がれるし、外周部は普通の階段の踏面よりも広いので、ゆっくりと昇り降りできる。ただし、直線階段よりも踏面が中心に向かって小さくなるので、蹴上げは195〜205㎜と少し高くしている。

2 | リビングとダイニングを階段でつなげる

赤堤の家

段板を支える部分以外の壁を抜くことで空間がつながる。ただし、安全性を考慮して落下防止用に木製手摺バー(床面から高さ640㎜)を設置している(※ P9参照)

3

間仕切壁：60㎜厚
階段の間仕切壁は、階段の有効幅をできるだけ大きく確保したいので、60㎜厚として薄く見せ、空間を軽やかな印象とする。構成は2枚の構造用合板(24㎜)を6㎜厚のシナ合板でサンドイッチしたもの

蹴込み板を省くことで、光と風、視線の抜けをつくっている

リビングとダイニングの間に階段室を設けることで、2つの空間を緩やかにつなげている

3 | 鉄骨回り階段。蹴上げ204㎜

上町の家

4

手摺：段板から700㎜、φ19
手摺は標準高さの700㎜。手摺とは別に段板下部にも丸鋼を添わせると、階段を上がるときの頭上注意のサインになるとともに、回り階段の繊細な印象を表現できる。構造上も有利に働き、揺れ対策となる

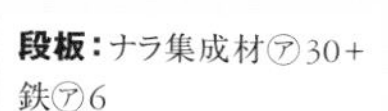
段板：ナラ集成材㋐30+鉄㋐6

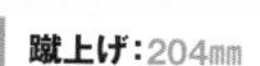
蹴上げ：204㎜
回り階段の場合、面積を確保できないので、蹴上げは標準寸法よりも高くとる。筆者はおおむね195～205㎜の間で調整している

断面図[S=1:120]

トップライトから吹抜け階段室に光を取る

900
2,050
2,450
2,450

階段踊場に天井高4050㎜のギャラリースペース

天井:4,050㎜
真下にあるカーポートの天井高を1,950㎜に抑える代わりに、階段踊場に中2階スペースをつくり、書斎や子どもたちの遊び場を兼ねたギャラリースペースとした。天井は最高高さ4,050㎜と高く取ることができ、南側に視線が抜けるよう大開口を設けた(高さ3,025㎜)。眺望と道路からの視線の遮断は、3連の内障子で調整している

デスク:700㎜
建築主の書斎スペース。デスク高さは一般的な700㎜としている

腰窓:740㎜
腰窓740㎜を通して、1階子供室と緩やかにつながる

手摺高さ:955㎜
2階のリビングと中2階を間仕切る手摺高さは、955㎜。2階のアイレベル(立っているとき)で南側開口部から向かいの木立に向けて視線が抜けるように、高さを設定している

建物を敷地の北側いっぱいに寄せ、南には敷地奥行きを利用してカーポートをつくった。乗用車の後部だけを軒下に入れ込むかたちとして、直上部分はバルコニーやベランダとして利用するのではなく、階段踊場も兼ねた中2階にギャラリースペースを設けた。天井高約4mという大空間が生まれたほか、1階と2階が緩やかにつながった。

[安藤和浩・田野恵利]

1 カーポートは天井高1,950㎜に抑える

南面の大開口部は、アルミサッシを4枚組み合わせている。向かいのケヤキの樹形が映り込み、風情ある表情となる

カーポート:
幅4,350×高さ1,950㎜
天井高を1,950㎜に抑え、階上の天井高を大きく取れるようにした。幅は4,350㎜で、来客時には2台の自動車を並べられる

玄関上にある物干しバルコニーには、木製縦格子(幅1,862㎜×高さ3,500㎜)を設置。洗濯物を見せないように工夫した

3 洗面室・トイレ

2 断面図[S=1:80]

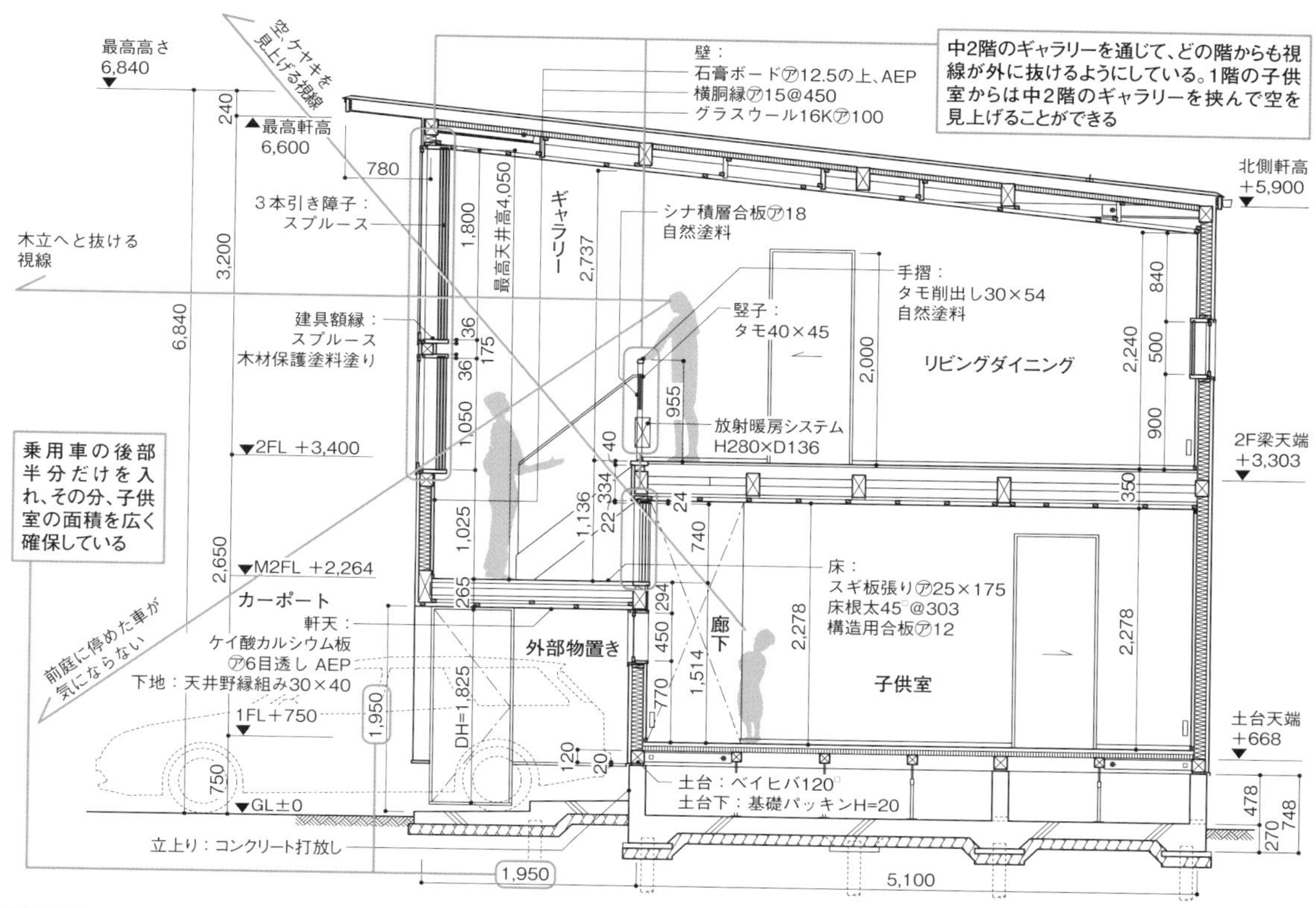

子供室からギャラリーを挟んで空を見上げられる

断面スケッチ

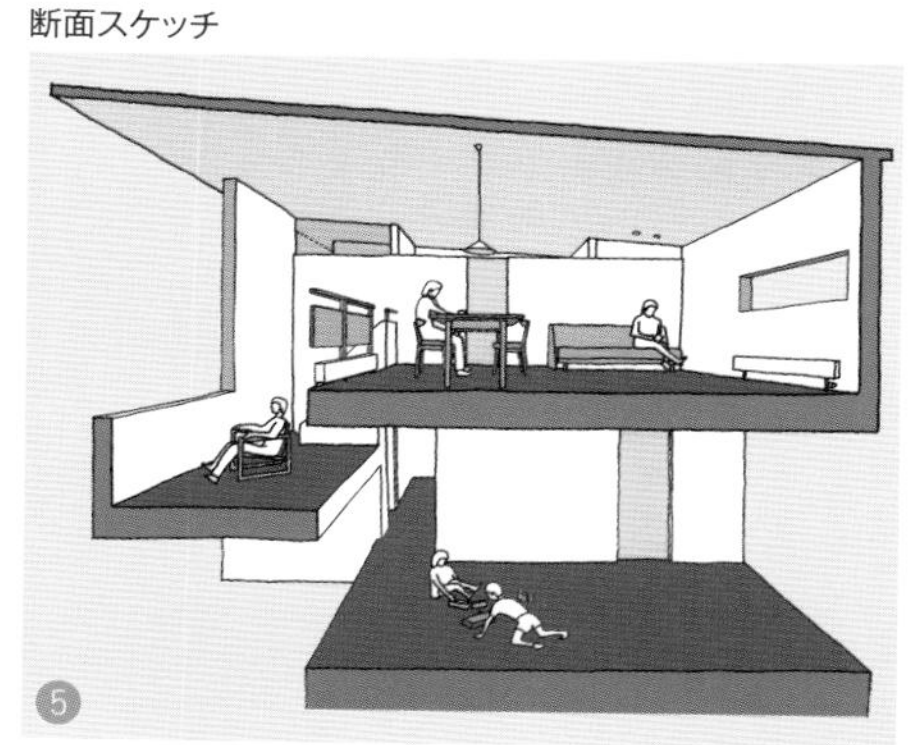
1階・2階の空間を断ち切らず、1枚の布団を折りたたむようにつなげている。ギャラリーを通じて、見上げたり見下げたりとさまざまな視角が生まれる

浦和の家

設計:アンドウ・アトリエ
[写真:石井雅義]

東西の隣家の生活階が1階であったのに加え、南側前面道路越しには高さ15mもあるケヤキと対面する。そこで2階にリビングを設けてプライバシーと眺望を同時に確保。その分、1階を外にやや閉じた空間とした。一方、内部の居室には回遊性をもたせ、視覚的にもほかのスペースとのつながりを意識させる計画としている

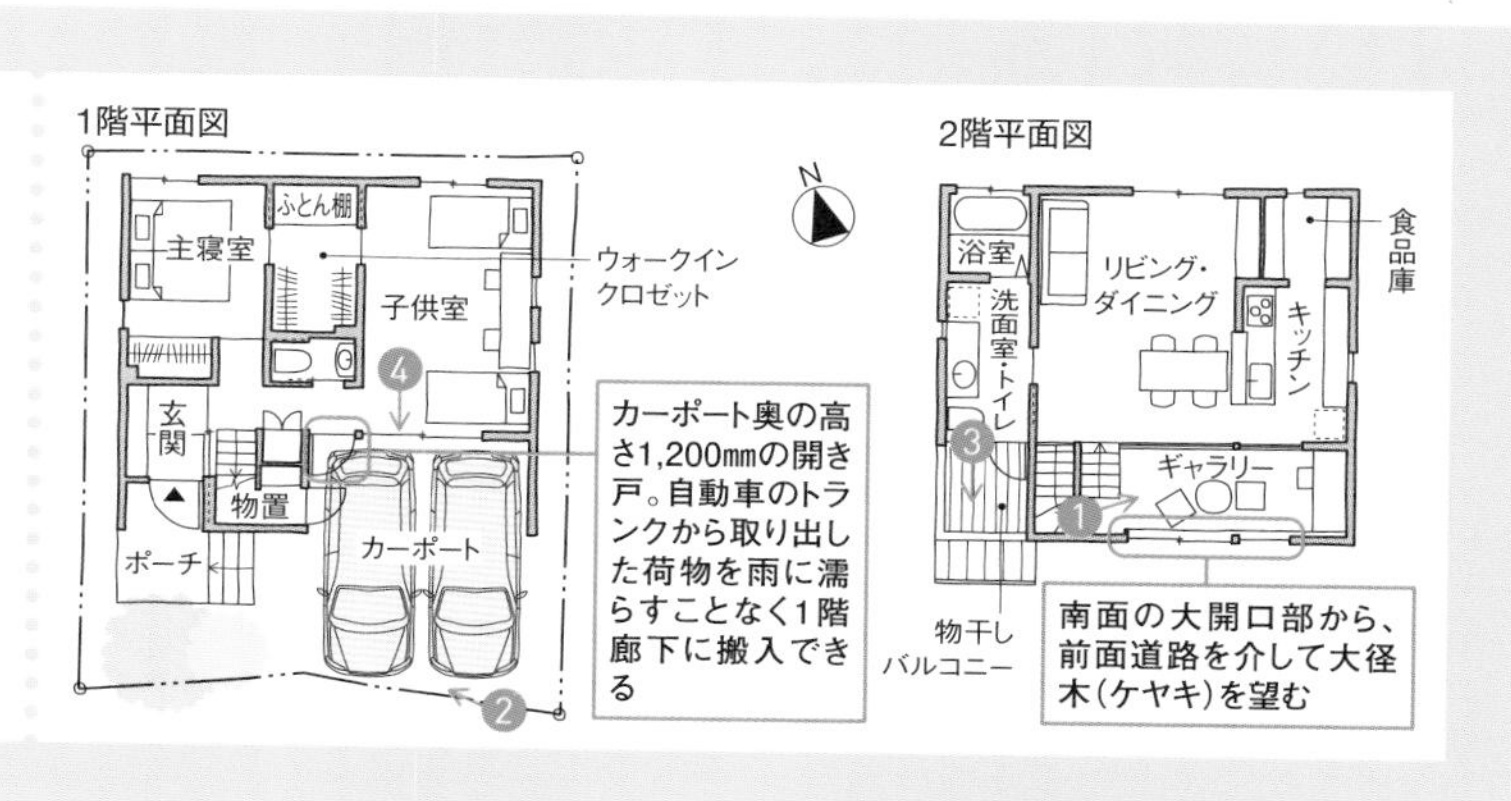

高さ7600㎜の階段吹抜けにつながる読書室

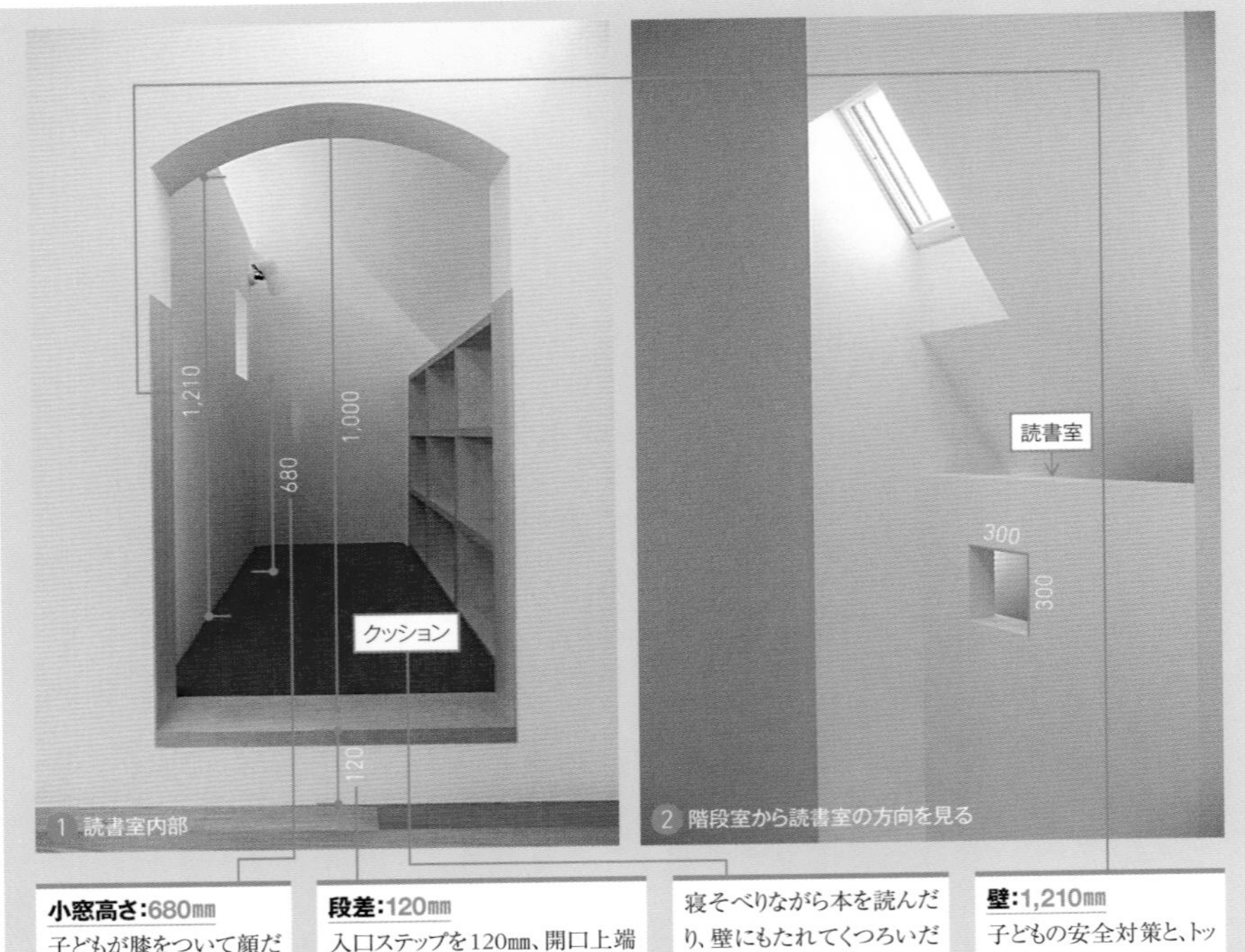

1 読書室内部

2 階段室から読書室の方向を見る

小窓高さ:680㎜
子どもが膝をついて顔だけ出せるような小窓。吹抜け階段室とつながる

段差:120㎜
入口ステップを120㎜、開口上端を1,000㎜として、さらに小さな居室にもぐりこんでいくような体験を演出している

寝そべりながら本を読んだり、壁にもたれてくつろいだりできるように、床をクッションとした

壁:1,210㎜
子どもの安全対策と、トップライトの光を読書室に導くことを考慮して、壁高さを1,210㎜とした

建築面積が30㎡弱という小さな住宅。吹抜けの階段室を中心に据えて、縦に暮らすことをイメージした。各居室の床レベルを少しずつ変え、断面の変化を楽しめる構成としている。

3階の読書室では、階段室（トップライト）から太陽光が回るよう、壁高さを1210㎜にした。にじり口を意識した入口には1ステップ（120㎜）の段差を設け、明快に部屋を区分。そのうえで、宮崎アニメに登場する「猫バス」の内部で寝そべるような感覚が得られるよう、床はクッションにした。［伊礼智］

1 断面図［S＝1:120］

天井下に設けた読書室

屋根：
ガルバリウム鋼板
ルーフィング
コンポジットパネル㋐24
登り梁㋐105
セルロースファイバー㋐100
強化石膏ボード㋐15

OMソーラー
北側斜線
▼敷地境界線
4.5/10
10/12
960.1
1,946
1,910
3,976
250
180
510
120
340
3,000
2,100
59.5
1,210
120
340
2,100
370
3,630.5
370
2,100
2,669
554
9,877.7
6,354

洗濯室　リビング　主寝室　階段　読書室　トイレ　浴室

トップライトから光を取り込む。階段を昇るにつれて、明るい広がりが感じられる

外壁：
ガルバリウム鋼板
通気胴縁㋐15
透湿防水シート
耐水石膏ボード㋐12.5
構造用合板㋐9
セルロースファイバー㋐100
石膏ボード㋐15

準防火地域の木造3階建てのため、2階から3階部分の階段を準耐火構造とする［図3参照］

集成材（金物工法）

2 読書室枠廻り詳細図

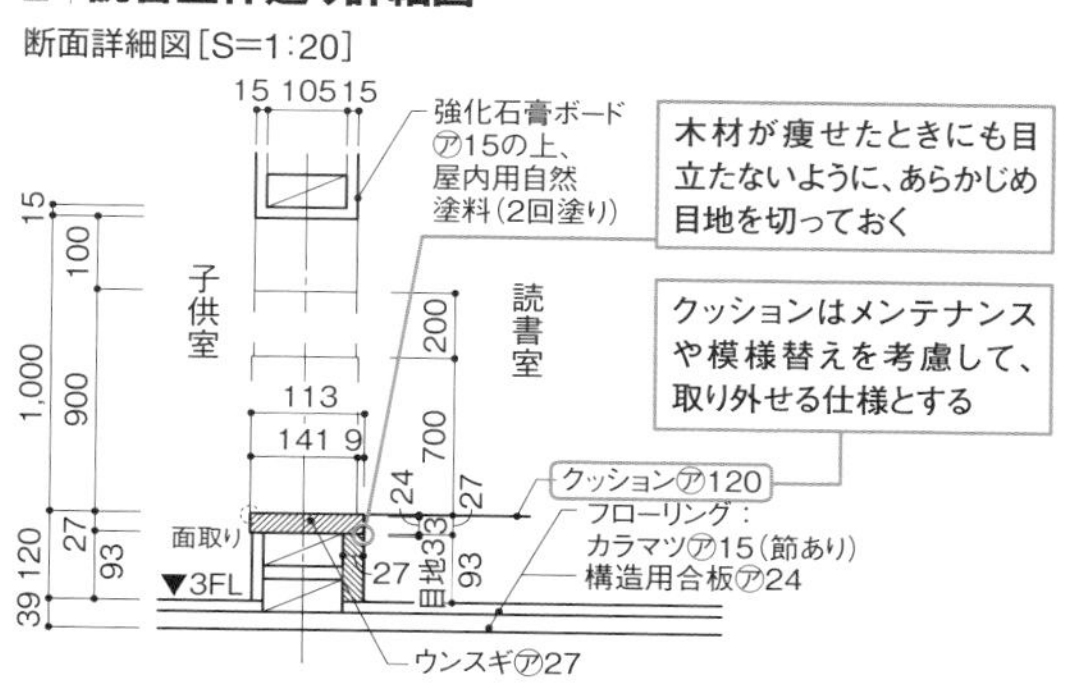

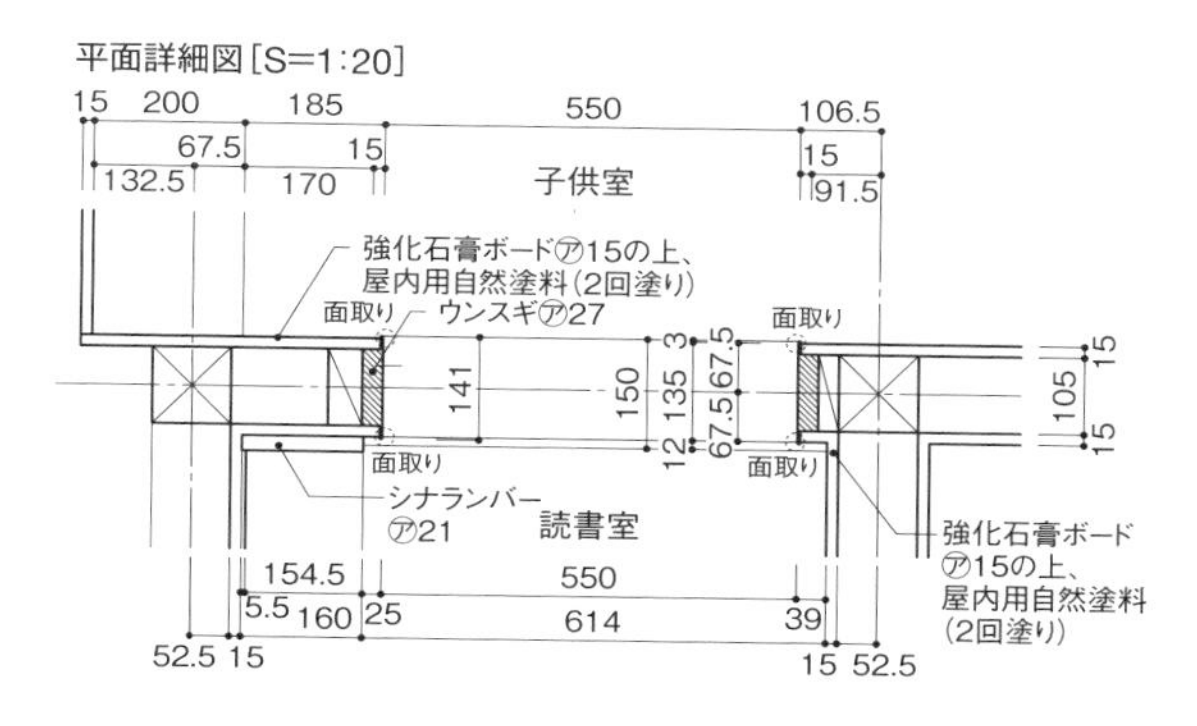

3 階段詳細図

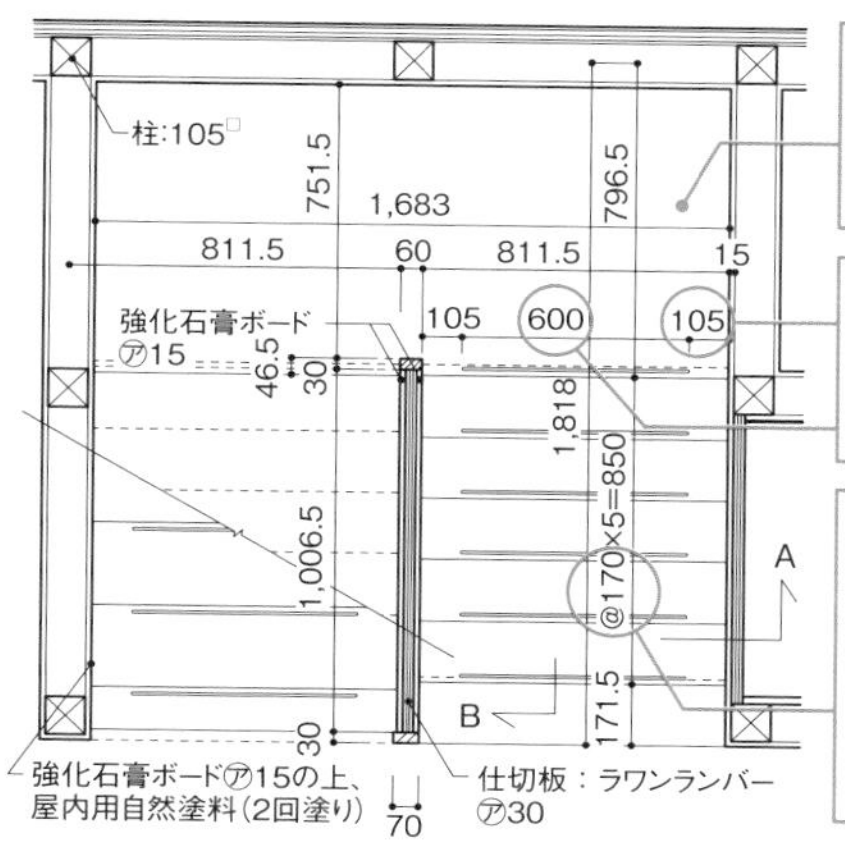

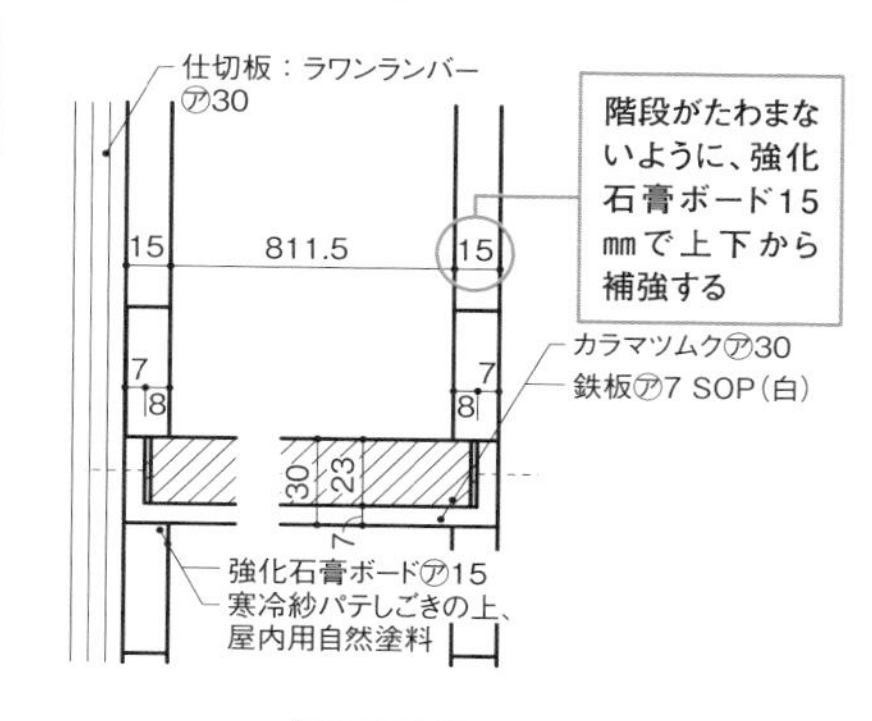

段板見上げ部分

見上げの部分を鉄板とし、白く塗装

カラマツムク㋐30

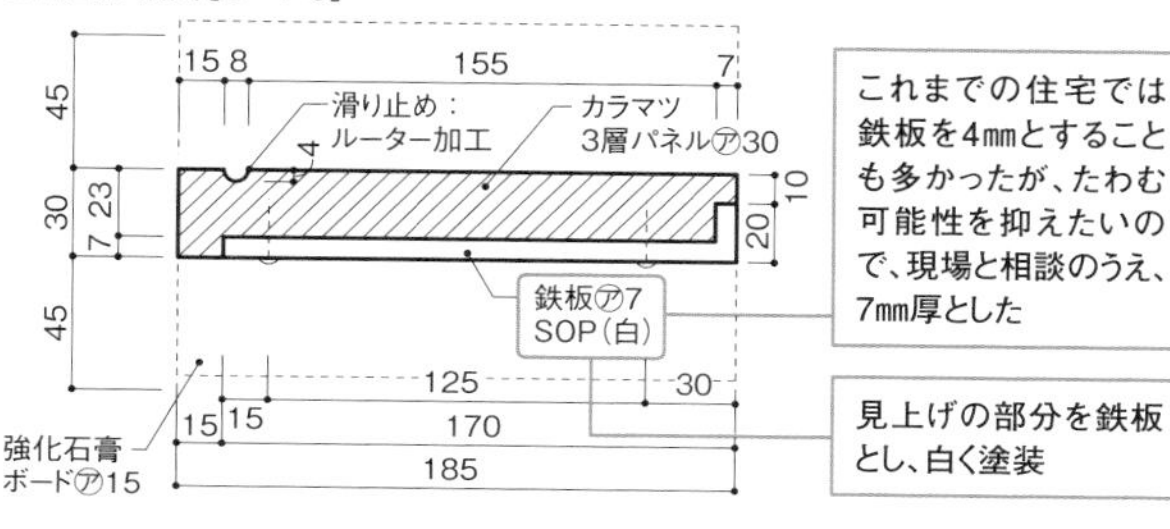

あやさやハウス

設計：伊礼智設計室
［写真：伊礼智設計室］

建築面積が30㎡に満たないため、廊下をつくらない（建物の中心に階段）というコンセプトから、設計が始まった。小さな住宅で大事なのは、できるだけ家具を造作して、その家具で空間を仕切ること。家具や机がベンチを兼ねるといった、多義的な要素を盛り込むとよい

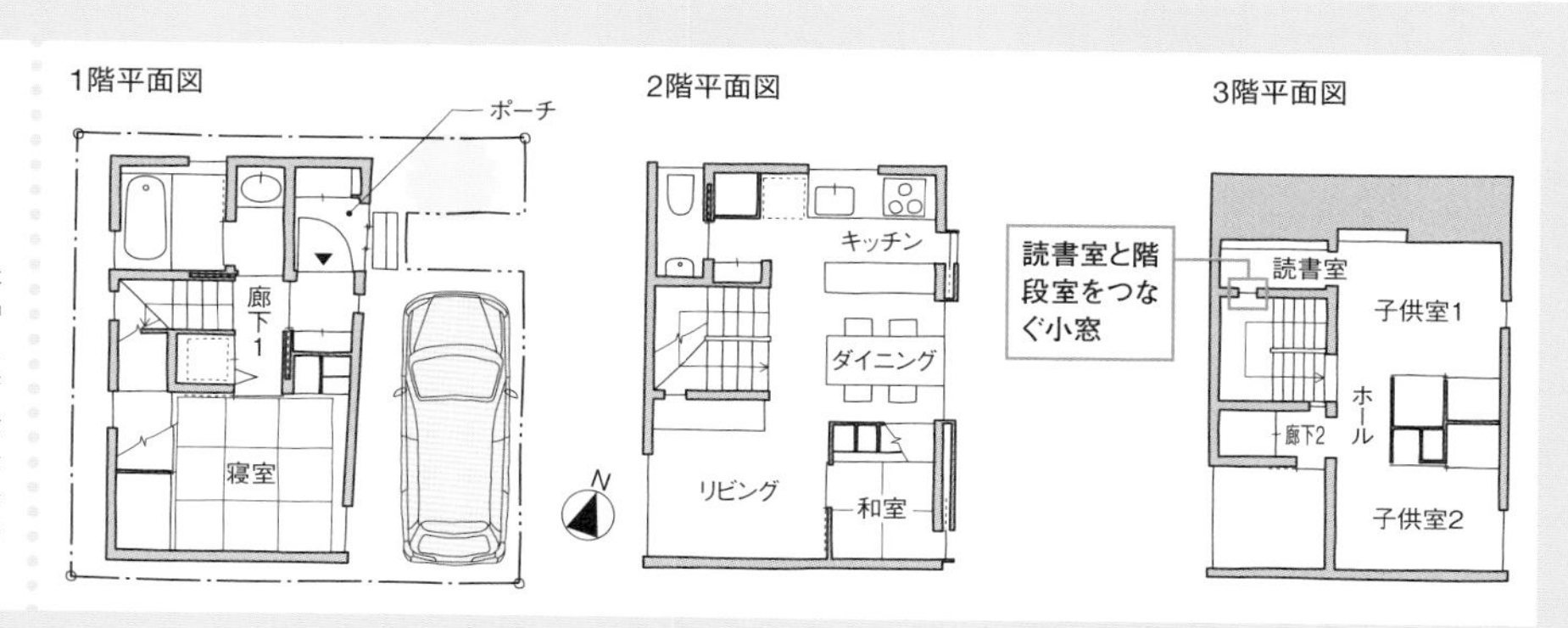

蹴上げ207㎜と段板奥行きで、階段に溜まりをつくる

デスクは不整形にして流れるようなラインをつくった。デスクを2人で共用するときにも、完全な背中合わせではなく、少しずれて座れるので、緊張を緩められると考えている

階段：蹴上げ207㎜
階段1段分（蹴上げ207㎜）の段板の奥行きを大きく取って生まれた、空間の溜まり。階段に腰掛けたり、デスクで勉強したりといった行為を誘導する

階段のレベル差をワークスペースの腰壁に見立てている。囲まれた印象が強まり、階段室という1つの空間を緩やかに区切ることができる

建物のコアをスギ羽目板（黒）で仕上げてコントラストを強く表現し、階段スペースとの領域を明確に区切っている

敷地の傾斜を反映した階段室に、多義的な居場所を設えた。建築主のワークスペースや子どもの学習スペースを確保したほか、蹴上げ207㎜と部分的に大きく取った段板の奥行きを利用して、空間に溜まりをつくった。床に座って独りの時間を過ごしたり寝転んで休んだりできるスペースとなる。階段部分の天井がフラットなので、階段を上がるにつれて天井高さが4163㎜から3542㎜まで変わり、空間ボリュームの変化を体感できる。［岸本和彦］

1 断面図［S＝1:150］

寝転がれるように奥行きをとった

天井をフラットにし、座る場所によって天井高が変わることで、異なる空間性が生まれる

最高軒高
2FL
GL
北側斜線
隣地境界線
FIX
キッチン
障子
南の居場所
階段の居場所
玄関
子供室2
子供室3
1,414
2,421
1,735
900
240
2,345
5,570
2,985
350
2,100
3,542
2,250
4,163
1,400
178
295
102
370
991
159
1,840
1,841
1,163
385
2,300
2,130
1,365
885
1,500
2,200
600
8,680

デスクの天端高さ370㎜は、床に50㎜厚程度の座布団を敷いてちょうどよい差尺とした

壁高さは、もたれかかることができ、上の段からの目線を遮るよう991㎜（207㎜の蹴上げ3段分に370㎜のデスク高さを加える）とした

「富士見町の家」設計：acaa、写真：上田宏

階段

リビングと階段をつなぐ座面高さ340㎜のベンチ

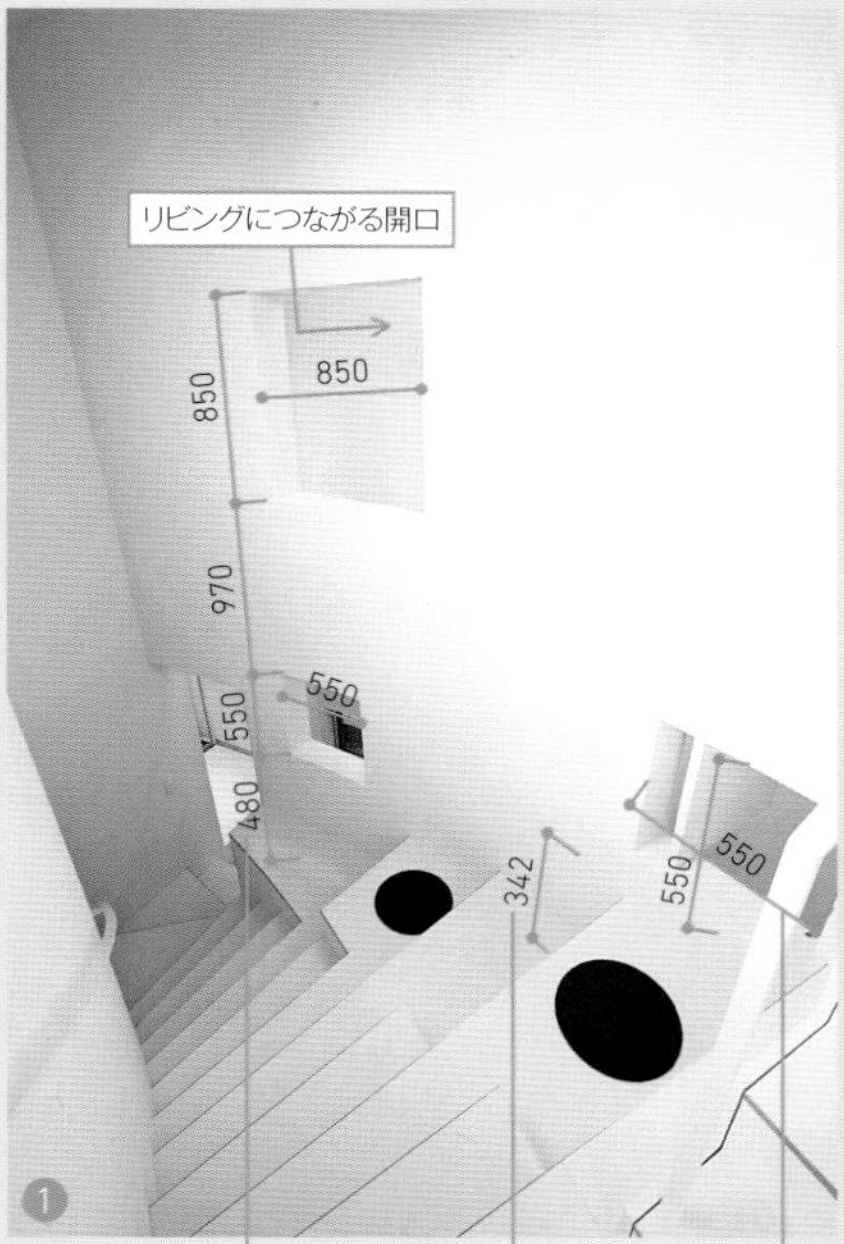

リビングにつながる開口

階段へ

腰掛けたときの視線が水平に向くようにしている

子どもでも腰掛けられる程度の高さとしている

リビング側から見たとき、階段ベンチに腰掛けた姿が適度に見える開口寸法とした

座ったときの目線が壁付けのテレビに合うように350㎜としている。寝転んだり座ったり膝立ちしたりと、居心地のよい空間とするために天井高さを1,000㎜としている

階段の機能・デザインを、単純に上下階をつなぐだけのスペースとしてではなく、とどまることのできる空間とすべく、蹴上げ170㎜×2段分の高さを利用してベンチを併設し、居場所としての階段をつくった。座面高さの340㎜は、子ども用のイスと同程度の高さである。階段の壁（ベンチの隣）には、1階リビングを見下ろす開口を設けている。回転式扉の開閉角度を調整すれば、リビングとのつながりに変化が生まれる。［駒田剛司・駒田由香］

1 曲面壁（開口部）詳細図［S＝1:6］

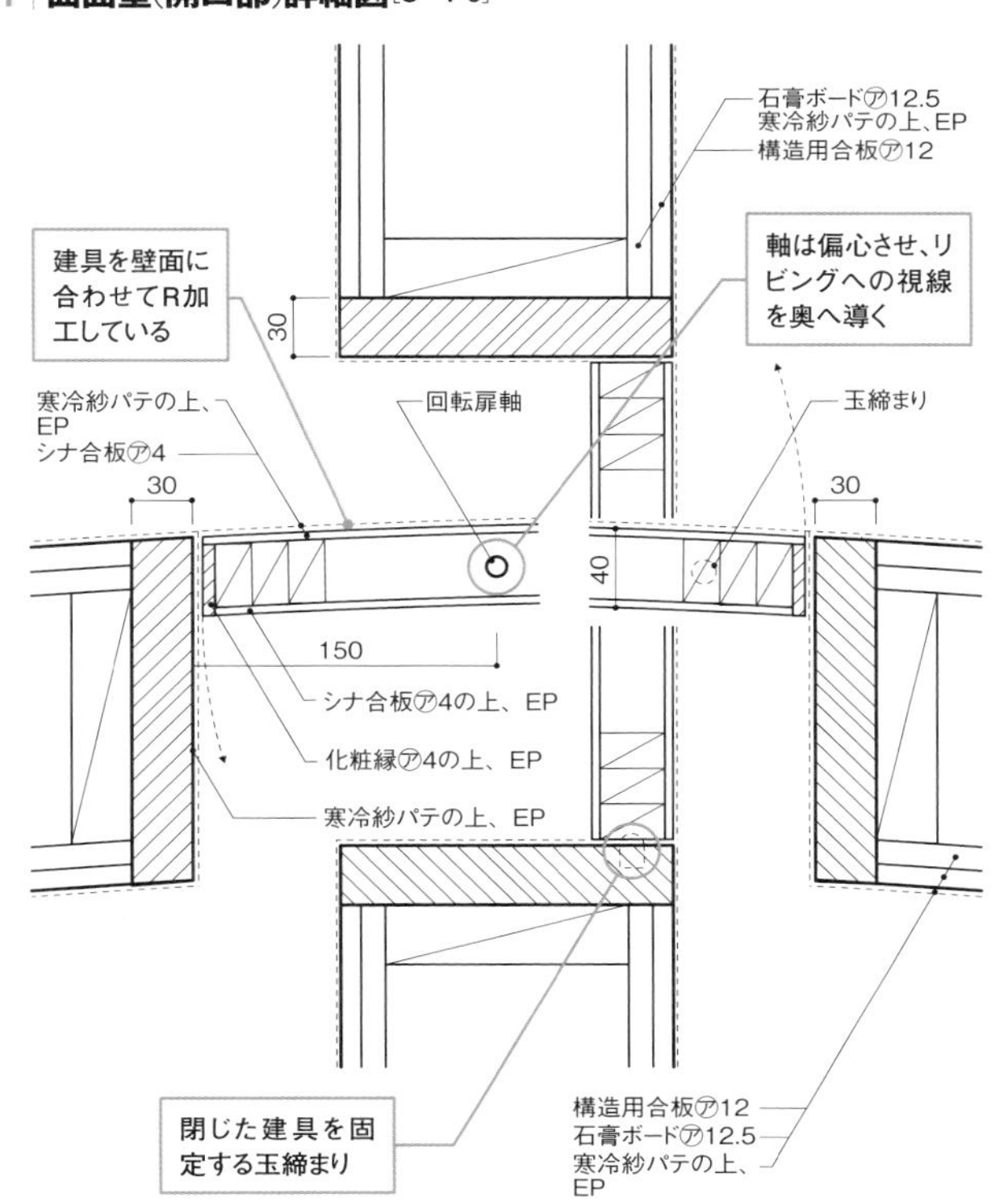

「ピアノハウス」設計：駒田建築設計事務所、写真：傍島利浩

収納とデスクを兼ねた高さ2350mmの壁

斜面に建つ眺望のよさを生かして、2階リビングとした。回遊性のあるスキップフロアの中2階にキッチンダイニングを設け、2階とは高さ2350mmの壁で仕切っている。空間を無駄なく使えるように、壁にデスクやニッチなどの機能を付加している。

［柏木学・柏木穂波］

収納高さ：720mm
キッチン側での収納と、2階リビング側でのデスクを兼ねている（写真2参照）

冷蔵庫を納める片開き戸付きの収納

ニッチ：530mm
向かいのキッチンワークトップ天端870mmとニッチ（炊飯器や電子レンジを納める）の高さをそろえている

壁：2,350mm
壁の高さは、①リビングのデスク高さ720mm、②230mmの構造材（天井懐）、③高さ530mmのニッチ、④870mmの収納という順序で決定し、高さ2,350mmとなった。キッチンとダイニングには225mmの床段差をつけて、境界を分けている

階段：690mm
階段は3段（230×3＝690mm）、4段目は踊場として扱う。階段の高さを1m以内に抑え、手摺を設けないすっきりとした空間にしている［※］

1 断面図［S＝1：150］

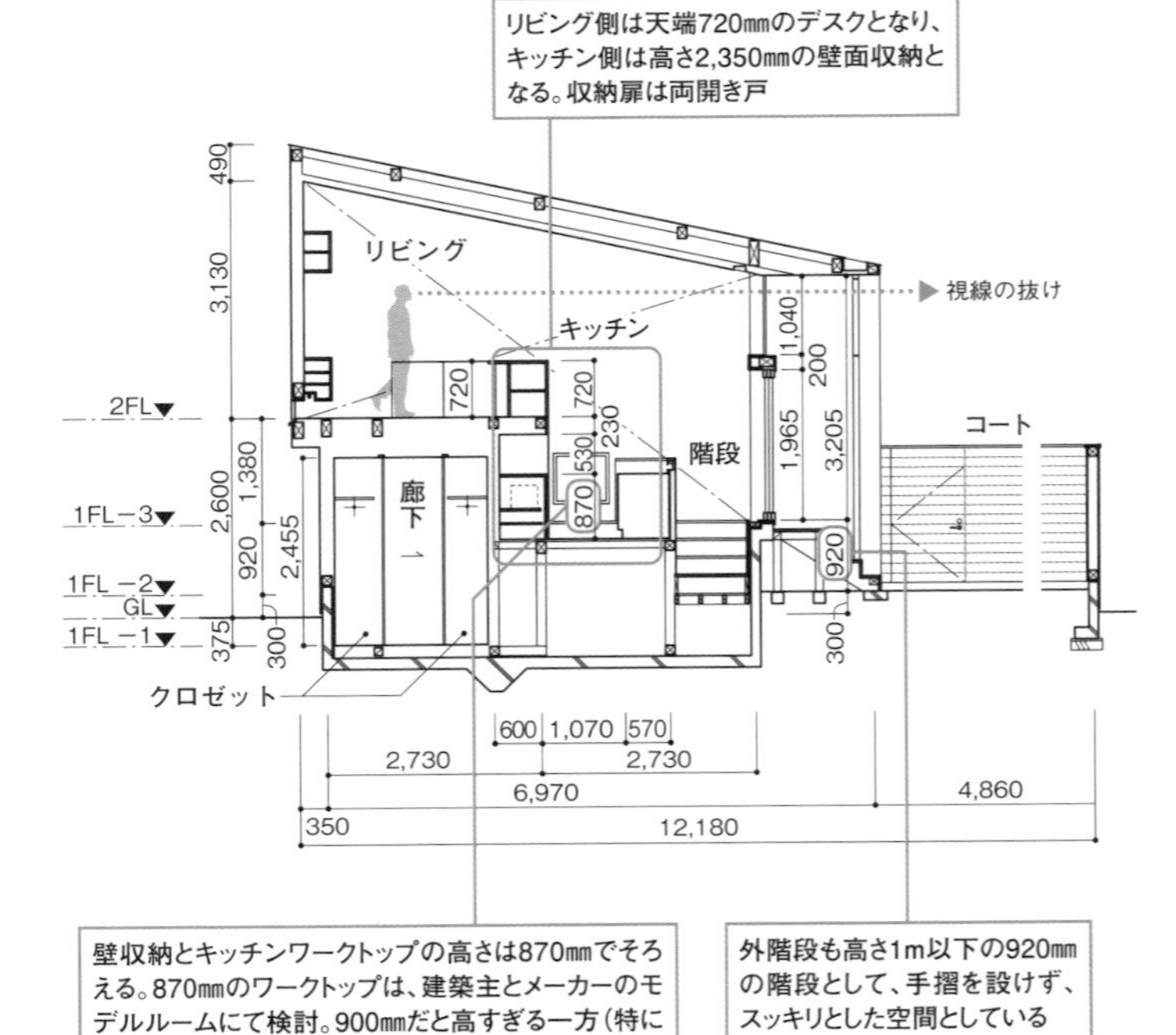

リビング側は天端720mmのデスクとなり、キッチン側は高さ2,350mmの壁面収納となる。収納扉は両開き戸

壁収納とキッチンワークトップの高さは870mmでそろえる。870mmのワークトップは、建築主とメーカーのモデルルームにて検討。900mmだと高すぎる一方（特に深鍋使用時）、850mmではまな板で調理するのには低すぎたため、870mmとした

外階段も高さ1m以下の920mmの階段として、手摺を設けず、スッキリとした空間としている

※：「高さ1m以下の階段の部分には、手摺を設けなくてもよい」という主旨の規定（建築基準法施行令25条4項）

COLUMN 階段
急勾配の階段踏面を大きく確保する秘策

階段の上り下りのしやすさは、蹴上げと踏面の関係性で決まる。踏面を少しでも大きく確保したい急勾配の階段では、上階の床梁を架けるときに梁心をずらすと、踏面を余分に確保できる。梁をずらした分だけ階段を上りきったスペースの幅員は狭くなるが、廊下の幅員としては充分である。本事例では、梁をずらしたことにより、1段当たりの踏面を10㎜大きくできた。［根來宏典］

1 階段の高さ寸法

① リビング

上階の床梁を架ける梁を120㎜ずらした分だけ、階段スペースが増加。踏面は(前)224.5㎜から(後)234.5㎜となり、1段当たりプラス10㎜大きく確保できた(下図参照)

カウンター高さ:650㎜

42型テレビの配置を想定して、天板の配線用孔あけとコンセントの位置を決めた。また、蓄熱式電気暖房機の配置を想定して、カウンターと暖房機の間に隙間を確保している

2 階段詳細図

展開図［S=1:150］

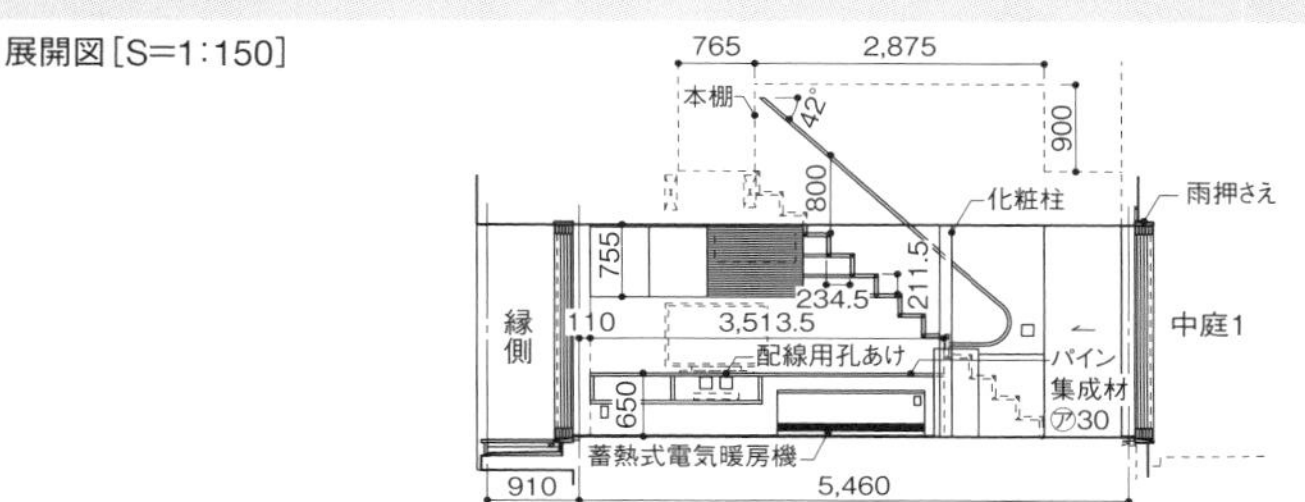

断面図(120㎜梁をずらす前)［S=1:40］　**断面図(120㎜梁をずらした後)**［S=1:40］

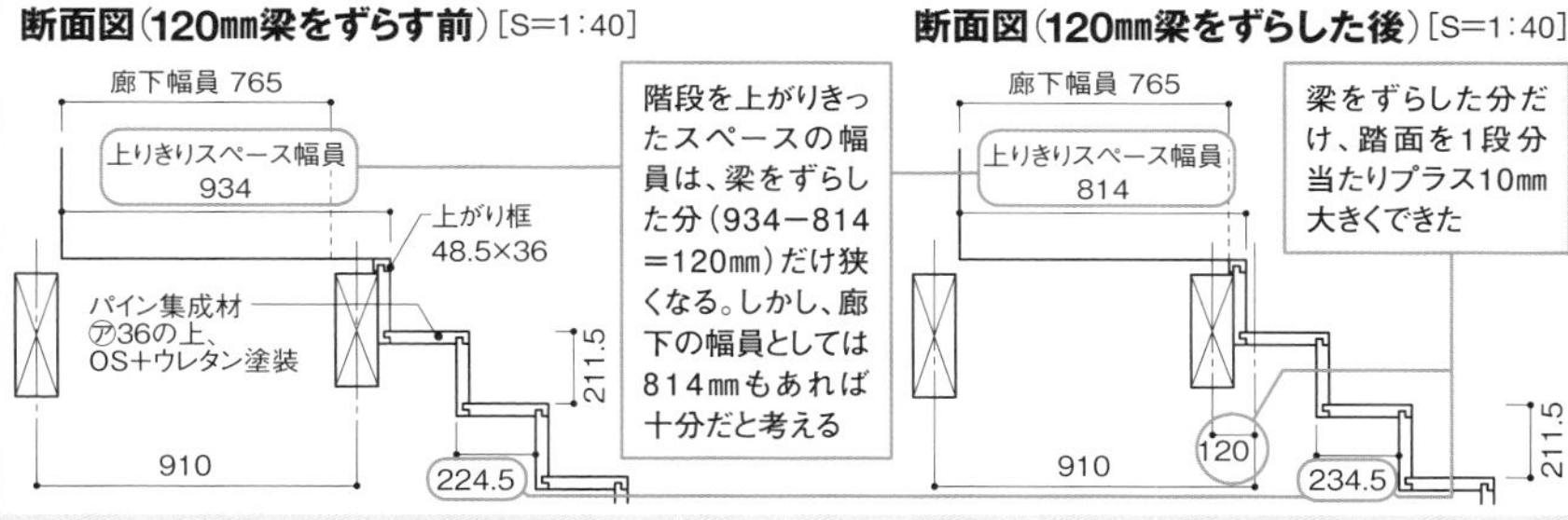

「角の浮いた白い家」 設計:根來宏典、写真:GEN INOUE

廻の家

設計:カシワギ・スイ・アソシエイツ

［写真:上田宏(写真①)、黒住直臣(写真②)］

屋上からは南東の山並を望む。住宅が隣接する方向を壁で囲い、その分、内部に開かれた空間とすべく、回遊性のある3層のスキップフロアとした。唯一外部に開かれた南東方向の眺望を満喫できるように、リビングからルーフデッキへとつないでいる

デスク:720×330㎜

デスク天端720㎜に対して、奥行き330㎜。PC作業を考慮して、脚入れの寸法(差尺やデスク下の奥行き)を調整している。床面を広く見せるようにデスク天板の縁を曲線で仕上げ、空間をスリムな印象としている

リビングと階下のダイニングを緩やかにつなぐために、壁ではなく、手摺で仕切っている

階下の玄関に明かりを落とす明り取り230㎜

2階平面図

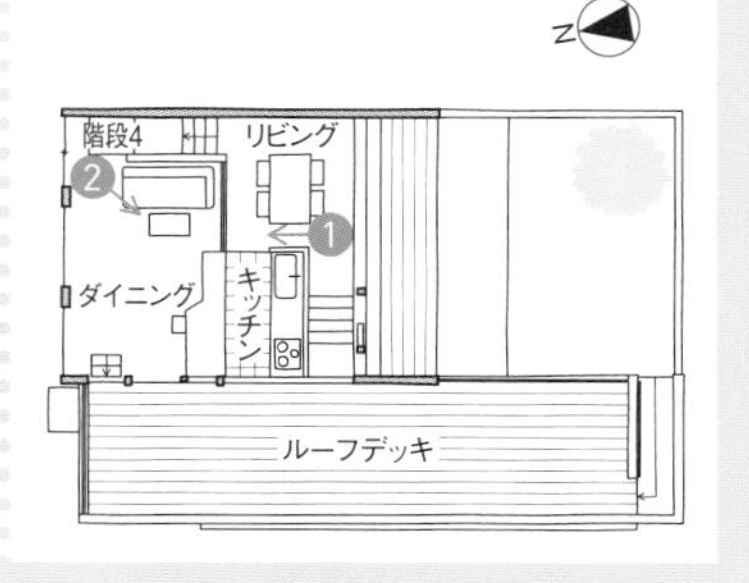

階段途中の書斎にこもる。入口高さは1300㎜

① 階段から書斎を見る

② 書斎

出入口：幅650×高さ1,300㎜
階段途中にある書斎出入口。高さを1,300㎜に抑えて、少し前屈みに頭を下げるようにして入る。できるだけ自然に足元を見る姿勢のまま書斎床に上がり込めるようにしている

差尺：330㎜
文机には座布団を敷いて床に胡坐座りすることを想定。一般的な差尺300㎜よりも高さをとり、330㎜とした

本棚：高さ238×奥行き240㎜
本棚は、ラインが統一するように固定棚としている。事前に建築主から収納する書籍の種類をヒアリングし、研究書など比較的高さのある書籍も収納できるようにした

天井：2,450㎜
出入口の高さを抑えた分、天井高が高く感じられる

都心の狭小地のため、廊下をなくして、プランの中心に階段を据えた。階段途中に入口を設けた書斎は「穴ぐら」のなかにこもる雰囲気にしたかったので、入口高さを１３００㎜と抑えた。

この入口の寸法は、書斎のなかに入れば天井高２４５０㎜がいっそう高く感じられるようにするという狙いもある。床座の文机も縦の抜けをいっそう強調している。［安藤和浩・田野恵利］

1 階段室スケッチ

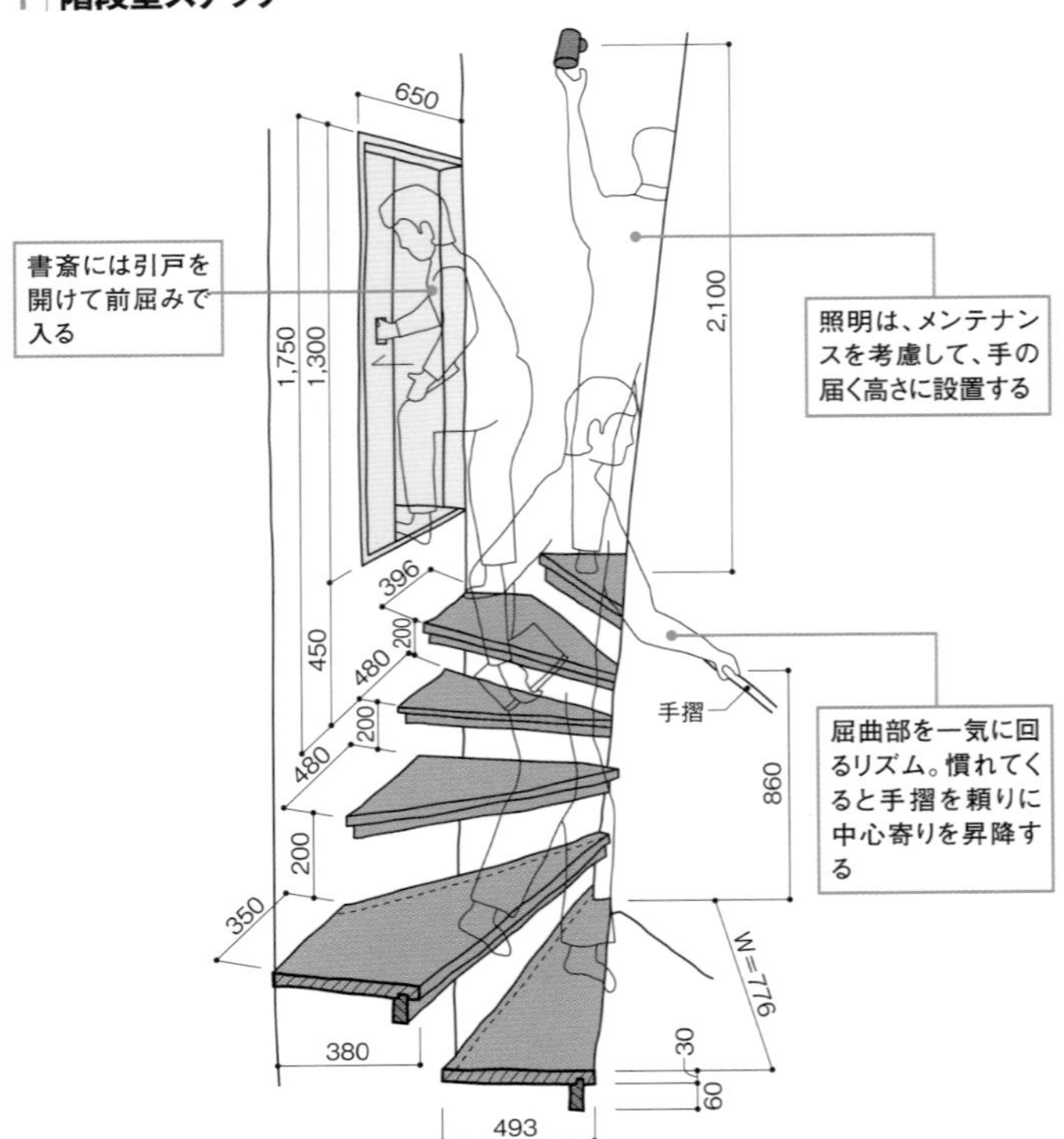

2 玄関天井を抑えて、書斎天井高を高くする

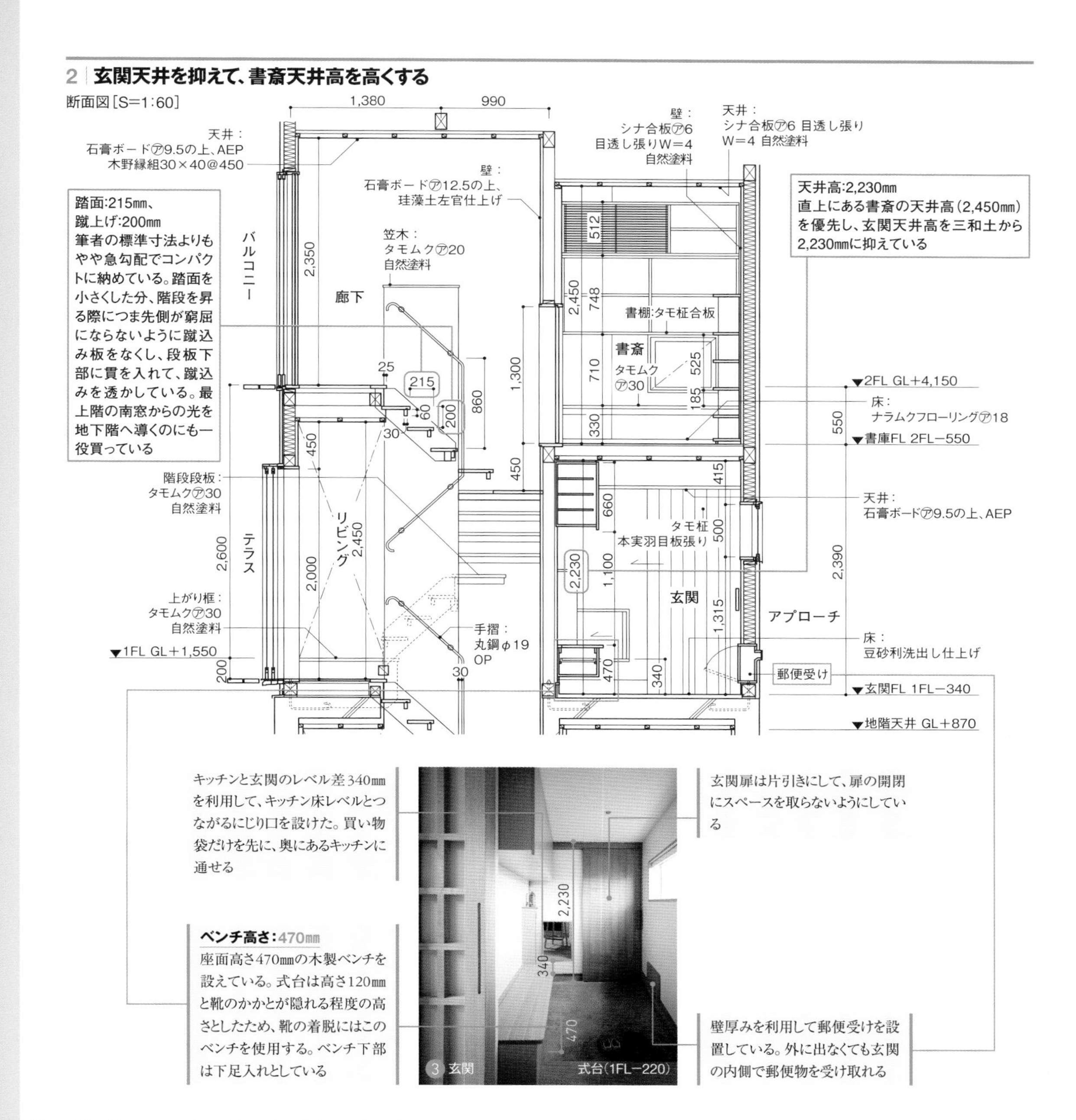

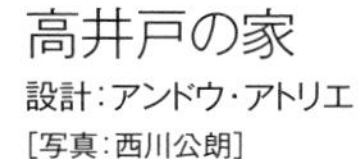

高井戸の家

設計：アンドウ・アトリエ

［写真：西川公朗］

地上2階、地下1階の住宅。地階があることで、1階床面を地盤面から1,300㎜持ち上げている。道路から緩やかに回りながら、外階段の中心に植えたエゴノキの下をくぐるようにアプローチする。中央の階段を挟んで視線や光・空気が抜けるので、実際の面積以上に空間の奥行きを感じられる

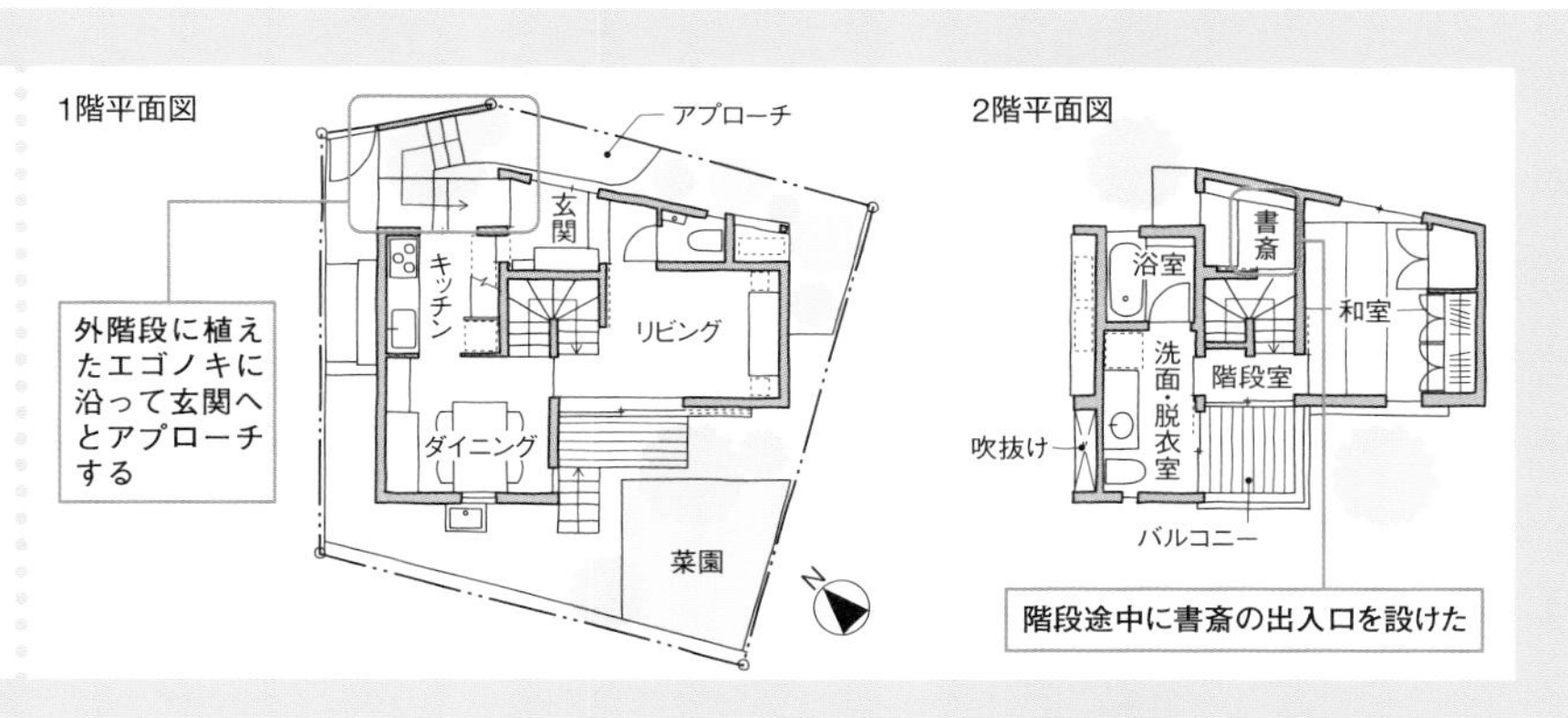

和室の「高さ寸法」を攻略する

本間至

取材・文＝岡村裕次
写真＝冨田治

和室は開口部で重心を下げる

畳を敷く和室は、床座を基本とする。そのためリビングとは違い、できるだけ空間の重心を下げたい。私は、和室の重心を開口部で操作している。掃出し窓、引違い窓の上端を1500〜1850㎜程度としている。

一方、天井高を2100㎜まで下げることはない。和室には、寝転がって休んだり（寝室）、読書したり（書斎）、客間となったりと、用途を限定しない予備室としての機能が求められるからだ。通常の居室と同様に扱い、天井高を2200㎜以上は取り、場合によっては2500㎜とすることもある。重心は開口部で下げているので問題ない。

和室を寝室とする場合は、押入れの棚に布団を上げ下ろす作業が必要となる。棚の高さは700㎜が適当だと考えている。布団の重さや厚みを念頭に入れると、これ以上高すぎても低すぎてもよくない。

1 | 掃出し窓と段窓の敷鴨居で重心を下げる　信濃町の家

通風、採光のための段窓。上部窓には面格子を設けて、通風を取りながら防犯を兼ねている。面格子は視線が抜けるように、100㎜ピッチの横桟としている

文机脇に設けた空間の溜まりスペース

掃出し窓：1,800㎜
メインの掃出し窓の上端を1,800㎜として、空間の重心を下げる

断面図［S=1：150］

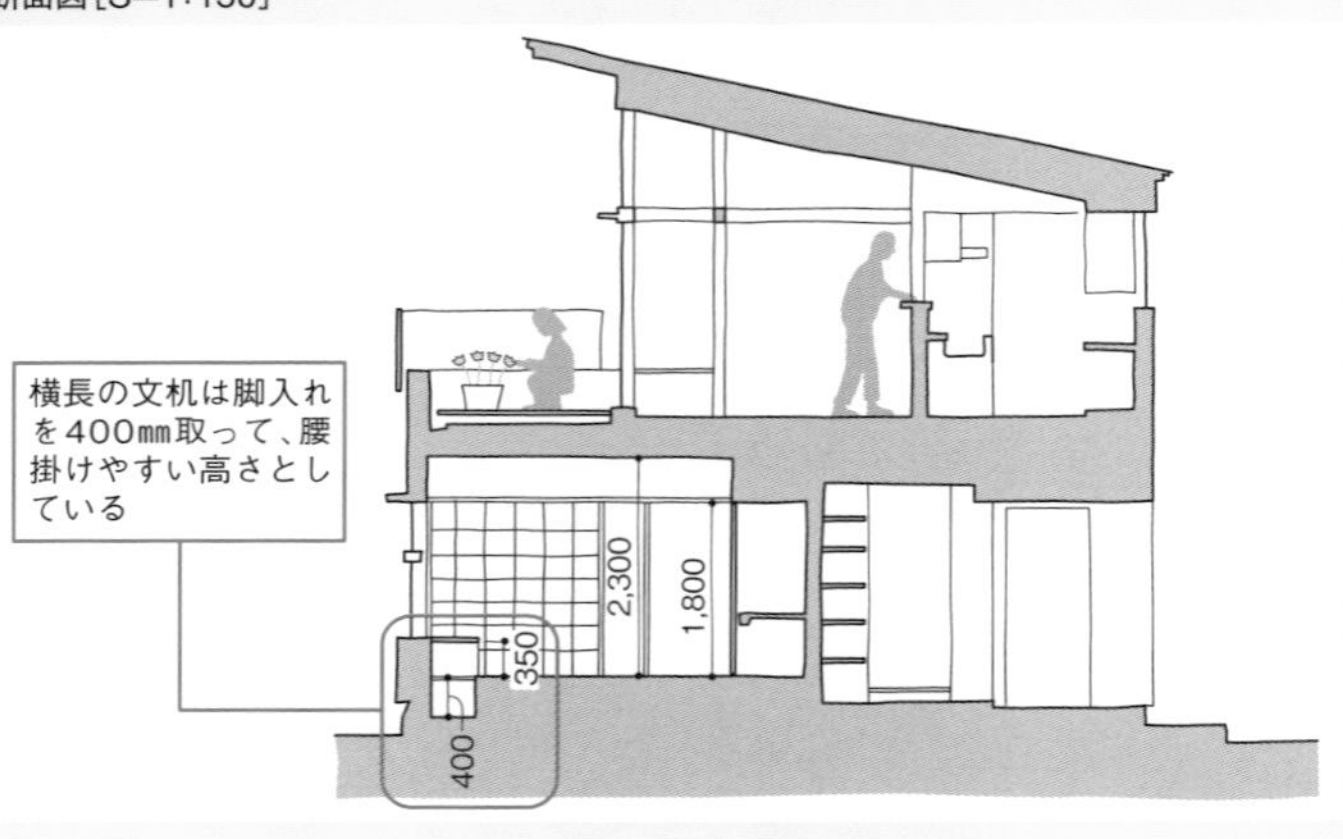

横長の文机は脚入れを400㎜取って、腰掛けやすい高さとしている
2,300
1,800
350
400

庭につながる和室。掃出し窓を設けて、開かれた空間としている。掃出し窓、段窓の敷鴨居を1,800㎜として、さらに段窓の横框によって水平ラインを強調しながら部屋の重心を下げ、落ち着ける空間とした

2 | 雪見障子に腰板280㎜を付けて重心を下げる

三住奏

和室の重心は開口部で下げる。本事例では、障子の下部にガラスをはめ込む雪見障子に腰板280㎜を付けて、畳に座ったときの囲われた印象を強めている。

天井：2,300㎜
開口部で重心を下げているため、天井高は2,300㎜。通常の居室と同様の高さである

襖の敷鴨居：676㎜
布団を上げ下ろしする押入れの棚は、高さ700㎜がちょうどよい。襖を開ければ、力板が設置してあり、収納は床レベルから700㎜となる。力板を設置する分だけ襖の敷鴨居も下げられるので、676㎜となり、重心をより低くすることができる。なお、敷鴨居高さ676㎜は障子の割付けを考慮したものでもある

腰板：280㎜
雪見障子に腰板280㎜をつけて、畳に座ったときの囲われた印象が強まり、落ち着きが生まれる

断面図［S=1:50］

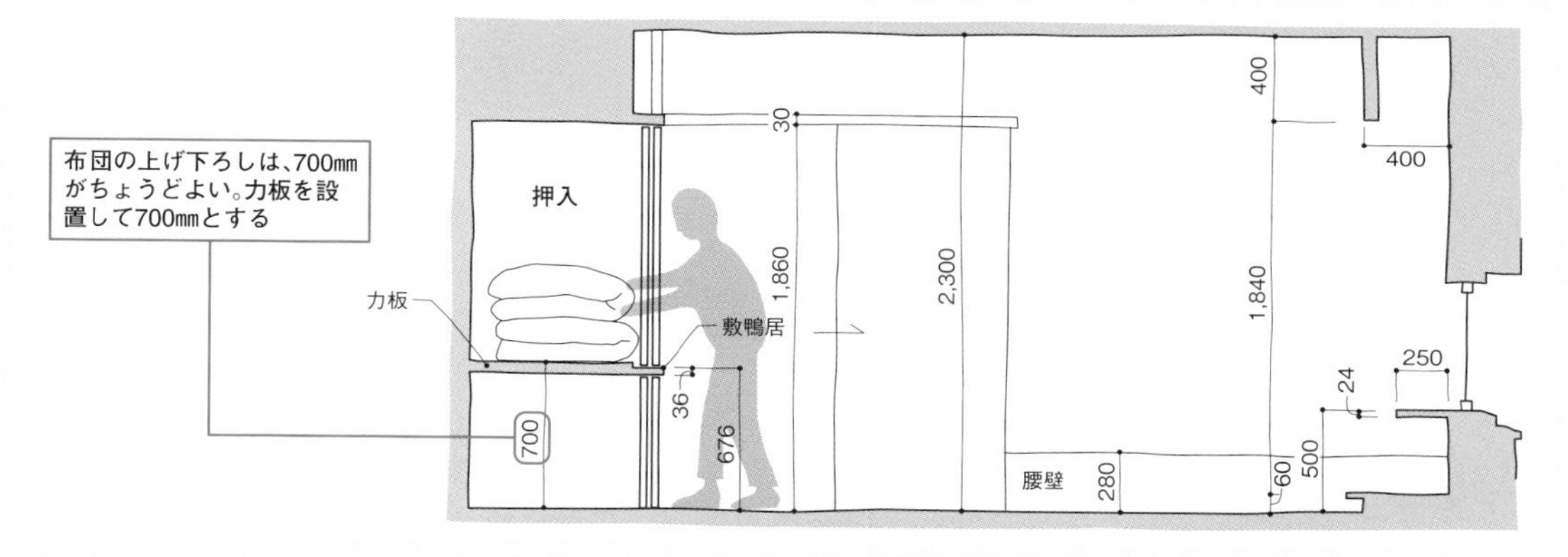

袖壁：250㎜
右側に袖壁250㎜を設けると、影ができる。対照的に左側に小窓を設けると、障子越しに柔らかな光が差し込む。陰影の効果が、奥行き600㎜の床の間に面積以上の深みをもたらす

腰板：280㎜
腰板の高さは280㎜。囲われている印象を深めるのに一役買っており、コンセントもこの高さに集約している

床レベルを150㎜上げて他室との境界を強調

間接照明:250㎜
入口付近に、間接照明250㎜を仕込んで、6畳という空間を面積以上に広く感じられるよう演出している［図1参照］

段差:150㎜
他室と天井のレベル(2,400㎜)は変えず、床の高さを和室入口で150㎜上げることで、和室の天井高さを2,250㎜に設定。段差をつける際に、高すぎず(負担なく上がれる高さ)、低すぎず(段差が認識できる高さ)を考えて、150㎜とした。床に段差があると、「異なる空間に移る」という気持ちの切り替えができる精神的境界にもなる

丸窓:φ1,100㎜
開口部中心の高さが床から900㎜。直径1,100㎜。正座したときの目線高さにそろえて設定している［図2参照］

垂壁:450㎜
和室入口を上がった正面には、景色(赤城山)を見る大きな開口部がある。垂壁を450㎜設けて、開口部の上端高さを1,800㎜とした。450㎜は、シャッターボックスや窓の隠し框の納まり上必要な寸法であり、1,800㎜は、日本建築の寸法体系にマッチするものである。床の間の高さも1,800㎜、垂壁450㎜とそろえ、スケール感を統一している

450
1,800
1,100
150
2

諸室の天井は一般的な2400㎜とした。ただしこれは、立ったときの視線や、テーブルで過ごす生活スタイルを基準とした天井高さであり、床に座って過ごす和室には適さない。広間のような空間ボリュームがあれば高い天井でもよいが、本事例の広さは6畳しかない。そこで、出入口に150㎜の踏込みを設けることで、和室の天井高さを2250㎜に抑えた。［根來宏典］

1 間接照明断面詳細図［S=1:15］

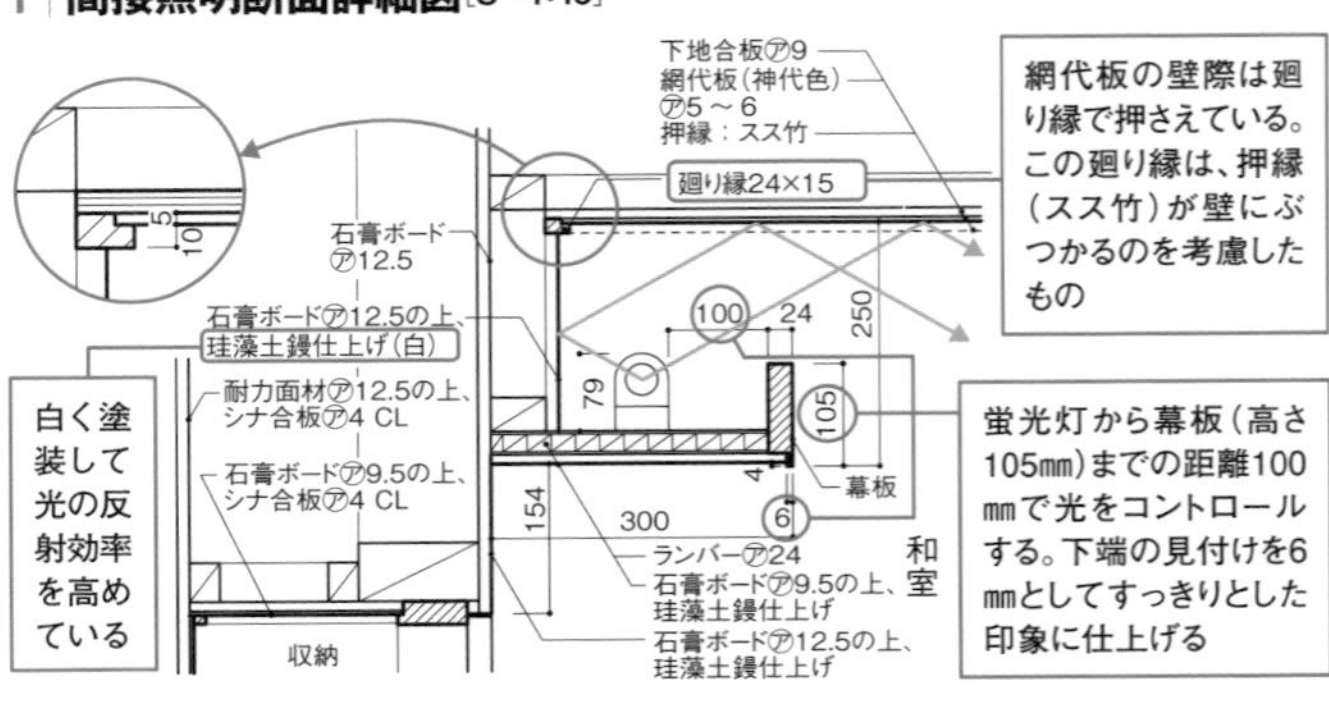

2 地窓枠廻り詳細図

戸袋に納まった6枚の建具。縦格子の木壁（ベイスギ）と連続するように見せている

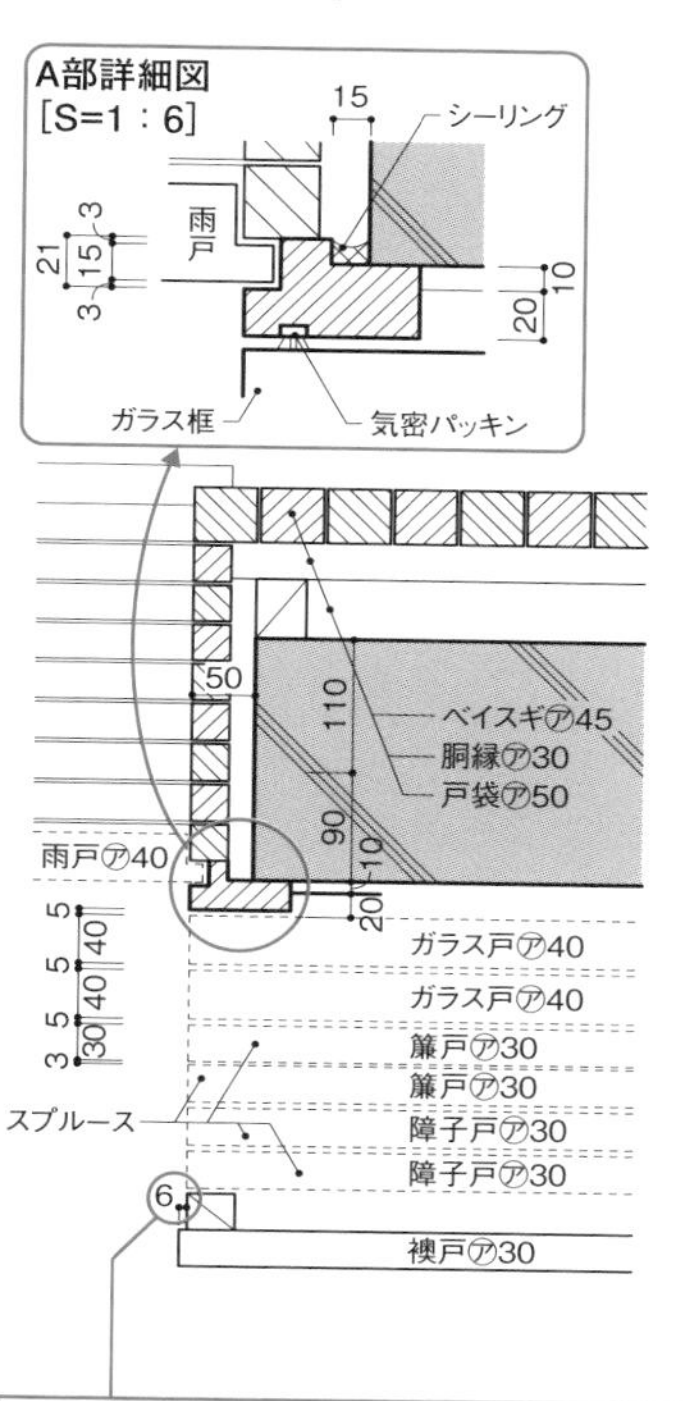

6枚の建具に対して襖戸のチリを6㎜設けて、戸袋に納まったときに、建具の線が室内側から目立たないようにしている

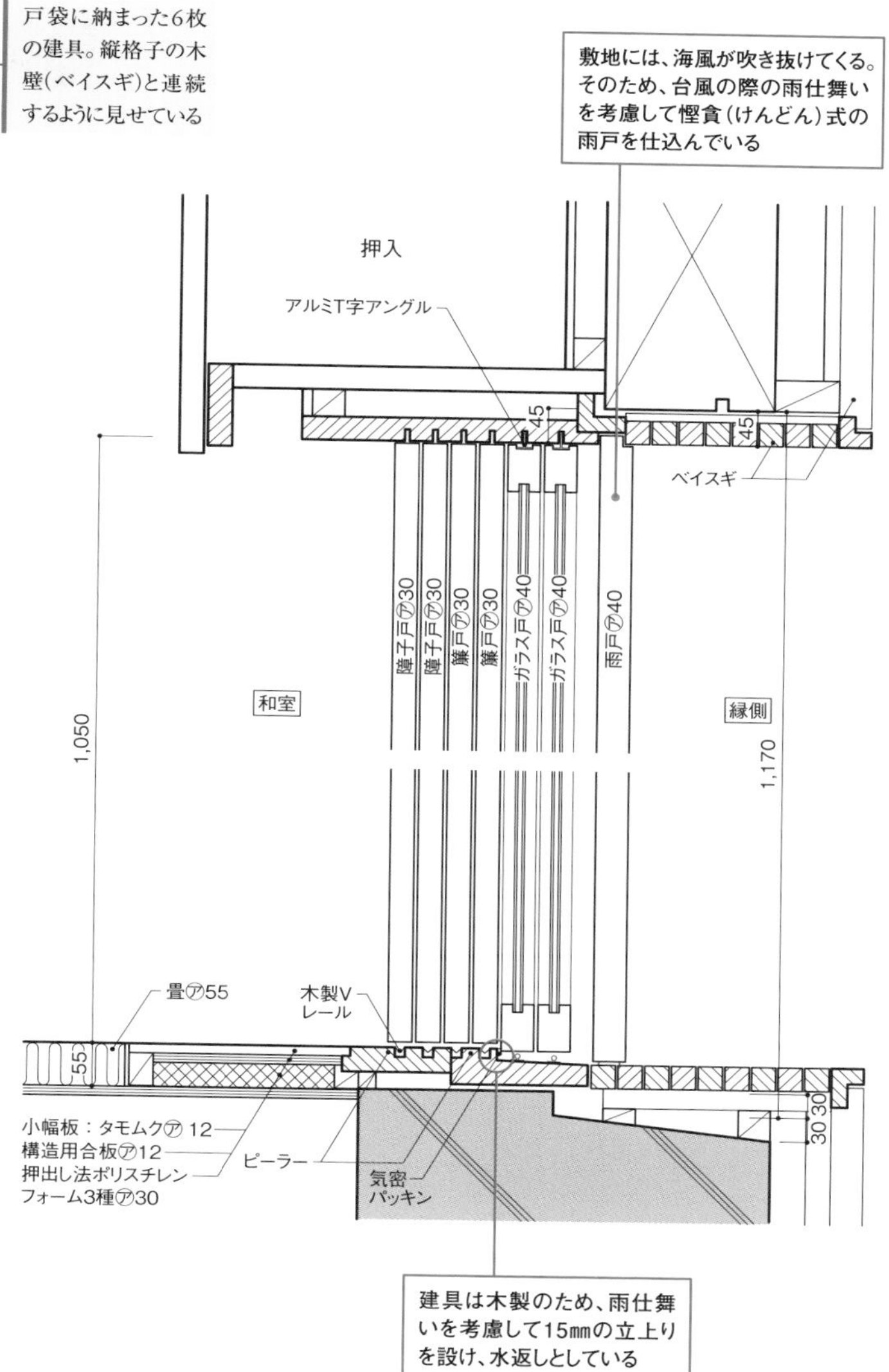

敷地には、海風が吹き抜けてくる。そのため、台風の際の雨仕舞いを考慮して慳貪（けんどん）式の雨戸を仕込んでいる

建具は木製のため、雨仕舞いを考慮して15㎜の立上りを設け、水返しとしている

ZMZ

設計：NIIZEKI STUDIO
［写真：西川公朗］

敷地は、丘陵地が浸食されて形成された谷状の地形（谷戸）。南からの強い海風と日射に耐えるべく、外装はRCと木壁（ベイスギ）のダブルスキン構造としている

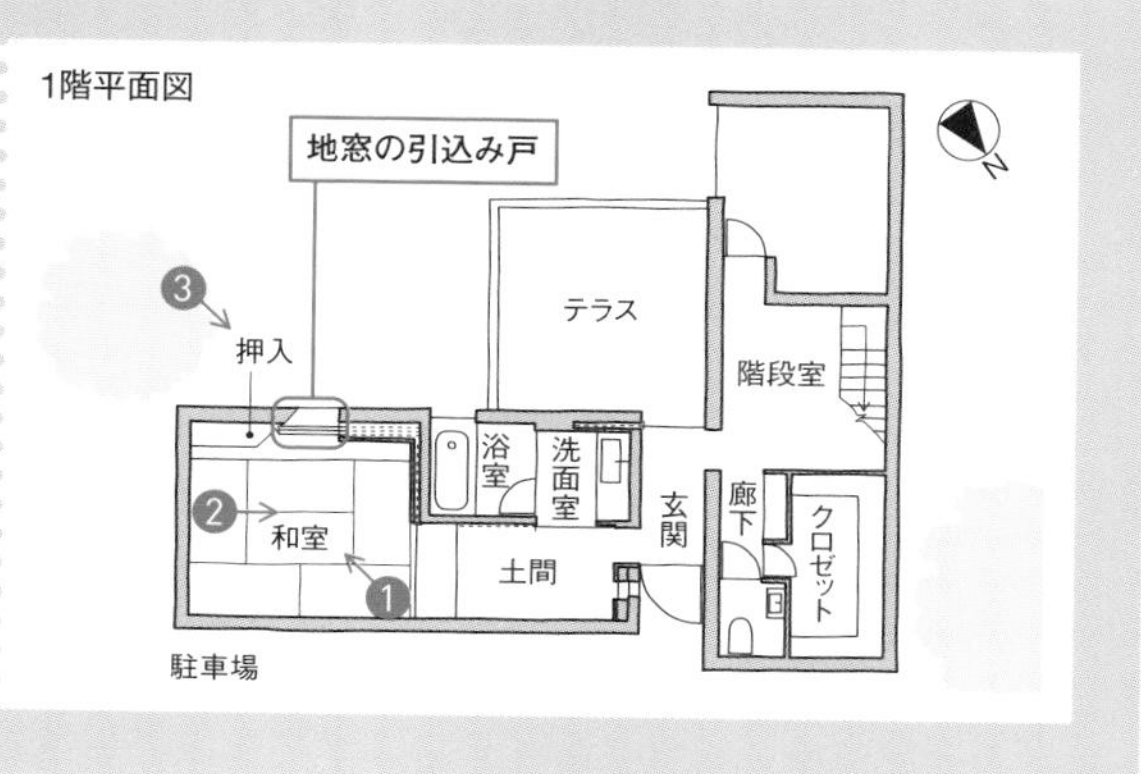

1 | 和室の寸法と解説

長押：スギせい3.0寸(90㎜)
柱を両面から挟みつけ、大釘で固定した横材の総称。位置によって種々の名称があり、鴨居の上部にあるものを内法長押という。現在は構造材の役割は薄れ、意匠的に用い、座敷の格式を示すものとなった

天井高：8.0尺(2,424㎜)
天井高の目安は下表を参照

内法高：5.8尺(1,757㎜)
内法高は敷居の上端から鴨居の下端までの高さのこと。標準が5.8尺である。敷居、鴨居、長押(内法長押)などの総称を内法材という

和室の寸法

天井板：スギ杢板羽重ね張り
竿縁：スギ33×39㎜

廻り縁：スギ48×45㎜
天井と壁が接する部分に回す見切縁

鴨居：スギ99×36㎜
開口部で内法高に入る横木。敷居と対で設ける

欄間鴨居：スギ93×33㎜
欄間を納める上部の横木

欄間障子：天井と鴨居との間に設けられる開口を欄間と称し、障子または板などを入れる。組子の間隔は腰障子に合わせる

欄間敷居：スギ84×33㎜
欄間を納める下部の横木

柱：ヒノキ105㎜□
和室では4隅および開口部の脇に立てる

畳寄せ：マツ45㎜□
畳と壁の下部との間にできる隙間を納める横木

腰障子：肘掛け窓の敷居の高さに腰の高さをそろえるときれいに見える

敷居：ヒノキ105×45㎜
部屋を区画するために敷く横木。建具を受けるときは溝を突く

畳：㋐60
下地：構造用合板㋐12

肘掛け窓：畳に座って窓から景色を望むときに、敷居の高さが肘を置く高さから称された

表 | 江戸間と京間の天井高の目安

	部屋の広さ(畳数) 10畳	8畳	6畳	4.5畳
江戸間	2,576(8.5尺)	2,424(8.0尺)	2,303(7.6尺)	2,212(7.3尺)
京間	2,636(8.7尺)	2,484(8.2尺)	2,424(8.0尺)	2,272(7.5尺)

2 床の間の寸法と解説

現代住宅の床の間は、床脇や書院が省略され、床の間のみが多くなってきた[写真❷]。一方、伝統的な和室は、書院・床・床脇がセットになっている。[写真❸]

伝統的な床の間

天袋：床脇の上に設ける袋戸棚のこと。底板はケヤキ、マツ、ヒノキなど。天袋とともに床脇の下に地袋を設ける場合もある

違い棚：床脇の中間にある上下2段の段違いの棚板。上下の棚板の間に海老束を入れて、上段板の端に筆返しを付ける。材種は、ケヤキ、マツ、ヒノキなど

付書院：床の間の脇（縁側沿い）に設ける装飾的な窓の形式。棚板分外に出張る。棚板を省略した形式を、平書院という

地板：床脇の床面に敷かれた板。材種は、ケヤキ、マツ、ヒノキなど

現代的な床の間

床柱：φ4.0寸
床の間の脇に立つ化粧柱。角柱（ヒノキ、スギ、ツガ、アカマツ、ケヤキなど）ならばかしこまった印象に、磨き丸太（スギ、ヒノキなど）ではおとなしい印象に、皮付き丸太（アカマツ、サクラ、コブシなど）なら、くだけたやさしい印象に、竹類（孟宗竹、真竹、亀甲竹など）はさらにくだけた印象になる

床框：105㎜×60㎜
床の間の床前に設ける化粧框。床の間の幅を考慮して、柱1本分のせいとする。角材（ケヤキ、コクタンなど。漆塗もあり）は硬い印象となり、丸太（スギ面皮柱半割り、スギ磨き丸太太鼓落としなど）は軟らかい印象となる

墨蹟窓：床の間の側壁に付ける窓。床の間に掛けた墨蹟（紙や布に墨書された掛軸など）に光を当てる

落とし掛け：スギ99×36㎜
床の間上部の小壁下に設ける横木。長押の上端より長押1本分上げる。角材（スギ、キリ、ヒノキ）は硬い印象、丸太（スギ丸太太鼓落とし、スギ磨き小丸太、竹類など）は軟らかい印象となる

3 床の間の改修事例

10畳の和室を8畳にし、床框や床柱などを再利用した。天井高を8.0尺（2,424㎜）、床の間の間口を7.5尺（2,273㎜）と、以前の10畳の和室の寸法にしている

天井板：スギ杢板

2重廻縁：スギ

落とし掛け：キリ柾目・せい1.5寸。改修に伴い、せいを2.25寸から1.5寸に縮め、床柱の上部に同材で埋め木し、すっきりさせた

床柱：スギ絞り丸太φ4.0寸

無目鴨居：スギ・せい1.1寸

床框：スギ面皮柱・ツラ赤漆塗り・せい3.5寸

和室の内法高（敷居の上端から鴨居の下端まで）は、5.8尺（1757㎜）を基本とする。昭和初期ごろまでは5.7尺であったものが、日本人の平均身長が高くなるにつれ、5.8尺に変化した。ただし、江戸間と京間では間口が異なるので、天井高も変化する［表］。これからは60尺も考えられる。

和室の設計では、座ったときの目線の高さに注意する。和室では、畳に座ることが基本となる。特に、茶室の小間（4畳半以下）は座ったまま移動するなど、常に目線の高さが低いため、天井高もそれに合わせて低くすると、落ち着いた空間になる。最近は、畳に座った経験のない人が多く、足に負担をかけないようにイスやテーブルを和室に入れることもあるが、この場合、目線の高さが上がる分、合わせて天井高も高くすることが望ましい。掘り炬燵（ごたつ）形式の和室として、目線の高さを変えずに座れるかたちにするのもよい。

落とし掛けの高さは長押の有無で変化する。長押がある場合は、長押の上端からさらに長押の1本分の幅か、柱の幅分だけ上げる。一方、長押がない場合は、鴨居の上端に落とし掛けの下端をそろえるか、鴨居のせい1本分を上げるとよい。　［西大路雅司］

写真：田畑みなお

寝室の「高さ寸法」を攻略する

本間至

寝室は重心を下げる

心身を休める寝室は、落ち着いた空間でなければならない。そのためには、重心を下げることが重要である。開口部や収納棚を床レベルから近い低めの位置（600〜700㎜程度）に設置すると、重心は下がる。「重心を下げる＝天井高を2050㎜や2100㎜に下げる」という単純なものではなく、和室の内法高さ［66頁参照］と同様に、目線から低い位置に線を通したり、開口部を設けたりすることで、重心は下がるのである。ダウンライトなどの照明は、ベッドの足元側に設置する。横になったときに光源（電球）が直接視界に入らないようにするためだ。

寝室には「寝る」こと以外に、書斎としての機能が求められる場合もある。両機能を緩やかに区切るために、100〜200㎜程度の垂壁を設けて書斎側の天井高を下げたり、腰壁1400〜1500㎜程度を設けたりしている。

1 横長窓（幅1,500×高さ650㎜）で重心を下げる

秦野の家

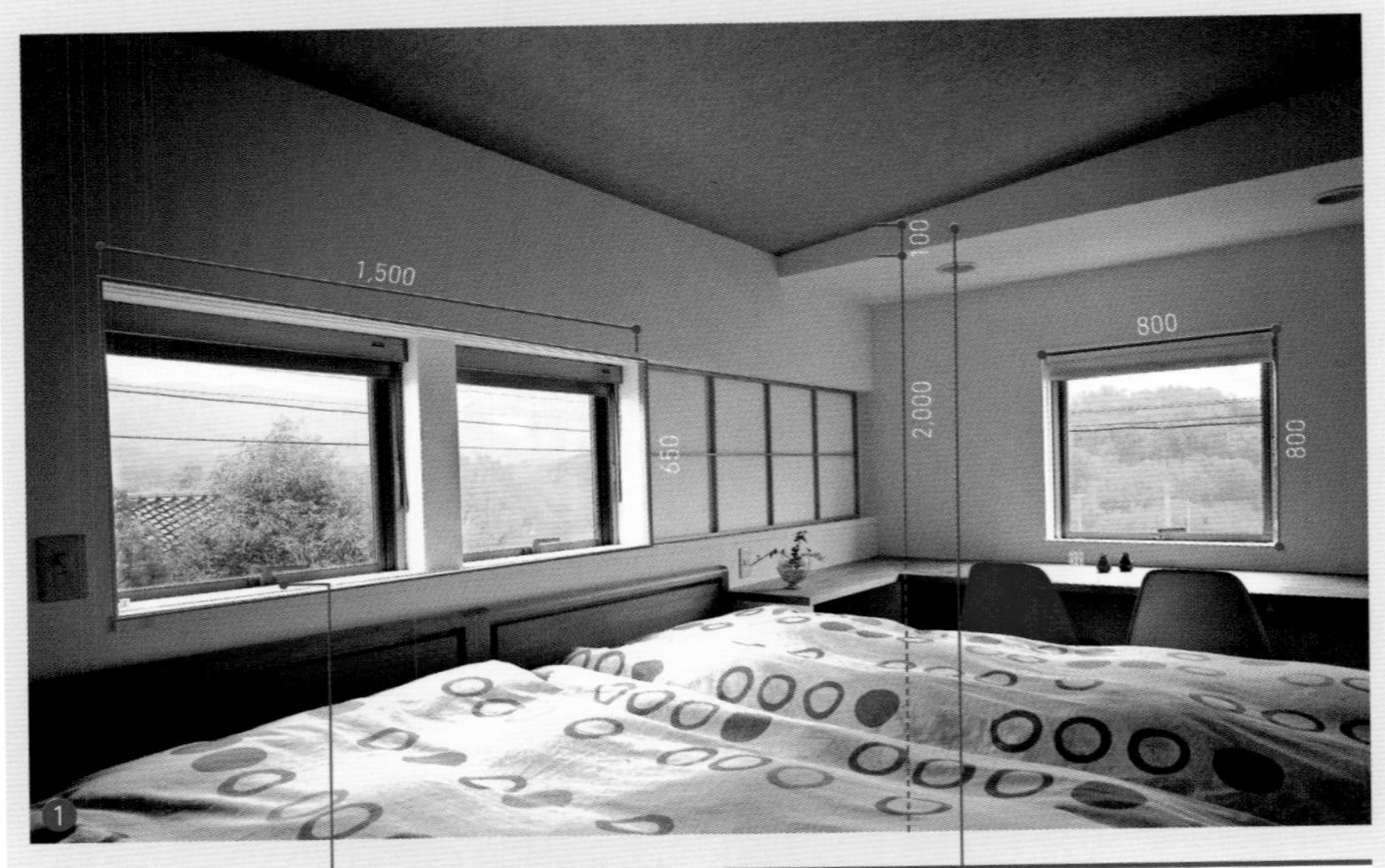

腰窓：900㎜
ベッドヘッド上部にある腰窓は、ベッドヘッド上端から100㎜（床から900㎜）に取り付けた。2つに並ぶ窓を、1本の障子で隠れるような横長のプロポーションとして、空間の重心を下げている

垂壁：100〜200㎜
屋根勾配なりに高さ100〜200㎜の垂壁を設けている。寝室のなかのワークスペースを、この垂壁で緩やかに領域分けしている。断面で見たときに、椅子が垂壁よりもワークスペース側にあることで、囲われている印象を高めることできる

断面図［S=1:60］

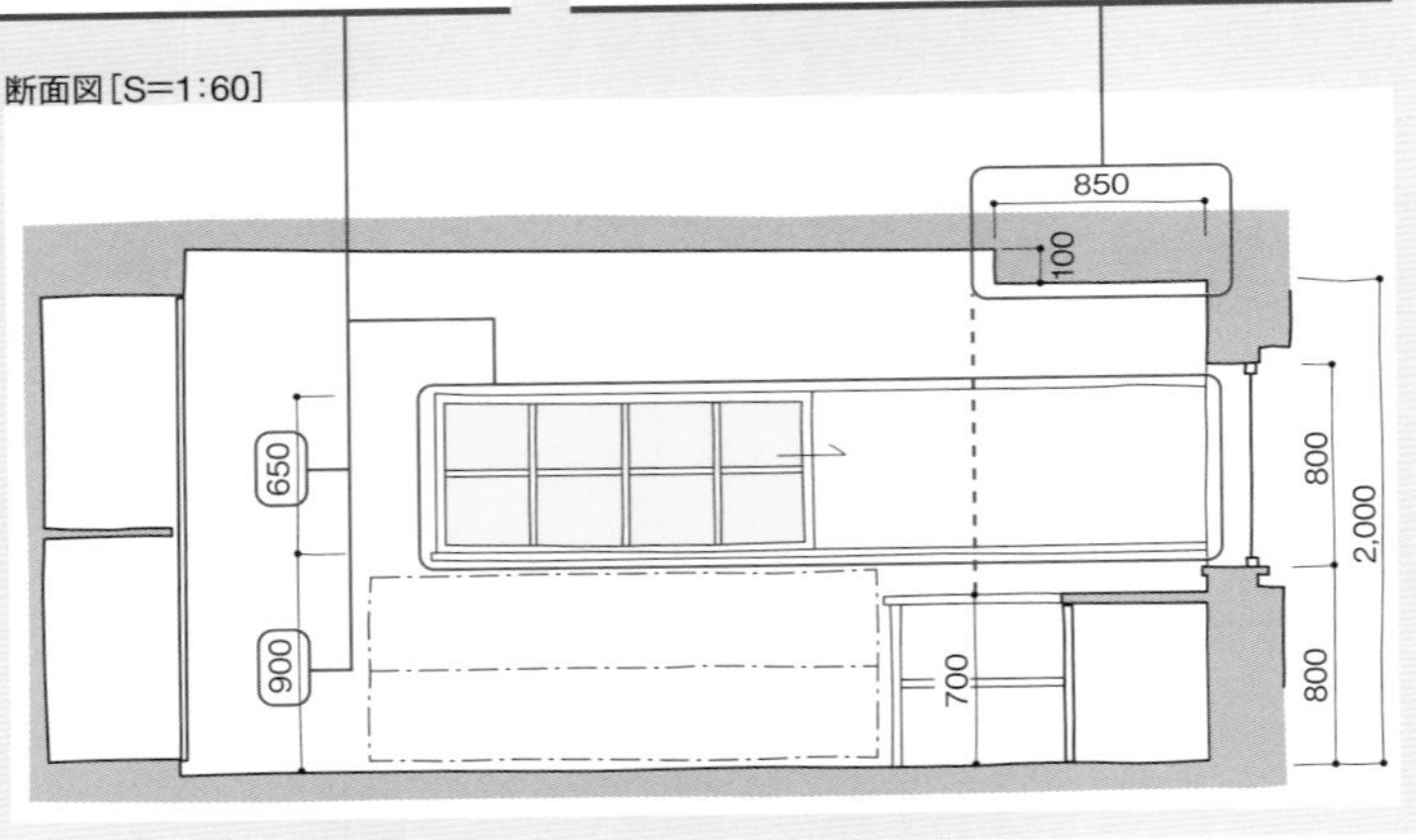

夫婦の寝室。天井に垂壁を設けて、寝室とワークスペースの境界を緩やかに意識づけている。横長の窓は、ベッドのヘッドにかぶらない高さ（下端900㎜）に設置し、空間の重心が上がらないように注意している

取材・文＝岡村裕次
写真＝富田治

2 | 腰壁1,400㎜が寝室と書斎を分ける

田園調布の家

寝室の場合、天井仕上げを和紙として、落ち着きをもたらすこともある。縁甲板羽目板張りの場合は、落ち着いた印象をもたらすピーラーを使うことが多い

腰壁:1,400㎜
寝室とベッドを緩やかに区切るために高さ1,400㎜の腰壁を設けている。書斎の明かりがベッドに届くのも防ぐ

寝室に書斎を併設。お互いの機能が干渉し合わないよう、腰壁1,400㎜を設置している

3 | 階段室に開かれた寝室

井の頭の家

寝室は閉じられた空間にすることが多いが、反対に諸室に開いて開放的な空間とする場合もある。本事例では、幅1,900×高さ1,360㎜の2段の引戸で階段室と寝室がつながる。このときに重要なのが、段窓の框。この框には空間の重心を下げる役割があり、寝室に落ち着きをもたらす

引戸の開口部を通じて階段室とつながる寝室。段窓の框を床から1,506㎜に通すことで、空間の重心が下がる

断面図[S=1:120]

引戸を開ければ階段室とつながる。引戸の下端は大人の腰の高さ程度(850㎜)としている

道路を歩く人からの視線を遮るために、寝室の開口部は下端1,300㎜の位置に設置した

8,000
1,360
1,506
850
500
1,300
寝室
道路
GL
1,650

天井高2100㎜。掃出し窓で内外をつなぐ

見付:25㎜
筆者の事務所では、見付寸法の標準を25㎜としている

天井:2,100㎜
天井高さは2,100㎜。庭に面した掃出し窓を天井高さいっぱいまでとし、内外の連続性を強調している。小さな部屋ではかえってバランスがとれて落ち着いた雰囲気となる

この寝室の天井高さは2100㎜で、建築基準法で定められた居室の平均天井高さの最低限度である。人によっては、天井高さ2100㎜という数値を見て、低いと感じる設計者もいることだろう。

しかし、本事例のような小さな部屋の場合、この高さがかえってバランスを生み、落ち着いた雰囲気をつくる。掃出し窓は天井高いっぱいまでとすると、視線が横方向に抜け、面積以上の広がりが感じられる。

［村田淳］

1 断面図［S＝1:120］

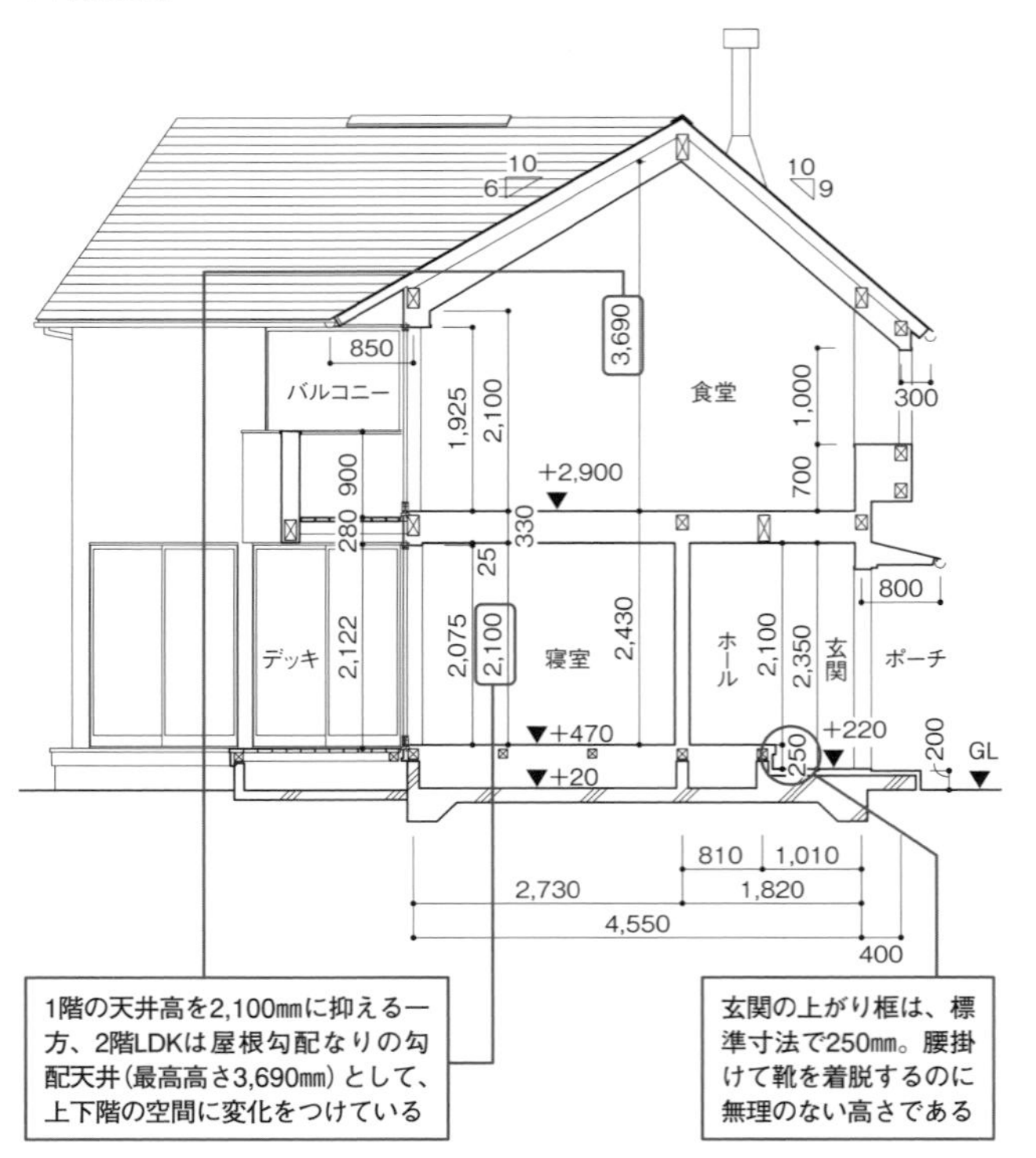

1階の天井高を2,100㎜に抑える一方、2階LDKは屋根勾配なりの勾配天井（最高高さ3,690㎜）として、上下階の空間に変化をつけている

玄関の上がり框は、標準寸法で250㎜。腰掛けて靴を着脱するのに無理のない高さである

2 開口部断面詳細図[S=1:15]

掃出し窓とデッキは、防水立上りのために40mm弱のレベル差がある。寝室とデッキは完全にフラットではない。ただし、開口部を天井高いっぱいまでのフルハイトにすると、内外は感覚的につながると考えている

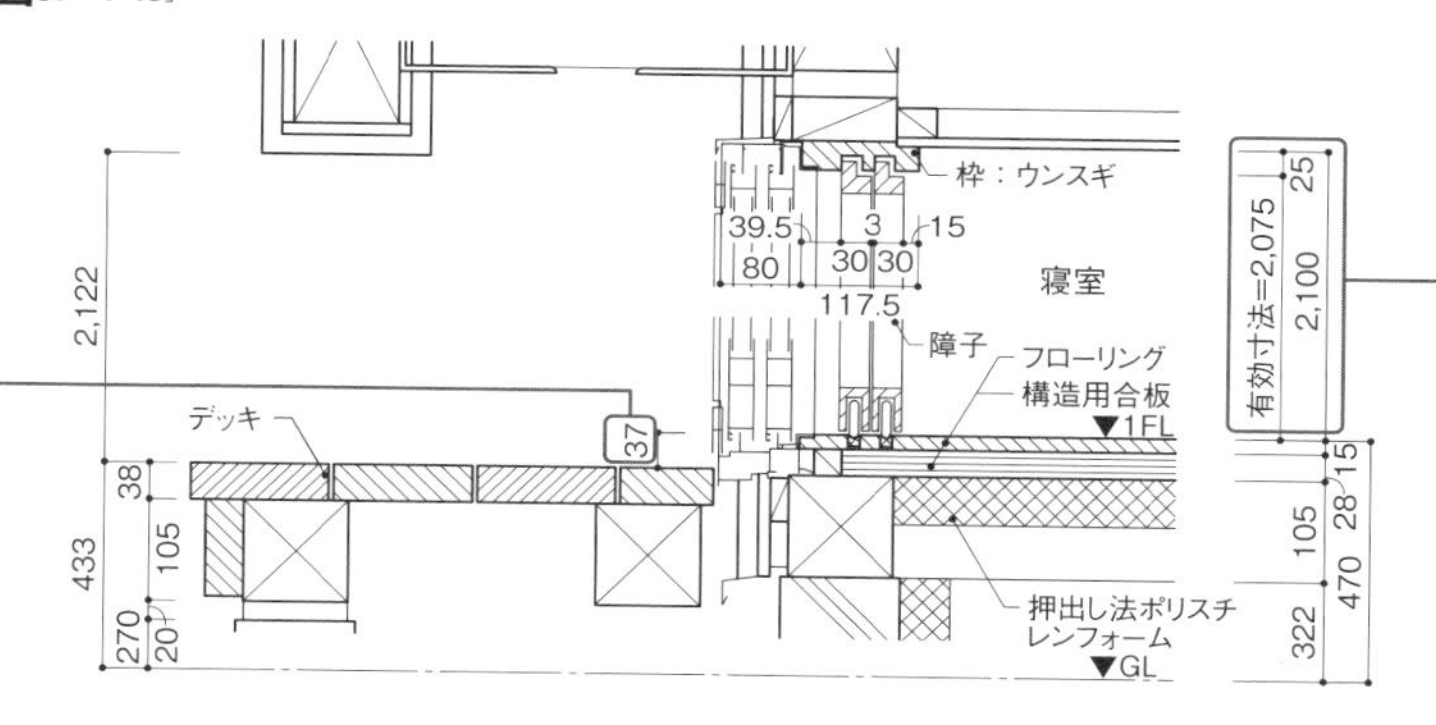

天井高さ2,100mmに見付け25mmの三方枠をまわした高さ2,075mmの開口部。天井高さは高くないが、フルハイトの開口部が視線を横方向に流し、内外のつながりを生みだすので、低さを感じない

3 寝室と玄関のつながり

寝室と玄関の壁には、引寄せの障子を設けている。寝室の通風を補うことが第1の目的である。第2には、玄関扉を開けて視線の先に庭を見せることで、周囲の緑と家の緑が視覚的に連続することをねらった。「視覚的な通り土間」ともいえる

障子の下端高さは1階床レベルから900mm。玄関土間からは1,150mm。これより低いとベッドに寝ていても玄関とダイレクトにつながって落ち着かず、高いと玄関からの視線が制限されるので、バランスをみて決めた

2 玄関から寝室を見通す

玄関・寝室展開図[S=1:80]

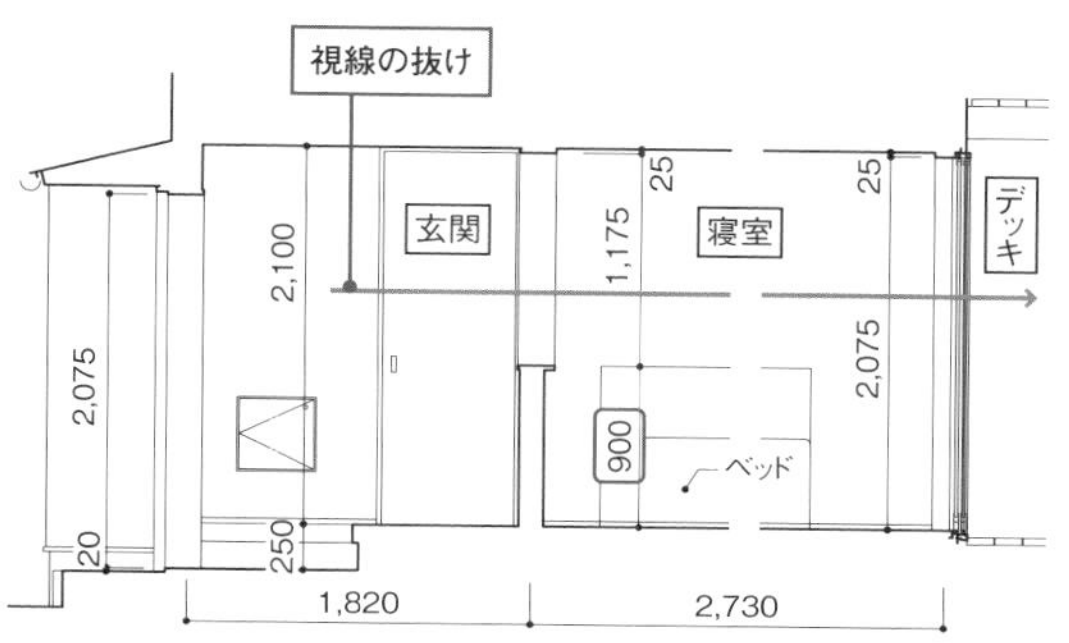

玄関・寝室枠廻り詳細図[S=1:15]

平面図

断面図

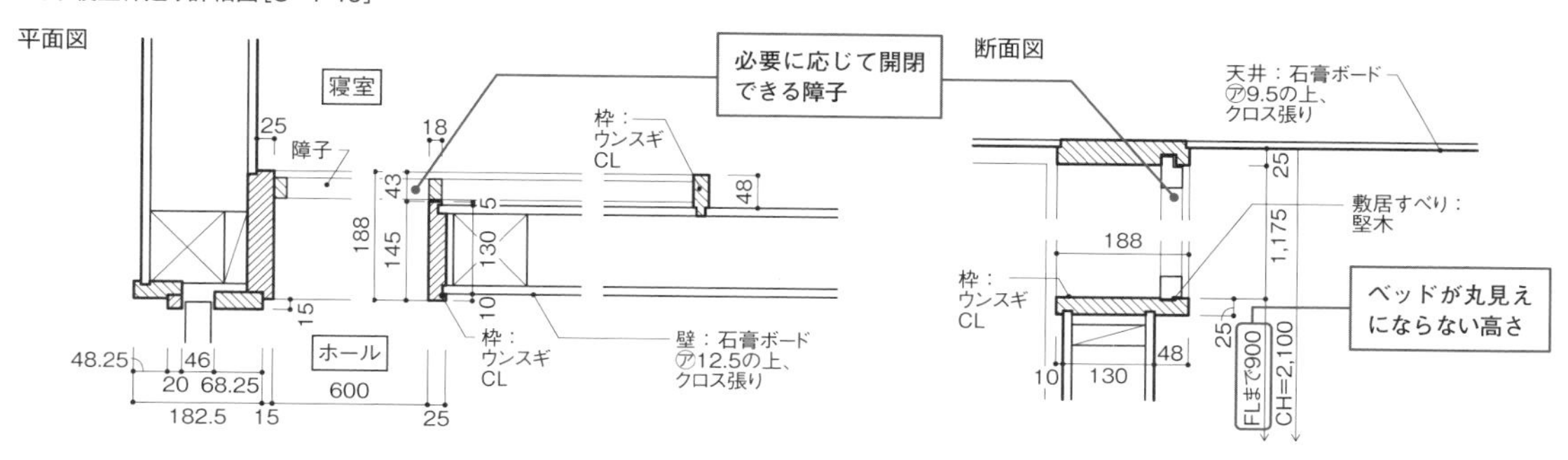

鎌倉の家

設計：村田淳建築研究室　[写真：村田淳建築研究室]

鎌倉特有の入り組んだ小道の一角に建つ住宅。南に主庭、北に駐車スペースを配した「く」の字形のプランとした。密集地ゆえ、採光条件に恵まれた2階をLDKとし、1階は庭とつながった寝室や個室、水廻りとしている。30坪ほどの敷地を、主庭、建物、駐車スペース、アプローチに分けてめいっぱい使っていることもあり、道路から玄関までの距離が近い。アプローチは限られた距離の中でできるだけ単調にならないようにした。下草を周りに敷きつめた御影石を渡り、玄関に入ると、寝室越しに主庭を見通せる。2階のワンルームのLDKでは、向かいの豊かな緑を借景として取り込むために、大きな開口部を設けている

3

1階平面図

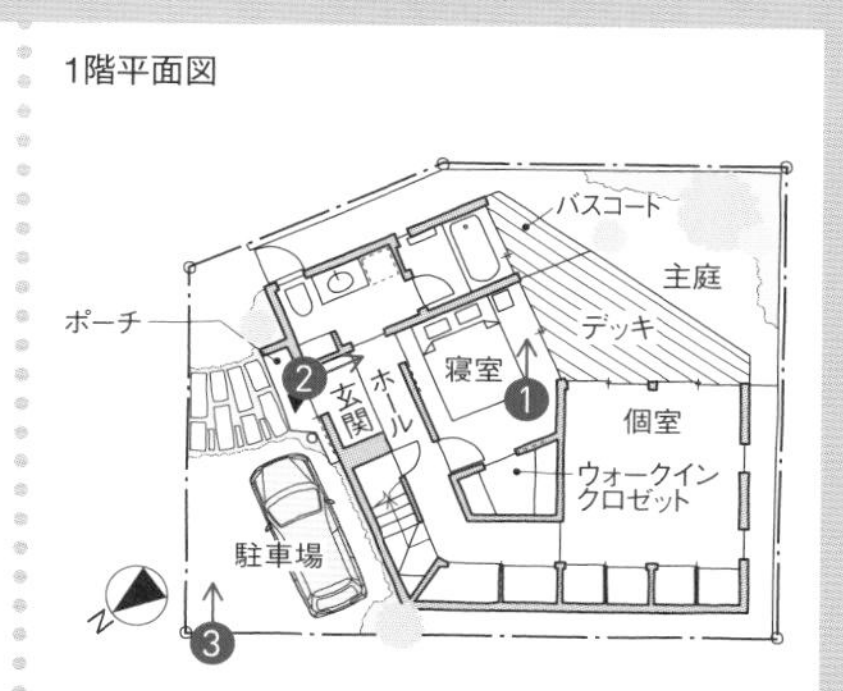

勾配天井を1700㎜まで抑え、寝室に落ち着きを

建築主の希望は、「布団で寝たい」というもの。そこで主寝室を和室として、座空間とした。落ち着いた空間とするため、できるだけ天井を低くしたかったので、勾配天井の最低高さは1700㎜に設定している［※］。長押などを回さず、できるだけ線を消した現代的な佇まいとしたほか、町屋の肘掛け窓をイメージして、開口部を300㎜立ち上げている。また、この300㎜を利用して、内向きに腰掛けられるベンチを設えた。［伊礼智］

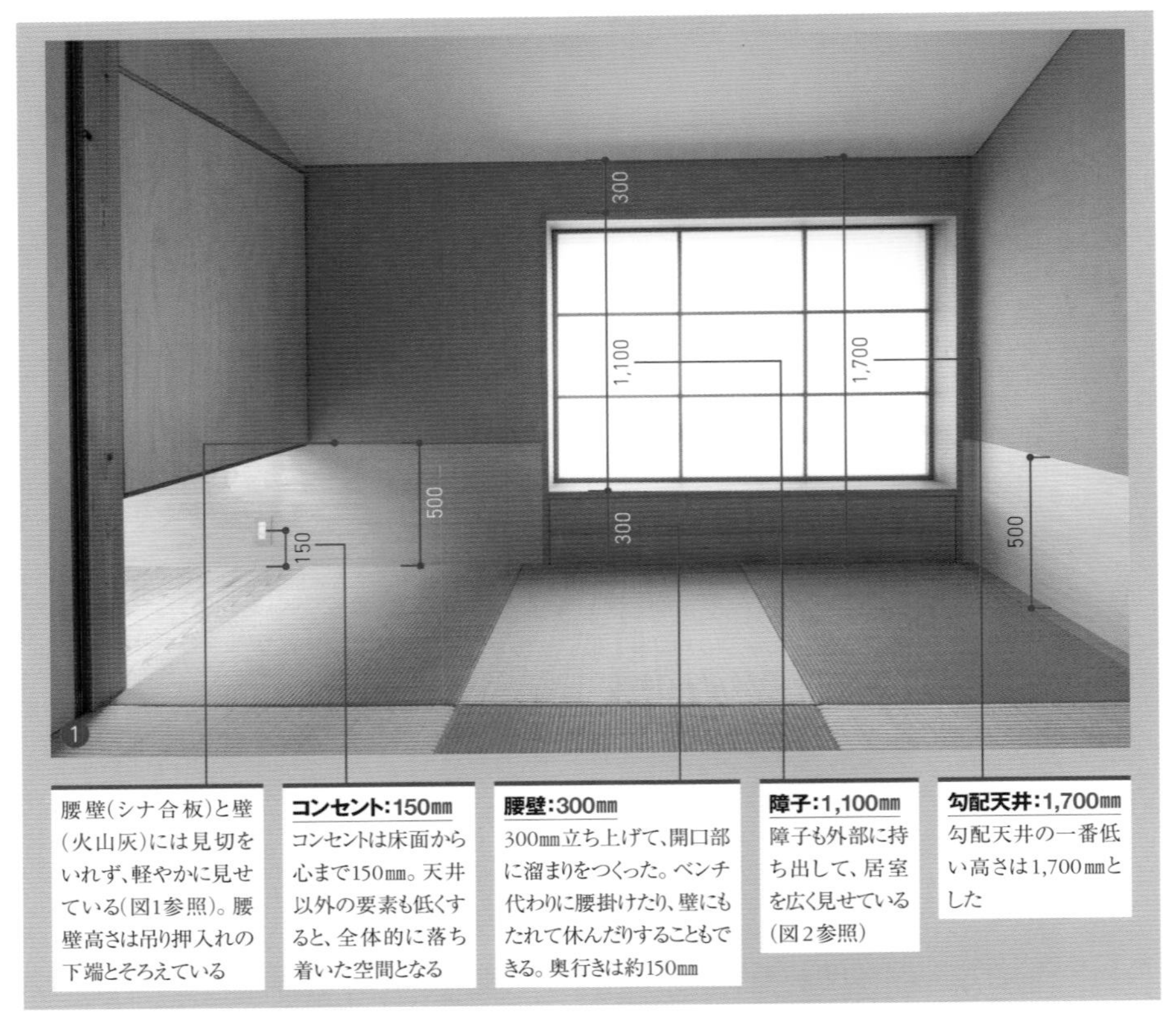

腰壁（シナ合板）と壁（火山灰）には見切をいれず、軽やかに見せている（図1参照）。腰壁高さは吊り押入れの下端とそろえている

コンセント：150㎜
コンセントは床面から心まで150㎜。天井以外の要素も低くすると、全体的に落ち着いた空間となる

腰壁：300㎜
300㎜立ち上げて、開口部に溜まりをつくった。ベンチ代わりに腰掛けたり、壁にもたれて休んだりすることもできる。奥行きは約150㎜

障子：1,100㎜
障子も外部に持ち出して、居室を広く見せている（図2参照）

勾配天井：1,700㎜
勾配天井の一番低い高さは1,700㎜とした

1 壁取合い詳細図［S=1:4］

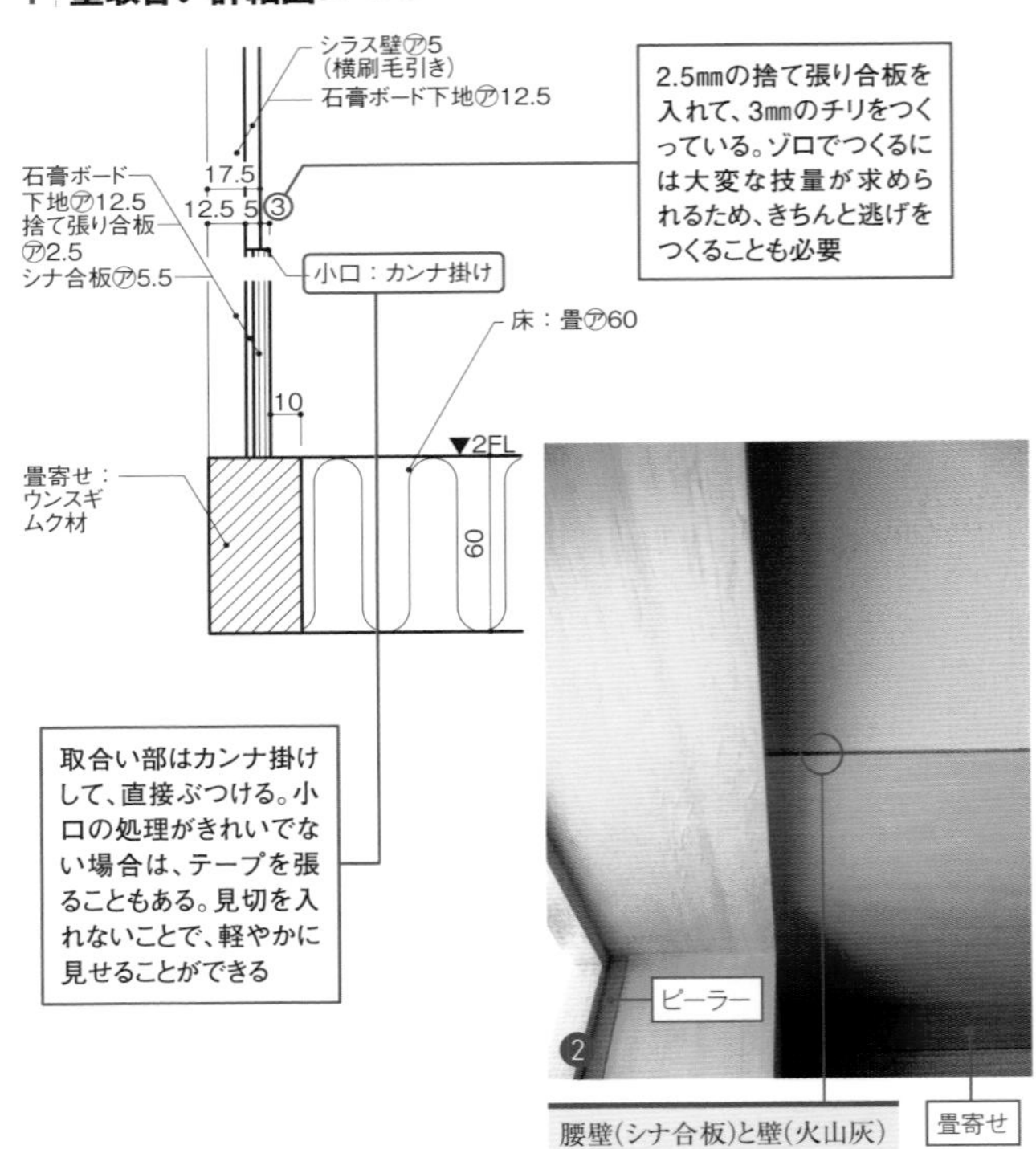

腰壁（シナ合板）と壁（火山灰）には見切を入れていない

※：天井の最高高さは2,160㎜

2 開口部詳細図

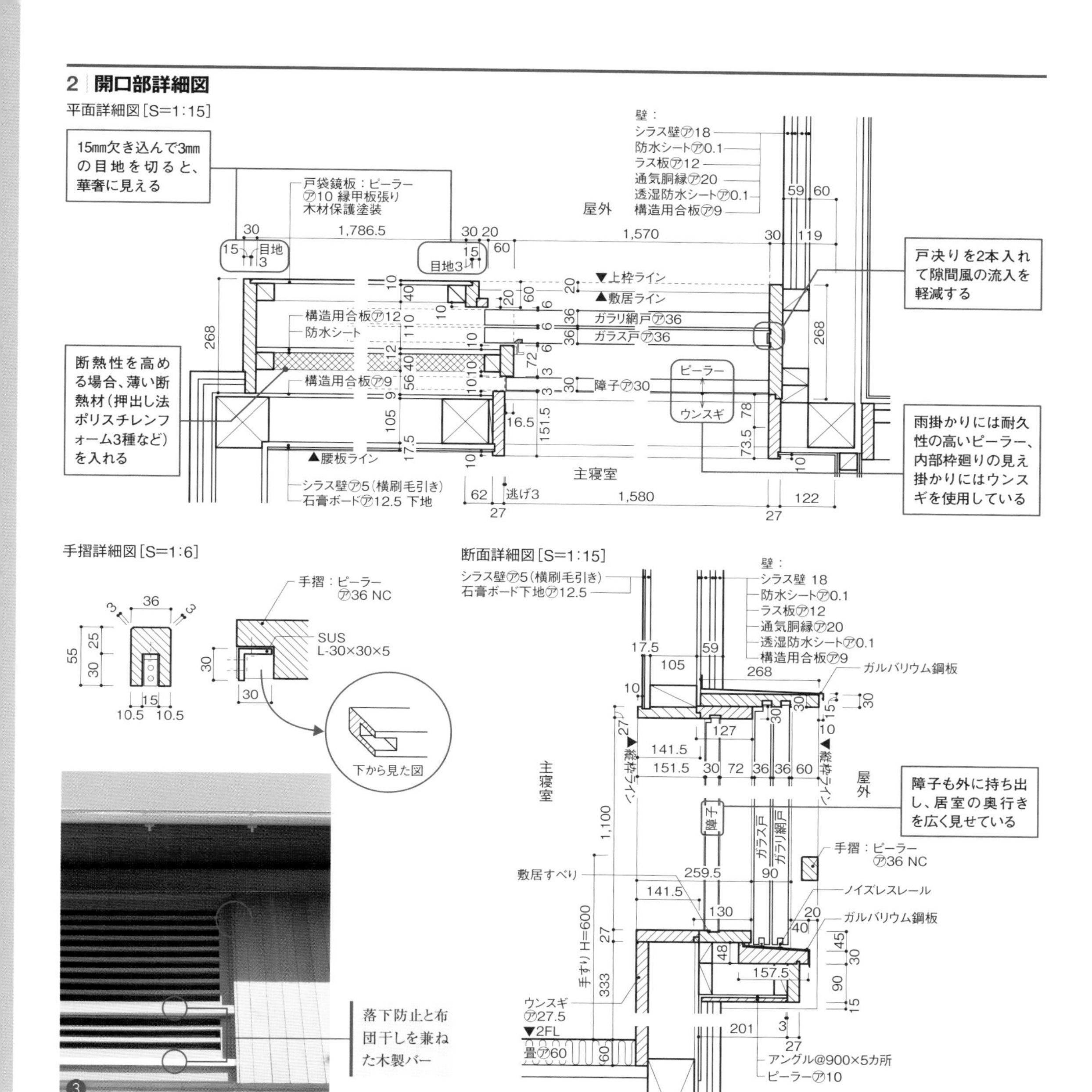

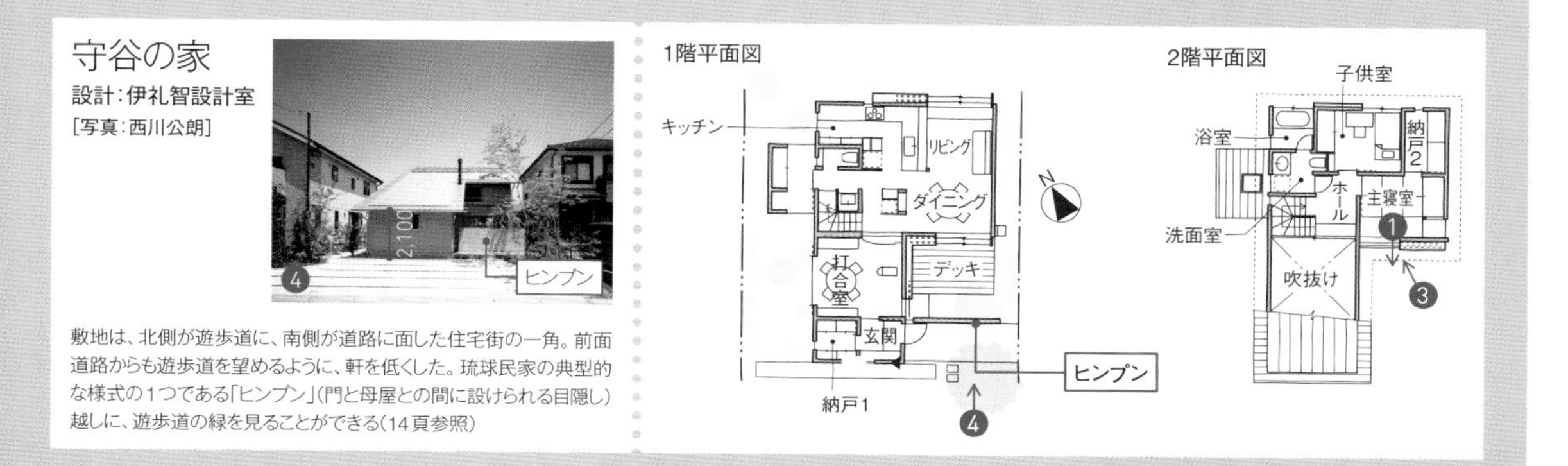

守谷の家

設計：伊礼智設計室
［写真：西川公朗］

敷地は、北側が遊歩道に、南側が道路に面した住宅街の一角。前面道路からも遊歩道を望めるように、軒を低くした。琉球民家の典型的な様式の1つである「ヒンプン」（門と母屋との間に設けられる目隠し）越しに、遊歩道の緑を見ることができる（14頁参照）

浴室・洗面室の「高さ寸法」を攻略する

本間至

1 | 窓の高さで眺望と換気、防犯を使い分ける

木で仕上げる浴室に設ける開口部は、「外を見るための窓」と「換気をとるための窓」とで役割を分けている。大きな引違い窓だけで済ませることはない。面格子が仕込まれていても、防犯性に劣るので、必ず段窓としている。

左下の事例（日野の家）では、段窓の下部をFIX窓、上部を引違い窓としている。浴槽につかっているときの眺望はよいのだが、上部引違い窓の鍵の操作はやや不便となる。

一方、右下の事例（上祖師谷の家）では、下部を引違い窓、上部をFIX窓としている。換気用の引違い窓の操作性は高いが、GLに近づくため防犯性には劣る。浴室の壁・天井を木材で施工するときには、このように、窓の開放による換気が欠かせない。開閉できる窓には必ず面格子を造作して、留守中でも換気のために開放してもらうよう説明している

眺望と換気を優先した段窓
段窓下部をFIX窓、上部を引違い窓としている

エプロン：420㎜

浴槽のエプロンは420㎜（200㎜角タイル×2枚+浴槽のつば20㎜）とする。エプロンをまたぐ動作や、頭部に重心のかかる高齢者を考慮すると、450㎜以上だと高すぎるし、350㎜以下だと浴槽に落ちる危険性も高まる

日野の家

窓の操作性を優先した段窓
段窓下部を引違い窓、上部をFIX窓としている

腰壁：600㎜

腰壁は、浴槽エプロンに200㎜角タイルを1枚張増しして600㎜とする。経験上、600㎜以上は水掛かりが少ないので、それより上は、ヒノキを用いることが多い。200㎜角は、浴室の天井高2,200㎜に対して納まりがよい。色は清潔感の高い白を使用

上祖師谷の家

機能的な部屋の天井高は2100㎜

洗面室の天井高は２１００㎜を標準としている。リビングのような居室とは違い、機能的な部屋は最小限の天井高があれば足りると考えるからである。

浴室は洗面室レベルから床面を100㎜下げてつくるので、天井高は２２００㎜が標準。仕上げは、割付けがきれいに納まる200㎜角タイルを多く用いる。

私は、原則として1軒に2つのトイレを設ける。とはいえ、トイレばかりに面積を割けないので、家族用には2in1タイプ（洗面とトイレが一緒）を採用することが多い。

洗面カウンターの高さは780㎜（天端）が基本。これを800㎜、820㎜と高くしていくと、洗面時に水が肘から垂れ落ちてしまう。反対に750㎜と低いと腰が曲がってしまう。そこで、基本は780㎜としている。また、清掃性を考慮して置き型ではなく、必ずアンダーカウンターを採用する。

取材・文＝岡村裕次
写真＝冨田治

2 | 浴室から光をもらう洗面室

赤堤通りの家

洗面室は、壁付けの鏡や収納などが多く、大きな開口部を設けづらいため、暗くなりがち。反面、浴室は開口部を大きく取れるので、浴室の採光を洗面室に届けることは可能である。そのためには、洗面室と浴室の間に開口部を設置するとよい。光を共有することで、浴室と洗面室の連続感も表現できる

洗面室に必要な明かりは、①水洗ノズルの位置を示す手元明かりと、②顔を照らすための照明である。そこで、手元を照らす明かり取りとして、洗面カウンターと鏡に挟まれるかたちの開口部(高さ220㎜)を設けた。また、鏡に裸電球を取り付けて、舞台などの楽屋の化粧台のように顔を正面から照らし、顔に影をつくりにくくしている

浴室の明かりを洗面室にもたらす採光窓。光を柔らかく拡散する強化タペストリーガラスを使用している

タオル掛けが付く収納扉はポリ合板仕上げとしている。濡れたタオルによるカビの発生や、塗装の剥離を予防する

浴室・洗面室枠廻り詳細図[S=1:12]

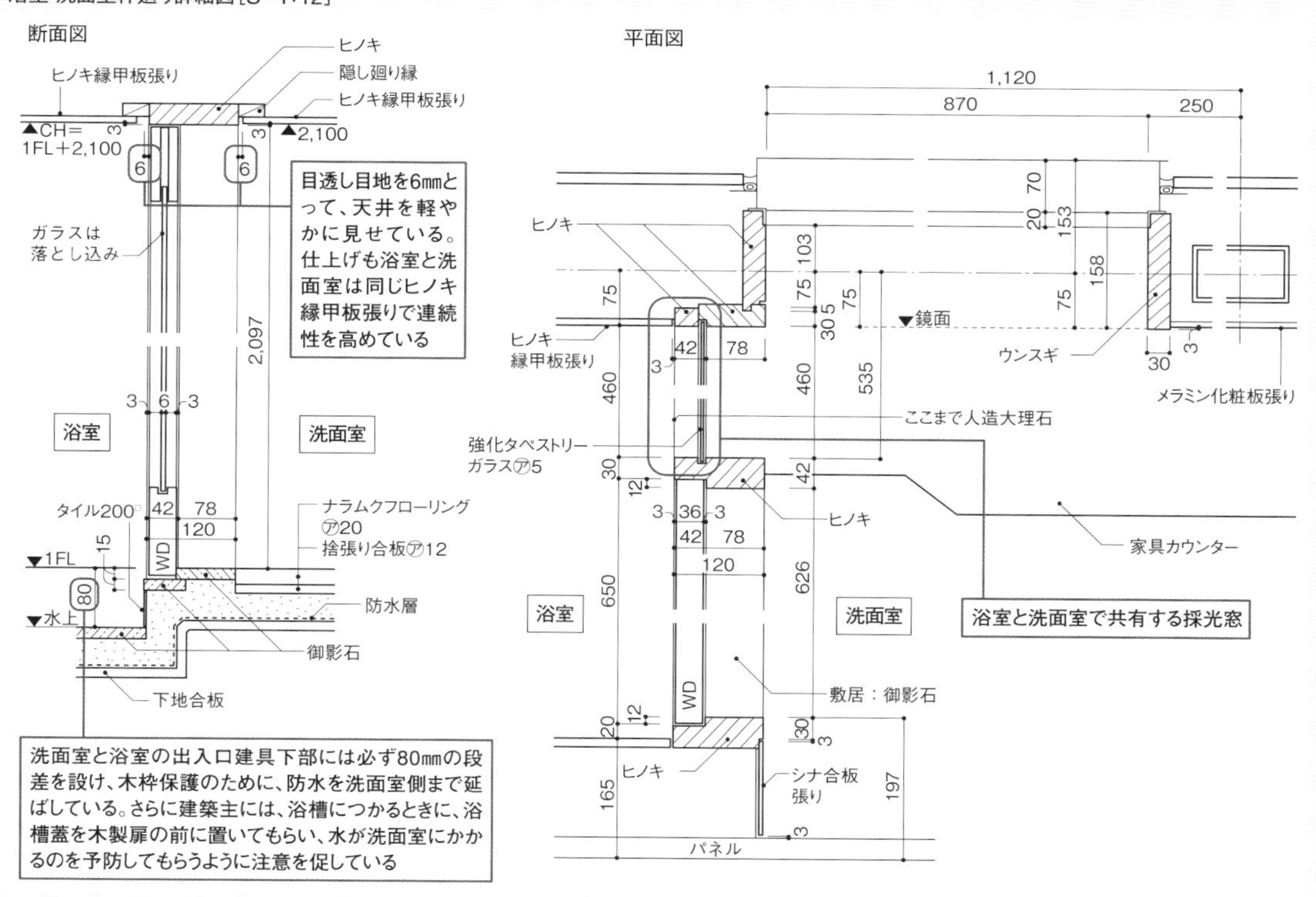

15坪の家。吹抜け3650㎜の開放的な浴室

通風用窓：300㎜
浴室の空気を対流させ、小屋裏とつながる通風用の開口部。有効寸法で300㎜［図2参照］

天井：3,650㎜
小屋裏とつながる開放的な浴室。最高天井高さは3,650㎜。不透明ガラスを通して、小屋裏上部のトップライトから柔らかな光が浴室にそそぐ［図2参照］

腰壁：700㎜
壁の羽目板張りは、床から700㎜以上として、そこからはタイル張りとする。筆者の経験上、板張りの浴室では、天井よりも壁、壁上方よりも壁下方にカビが生えやすい。そこで、700㎜程度までをタイルとしておけば、手がかからない。なお、タイルは汚れが目立ちにくい紺色とし、25㎜角を使用。目地も細かく切られているので、滑りにくい

1 断面図［S＝1:120］

小屋裏と浴室が吹抜けを通じてつながる。開口部から手を伸ばして浴室壁上部に取り付けた換気扇の蓋を取れるよう、引戸の高さは有効で300㎜とした

小屋裏は居室扱いとならないため開口部を設けられなかったが、小屋裏から少しずらしてトップライトを取り付け、小屋裏、LDK、浴室に光を落とす

換気扇　小屋裏　浴室　リビング・ダイニング　バルコニー　子供室　廊下　入口
▼最高高さ　▼小屋裏FL　▼2FL　▼1FL　▲GL
300　1,207　400　3,650　2,100　700　350　2,460　2,100　2,370　2,500　2,450　473　5,454　909

建築面積25㎡強の小さな住宅。居室の建築と家具が多義的に使われ、密度の濃い空間が続く。その分、浴室だけでも開放的にしたかった。3650㎜の吹抜け天井が小屋裏につながり、広々とした心地よさを生む。浴室の気積が大きく、天井付近に通風用窓を設けて常に空気を対流するように仕掛けた。そのため、浴室内に湿度がこもらず、カビが生える心配も少ない。通常、羽目板張りの浴室は使用後に水気を拭き取るが、この浴室はその必要がなく、ユニットバスのような使い勝手のよさである。［伊礼智］

COLUMN

浴室・洗面室 水面を照らす月明かりのような浴室照明

浴室の照明は、壁の低い位置に取り付けたい。照明を低く取り付けると、室内の重心が低くなり、適度な暗さが生まれ、落ち着きを得やすい。京都の俵屋旅館でも、照明が低く取り付けられている［写真❷］。［伊礼智］

527
233
1,160
400
1

照明の高さ：浴槽の縁から760㎜

「那珂湊の家」設計：伊礼智、写真：西川公朗

1 浴室展開図［S=1:80］

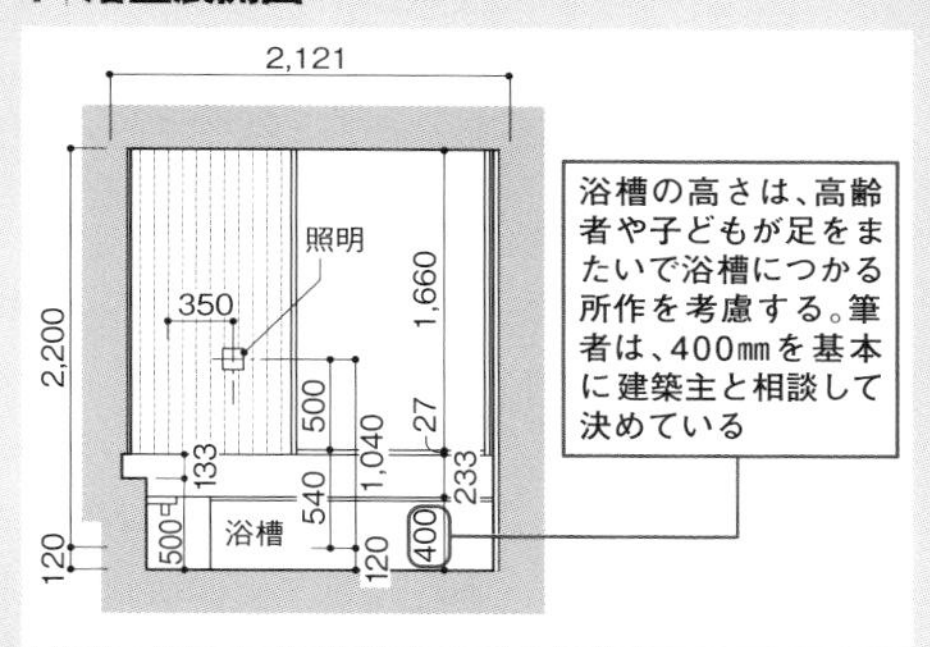

俵屋旅館（京都）の浴室。照明が開口部上端よりも低い位置に取り付けられている。月明かりが水面に映し出されるかのように、照明の明かりが浴槽の水面に映る風流な浴室だ（著者撮影）

2 浴室・小屋裏開口部詳細図

断面詳細図［S=1:20］

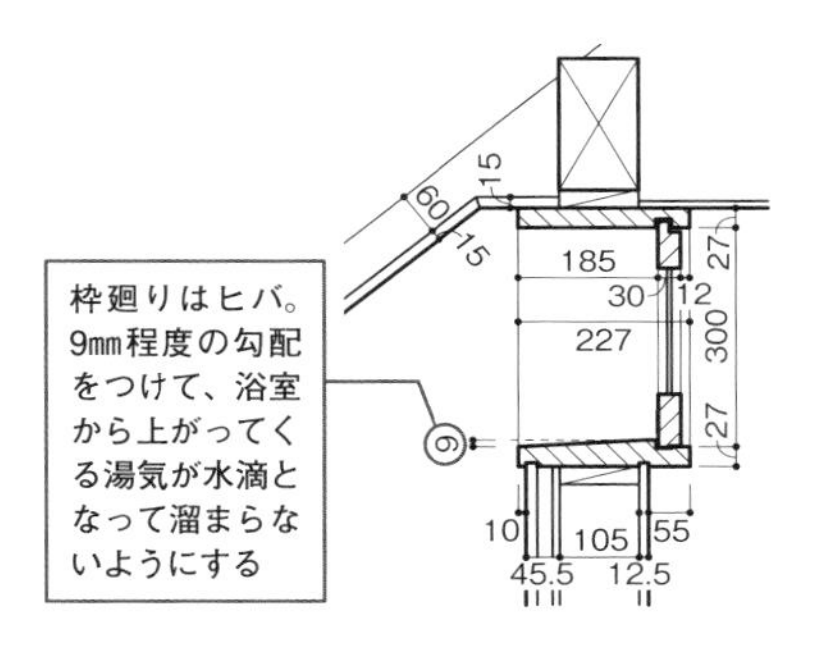

平面詳細図［S=1:20］

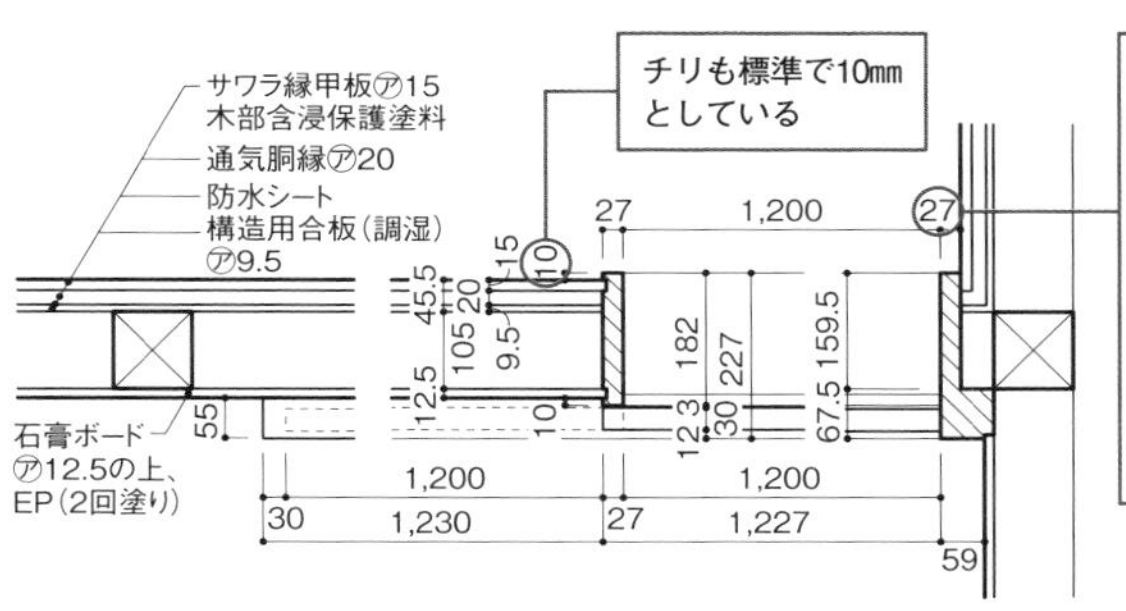

15坪の家

設計：伊礼智設計室
［写真：西川公朗］

隣にマンションがそびえていたため、カーテンを閉め切ってプライバシーを保っていた建替え以前の建築主は、「明るい住宅」を切に望んでいた。そこで筆者は2階にリビングを配し、トップライトなどの開口部を設けて、プライバシーと採光を確保。また、敷地面積が限られるなか、建築と家具の融合など、スペースを有効活用することが求められた。床レベルを変えてそのままテレビ台やベンチ、机にするなどの工夫を施している

2階平面図

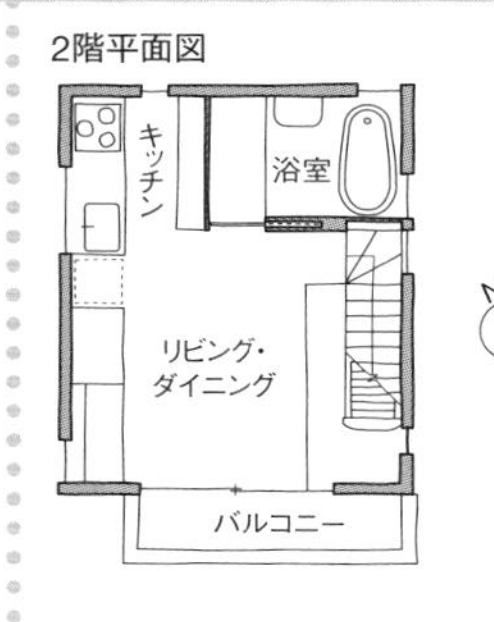

小屋裏平面図

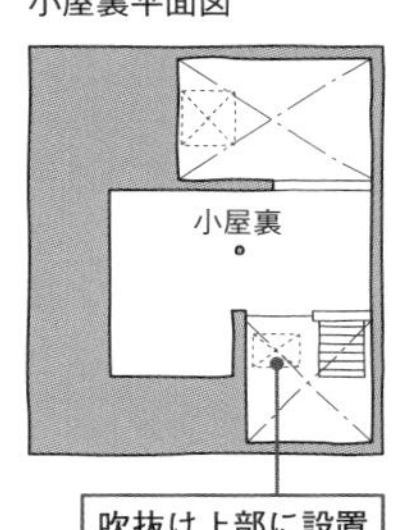

子どもも使いやすい洗面台は280㎜の鏡がポイント

立上り:280㎜
子どもの使い勝手も考慮して、立上り部分280㎜も鏡とする。水洗ノズルは鏡に直接取り付けるのではなく、割れ防止のためパッキンをかませている[図1参照]
収納奥行き(有効方法):140㎜
前面収納の奥行きは有効で140㎜程度。ティッシュボックスを横向きで納められる
洗面台奥行き:500㎜
500㎜の奥行きの上に水洗ノズルを持ち出しているので、子どもでも容易に手が届き、手洗いしやすい
配管・収納:265㎜
配管・収納スペース下に高さ265㎜の空間をとって、脱水かごなどを置けるスペースとしている
140
800
280
80
500
750
265
1

洗面台の一般的な高さは、700〜750㎜程度である。本事例では、小学校低学年くらいまでの子どもの目線の高さを考慮して、立上り部分360㎜のうち、280㎜の高さに鏡を張っている。加えて、子どもの手が届きやすいよう、洗面台の奥行きも500㎜とミニマムに設定している。もちろん、大人にとっても不都合はなく、使い勝手がよい。立上り部分を鏡とすると、キッチンパネルやクロス、タイル仕上げなどに比べて清掃もしやすい。［柏木学・柏木穂波］

1 洗面カウンター断面詳細図[S=1:12]

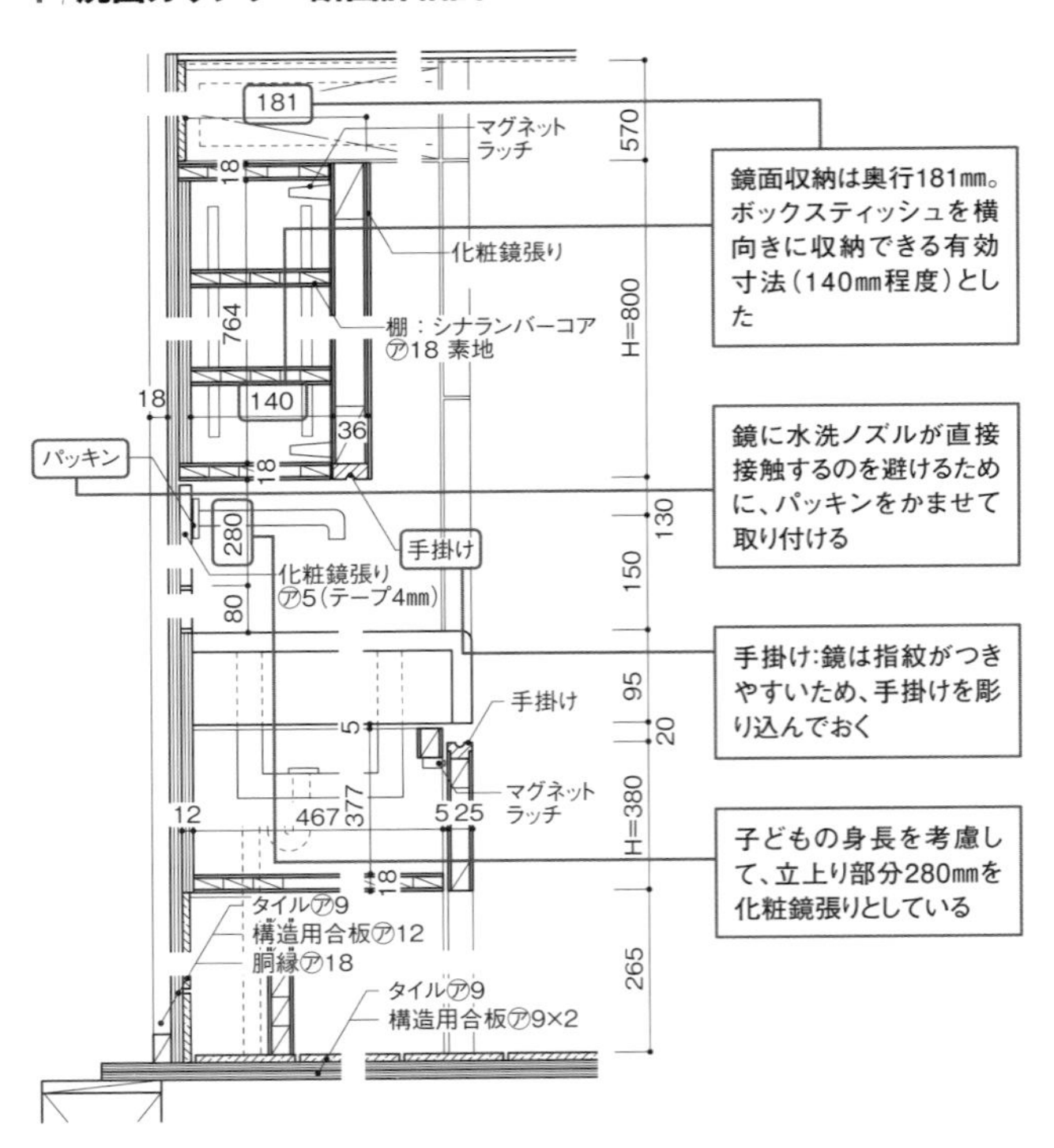

これからの「トータルデザイン」とは

「統合」から「細分」へ

現在、インテリアに関係する肩書きは、どのくらいあるのだろうか。デザイナー、コーディネーター、プランナー…、数え出したらキリがない。

われわれを取り巻く環境にモノや情報が散乱し、次から次へと新しい何かが出現するなか、1人のマルチプレーヤーが空間のすべてを担うことがだんだんと難しくなってきた。そんな時代の要請により、細分化された新たな肩書きが次々と生まれている状況にある［表］。

当然ながらこれらは、昔からあったわけではない。たとえばエットーレ・ソットサスは、福岡のツインドームシティ計画（実現していない）のような都市計画に近いものから、住宅、商業施設、プロダクト、グラフィック、オブジェなど、多彩なデザインにかかわっていることは周知のとおりだ。ほかにも多くの建築家［※1］が、街並みから建築、インテリア、家具、プロダクトに至るまでトータルにデザインしている［※2］。

彼らが「空間」と対峙するとき、職域としての線引きが明確に区分されていない。いや、する必要がないといったほうが正しい表現なのかもしれない。天井の高さと床の素材、照明計画、窓からの陽光、壁にかけられた1枚の絵画、そこに滞在する人の表情は、空間内に等価に存在しているはずだからである。

しかし、渡辺力、剣持勇、柳宗理の三巨匠の出現あたりから少し様相が変わってくる。建築の一部としてインテリアを専門にデザインする仕事が登場。その後、数多くのインテリアデザイナーが活躍の場を広げた。ただ彼らは、インテリアという職域がゆえに建物ありきのところからのスタートとなり、どうしても建築設計の一部分として捉われがちだった。

それが1970年代くらいから、経済成長とともに店舗設計の重要性が問われ、またオフィス環境の快適化が図られるようになった。住居でもマンションなどの集合住宅が増え、スケルトン／インフィルの考え方やリノベーションが注目されてくると、「インテリアデザイン」が1つの確立した分野を獲得した。

インテリアデザインの仕事は基本的には躯体以外の内部空間対象だが、商業空間では建物の外観（店舗への客の誘導としてのファサードのデザイン）にまで及ぶ。また戸建住宅でもリノベーションの現場では、柱や梁、壁の移動や撤去、補強など、建築構造にからむことも多い。このようにインテリアデザインの立場から建築側へアプローチする機会も多い。そう考えると、インテリアデザインは建築設計の一部ではなく、まったく対等の立場にあるといっていい。

認知された肩書き

自らの立場を確立すると同時に、インテリデザインの内部ではすでに細胞分裂が起こり始め、「インテリアコーディネート」という分野が出始める。もちろん、家具のデザインもインテリアデザインの一部だが、インテリアコーディネーションは建築設計の一部だった頃から独自の道を形成していた［図］。

インテリアコーディネーターというと、以前は（一部を除いて）住宅設計の内装材や照明器具、家具などをセレクトするという単純なコーディネーションという仕事とされていた（本当はもっと複雑だったが）。それが最近では、歴史的背景、人間工学、素材、設備、環境工学、施工、ユニバーサルデザイン、テーブルウェア、インテリアオーナメントに至るさまざまな知識に加え、コンサルティングやプレゼンテーション、商材の流通に関する知識や能力も求められるようになった。1983年に

表 インテリアに関する肩書き

- インテリアデザイナー
- インテリアコーディネーター
- インテリアプランナー
- インテリアスタイリスト
- プロダクトデザイナー
- 家具デザイナー
- 家具バイヤー
- 家具リペアラー
- ディスプレーデザイナー
- キッチンスペシャリスト
- キッチンデザイナー
- フラワーデザイナー
- ガーデニングデザイナー
- 雑貨バイヤー
- 雑貨デザイナー
- インテリアショップスタッフ
- 福祉住環境コーディネーター
- ハウジングアドバイザー
- 収納アドバイザー
- 照明デザイナー
- 照明コンサルタント
- 空間デザイナー
- 空間プロデューサー
- 建築士（一級・二級・木造）
- マンションリフォームマネージャー
- テキスタイルデザイナー
- ランドスケープデザイナー
- リビングスタイリスト
- ライティングコーディネーター
- ホームインスペクター　など

始まったこの資格も四半世紀以上が経ち、社会のなかでの認知度も安定したといえる。

　2000年代前半、業界にさらなる新勢力が台頭してくる。「インテリアスタイリスト」という職種である。雑誌やテレビなどで活躍し、今なお現役で活躍しているインテリアスタイリストも数多くいる［※3］。

　スタイリストの仕事も範囲が広い。テレビや雑誌、映画、Webなどの撮影現場では、与えられたテーマに沿って家具やアイテムを収集し、レイアウトや照明などを細かく演出する。そのほかにもウィンドウディスプレイや物販店のディスプレイ、ショップやカフェのプロデュースを手がけるインテリアスタイリストもいる。

　「スタイリスト」と「コーディネーター」との線引きは難しいが、スタイリストのほうがメディアに近く、個人に対しての仕事が多いコーディネーターに比べ、社会とのつながりが強い職種だと筆者は解釈している。

細分化の先のプロデュース

　インテリアを取り巻く職種が細分化されるなか、これからインテリアデザイナーに強く求められるのはプロデュース能力だろう。プロジェクトによって適正な人材を集めてチームを形成し、1つのかたちにまとめあげる。各人が才能や技術を最大限に発揮できる「場」を提供することこそが、インテリアデザイナーに求められる役割である。もちろんその範疇が建築にまで及べば、その役割は建築設計者が担うことになる。

　'93年、建築家の石上申八郎は、「月刊建築知識」で「空間のトータルデザイン」を'70年代前半にサッカー界を席巻したオランダの「トータル・フットボール」に例えた。

　要約すると、トータル・フットボールによって、サッカーではゴールという目的だけでなくゴールまでのプロセスにも注目が集まった。これを建築のトータルデザインに当てはめると、今は全体をデザインするという目的よりも部分が重視され、建築家には細部のデザイン力が求められる、ということだ［*］。

　この例えは、18年経った今でも、少し解釈を変えて同じ表現ができる。互いにフォローしあいながら1つの目的＝空間の完成に向かう様子は、現代サッカーにも通じる部分があるのではないか。その状況下では、中心となるインテリアデザイナーはさしずめチームのプレイングマネージャーということになる。

　またここでの建築設計者の役割は、あるときはチームを構成する一員となり、またあるときはチームを監理運営するチェアマンとなる。　［和田浩一］

図　「トータルデザイン」変遷のイメージ

凡例
A:建築
ID:インテリアデザイン
IC:インテリアコーディネーター
IS:インテリアスタイリスト
F:家具デザイン

建築（A）　家具デザイン（F）　インテリアデザイン（ID）
今ココ　NEXT　次の予想図
チェアマン A　プレイングマネージャー ID　IS IC F LD

木造戸建住宅のリノベーション。柱の撤去や移動、梁の架け替え、梁の現しなどの建築的要素と、建築主の持ち込み家具に合わせた、床壁天井の素材、照明計画を、トータルでコーディネートしている

寝そべる猫さえもインテリアの風景を構成するアイテムの1つとして、家具や調度品と等価にイメージされるべきである

照明器具や家具、光の入り方、素材の使い方はすべて視線の動きを意識してコーディネートされている。これからは「竣工写真」だけでなく、スタイルを感じさせる「インテリア風景」の写真も重要となる

写真：山本まりこ

*編集部注　石上氏は、建築知識1993年5月号で「Aサッカー↓B茶↓Cトータルデザイン」の流れで話を展開している。Aサッカー：すべてのフィールドプレーヤーがアタッカーでありディフェンダーとなるトータル・フットボールでは、ゴール前だけでなくフィールドのすべてがフロントラインとなり、プレーの一場面一場面に等しく観衆の注目が集まった。B茶：茶の世界では、空間構成・喫茶・食事・手前・会話などを通して、全感覚領域に徹底して「茶の美学」を貫こうとした結果、「茶をたてる」という本来の目的が「美学」を追求する動機付けの1つに過ぎなくなった。Cトータルデザイン：はじめは単純に空間をトータルにデザインしたいという欲求から出発したが、その発想が空間デザインそのものの変革を引き起こす。変革のポイントは3つ。①全体よりも部分（これがサッカーでいう「プロセス」に当たると思われる）に比重が置かれる。②「部分」を重視する建築では、全体と部分のヒエラルキーや表裏、大小といった概念がすべてデザインとして等価になる。③空間や細部そのものが楽しむ対象となり、建築家は、受け手をいかに楽しませられるかということが要求される。
　これが、石上氏の考える「空間のトータルデザイン」の結論となっている。

※1：欧米では、グンナー・アスプルンド、アルヴァ・アアルト、アルネ・ヤコブセン、アルド・ロッシ、フランク・ロイド・ライト、ミース・ファン・デル・ローエなど。日本でも、村野藤吾がホテルなどの大規模建築から、そのインテリア、家具、照明器具に至るまでデザインしていたように、やはり多くの建築家が空間のすべてをデザインしていた｜※2：もちろん例外もある。たとえばル・コルビュジエのデザインした一連の家具は、ピエール・ジャンヌレ、シャルロット・ペリアンとの共同設計である｜※3：テレビのワイドショーでの「お部屋改造計画」という一コーナーが火付け役となって、一躍脚光を集めた

ワンランク上のインテリアを実現する方法

大型テレビモニターを内蔵する壁面収納

天井：石膏ボード㋐12.5 寒冷紗パテしごきの上、AEP
扉：タモ練付合板OSCL ㋐20 艶消し黒
壁：石膏ボード㋐12.5 寒冷紗パテしごきの上、AEP
天板：タモ練付合板 OSCL ㋐20 艶消し黒
200
400
1,200
2,000
440
325
3,905
400
200
床：複合フローリング アフリカブラウン㋐15

大型TVモニターの設置を想定してレイアウトした壁面収納は、家具というより、むしろ空間そのものに影響を与える仕掛けという性格が強い。家電サイズやカラーバランスの考慮に始まり、配線やスイッチボックスの隠ぺい、建築化照明の効果の配慮など細部に気を配りながら納まりを決定した。この壁面収納は迫力ある空間を生み出す装置としての役割も果たしている。［黒崎敏］

図1 | 構造壁面を利用する

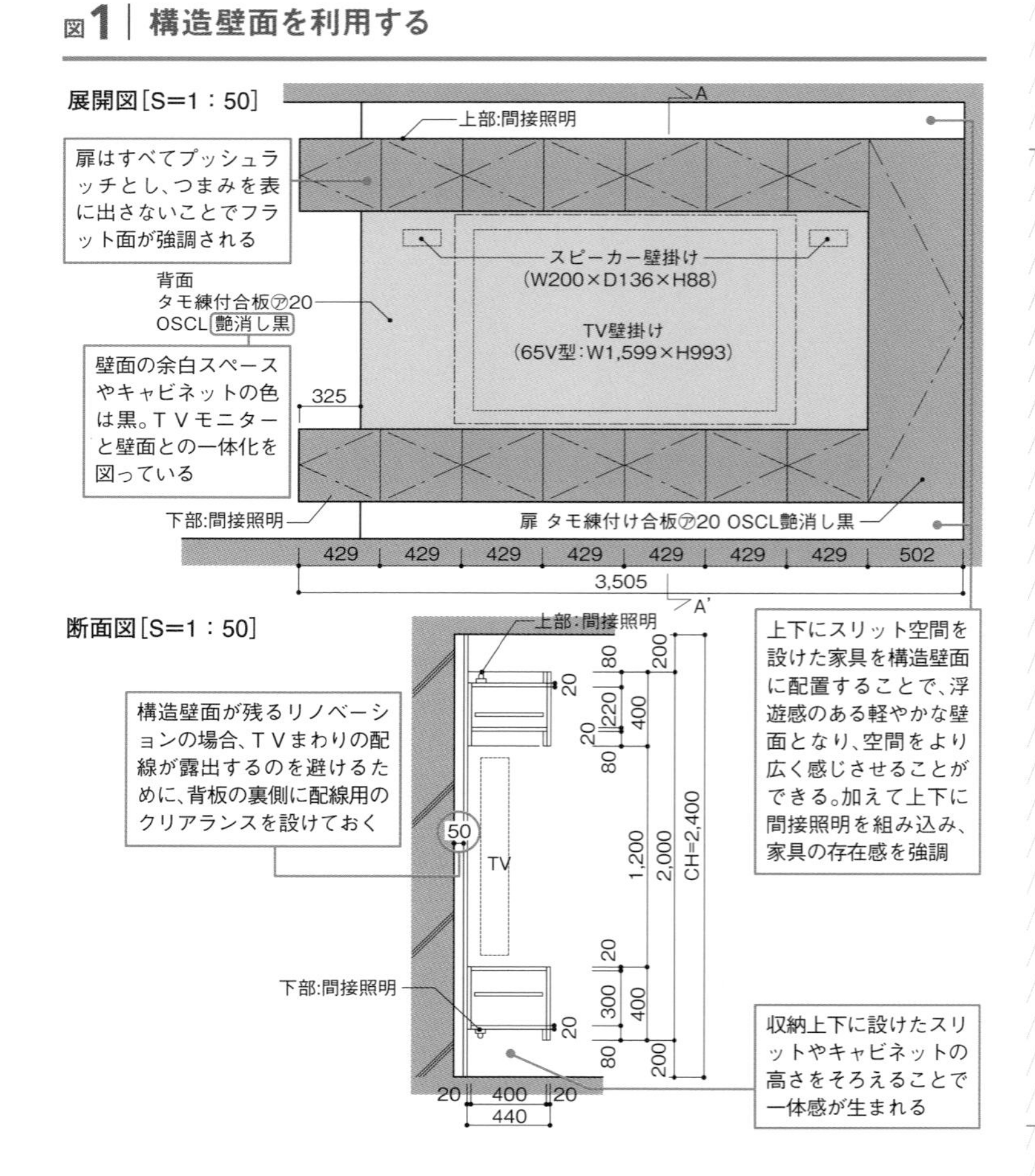

図2｜吹抜けに面したリビング正面に設置

A-A' 断面図[S=1：80]　展開図[S=1：80]

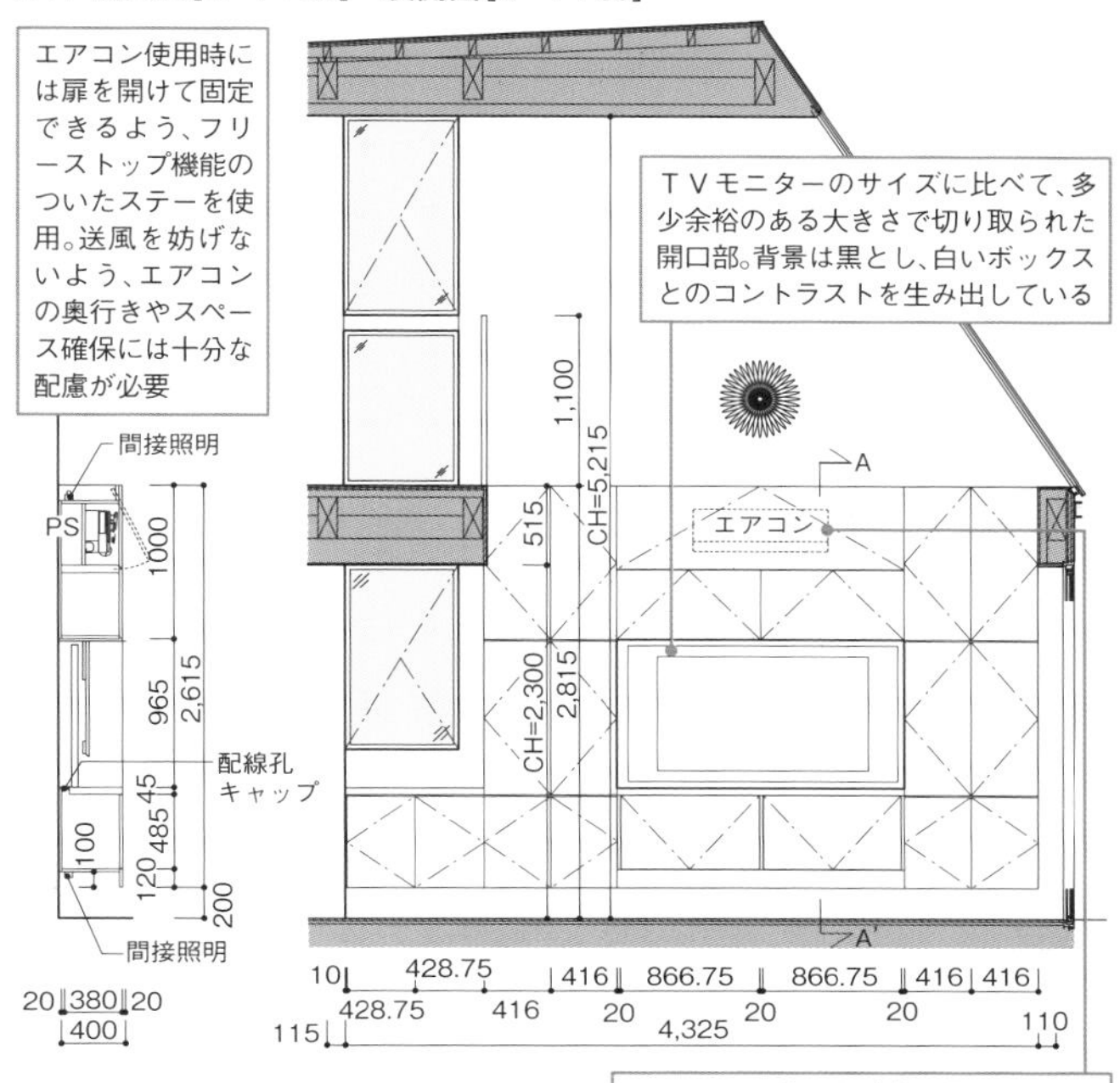

（上）吹抜けに面したリビング正面に設えた壁面収納は、ＴＶボードとリビング収納を兼ねる。ロの字形のフラット面が1つのボリュームとして見えることを意識している。白いボックスの背景を黒にすることで奥行きと立体感が生まれ、縦に長い空間に対してバランスをとる役割を果たす
（右）間接照明の効果が、縦に伸びた吹抜けに奥行きを感じさせる

COLUMN

押さえておきたい薄型テレビのサイズと取付け位置

この数年で急速に薄型化・大型化が進んだテレビを、空間の中でどう位置づけるかはインテリアデザインの大きなポイント。まずはサイズ感を認識したい[表]。どの距離で視聴するのかを意識することも重要になる。ハイビジョン放送での最適視聴距離は、画面高さの約3倍とされている。50V型は画面の高さが約60㎝なので、3倍の約180㎝が最適視聴距離となる。次は取付け高さ。たとえばソファに座った時の目の高さを120㎝とすると、画面の中心が目の高さから30～50㎝ぐらい下がった位置にくるように設置するとよい。50V型の場合画面中心までの高さが約40㎝なので、設置高さは床から30～50㎝とするとよい［図］。

表｜薄型テレビの画面サイズ一覧

画面サイズ[＝インチ]（対角線寸法）	16:09（ワイドタイプ）
20V 型（ 50.8）	44.3（横）×24.9（縦）
26V 型（ 66.0）	57.6×32.4
32V 型（ 81.3）	70.8×39.9
37V 型（ 94.0）	81.9×46.1
40V 型（101.6）	88.4×49.8
42V 型（106.7）	93.0×52.3
46V 型（116.8）	101.8×57.3
50V 型（127.0）	110.7×62.3
55V 型（139.7）	121.8×68.5
60V 型（152.4）	132.8×74.7
65V 型（165.1）	143.9×80.9
70V 型（177.8）	155.0×87.2
75V 型（190.5）	166.0×93.4

※：この数値は、あくまで表示画面だけのサイズとなっている。枠廻りも含めた実際の寸法はメーカーホームページを参照いただきたい

図｜テレビの最適な取付け位置

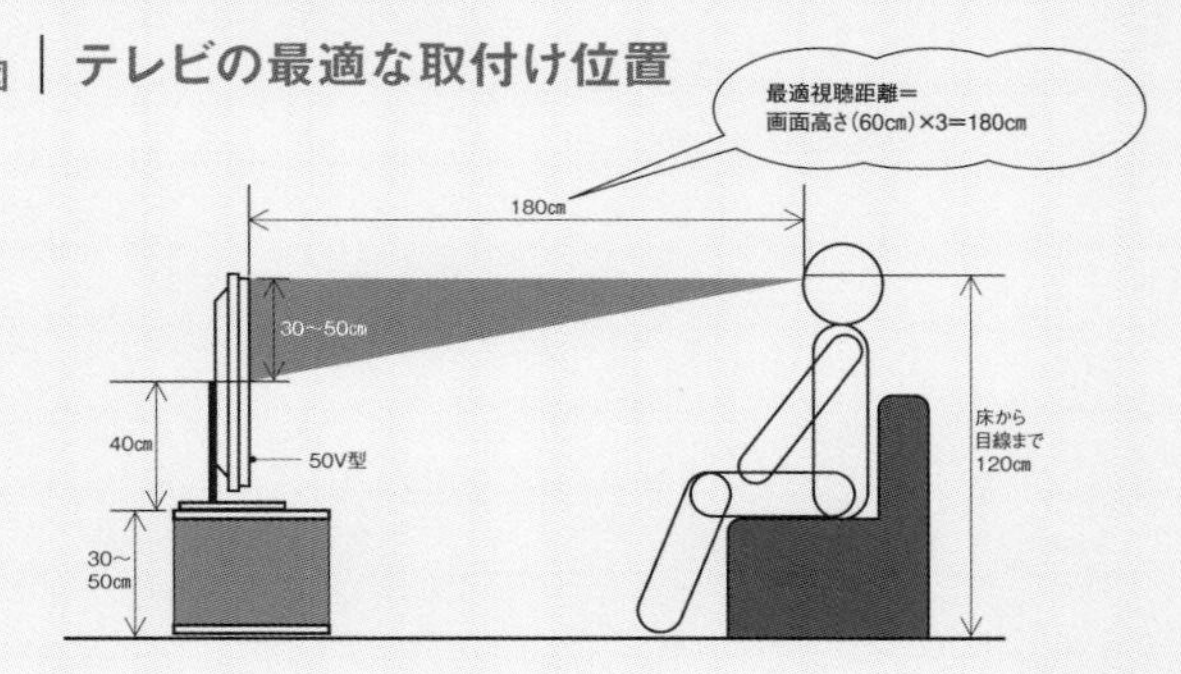

空間を生かし多機能を兼ねたテレビ廻り

リビング、ダイニング、キッチンのどこにいてもテレビを視聴・操作できる配置を計画した。階段の踊場を大きな箱にして、その中にAV機器やCD、DVDなどを収納。ケーブルや機器は視界から排除した。AV機器収納は階段の踊場でもあり、花や器を飾る床の間でもあり、南に面しているため日溜まりができる縁側のようでもある。

［島田陽］

図1 | AV収納アイソメ図

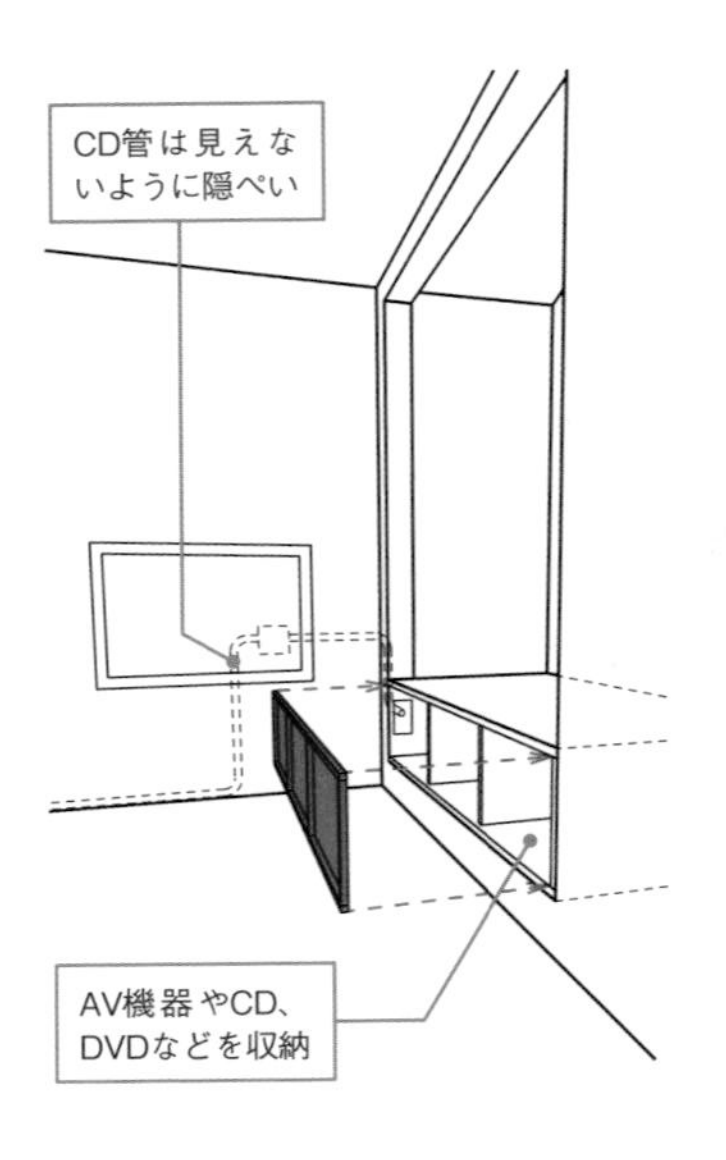

図2 | リビング平面図・配線図［S＝1:80］

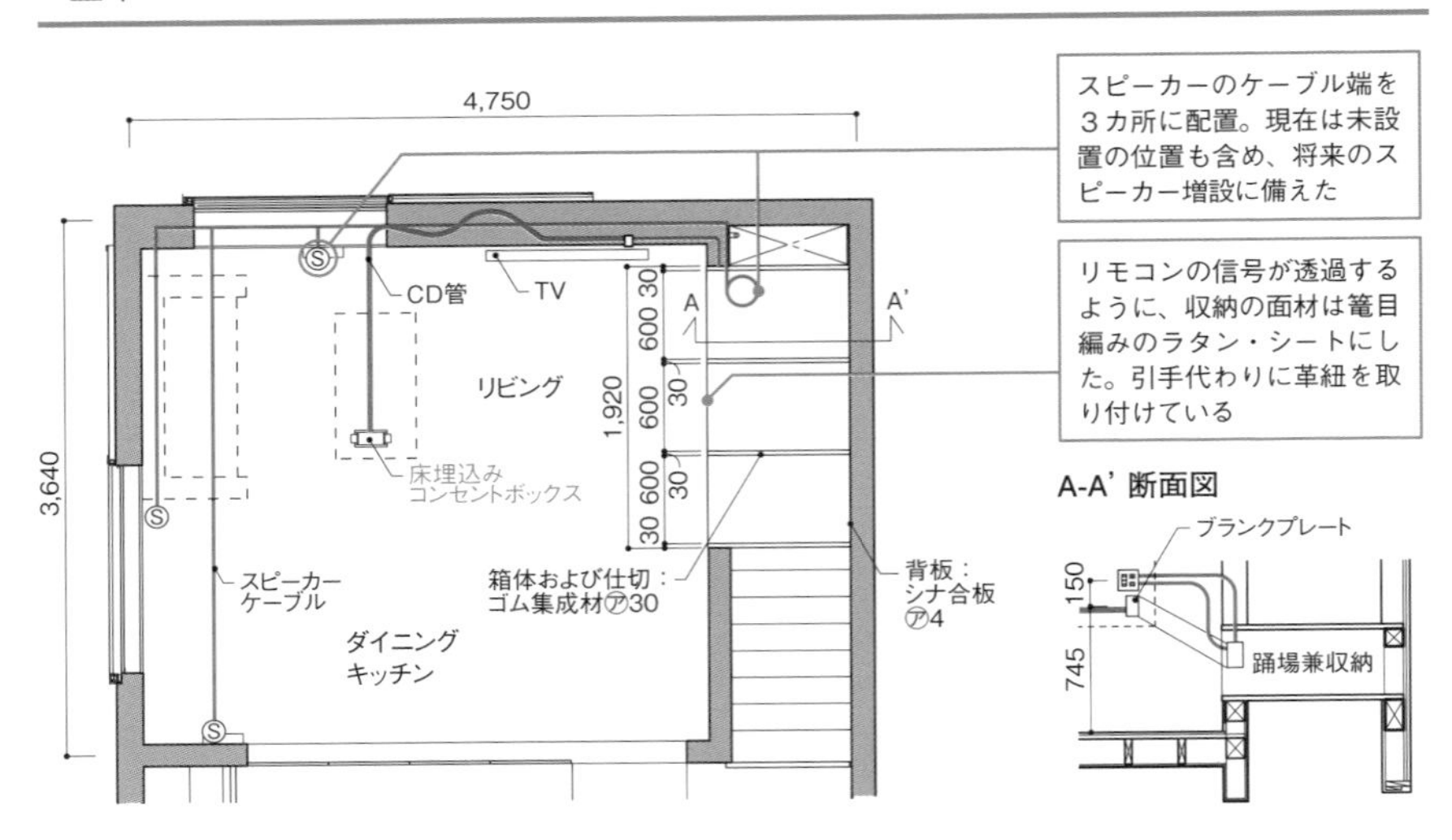

図3 | 床埋込みコンセントボックス納まり詳細図［S＝1:10］

断面図

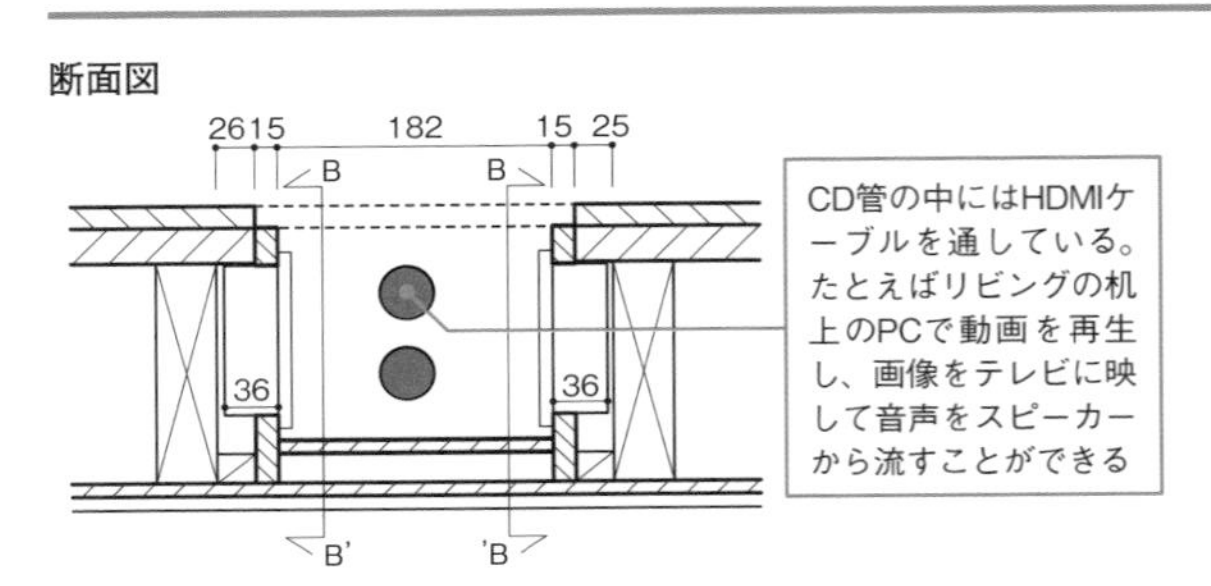

26 15 182 15 25
B
B'
36
CD管の中にはHDMIケーブルを通している。たとえばリビングの机上のPCで動画を再生し、画像をテレビに映して音声をスピーカーから流すことができる

B-B' 断面詳細図

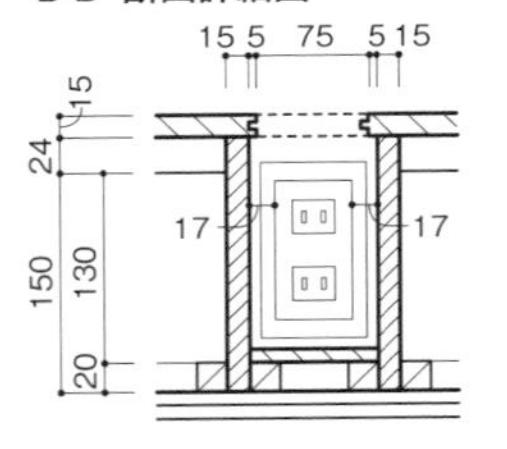

キッチンカウンター裏面にテレビを納める

緑の広がる幅7m、高さ4.3mの全面開口に面してL字型に配置したデイベッドの前には、テレビもローテーブルも置くべきではないと考えた。キッチンカウンターの正面にあるワインボトルがちょうど隠れる高さの腰壁は、背もたれと食器およびAV機器収納を兼ねる。その前にはデイベッドと同じ高さにサイドテーブルを設けている。

［武富恭美］

図1 | リビング平面図［S=1:60］

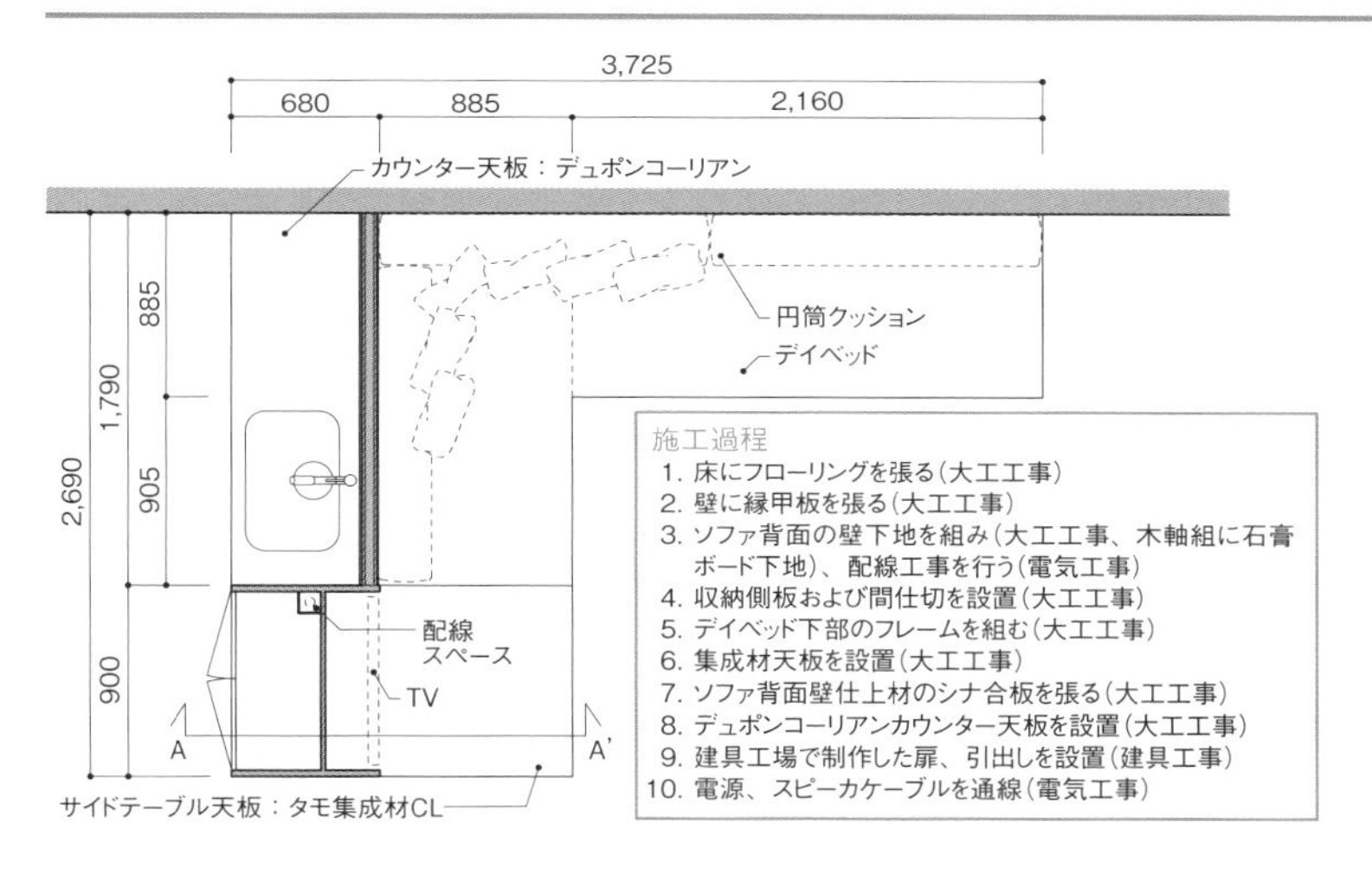

図2 | 断面図・立面図［S=1:50］

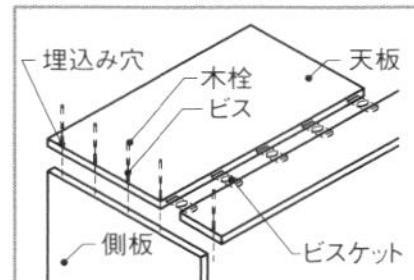

天板は、ジョイントカッターで溝加工した後、ビスケットで接合して幅を広くしている。汎用部材を無駄なく使用することでコストを抑えられる。また天板と側板はビスで接合(接着剤併用)した後、木栓で埋めている

2種類のウレタンとスポンジを5層積層して脱脂綿でくるみ、合板のベースに載せ、ファブリックで覆っている。スポンジの組み合わせは、工場で座り心地を検証のうえ、決定した

シナランバーコアと木材を大工工事で組んだフレームの上に、家具工場で製作したマットレスを載せた構成

A-A' 断面図［S=1：50］

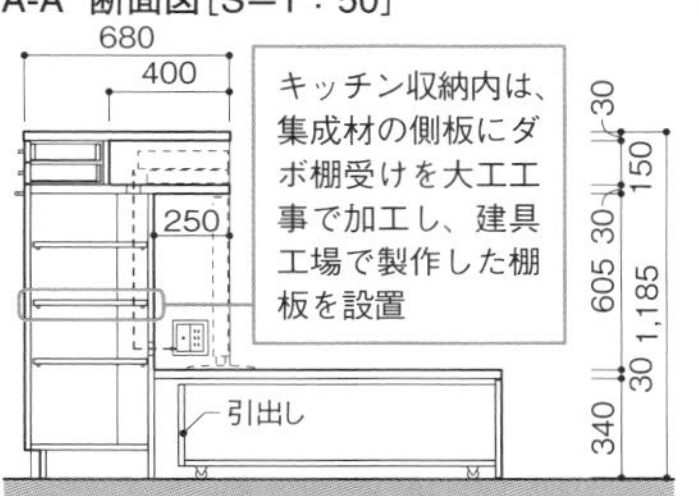

展開図［S=1：50］

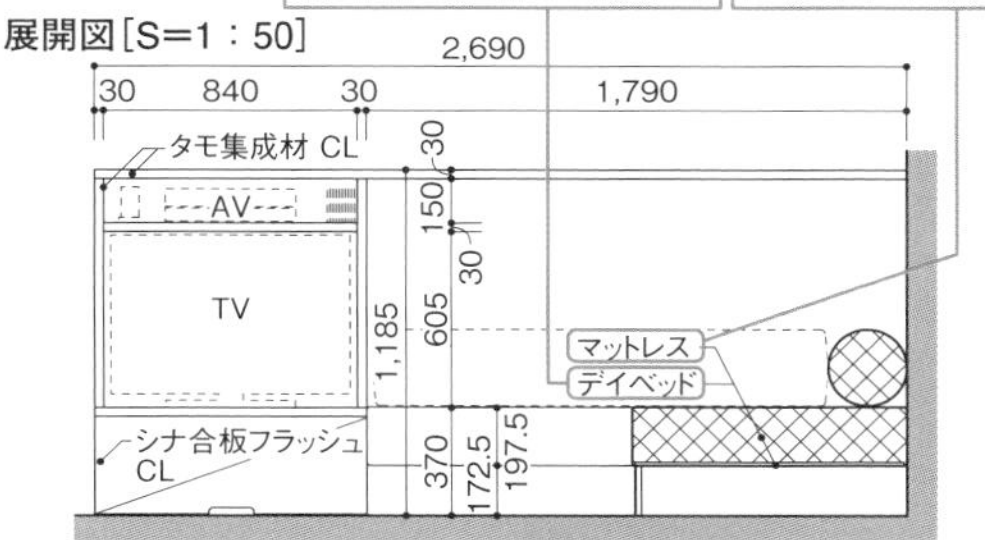

写真：ナカサ&パートナーズ　辻谷宏

ディテールの存在感を消したガラス棚と収納

扉の小口は収納端部の出隅で空間に露出してしまうものだが、それでは扉面材の厚みが知覚されてしまう。そこで出隅部に面材の小口が露れないようディテールを決定した。棚板には高透過ガラスを用い、壁面内に固定部を飲み込んでしまうことで、可能な限り透明に近い存在になるよう配慮している。

［原田真宏・原田麻魚］

棚：高透過ガラス
壁：シナ合板EP
天板：ビアンコブルイエ本磨き
バーシンク
天板：シナ合板EP
側板：ビアンコブルイエ水磨き（柄連続）
面合わせ留め加工
扉：シナ合板フラッシュEP
床：ビアンコブルイエ水磨き（柄連続）
425
425
420
900
700
950
200
900

図1｜ガラス棚断面図［S＝1:20］

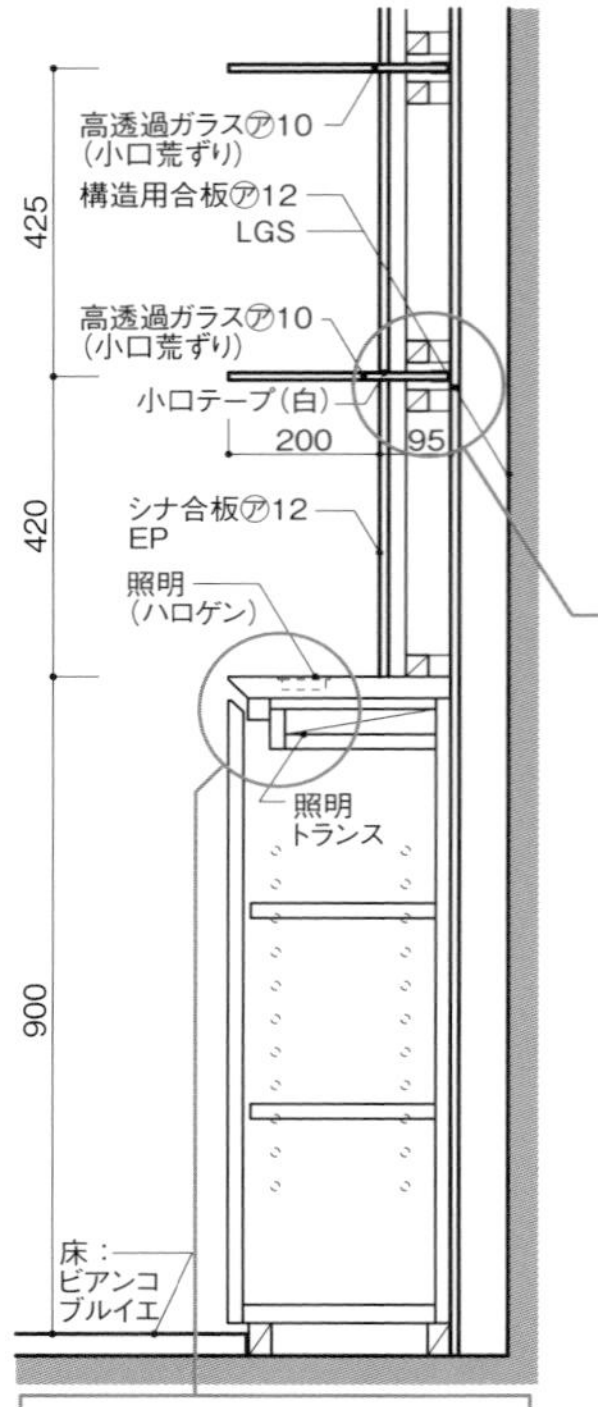

透明なガラス棚板を透かして下方から照らし上げることで光を拡散させ、壁一面が照明器具のような効果を生む

図2｜ガラス棚納まり詳細

ガラス棚平面図［S＝1：30］

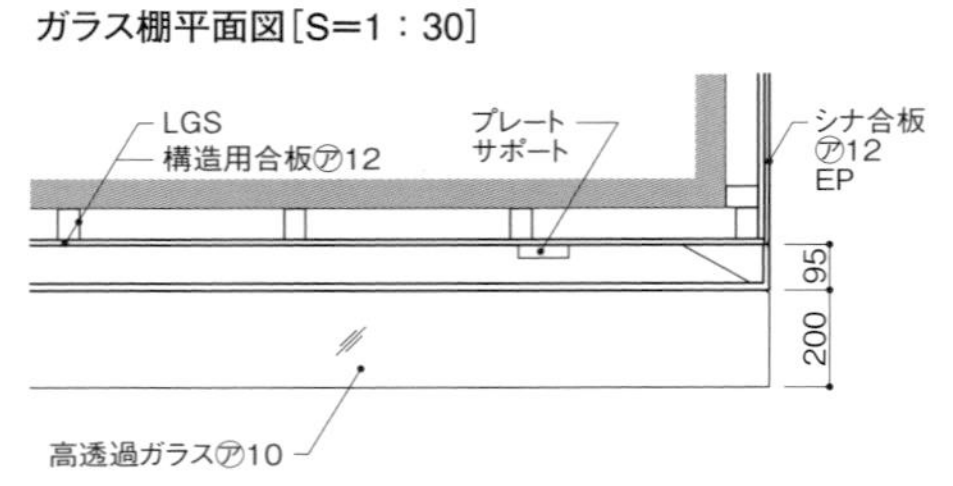

金物が露れないように固定部を壁面内に飲み込ませ、ガラスだけが宙に浮いているようなデザインを実現した。また、ガラス小口を荒ずりとし、下地が映り込まないよう配慮している

図3｜収納扉納まり詳細

収納扉平面図［S＝1：30］

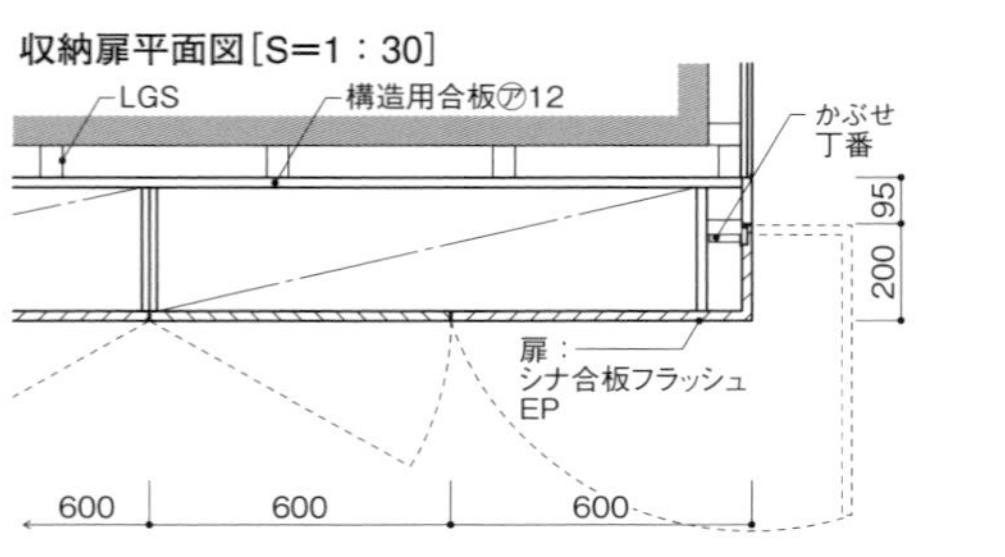

扉面材小口のラインが側面に露れないようL字形の扉とし、かぶせ丁番の位置を後方に動かしてしまうことでディテールを消している

写真（上）：鈴木研一

COLUMN

カラーガラスを家具に活用

カラーガラスとは、フロート板のガラス片面に特殊塗料をコーティングし焼付けて彩色した、ガラス製の壁装材である。

壁面に張り込んで使うことが多いが、家具全体をカラーガラスで覆ってもメラミンやウレタン塗装、UV塗装などの仕上げ家具とは異なる、とても美しい仕上がりになる［写真1］。

ここでは、カラーガラスを使う部位を3つに分けて解説する。

写真1　カラーガラスには発色の鮮やかな高透過ガラスを使用したものもある（小口がガラス特有の青みを帯びず透明度が高い）。これを使えば家具の高級感はさらに高まる（「ビトロ」AGC）

写真2　配線用の孔が3つ、排熱用通気孔が2つ。設計時に指定し、搬入前に工場で加工する

1. カウンター

カウンターは、載せる物の重さをあらかじめ把握しておき、厚みやジョイントを決めることが大切である。また、配線用の孔やAV機器類の廃熱用の孔などもあける必要がある［写真2］。

キャビネットへの固定は、現地でシリコーンシーラントなどを用いて接着する。白系のカラーガラスなどは接着面のキャビネットの色を拾いやすいので、接着面は白いポリエステル合板などで仕上げておくとよい。

2. 扉

ガラス丁番を用いることでカラーガラス単体でも扉になるが、家具全体をカラーガラスで製作するときには、開き扉だけではなく引出しなども必要になる。

全体をすっきりと、そして高級感ある仕上がりにするためには、ガラスの表面に金物など（丁番や取手）をできるだけつけたくない。そこで、ガラスの内側に15㎜厚の下地扉を製作し、その表面にカラーガラスを張り込む。そうすることによって、スライド丁番も引出しのレールでも、またソフトダウンステーなども、通常の家具同様に取り付けることができるのである。

その際の金物は、引出しのスライドレールならプッシュオープンタイプ、開き扉ならプッシュラッチを使用して、カラーガラスの表面をフラットな状態としたい［写真3］。

写真3　引出し扉の断面。下地の上にガラスを張り込んでいる

3. キャビネット（箱）

キャビネット全体をガラスで製作することは無理なので、扉と同様に表面にガラスを張り込むようにするとよい。その際、扉の小口を隠すようにするとよい。これはカウンターも同じである［写真4］。

そうすることで家具全体がガラスで覆われ、意匠的な統一感を出せる。

写真4　写真3のように2層構造になっている扉の小口を隠すように、カラーガラスをキャビネットから扉の厚み分だけ伸ばす

AVボードを製作する場合の注意点

AVボードとして使用する場合、ハードディスクレコーダーやDVDプレイヤーなどのAV機器が、扉の内部に収納される。当然リモコンを使って機器を操作するのだが、扉が2層構造になっているため、赤外線が機器まで届かない。その解決策として、内側の下地になっている扉の中心をくり抜く方法がある［写真5］。

ただし、ここで注意してほしいことがある。カラーガラスはガラスに塗料がコーティングされており、色によっては赤外線をまったく通さないことがある。メーカーからカラーガラスのサンプルを取り寄せ（できればA4判くらいの大きめのもの）、赤外線を通すかを必ず確認すべきである。

また赤外線を通す場合でも、透明ガラスに比べるとリモコンの効く距離がだいぶ短いので、この点についても検証することが大切である。　［増田憲一］

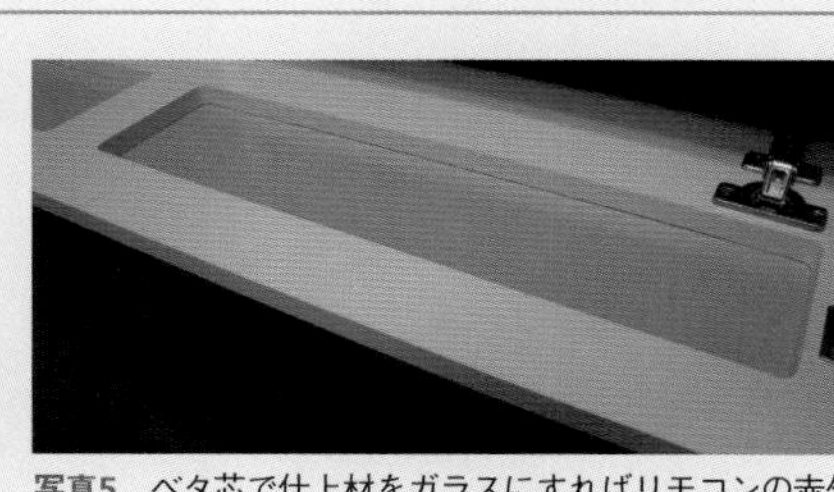

写真5　ベタ芯で仕上材をガラスにすればリモコンの赤外線を通すことが可能。ただし、使用するガラスでの事前確認は必須

キッチンカウンターと一体のテーブル・飾り棚

高さ4.4mの吹抜けを介し、上階の子どもたちのスペースとつながるLDK空間にデザインした家具群である。直線的な建物デザインの流れを汲み、ミニマルなディテールを採用している。一方で、柔らかい表情の木目を持つポプラ材にホワイト染色した素材を共通して用いることであたたかみを表現し、空間に透明感を与えることを意識した。

［庄司寛］

図1｜ダイニングテーブル展開図［S＝1:40］

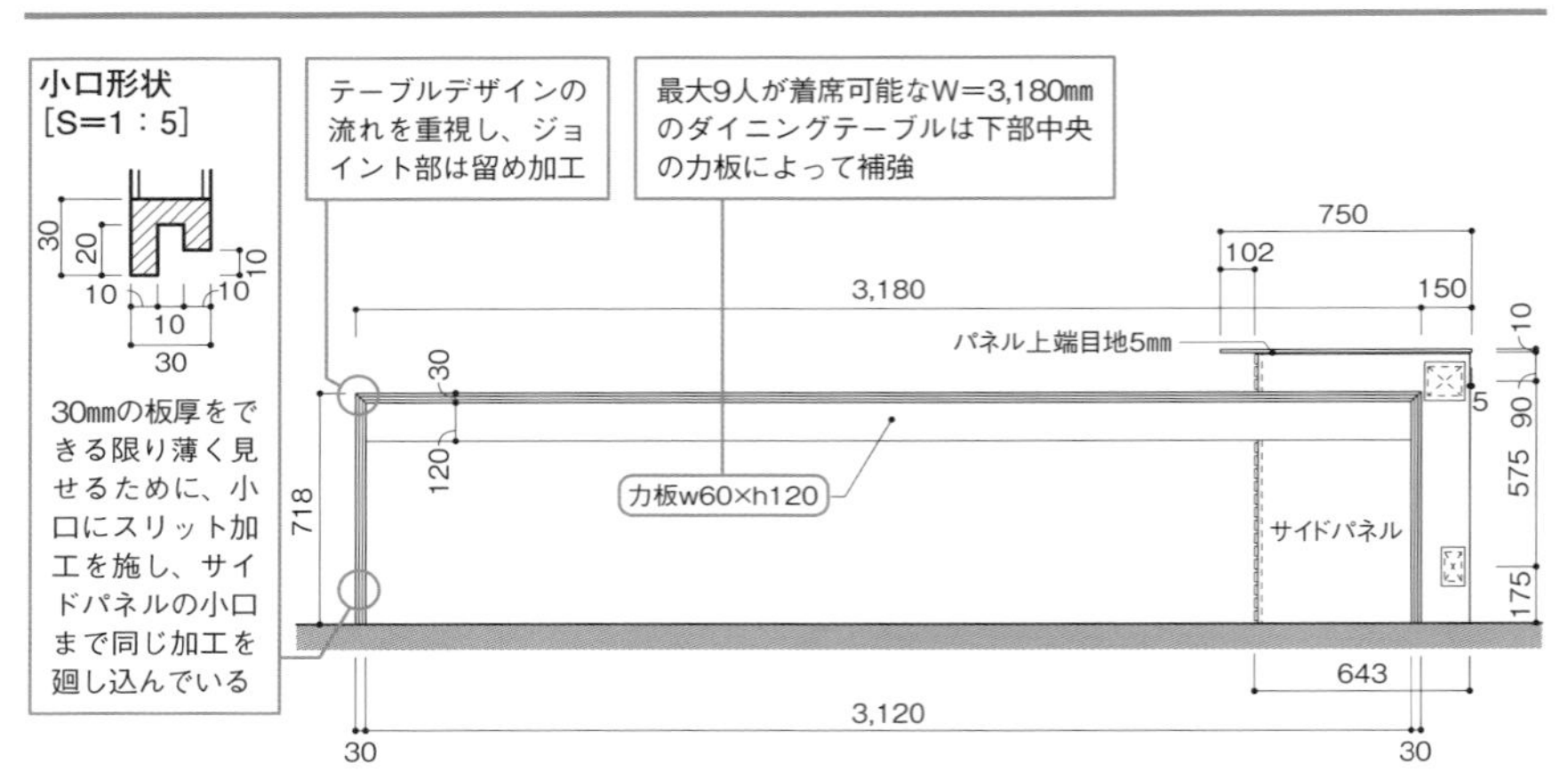

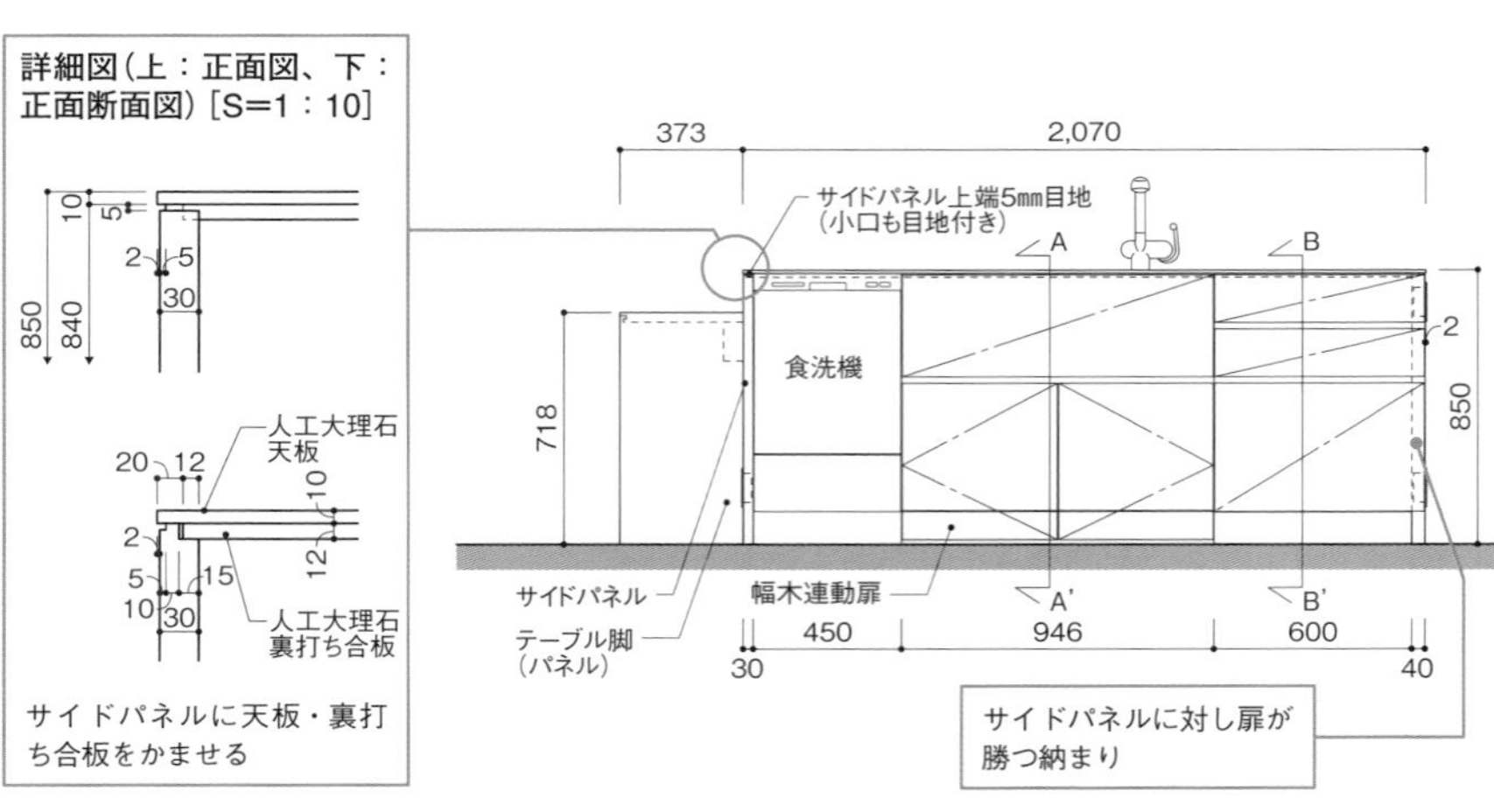

図2 | キッチンカウンター・飾り棚断面図 [S=1:20]

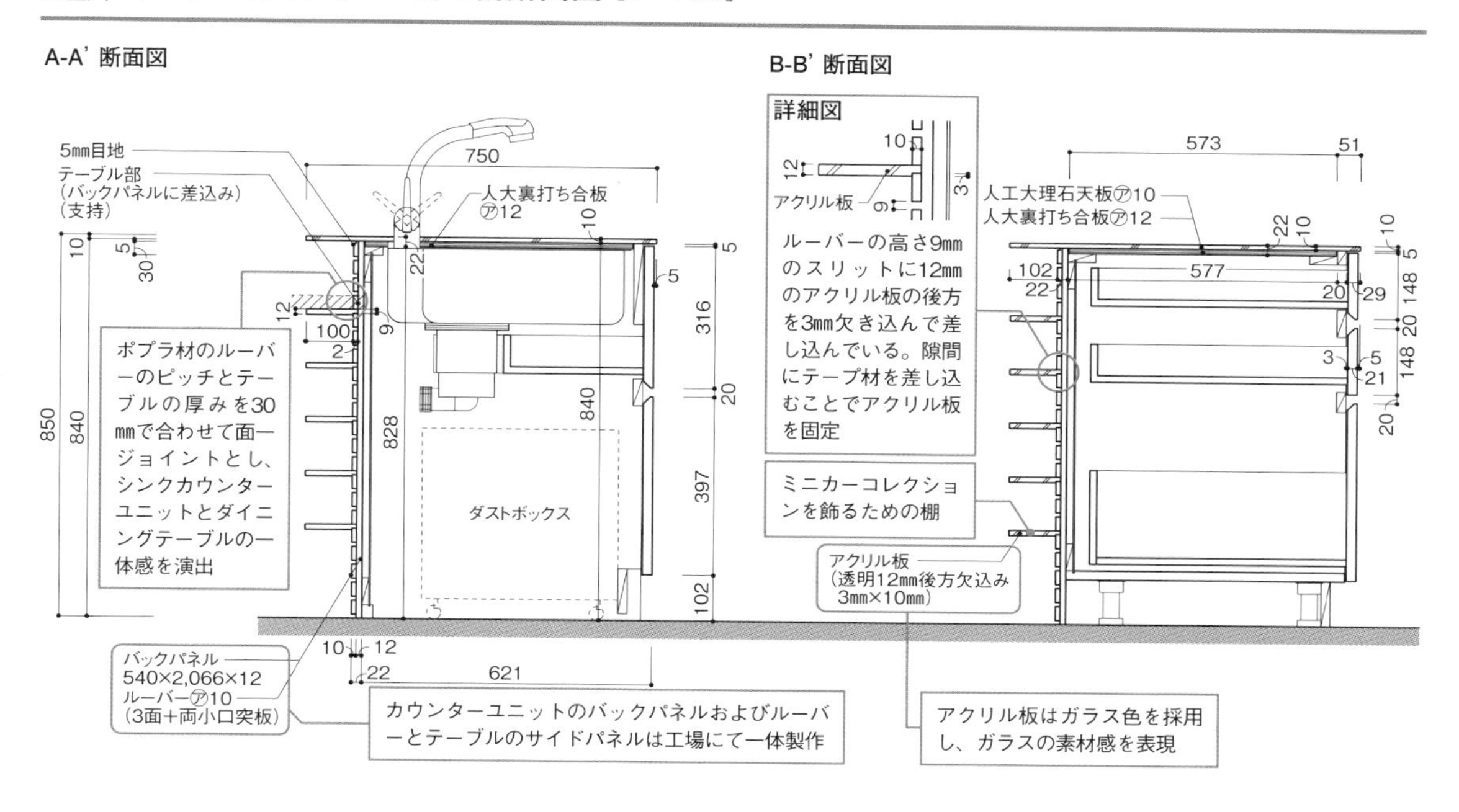

LDKの機能性を上げるための造作家具

9人家族が生活する場（LDK）としては決して広いとはいえない約16畳のスペースを機能的に成立させるために、あえて複数の造作家具をつくり込んでいる。ガラス扉の食器棚・座板下部が収納になっている7人掛けのベンチ・AVボード・9人掛けのダイニングテーブル・飾り棚のついたキッチンカウンターはすべて造作である。家具をつくり込むことによって、家族のアクティビティを提案し、自然なコミュニケーションを導くことを意図している。また、造作家具に十分な機能をもたせることで置き家具をなくし、空間をすっきりと見せている。

造作家具はすべてポプラ材＋ホワイト染色仕上げで統一

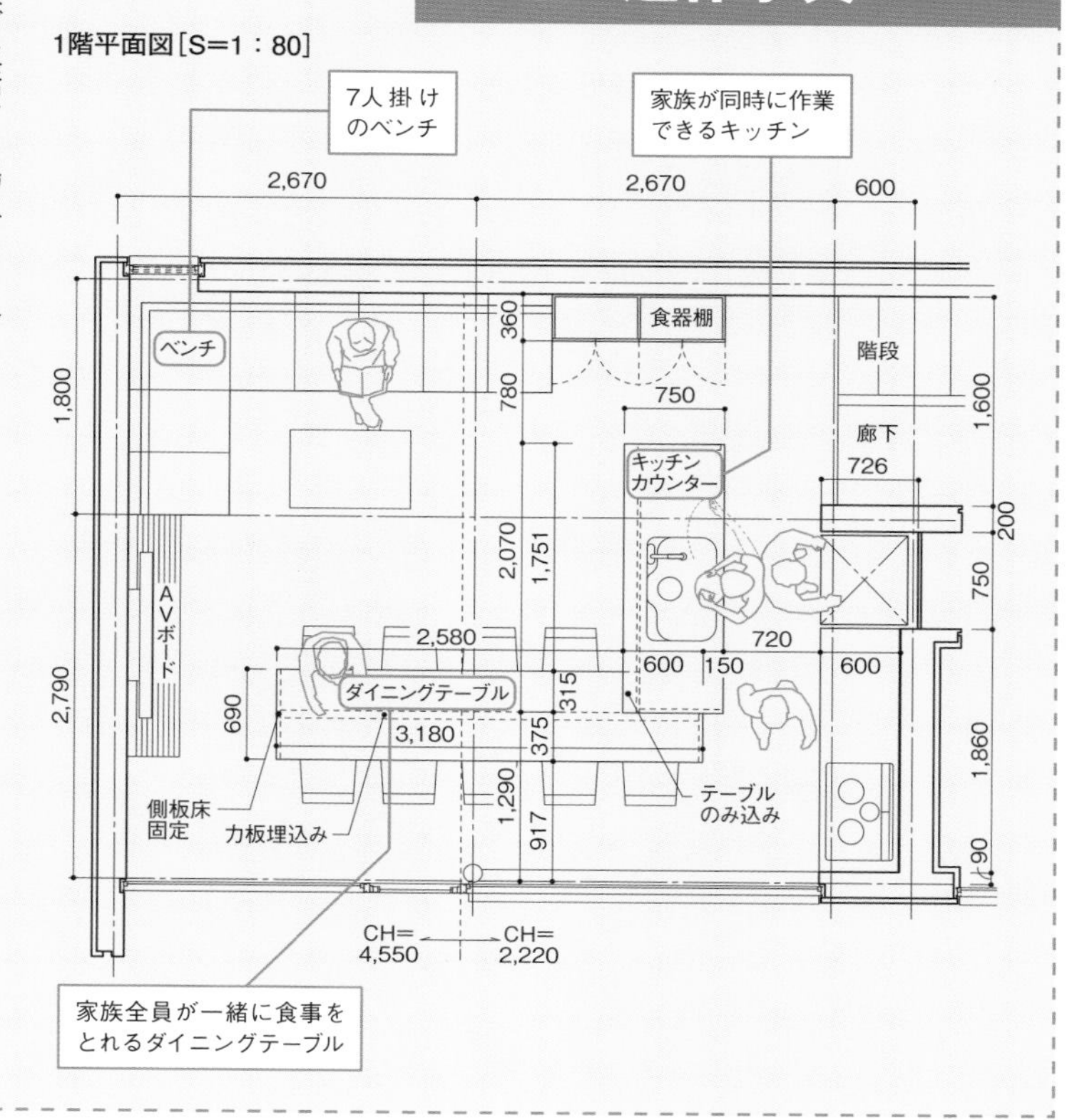

写真：黒住直臣

柱梁架構を生かした壁面収納

照明：磁器ソケット船舶用クリア電球
梁：カラマツ集成材㋐30×300～400 @450保護塗料
レンジフード：SUS HL
上部：熱逃げ丸孔加工
壁：MDF㋐9撥水剤
柱：カラマツ集成材㋐30×340 @450保護塗料
棚板：MDF㋐12撥水剤
天板：SUS㋐1.2HL
下地：合板㋐24
小口：MDF㋐4撥水剤
ガラリ：MDF㋐24撥水剤
扉：MDF㋐21撥水剤
床：MDF㋐15撥水剤
330
330
200
200
410
@450
1,995
850

図1 | キッチン詳細図［S＝1:60］

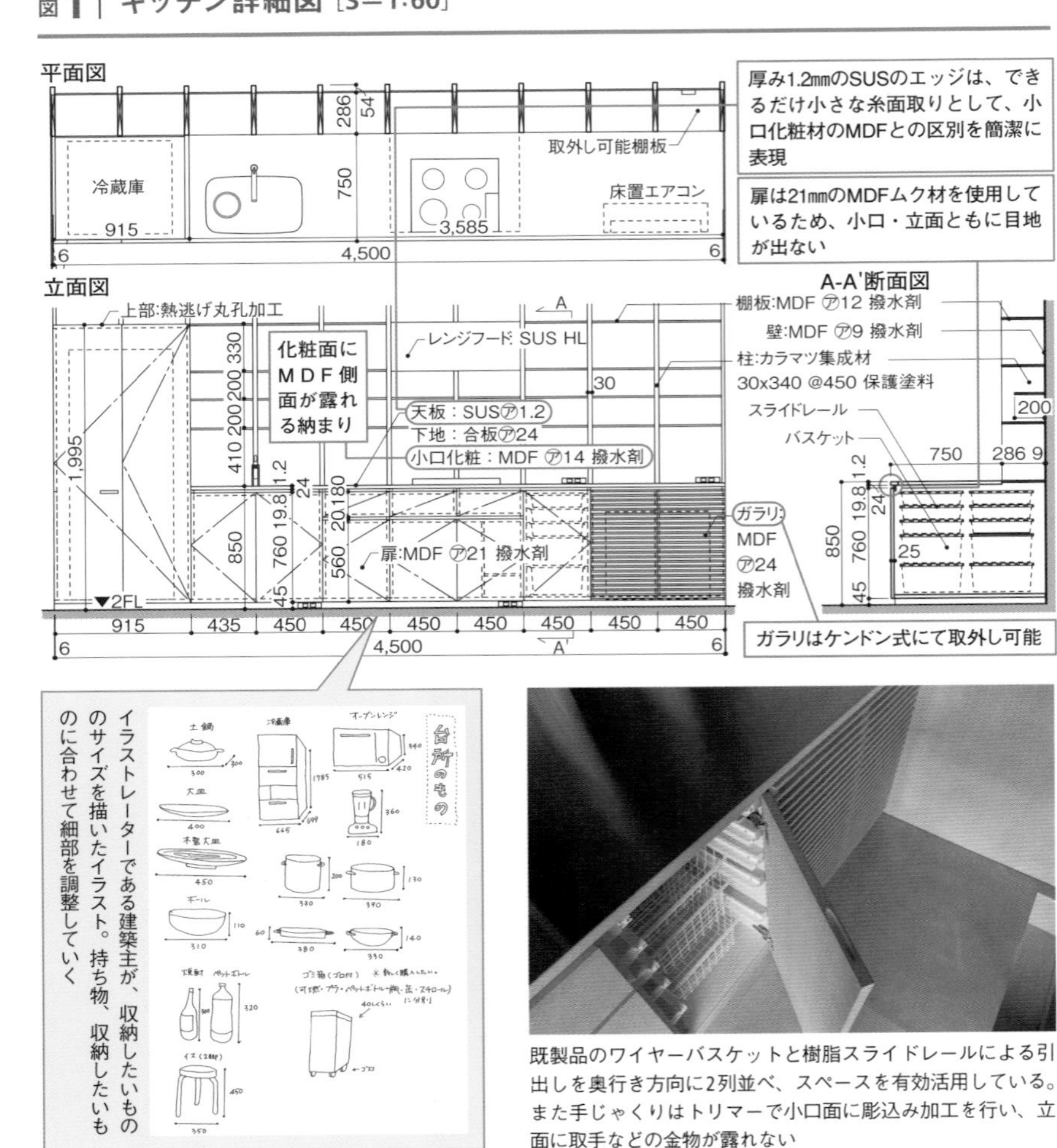

イラストレーターである建築主が、収納したいもののサイズを描いたイラスト。持ち物、収納したいものに合わせて細部を調整していく

既製品のワイヤーバスケットと樹脂スライドレールによる引出しを奥行き方向に2列並べ、スペースを有効活用している。また手じゃくりはトリマーで小口面に彫込み加工を行い、立面に取手などの金物が露れない

敷地サイズの都合上、リビングとキッチンが小さなワンフロアに同居する計画のため、その「厨房感」をどのように低減するかがポイントだった。建物と同じMDFで構成された、冷蔵庫から空調機器までを収納する一連のキャビネットとしてキッチンを設えている。これにより、リビングでの憩いの雰囲気を妨げない家具的な存在として、キッチンの存在を生活の場に馴染ませることに成功した。［原田真宏・原田麻魚］

図2 ｜ 棚板詳細図 [S＝1:10]

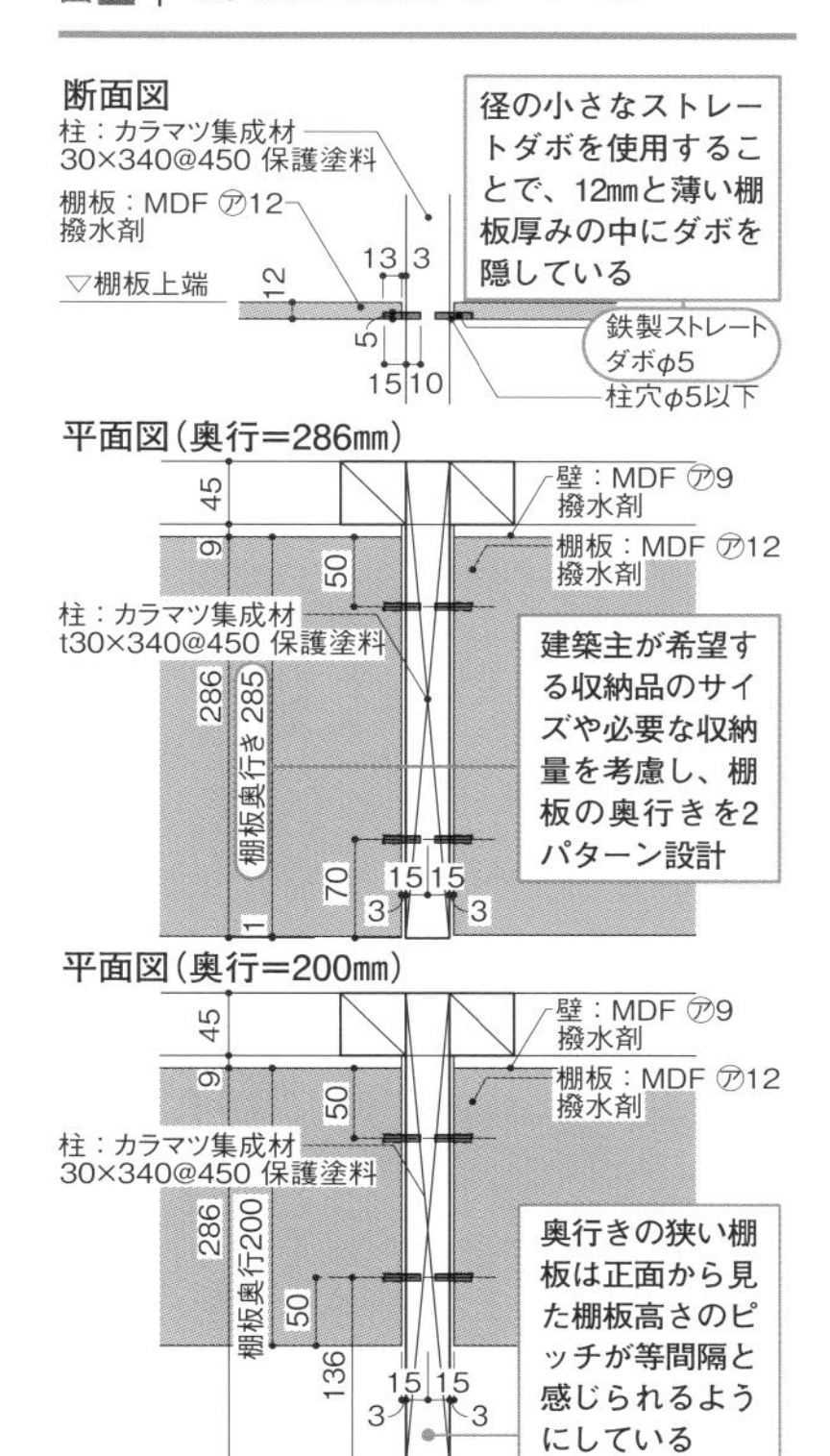

図3 ｜ 柱と梁の接合部 [S＝1:20]

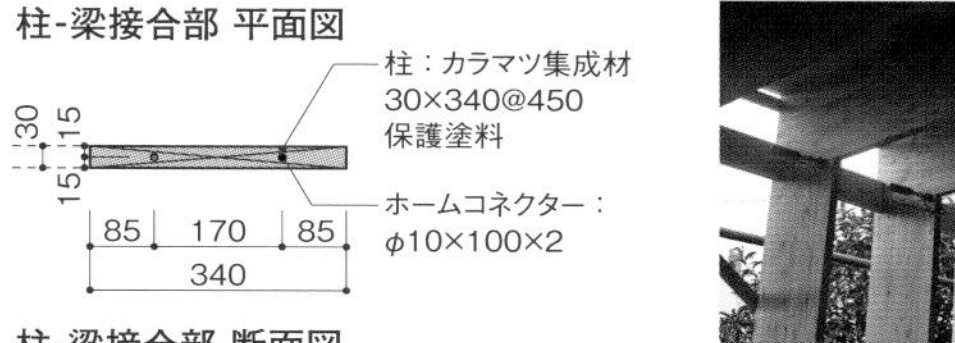

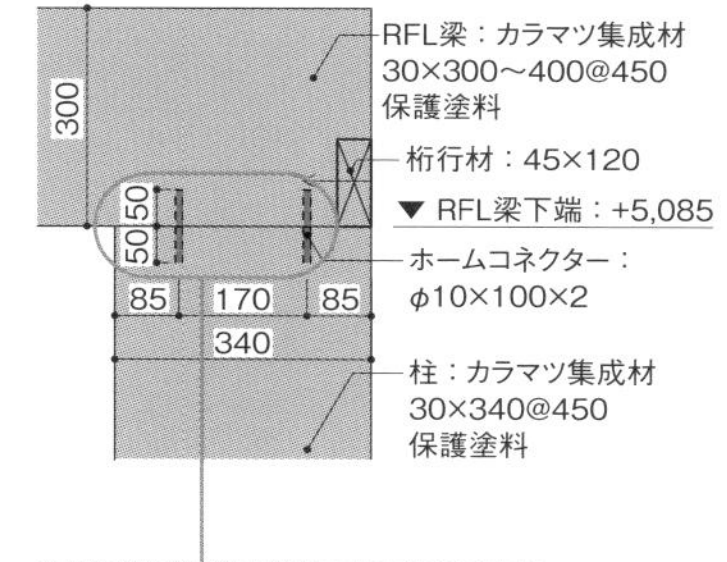

金物は柱・梁内部に納まるので露出しない

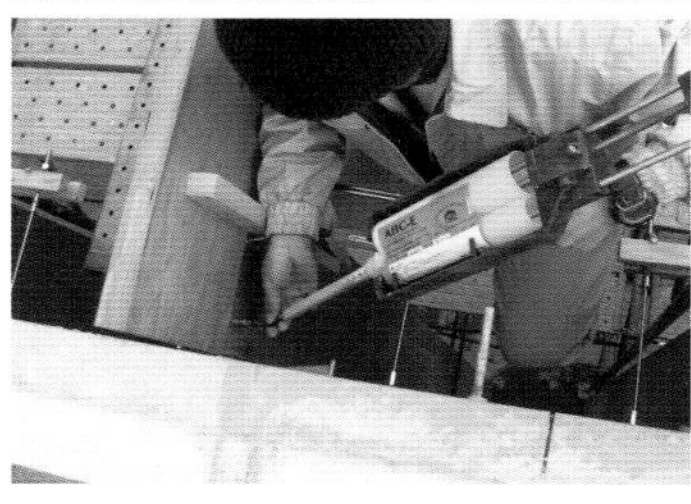

柱と梁の接合部は、中空式金物ホームコネクター（以下HC）と接着剤による、金物の露出がないHC工法を採用（写真上）

［施工工程］

1. 柱・梁の接合面にHC挿入用の孔をあけ、HCを内部に納める
2. 柱・梁を接合
3. 専用ガンで柱側面の注入孔より枝管を介してHCへ接着剤を注入（写真下）
4. 最後に注入孔を柱同材の木栓にて埋めて施工完了

「小さな建築」の中に意図的に「小さなスケール」をつくる

建築の構造体であるカラマツ集成材は、厚さ30㎜、450㎜ピッチという家具的な小さなスケールに調整している。これには建築全体を「身の丈に合った」存在へと整えることで、「小ささ」というネガティブなイメージを、「親密さ」というポジティブなイメージに転換する意図がある。同時に、通常はデッドスペースとなる柱間のスペースを収納として生かしている。キッチン・リビング・寝室や書斎それぞれの場所で収納として機能し、限りある空間を有効に利用している。

キッチンとは逆側のリビング壁面収納。収納するものによって全く異なる表情となる

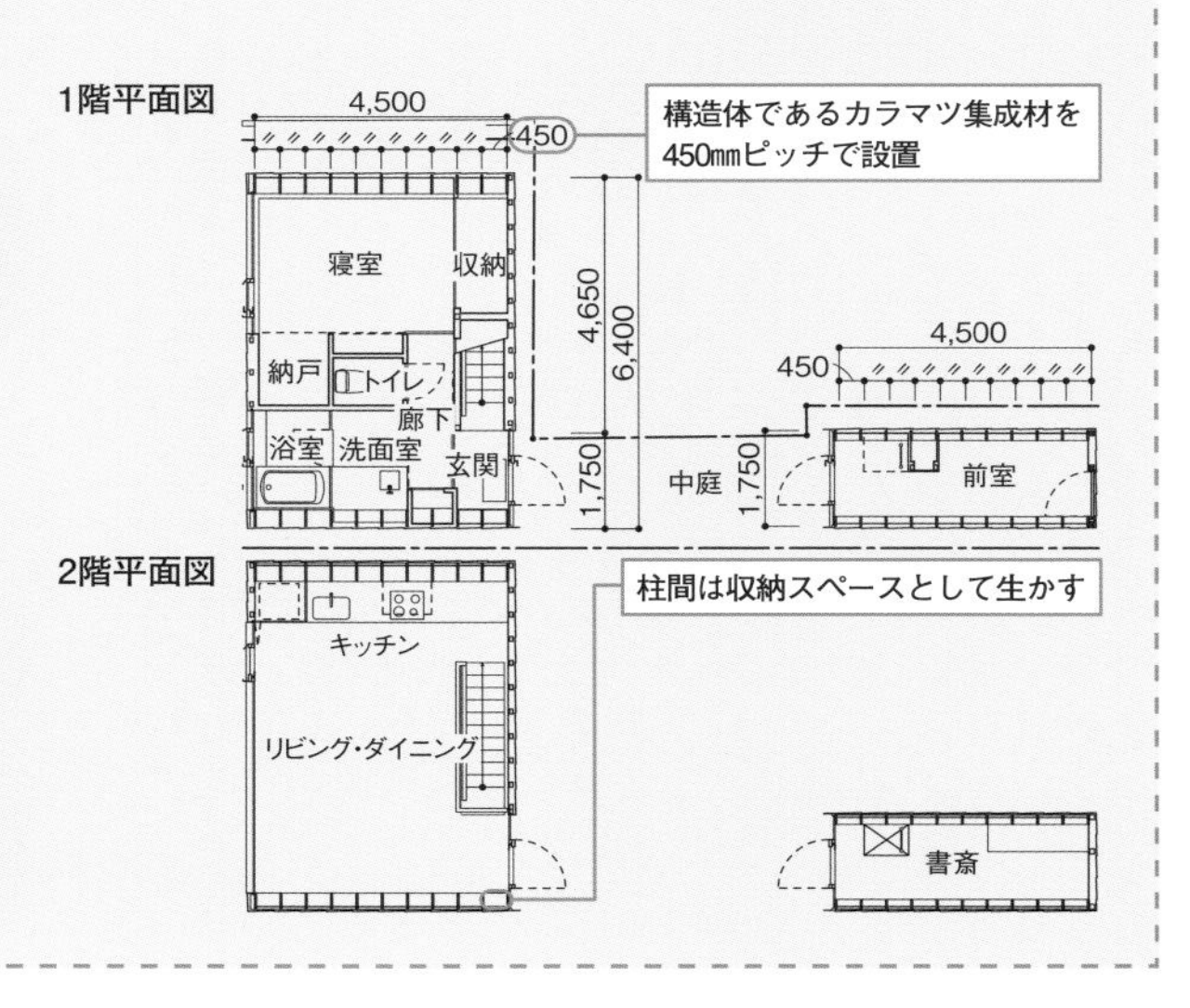

写真（94頁上）：小川重雄

構造柱を利用した2層吹抜けの壁面本棚

道路際まで張り出した5.5×6.7mの鉄板のファサード。張り出したスペースを生かして本棚を室内側全面に展開した。風圧に対抗する鉄骨柱をそのまま露しにして利用し、木棚板を差し込んで固定したうえ、水平ラインを通すためにムクの見付け材を前面に取り付けている。本のほか、思い出の品の額装や、アンティークの蒐集品なども置かれ、この家にとって大切なものが集められている。

［津野恵美子］

図1｜本棚断面図［S=1:50］

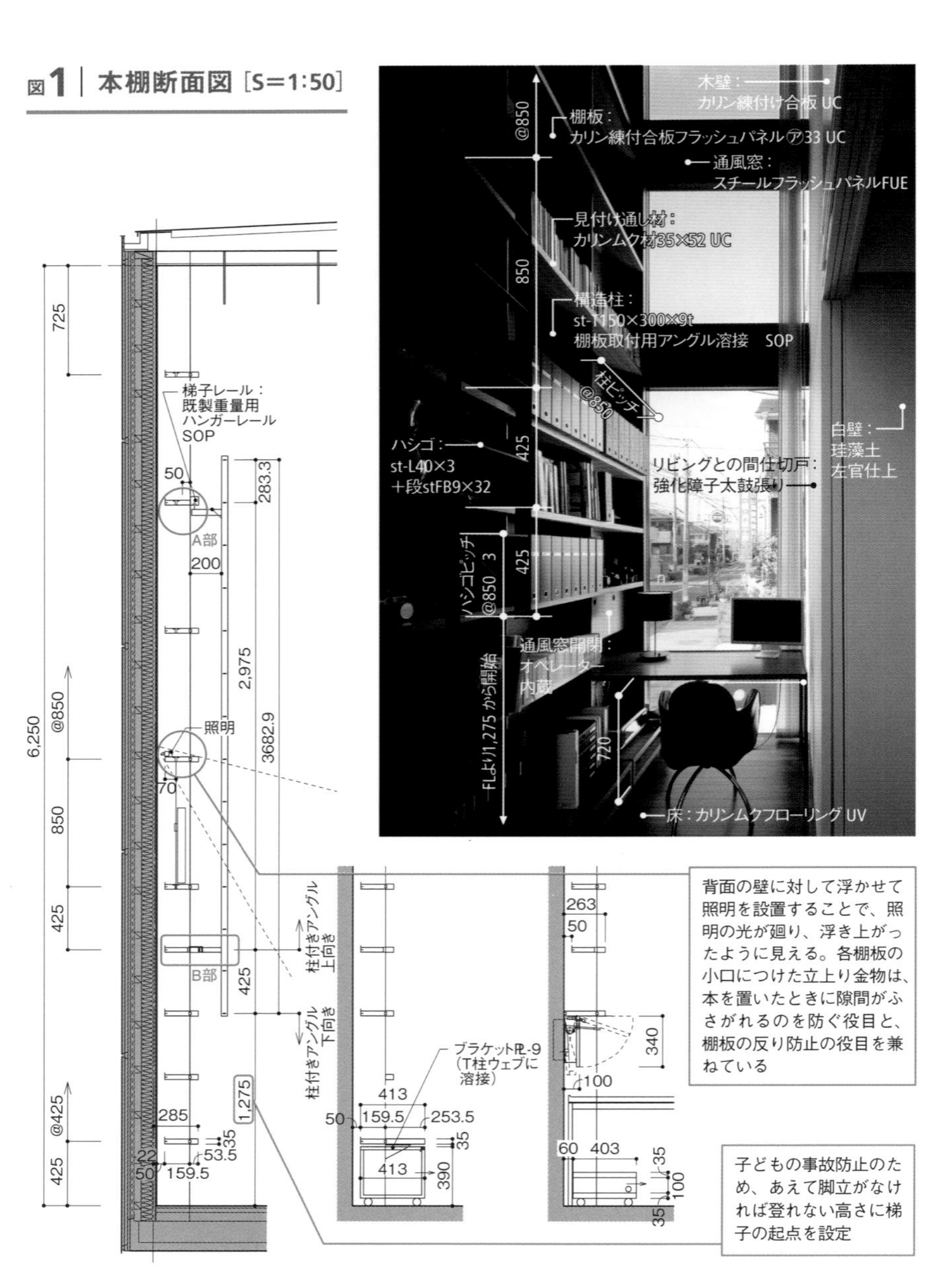

図2｜棚取付け部詳細

A部詳細図［S=1：8］

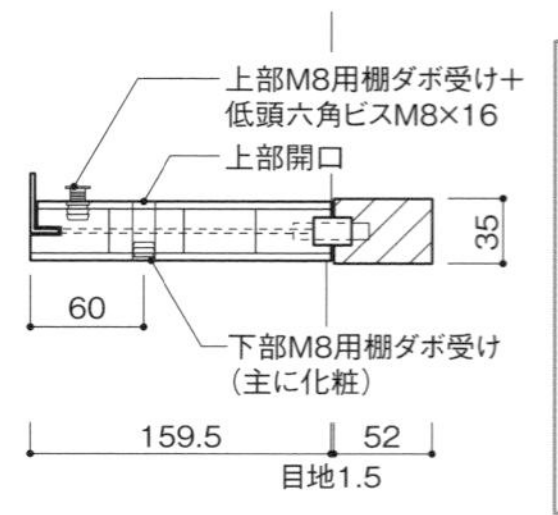

棚ピッチが大きく、展示に利用する上段部には、スマートに吊りワイヤを設置できるよう、既製ダボ受けを利用したワイヤフックを取り付けている

B部詳細図［S=1：8］

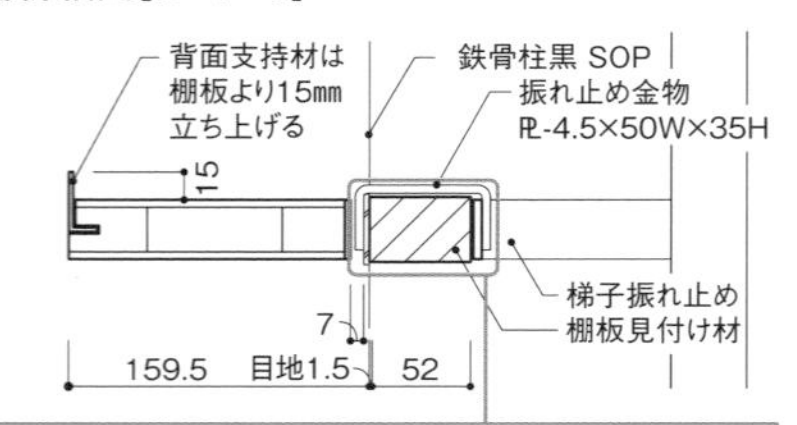

使用時にぶらぶらと動かないよう、梯子の振れ止めと棚板見付け材を挟んで固定するコの字形金物を使用

図3｜本棚立面図［S=1:120］

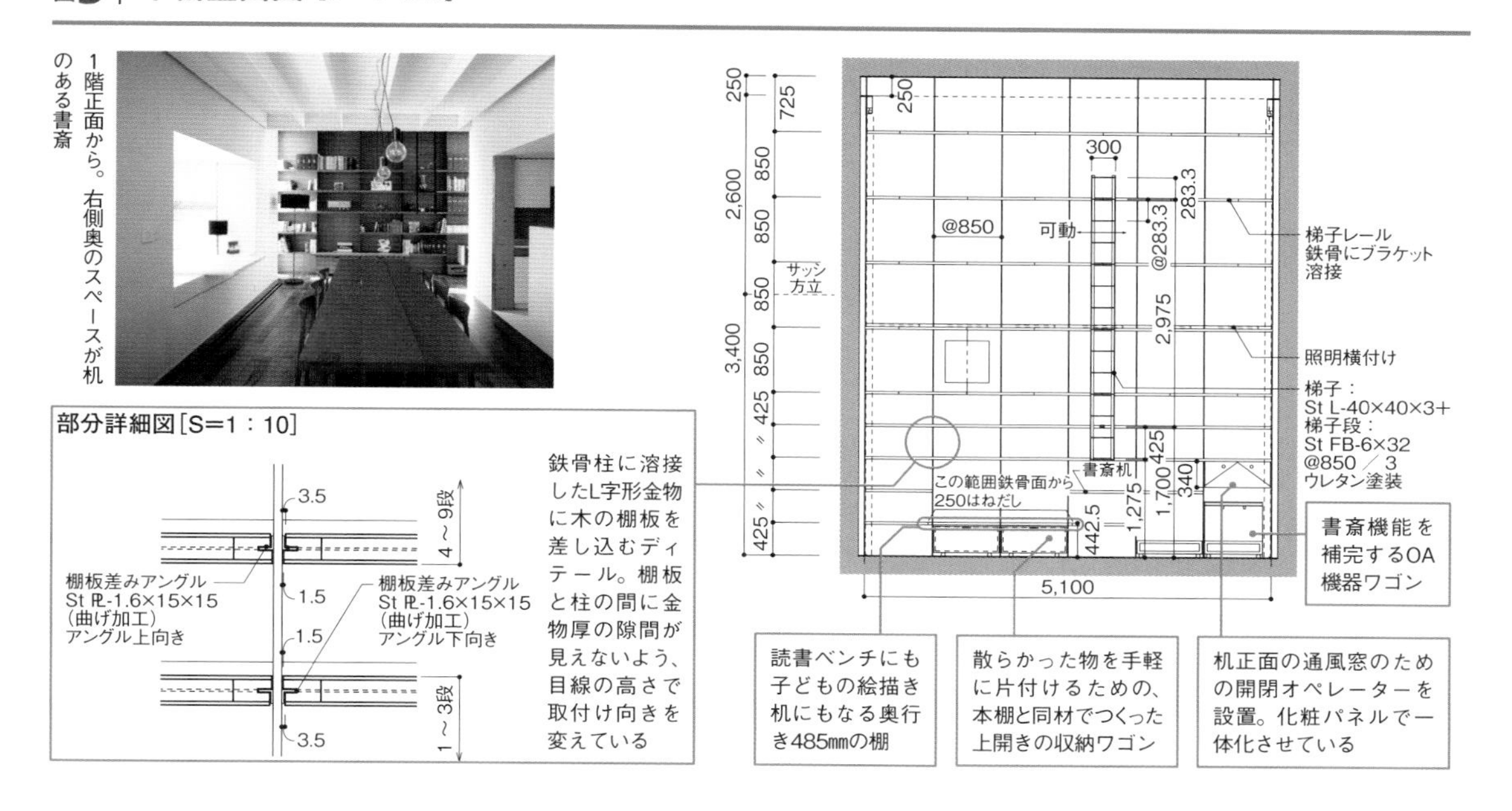

図4｜本棚各レベル平面図［S=1:80］

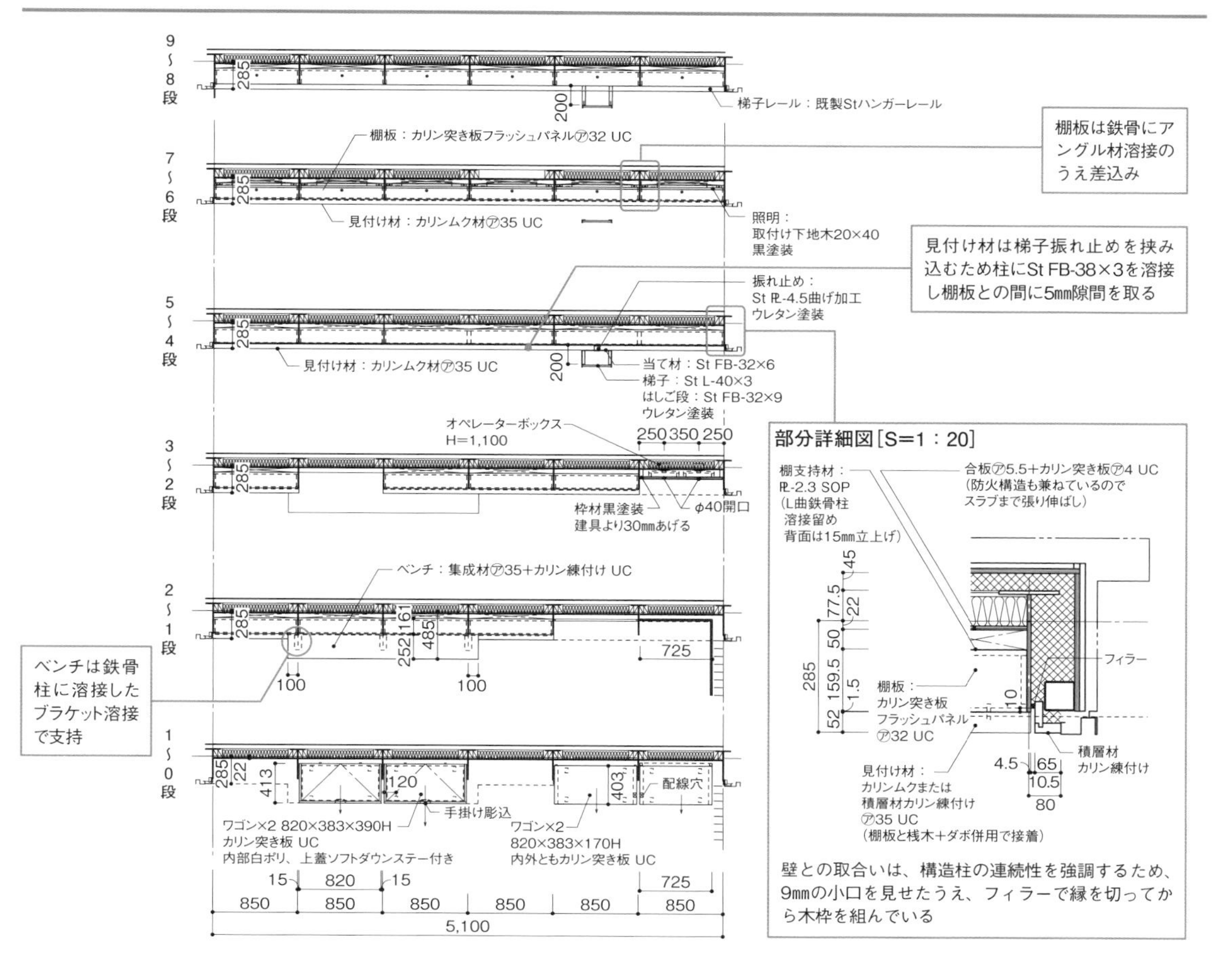

写真：西川公朗

開口部と線をそろえた壁面収納

エアコンをガラリ内に組み込んで存在感をなくし、収納下部と窓のラインをそろえることで連続した壁面のように見せている。壁面収納の設置にあたっては、設備との取合いと施工手順がポイントとなる。ここではまず配管作業を終えた上で、設備スペース側から家具の設置を行った。両端に余裕を持たせて施工し、金物や小口テープで最終的な仕上げを調整している。

［松山将勝］

図1｜壁面収納A-A'断面図［S=1:50］

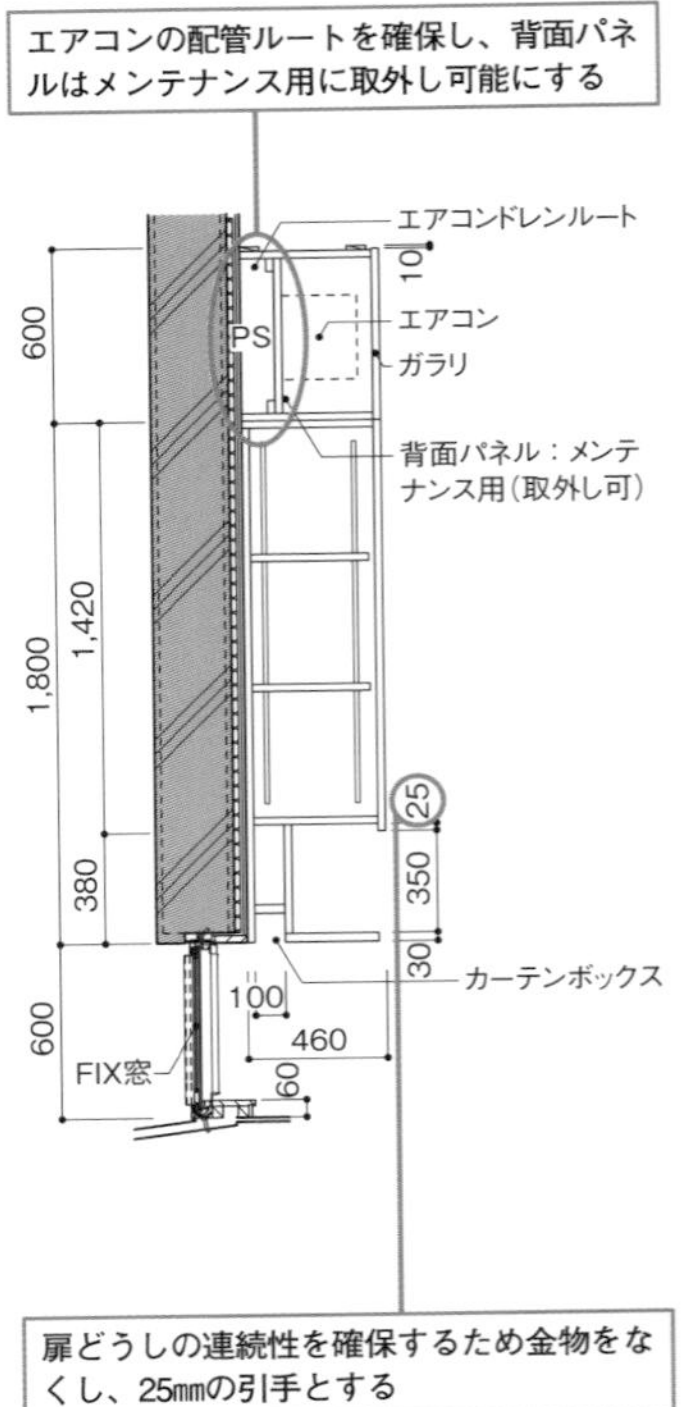

図2｜壁面収納展開図［S=1:80］

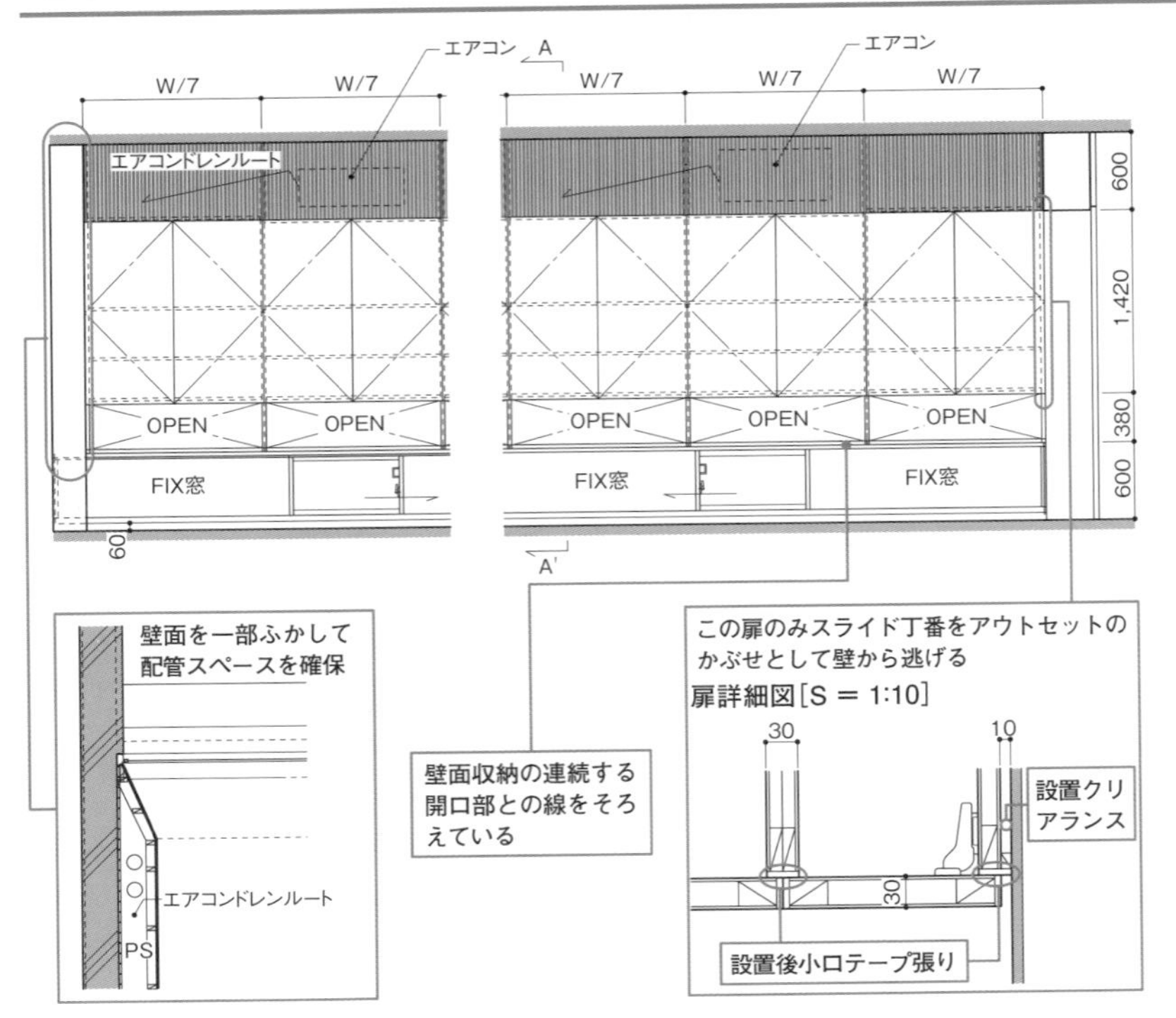

写真：石井紀久

オープンキッチンの背面収納と飾り窓

対面式のキッチンを設計する際には、一体感を高めるため吊収納を設けないことが多い。その分の収納力を補うため、キッチン背面に壁面収納を造作し、機能を補完する。ここでは、千鳥状の扉を壁と同色の白とシルバーの2色で塗り分けることで、キッチンや壁面とのバランスを取っている。収納内には補助の作業台や和紙パネルを設置した飾り窓も設置し、多様な役割を担わせている。［宮原輝夫］

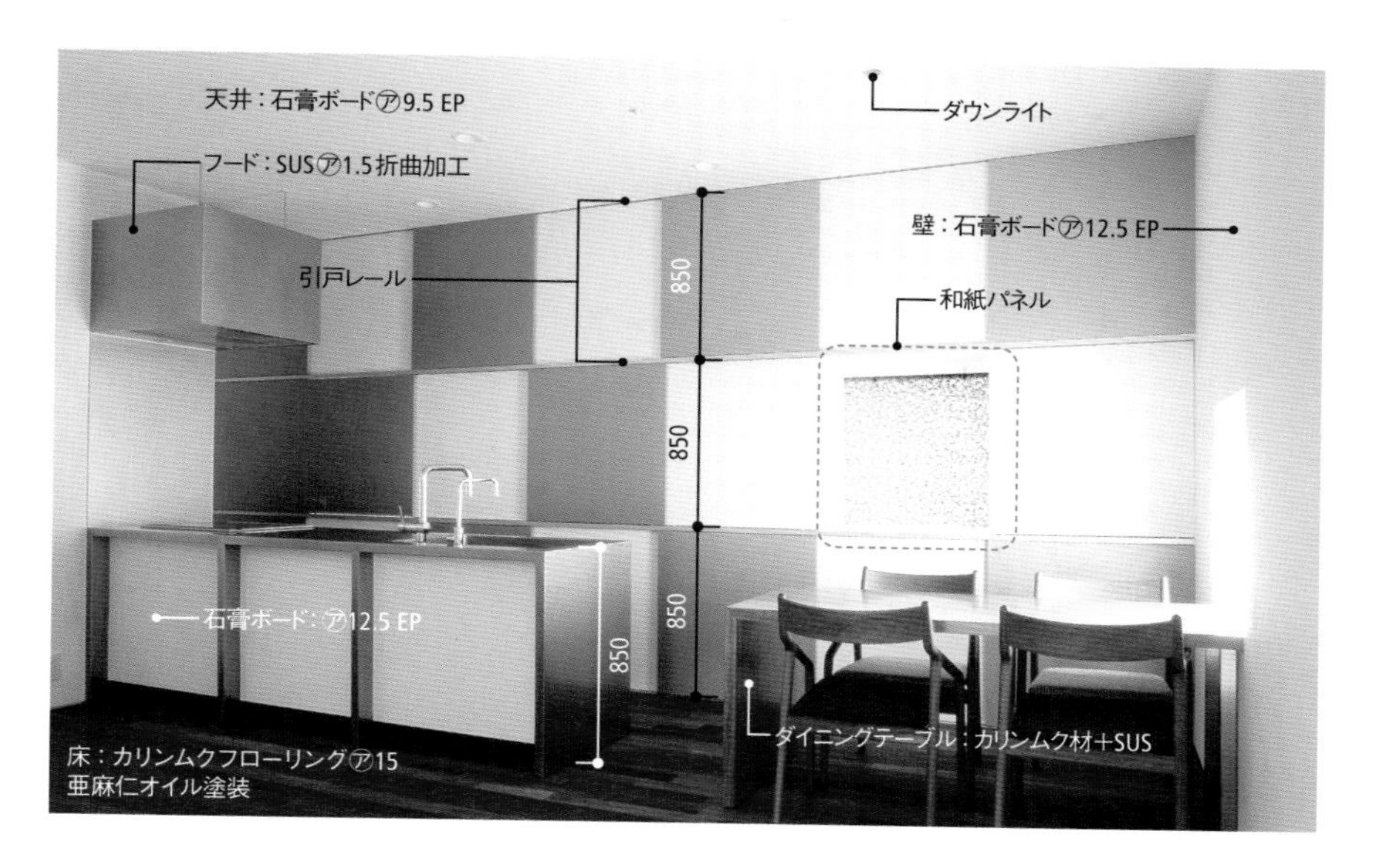

図1｜キッチン背面収納立面図・断面図［S=1:100］

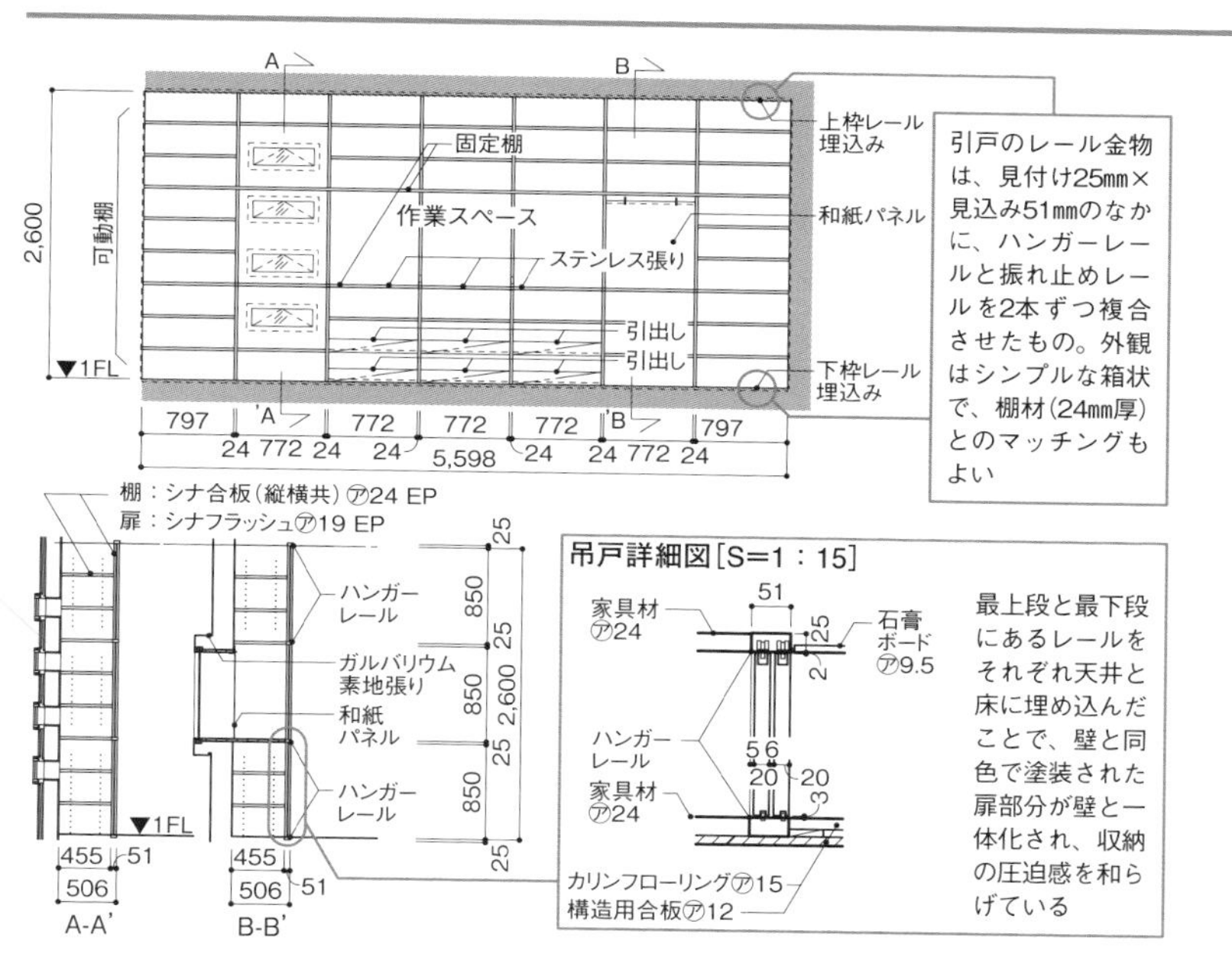

図2｜和紙パネル詳細図［S=1:50］

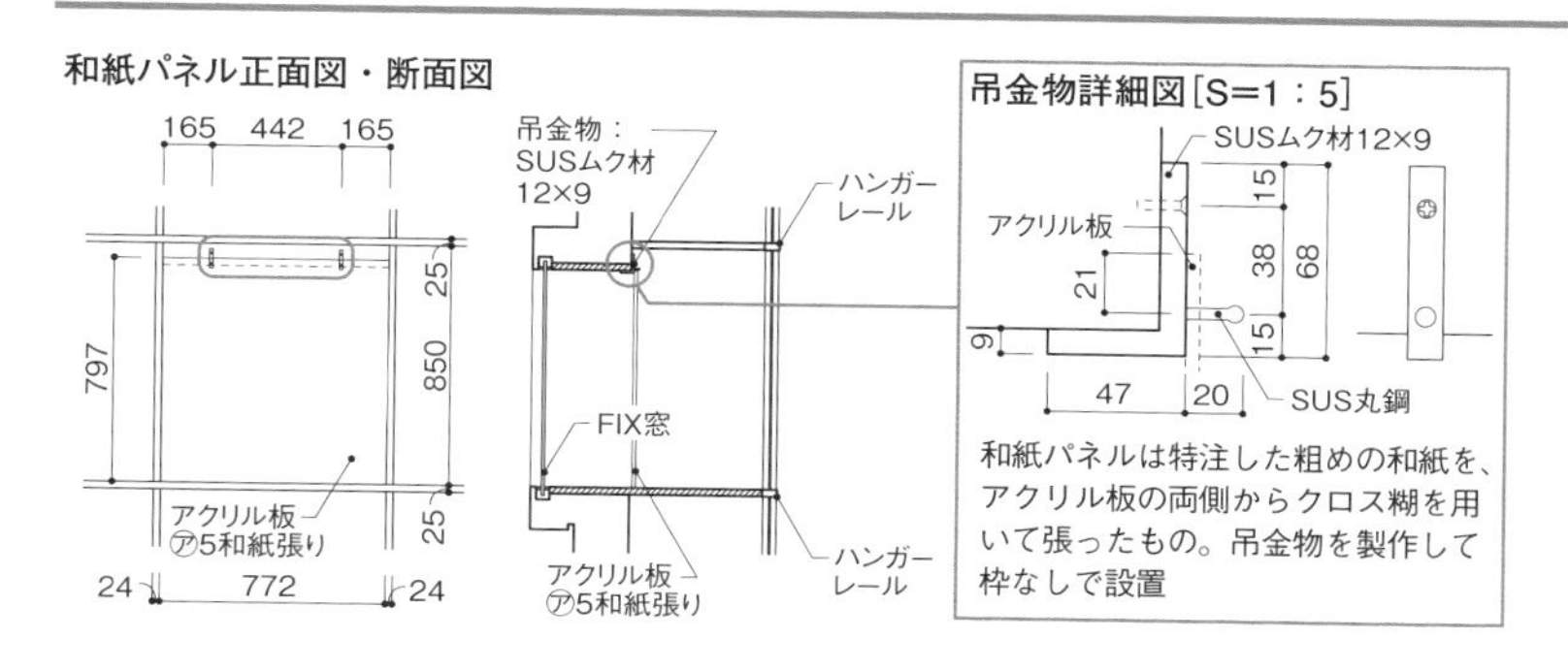

リビングとダイニングの空間を結ぶ収納家具

木造2階建ての戸建住宅。2階部分はスキップフロアを用いたワンフロアとし、広がりのある帯状の空間を計画した。スキップフロアのレベル差に沿って配置された箱状の収納が、その場のしつらえに合わせながら空間を結び、帯状の空間に連続性と流動性を生み出している。

［甲村健一］

図1 リビング・ダイニング展開図［S=1:100］

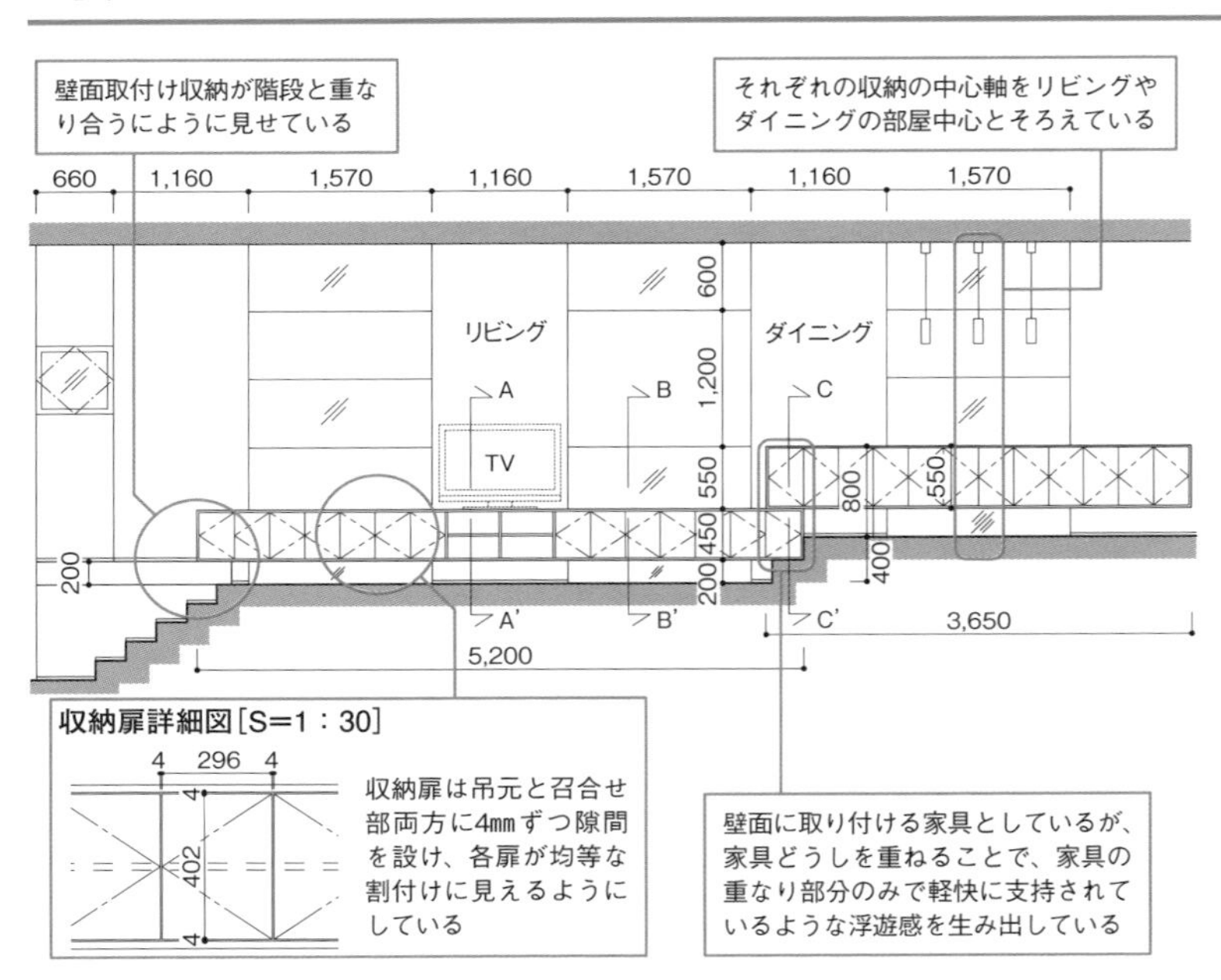

図2 | 壁面収納断面図 [S=1:25]

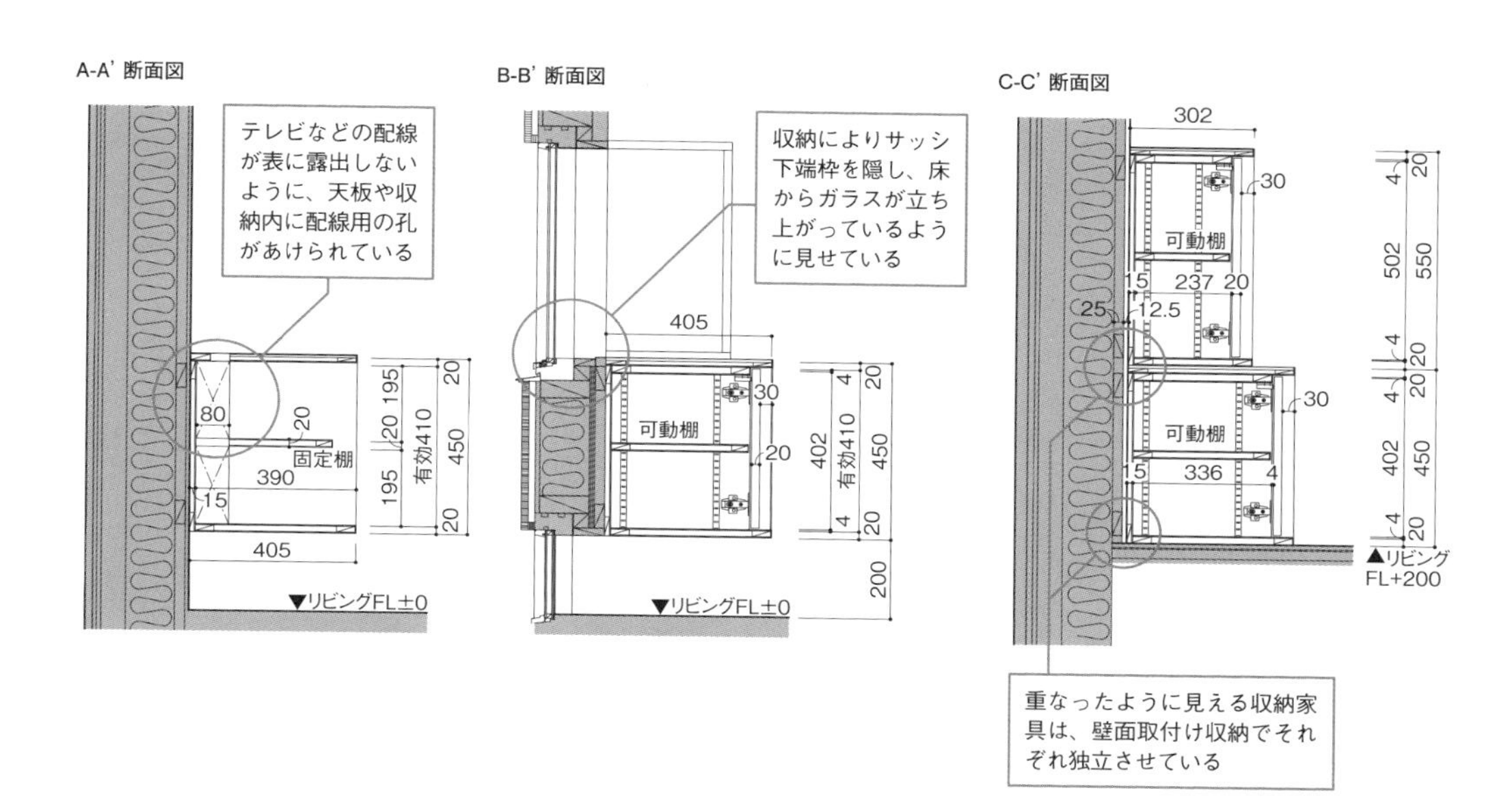

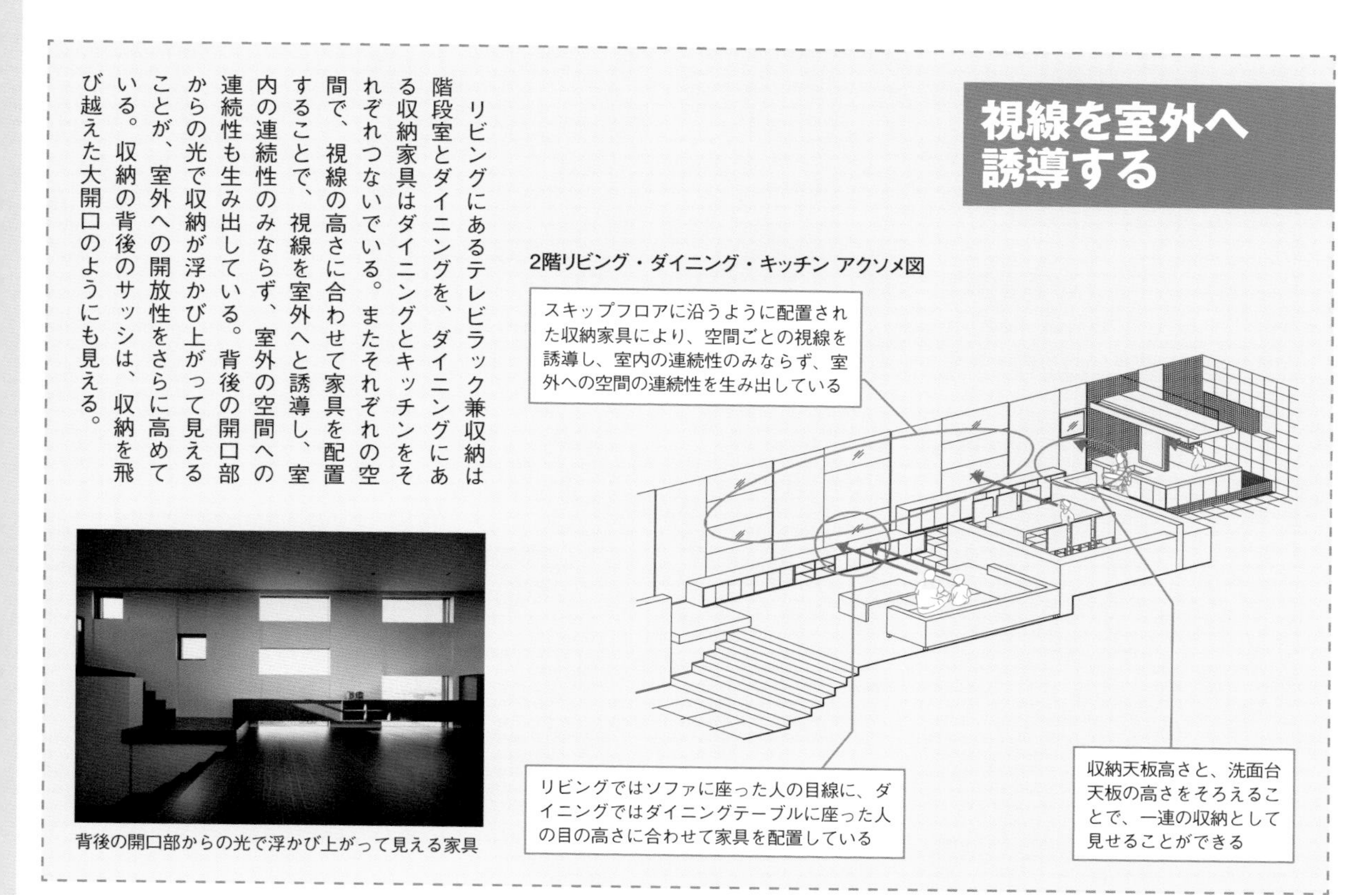

リビングにあるテレビラック兼収納は階段室とダイニングを、ダイニングにある収納家具はダイニングとキッチンをそれぞれつないでいる。またそれぞれの空間で、視線の高さに合わせて家具を配置することで、視線を室外へと誘導し、室内の連続性のみならず、室外の空間への連続性も生み出している。背後の開口部からの光で収納が浮かび上がって見えることが、室外への開放性をさらに高めている。収納の背後のサッシは、収納を飛び越えた大開口のようにも見える。

背後の開口部からの光で浮かび上がって見える家具

窓台と一体化したカウンターとベンチ

子ども部屋を、単なる寝室としての子ども部屋ではなく、ライブラリーでもありリビングルームでもある空間として検討した結果、「長椅子」や「読書机」が必要となった。山小屋風ではなく、機能的でシンプルな、窓と一体化したデザインが求められた。窓台（額縁）と連続したカウンターやベンチ背板などは、造作工事と家具工事の中間的作業として位置付けた。［横河健］

図1 | ベンチ・カウンター展開図 [S＝1:80]

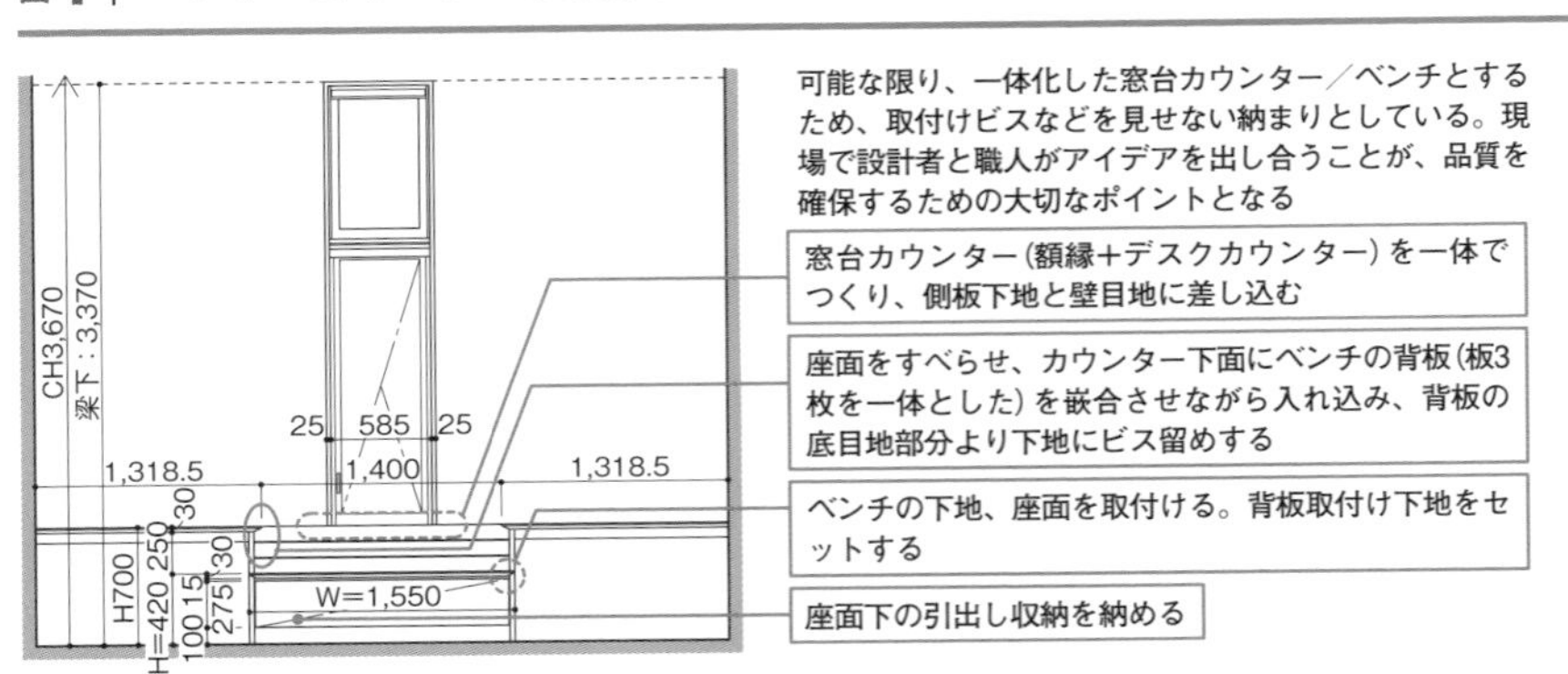

可能な限り、一体化した窓台カウンター／ベンチとするため、取付けビスなどを見せない納まりとしている。現場で設計者と職人がアイデアを出し合うことが、品質を確保するための大切なポイントとなる

窓台カウンター（額縁＋デスクカウンター）を一体でつくり、側板下地と壁目地に差し込む

座面をすべらせ、カウンター下面にベンチの背板（板3枚を一体とした）を嵌合させながら入れ込み、背板の底目地部分より下地にビス留めする

ベンチの下地、座面を取付ける。背板取付け下地をセットする

座面下の引出し収納を納める

図2 | ベンチ・カウンター上面図・断面図 [S=1:25]

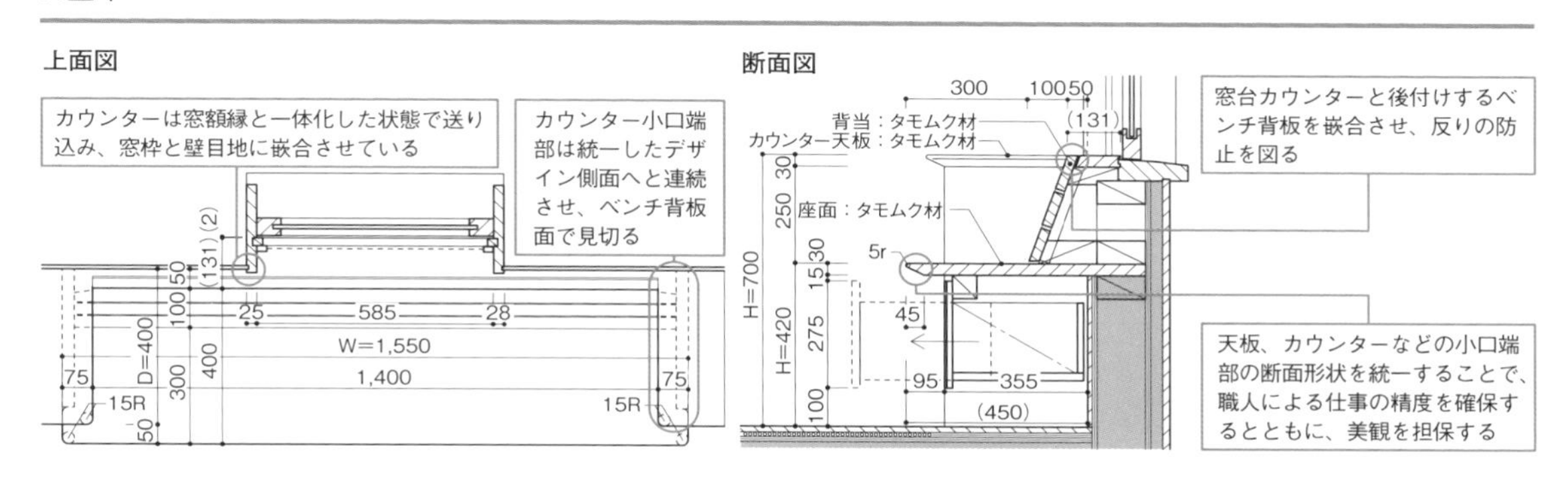

家具で構成される子供部屋

この事例の土地は「抑揚」がよい。抑揚とは斜面地によるレベル差のことだけではない。敷地の奥に沢の残像のような小さなクリークがあり、手前のひらけ方とは違った奥行きが感じられたのである。筆者は、設計に取りかかる前に建築予定の敷地を見るときはいつでも、敷地内で自分が留まっていたい場所を見つけることから調査を始める。この土地では敷地レベルの高いほうから見下ろす景色よりも、あえて敷地の低いほうから見て、水平なアイレベルで十分な緑を享受するほうが、都会ではとても味わえない気持ちよい広がりと距離感を生み出すことができそうに思われた。

抑揚のある敷地の低い位置から眺めるとしたら、ここには軒が薄く長い、ペタンとした平屋がふさわしい。また一方で、子どもにとって親たちと一緒にいる場所と、子どもたちだけで過ごす場所とでは、空間の特性が違っていてもよいのではないか？楽しみの多い別荘生活では特にそう感じる。つまり、子どもたちにとっての寝室は単に寝るための空間ではなくて、楽しみの空間でもあり、創造性豊かな夢の空間でもあるべきなのだから、そそり立つ塔の内部では単なる個室をつくるのではなく、夢がふくらむ空間としたかったのだ［図1］。

そこで、単なる仕切られた個室をつくらず、面積は小さくとも、天井の高い階段室内に連続するような本棚・ベッド・ベンチ・カウンターという要素を組み込んだ［図2］。

ここでは、建築が家具に、家具が建築に化けた一体の空間ができている。別荘の子ども部屋を単なる住宅の個室としてとらえるのではなく、記憶に残る場として考えたとき、家具たちに囲まれたスペースが自然に導き出された。

造作ベッドは接合部にオリジナルの金物を用いている

図1 | 断面図 [S=1:180]

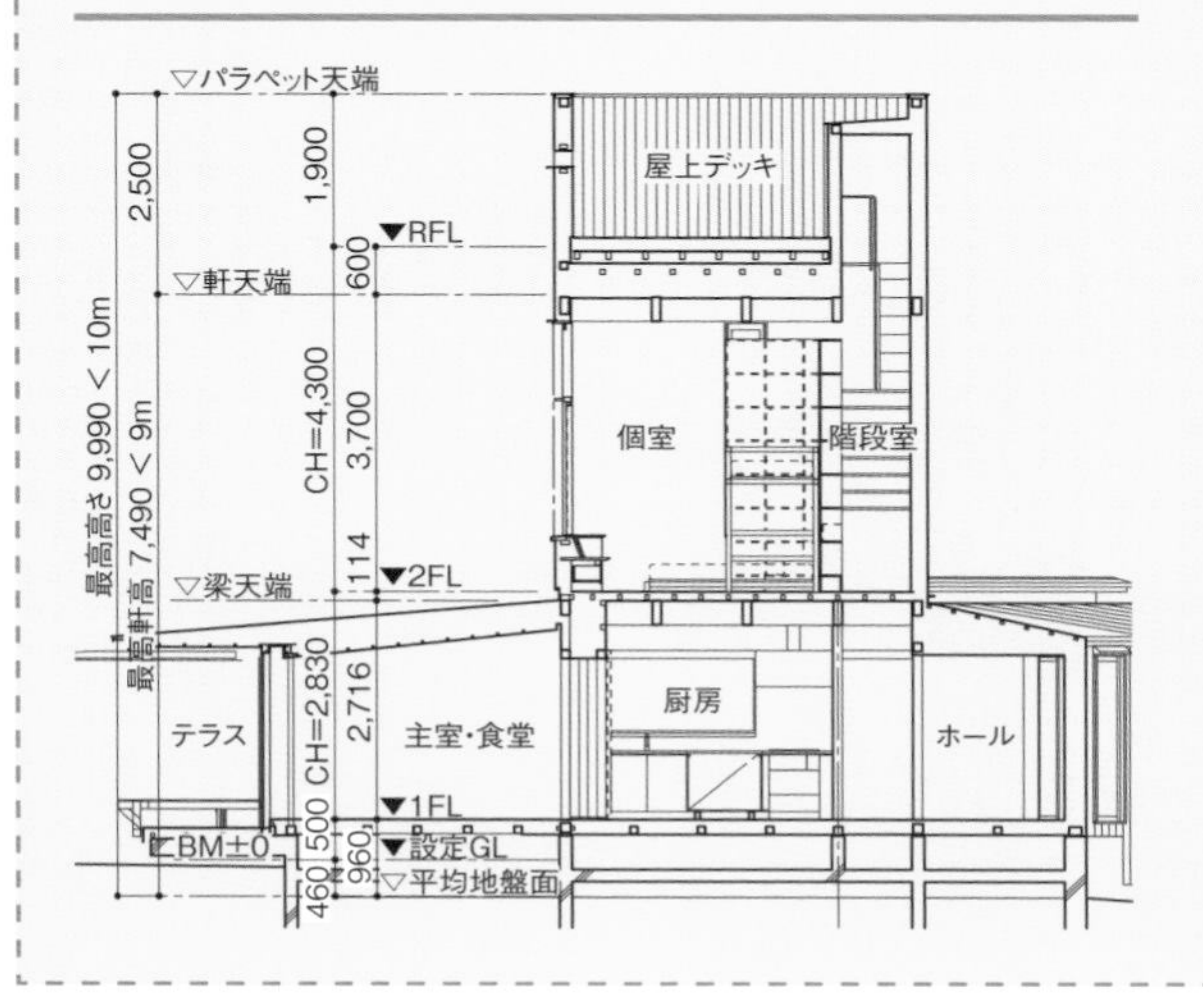

図2 | 2階平面図 [S=1:125]

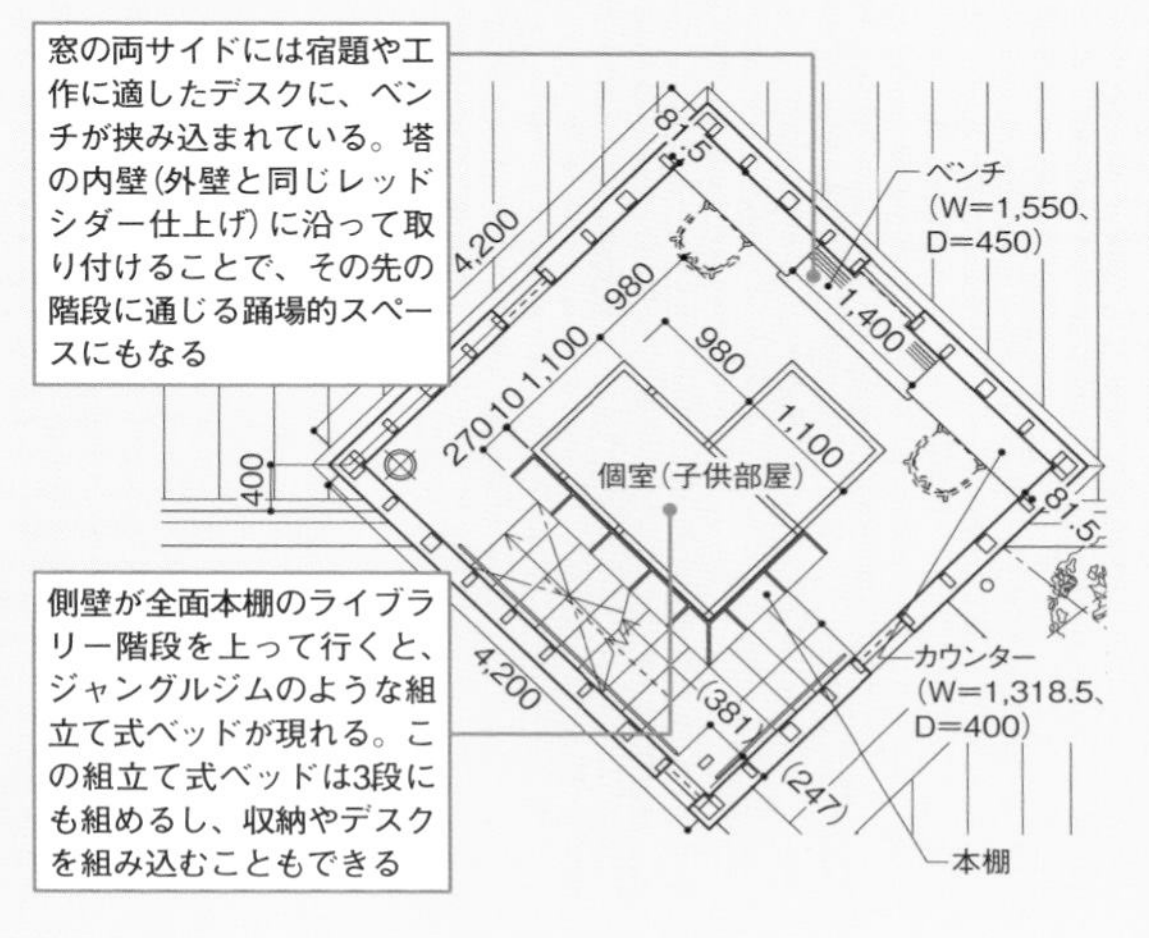

写真：新建築社写真部

床と机・収納の素材をそろえて一体化させる

書斎用のスペースを、洗濯作業の場としても利用できるよう計画した。机はテラスと連続したスキップフロアの役割も兼ね、状況によって床に変化する。1つのモノが、そのままのかたちで複数の用途に対応するデザインとなっている。そして、素材、すべてのディテールは意識を作業に集中させるように考えられている。

［竹内巌］

図1 書斎平面図［S=1:100］

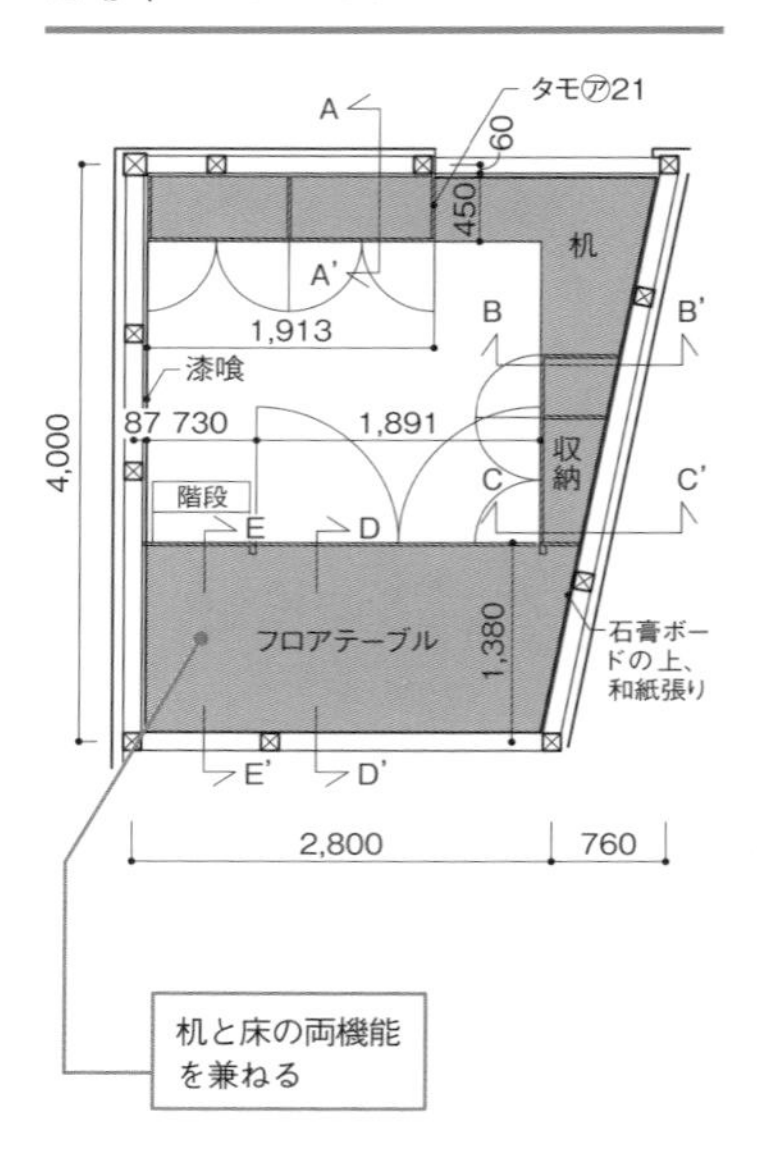

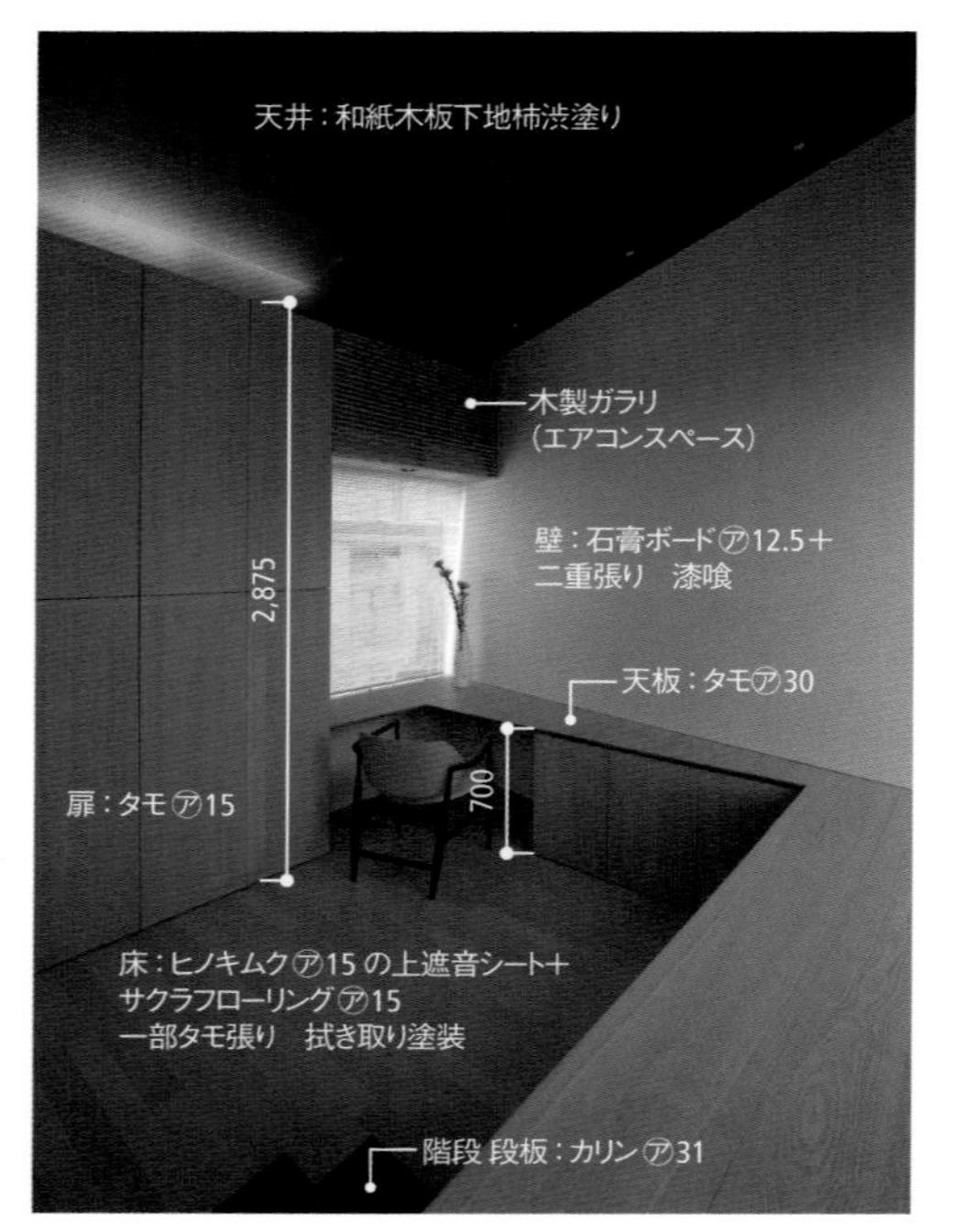

図2 書棚A-A'断面図［S=1:80］

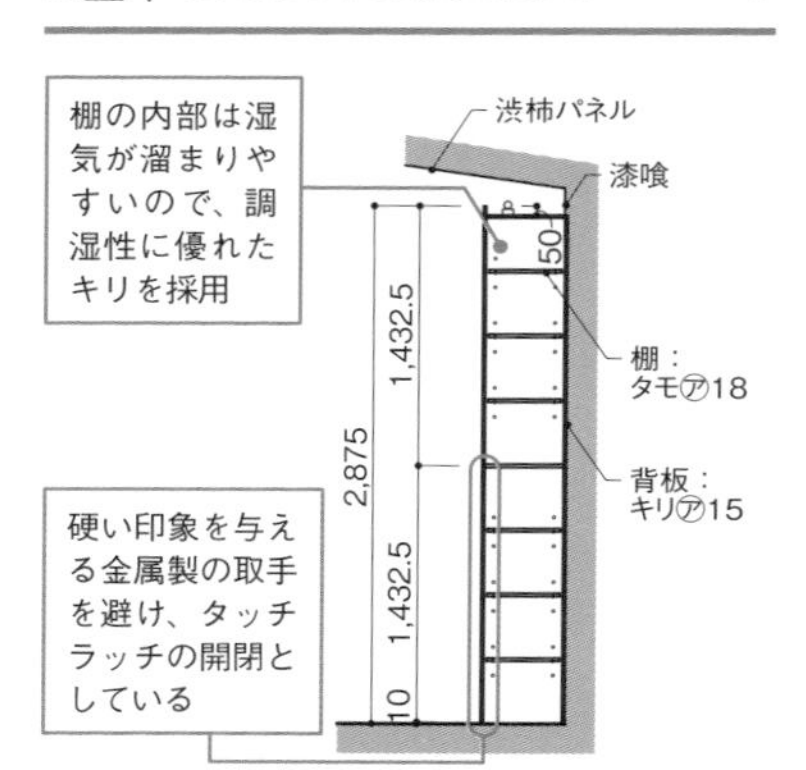

図3 書棚展開図［S=1:80］

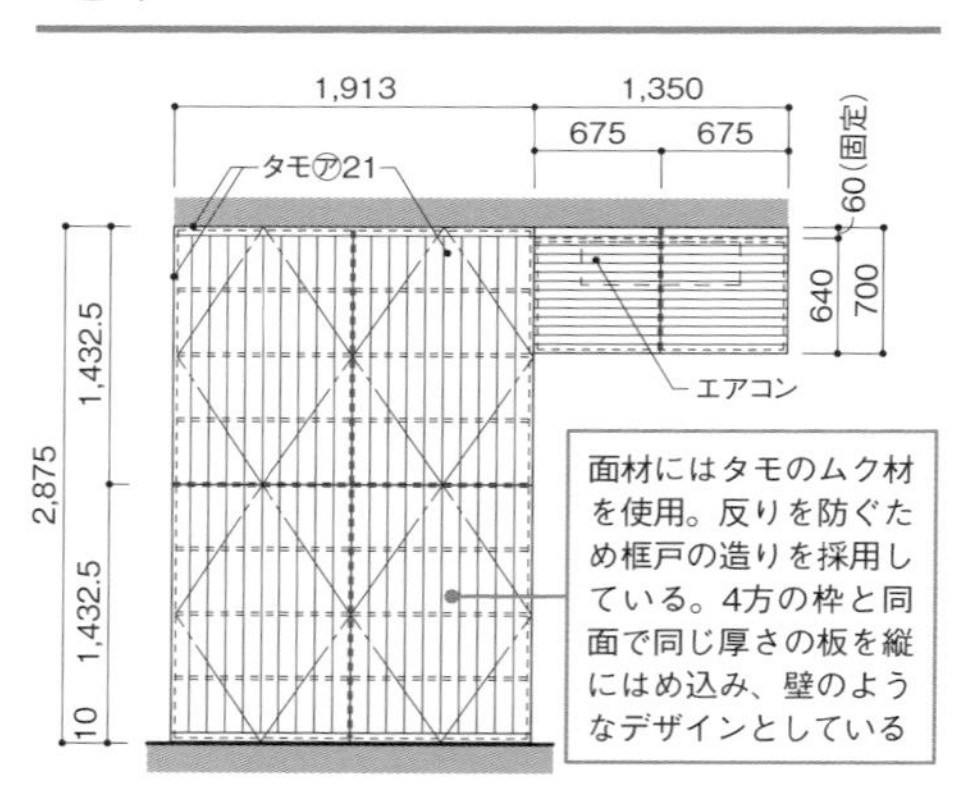

図4 エアコンスペース　納まり詳細

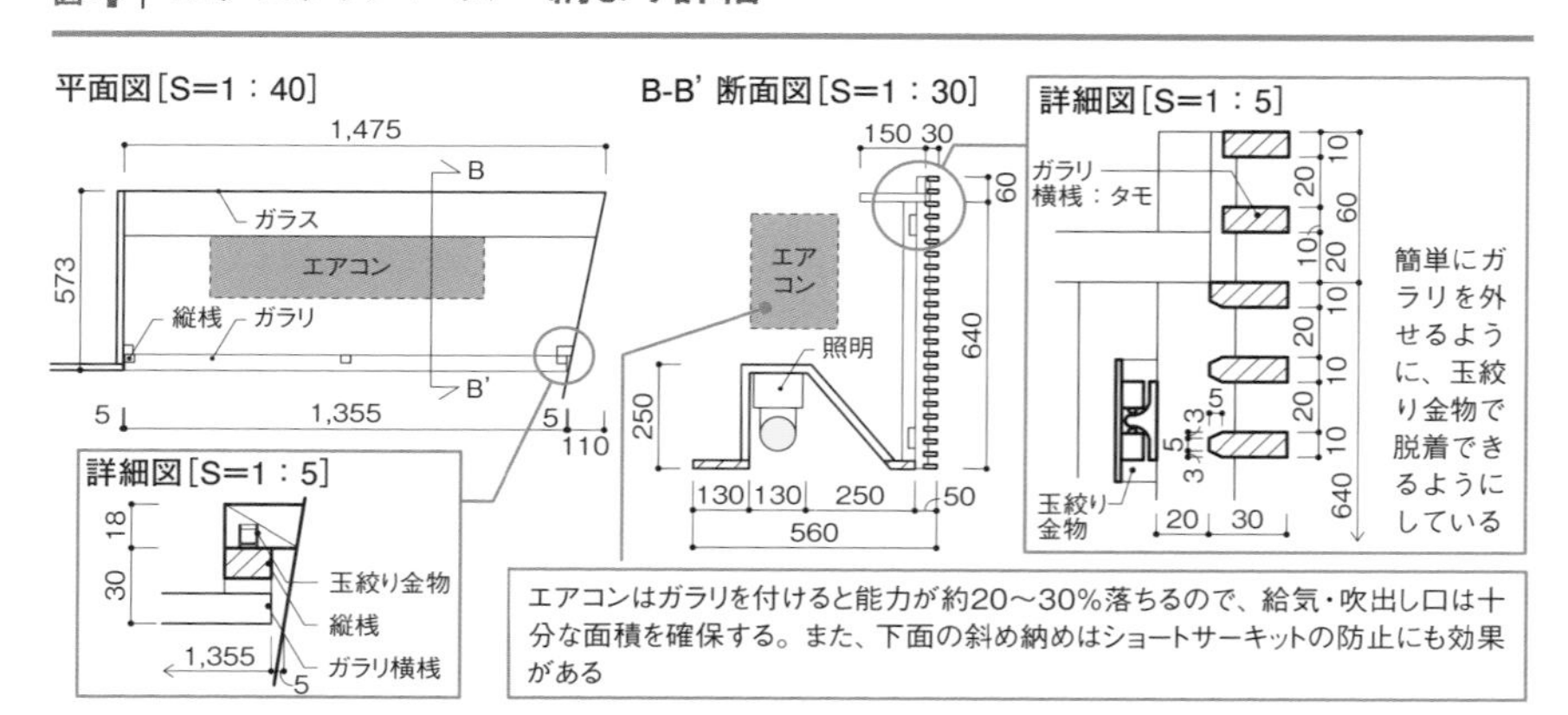

図5 | 収納展開・断面図 [S=1:50]

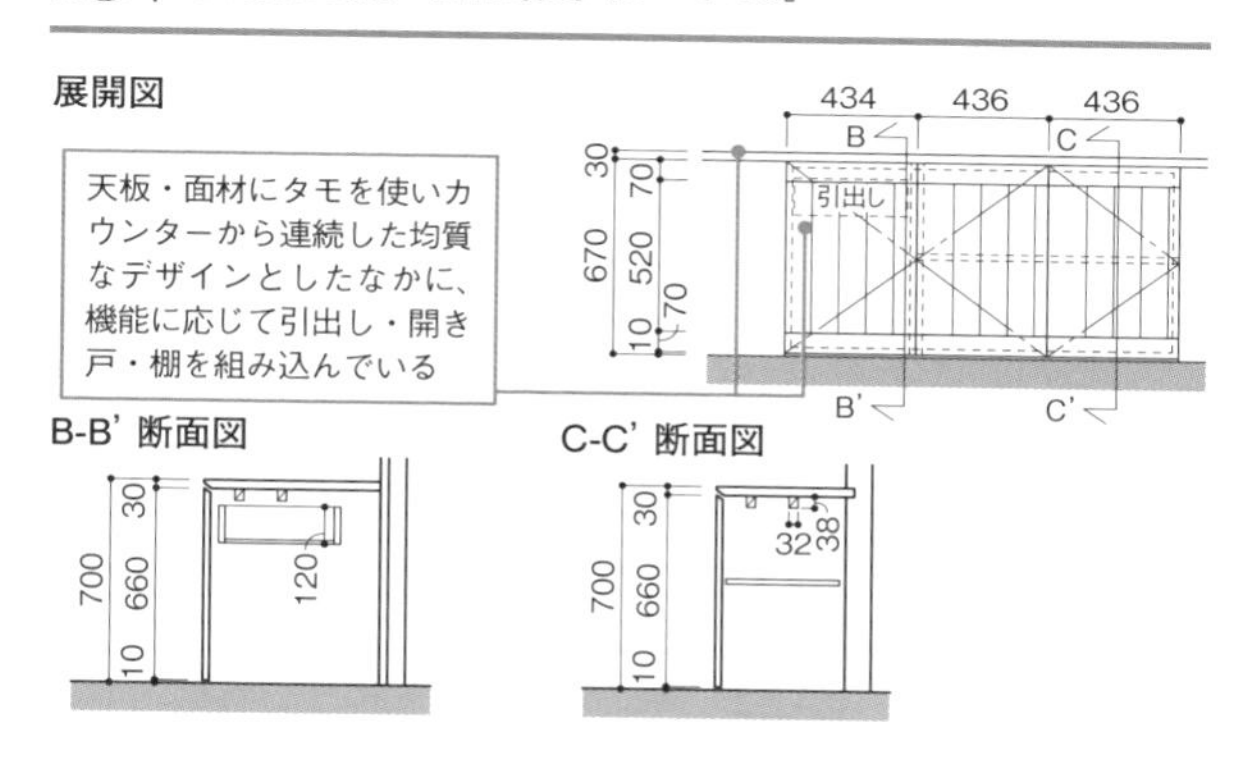

図6 | フロアテーブル展開・断面図 [S=1:50]

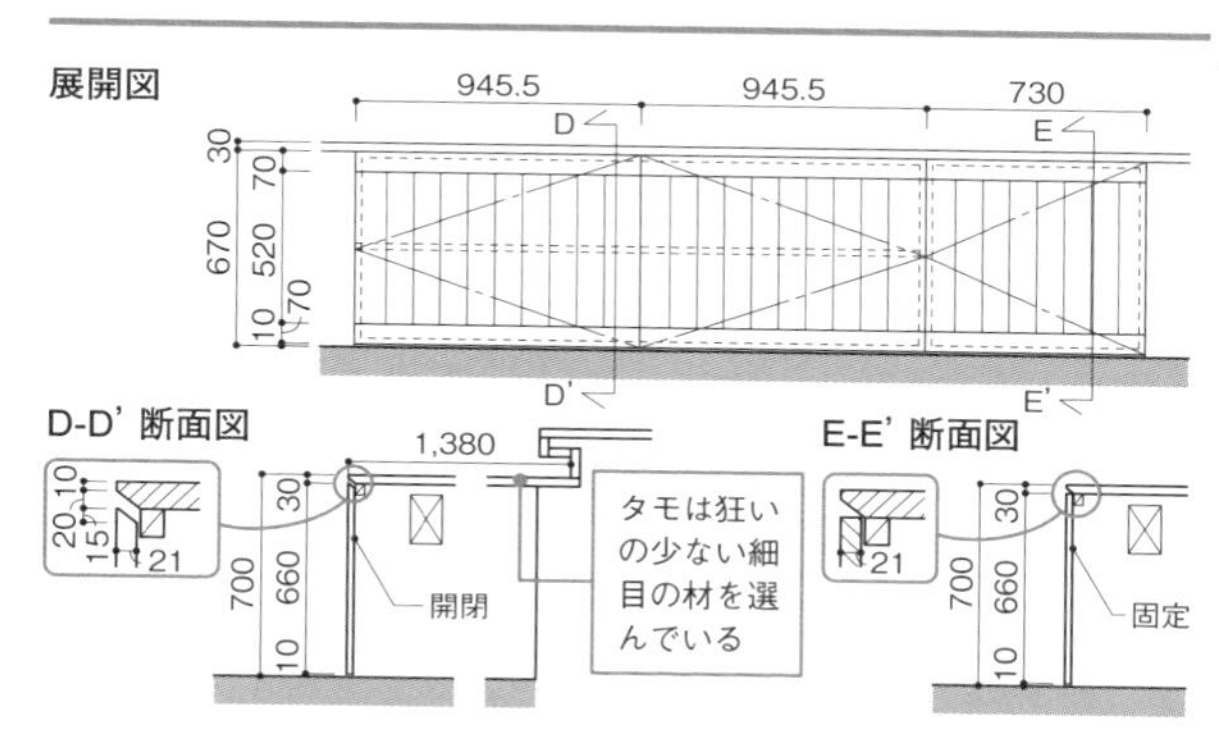

図7 | 書斎展開図 [S=1:100]

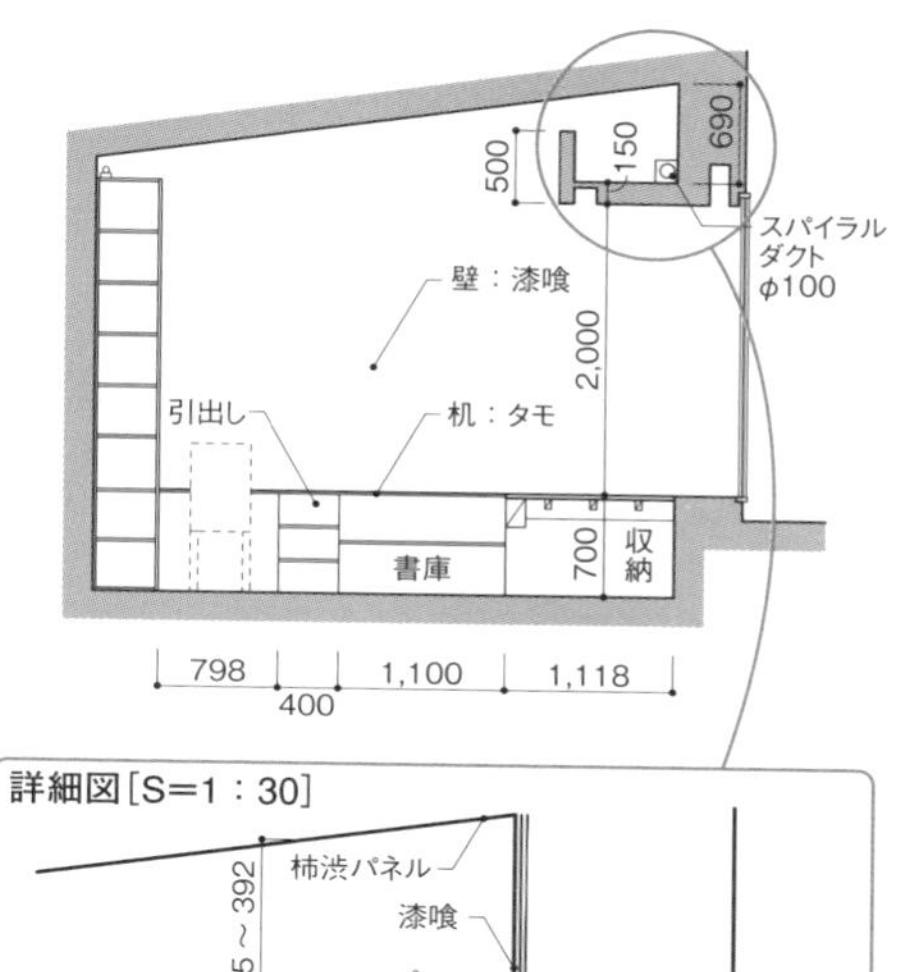

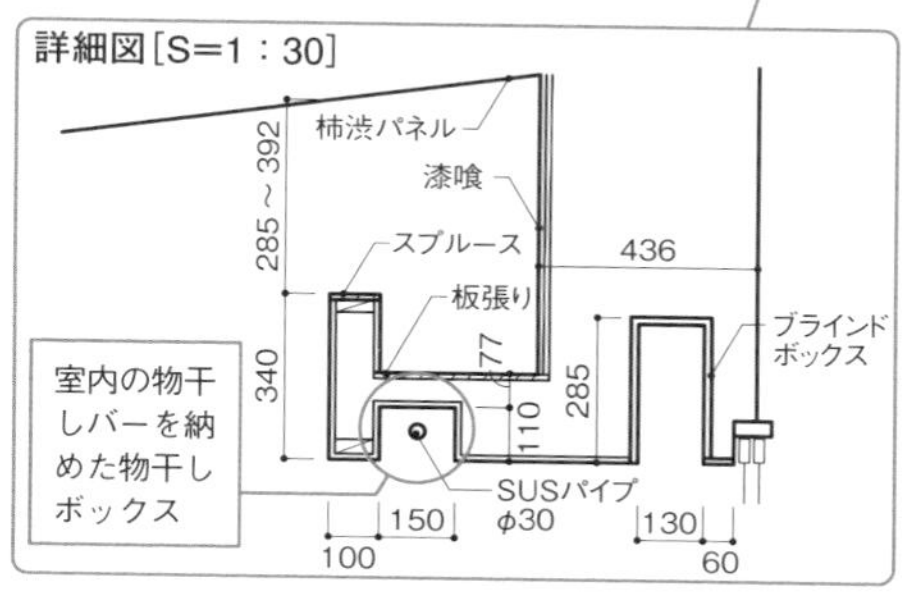

空間のなかで木材を使い分ける

建築母材として木材を用いる場合、用途に応じた樹種の使い分けが重要なのはいうまでもない。素材の吟味と選択自体がディテールであるということもできる。この事例では、住宅全体で8種の木材（すべてムク材、表）と4種の加工材を用いている。

加工材としては木の樹液系を用い、内装材として漆・和紙を、塗り仕上げには柿渋を、ワックスとして米ぬかを使用している。化学物質過敏症の傾向がある建築主の要望もあり、いずれも自然材料であることを前提に木材を使い分けている。

表 | 使われている木材

1. ヒノキ／耐水性に優れ、強度が年々増す特性を生かし構造材・床の下地に
2. チーク／耐水と耐摩耗に優れ、木目と色が美しいことから外壁と内壁に
3. カリン／硬くて狂いが少なく独自の色と素材感をもつことから階段の段板、窓枠に
4. タモ／硬い材で加工性がよく、色味と木の目が落ち着いていることから、床、テーブル、家具面材に
5. サクラ／湿気に強く硬い特性を生かしつつ、空間をやや明るめに誘導するために、白身のカバザクラを採用
6. キリ／吸湿性が低く熱伝導が小さいので湿気を排除する性質があり、加工性が良好で軽いことから家具の内側仕上材に
7. ウエンジ／濃褐色の色合いと面的な素材の表情、重量のある存在感から、空間の締めとしてTVボードなどの家具に
8. イペ／比重が重く耐久性があり、表面が自然のワックス状の物質で覆われている。そのまま長期間使用できることからガーデンのテラス材に

TVボード（ウエンジムク材＋米ぬか）

内壁（チークムク材＋米ぬか）

窓枠（カリンムク材＋米ぬか）

写真：新建築社写真部

既存の間取りを生かすコーナーソファ

大きな開口部と構造壁に囲まれた、「くぼんだ空間」にぴったりと合うようソファを設計。素材はソファのほか、壁・床・テーブルにもナラを用いているが、それぞれ表情を変えた仕上げとしている。ソファのクッション部分のヌメ革は、あえて素地のままとすることで、素材の経年変化を楽しむことができる。

［渡邊謙一郎］

天井：石膏ボード㋐12.5 AEP

壁：ナラ柾目ムク横張り

2,265　3,309　1,195

センターテーブル：ナラ柾目ムククリヤワックス仕上げ

背板：ナラ柾目合板
小口：ナラ柾目ムク㋐3

ヌメ革素地

メラミン化粧板

床：ナラムクフローリング㋐15 ヘリンボーン張り 無塗装

図1｜ソファ正面図［S=1:50］

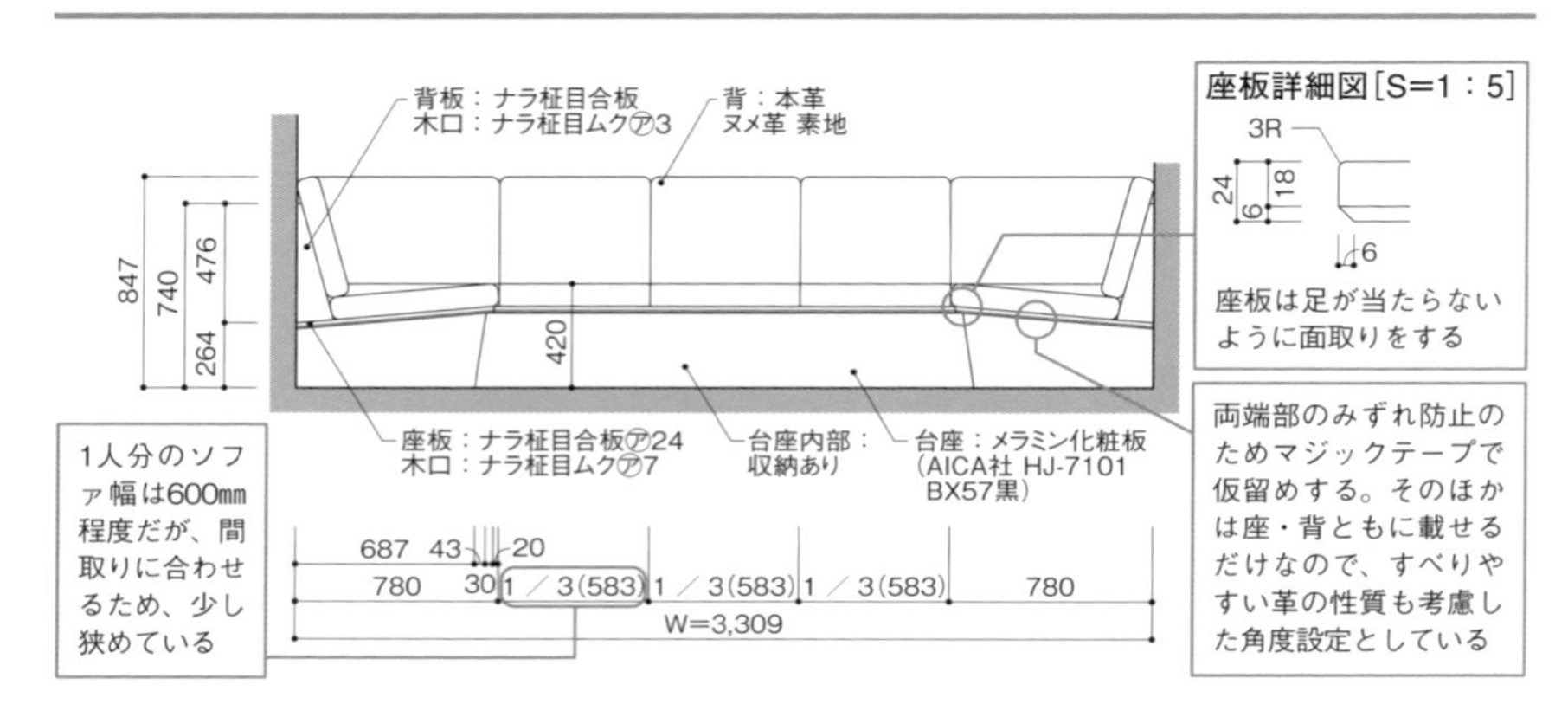

図2｜ソファ断面図（両端部）［S=1:20］

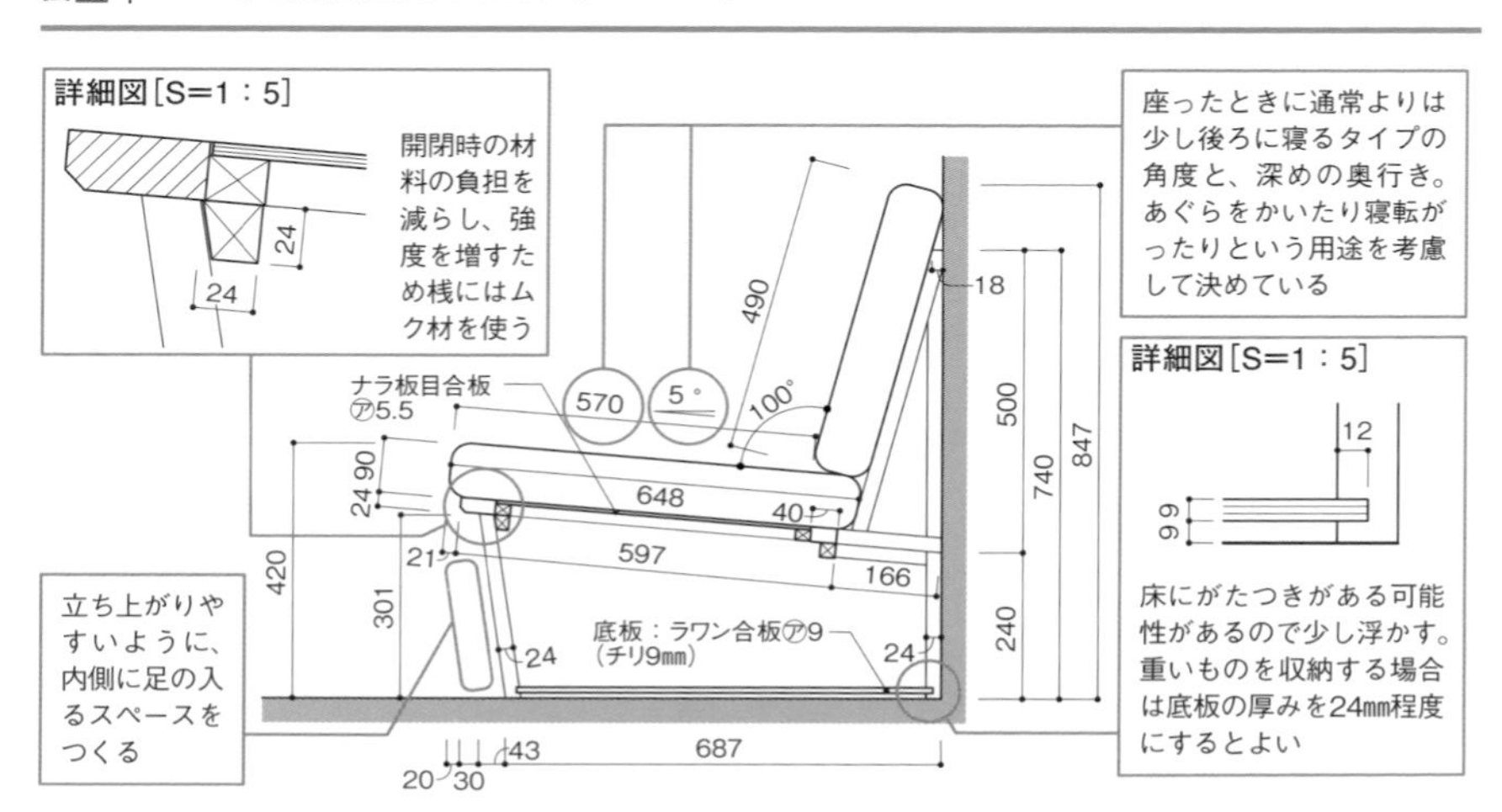

COLUMN

畳を利用した可動家具

和室を設ける余裕のない狭小住宅でも、可動式の小さな畳敷きスペースを設けることで、空間のポテンシャルを最大限に上げることが期待できる。

折りたたんだり、移動させたり、普段とは違う空間を簡単につくりだせることが大きな魅力となる。子どもの昼寝やおむつ交換、洗濯物をたたむのに重宝するだけでなく、急な来客時には個室を用意せずとも即席のベッドの役割も果たす。

フローリングスペースに畳スペースを設ける場合は、和の雰囲気に偏りすぎないようカラー畳を採用するなど色彩のコントロールにも気を配りたい。

［黒崎敏］

畳を引き出すと4畳ほどのスペースが生まれる

住宅と仕事場を兼ねたサロンスペースに可動式の収納畳を設けている。仕事の時間には壁面に納められているものの、家族と過ごす時間になると引き出して寛いだり、昼寝をしたり、洗濯物をたたんだりもでき、多目的に利用することができる。

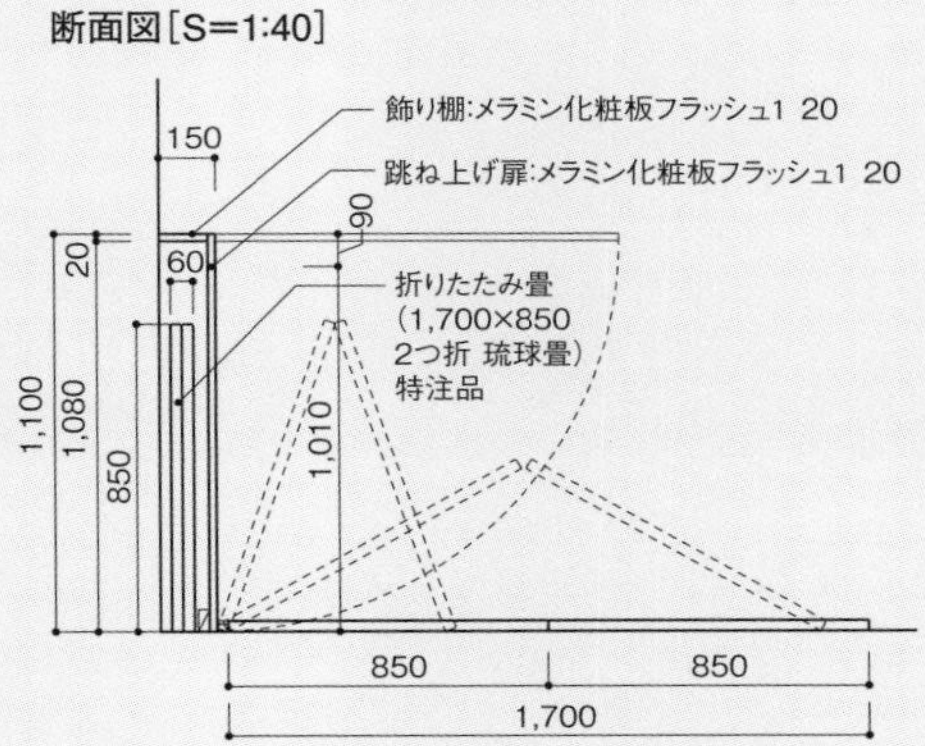

アイランド型のコミュニケーションキッチンに隣接した小上がりの畳スペース。床下はキッチンやデッキテラスで使用する調理器具や道具をしまえる引出し収納としても機能する。

畳の上に座ったときに、キッチンで作業する人と目線高さが合うよう設計

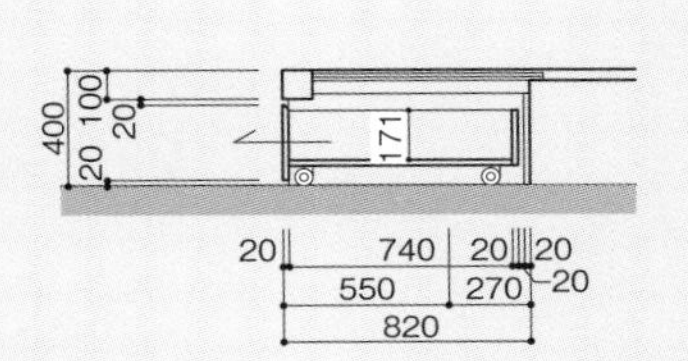

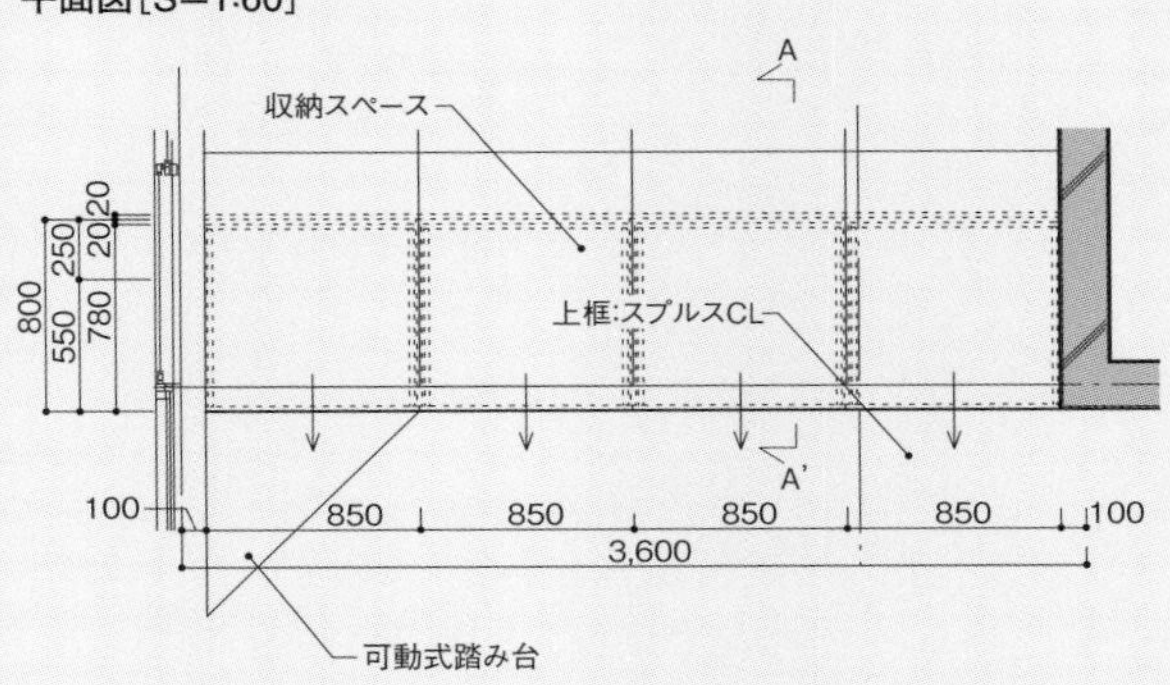

趣味の音楽や読書を楽しむための可動式畳。ソファではなく、あえて家具としての畳を選択することで、状況に応じて、座る、寝る、集まるなど自由な用途で楽しむことができる。

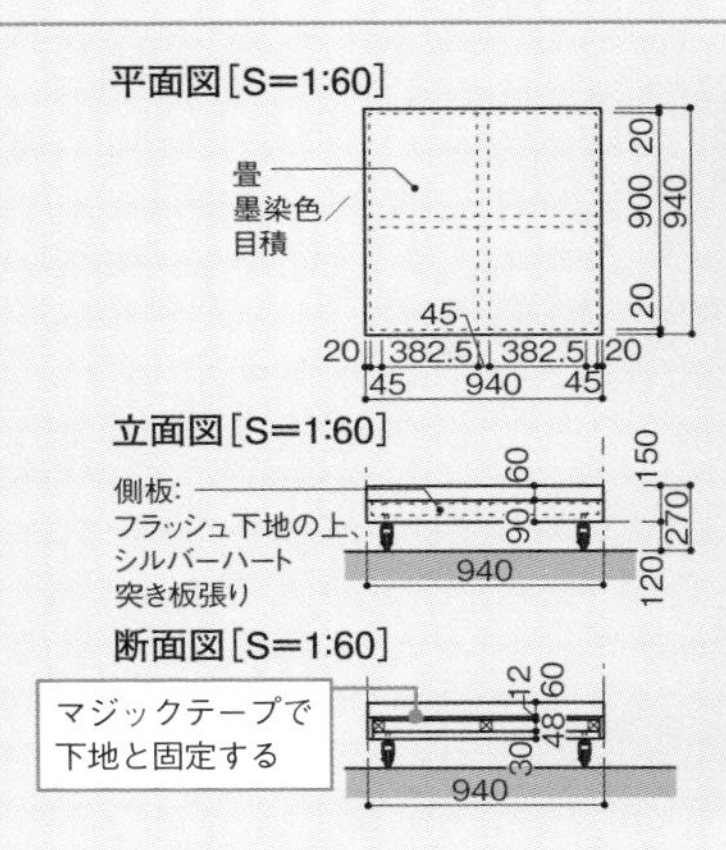

クロゼット・書斎を配置したボックス

天井：石膏ボード㋐9.5の上、AEP
FB：5×60
壁：白漆喰塗り㋐3
壁：ニューギニアチーク ウッドワックス
3,200
CDラック：ラワンランバー㋐18 ウッドワックス（2色配合）
TVボード：ニューギニアチーク ウッドワックス
床：ニューギニアチーク ウッドワックス

間仕切壁を極力なくした大空間のほぼ中心に、1階部分をクロゼット、2階部分を書斎としたボックスを配置している。このボックスを中心に7つの異なるレベルをつくり、スキップフロアでつなげている。ボックス外側にはTVボード、内側にはカウンターや収納を造作。このボックスは空間を仕切る壁であり、大きな家具でもある。［服部信康］

図1｜断面展開図［S＝1：120］

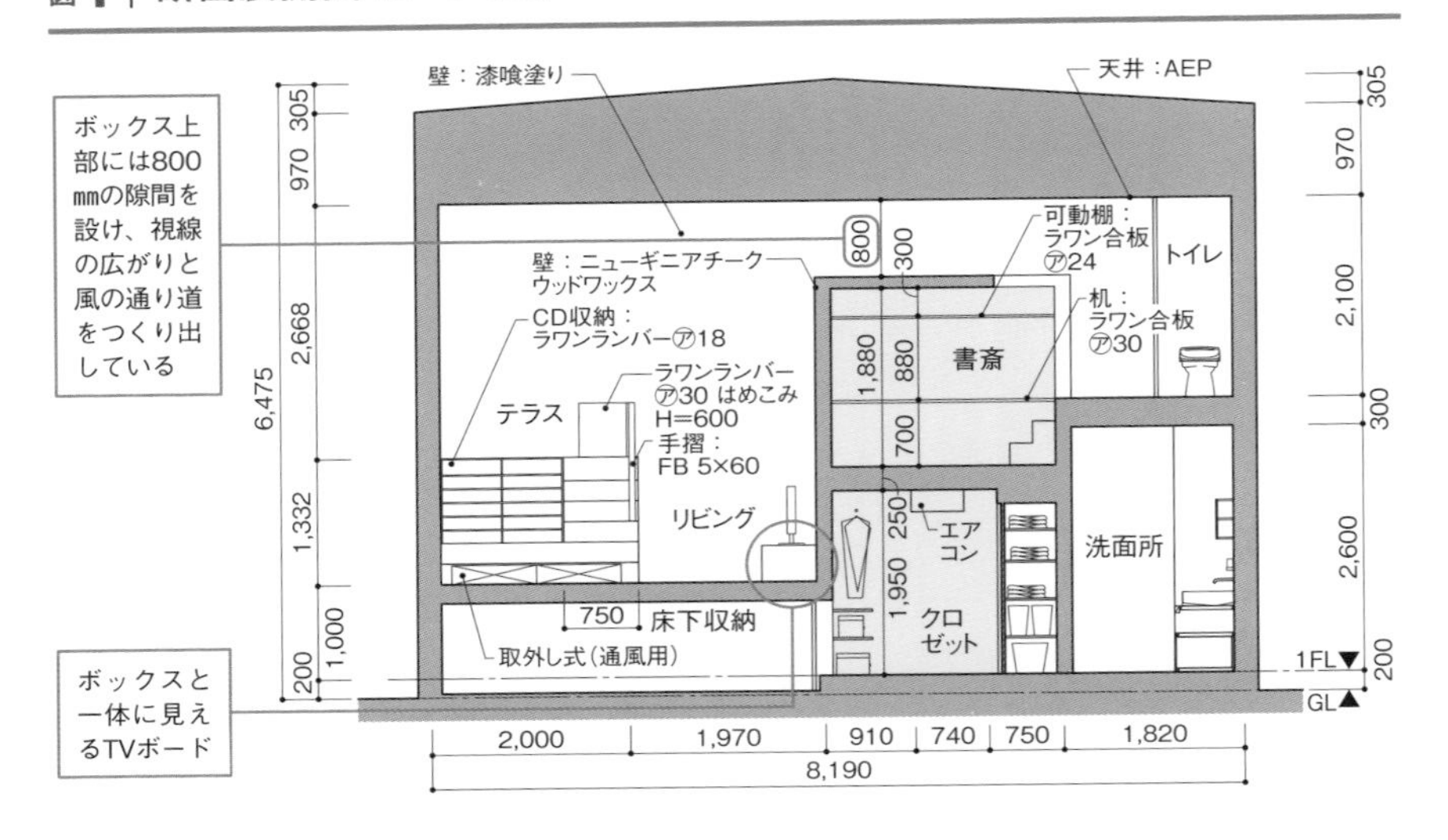

図2｜TVボード展開図・断面図

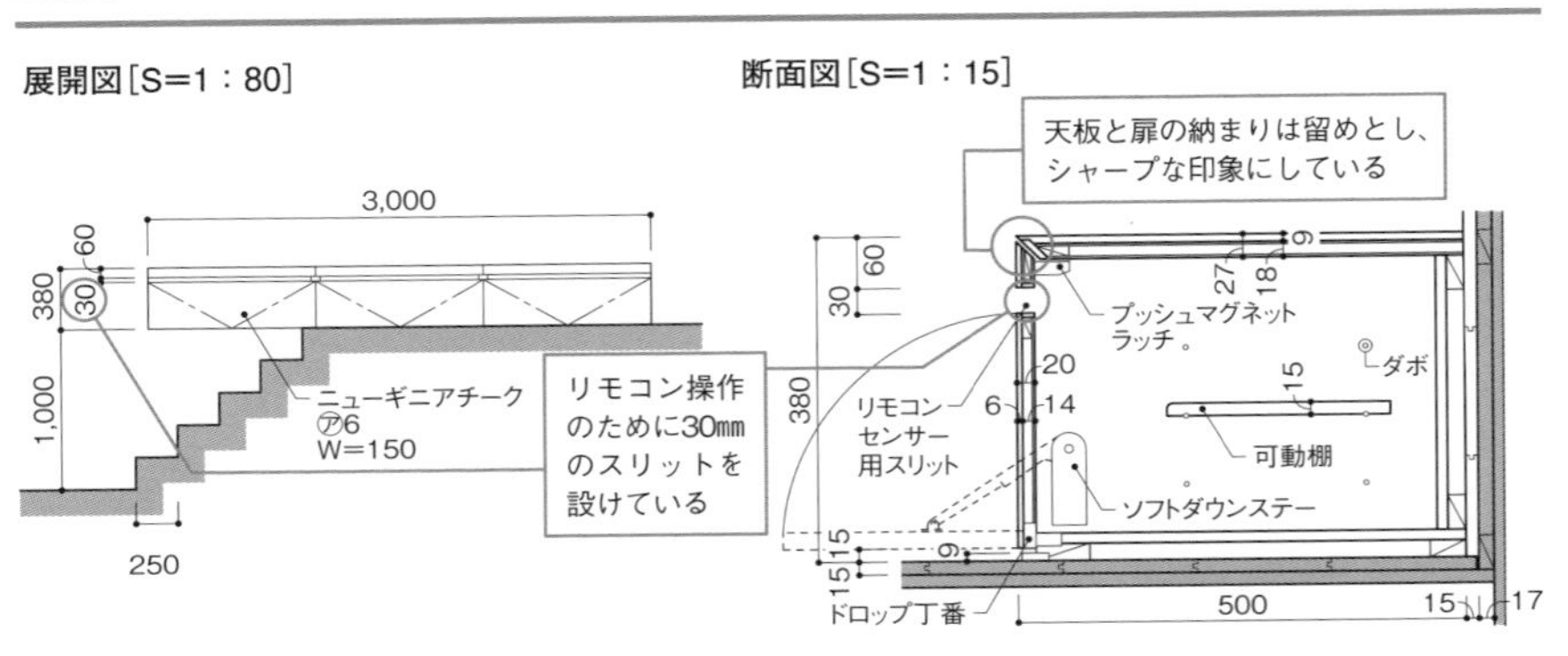

図3 | ボックス平面詳細図 [S=1:40]

750
450
700
790
910
可動棚：ラワン合板㋐24 OS
踏台：ラワン合板㋐24（上部オープン）
書斎
ベッド
机：ラワン合板㋐30 OS
スキャナ
トップライト（上部）
プリンター
PC
500
200　400
ダクト露出
壁吹出し口：ステンレスパイプφ150 D=100
スピーカ
TV
スピーカ
壁吹出し口
すべり出し扉：ホワイトチーク㋐15＋ラワン合板㋐15 H=2FL+1,100～+1,500
TVボード
910　570　910　910
3,300

ボックス1階のクロゼット天井に業務用エアコンを1台設置し、ボックス上部に設けた3カ所の吹出し口から冷気を吹き出し、住宅全体を効率よく冷やすシステムになっている

ボックス・TVボード取合い部詳細図[S=1：30]

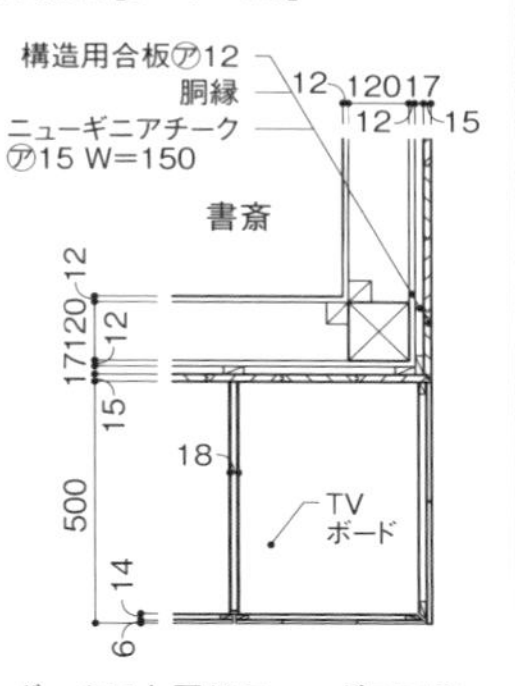

ボックスと同じニューギニアチーク張りとし、小口まで見せる納まりとすることで、ボックスから飛び出ているように見せている

2階平面図

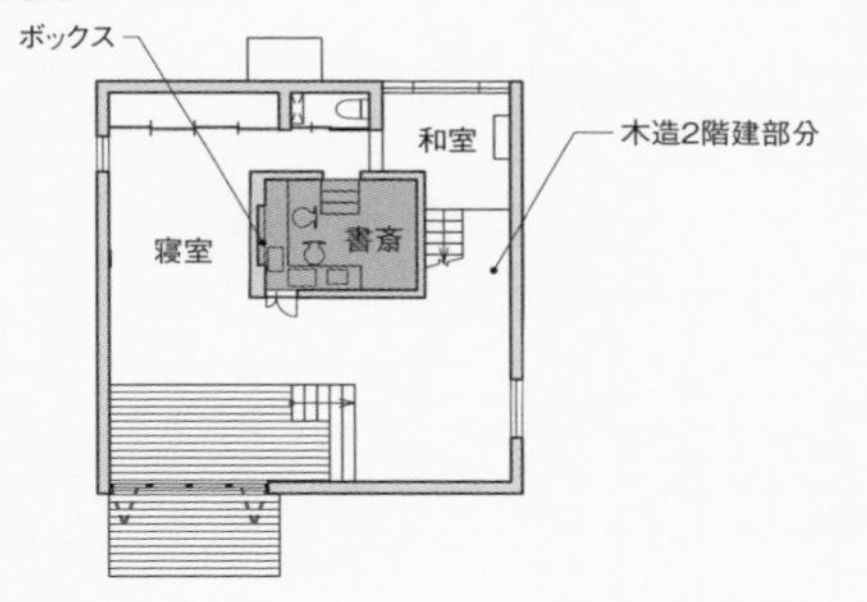

1階平面図

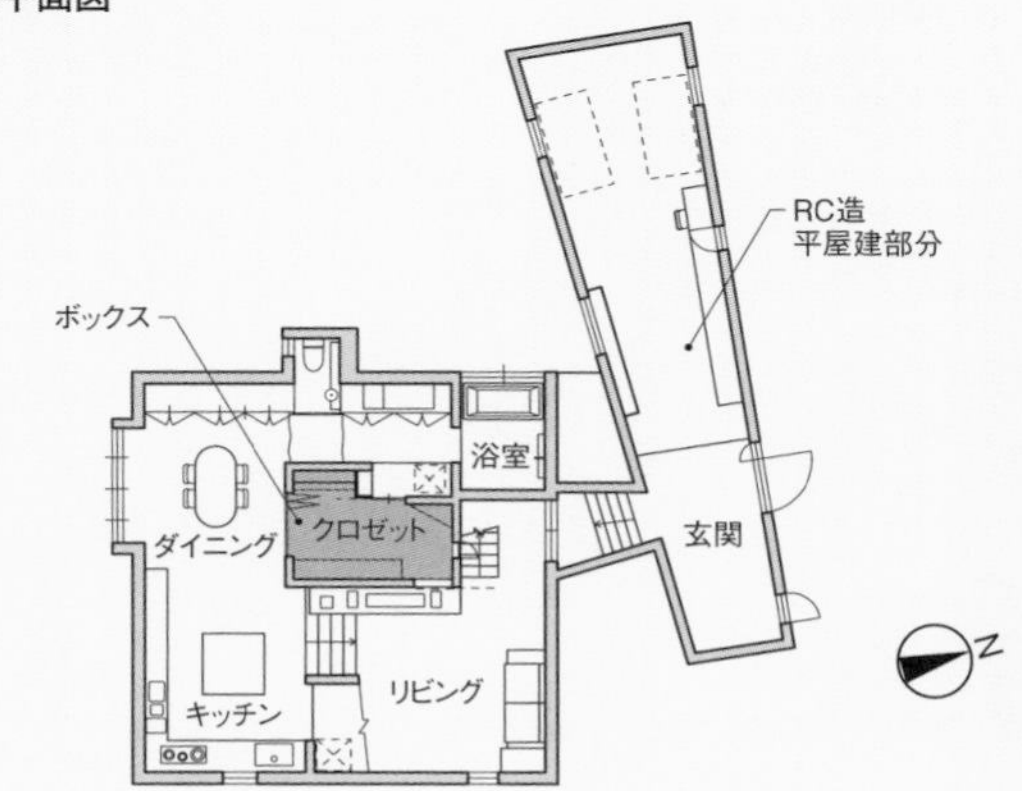

柱のない大空間をボックスでゆるやかに仕切る

台形状のRC造平屋建てと8・19m角の木造2階建てからなるこの住宅は、小さな子どもがいる家族の、生活スタイルの変化に対応できる住まいとして計画している。平屋部分は将来の子どもたちの個室となることを想定して、木造2階建ての母屋では、梁を菱形と卍形の架構に組むことで、建物の荷重を分散し柱のない大空間を実現、将来の改修にも柔軟に対応できるようにした。1つの大空間をゆるやかに仕切るツールとして中央にボックスを配置し、家族がつながり合いながら生活できる場をつくり出している。

ボックス内2階書斎。小窓や上部の隙間から光が入り、家族の気配を感じることができる

バスルーム内外で連続させた照明

照明BOX：耐水合板下地㋐15／メラミン化粧板㋐4
照明カバー：乳白アクリル㋐3＋透明アクリル㋐3
天井：石膏ボード㋐12 AEP
天井：耐水合板㋐9／メラミン化粧板㋐＝4
照明BOX：合板下地㋐15 AEP
照明カバー：乳白アクリル㋐3＋透明アクリル㋐3
壁：石膏ボード㋐12 AEP
壁：耐水合板㋐12＋防水シート／タイルクリートPS ㋐33＋タイルクリート㋐8／ウレタン塗装
浴槽廻り：御影石モザイク
床：サーモタイル300□

図｜天井伏図［S＝1：120］

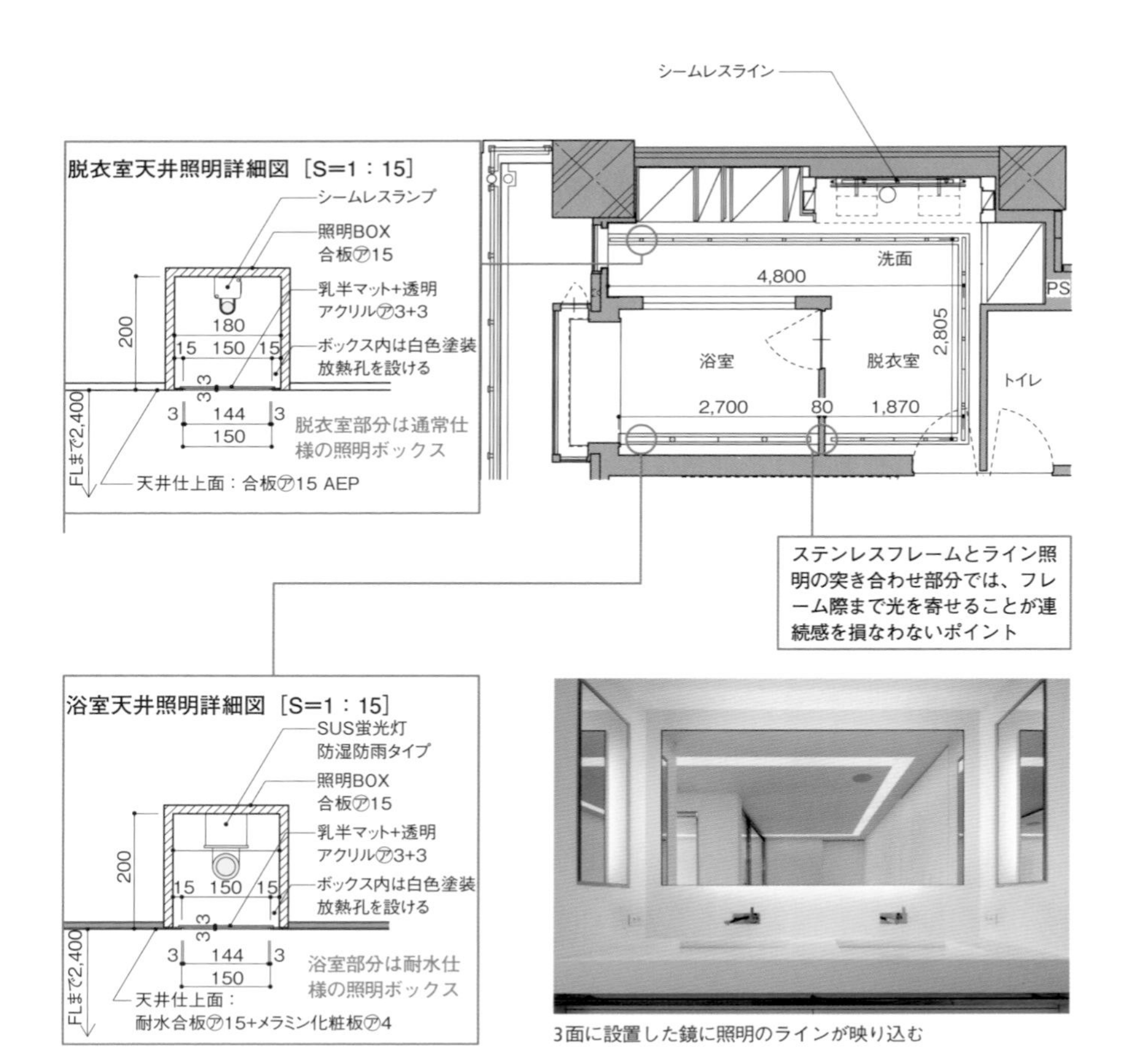

3面に設置した鏡に照明のラインが映り込む

写真：ナカサ＆パートナーズ

浴室・洗面・脱衣室が一体化した水廻り空間。洗面台・洗濯機・衣料や洗剤の収納などを外周の壁面へ配置した。各機能が配された壁面に沿ってライン照明を配置していけば、必要な場所へ必要な明かりを提供することができる。浴室内外を連続して結ぶ一本の光は、浴室と洗面・脱衣室の一体感を強調し、水廻りをいっそう広く感じさせる効果を生む。

［夏目知道］

図2 | 露しの梁材を照らす

トップライト部分詳細図［S=1：20］

構造梁を露しにすることで、コントラストの強く深い陰影を生むような天窓としている

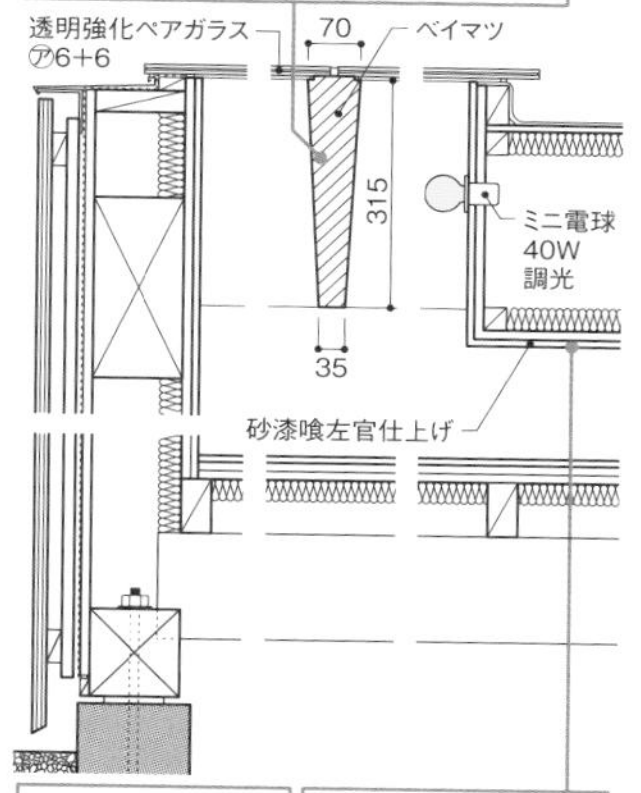

夜間もトップライトからの明かりのみで空間を照らす。天井面には照明器具を設けていない

天窓からの光は壁面の砂漆喰左官仕上げに映し込まれ、テクスチュアによる微妙な陰影を生み出している

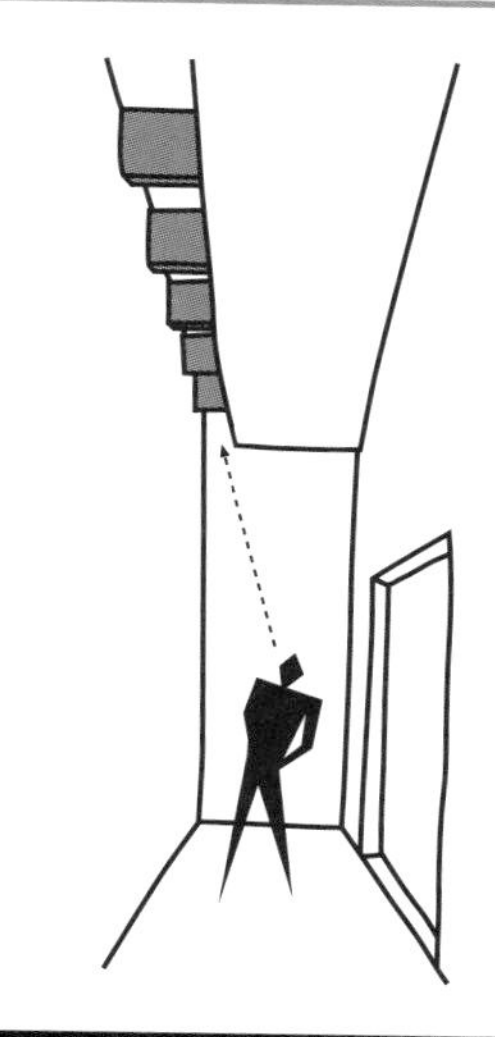

見上げた時に光源が視界に入らないよう、光源の配置を調整することがポイント

露しの梁材が壁面に影を落とし、陰影のある表情が生まれる。自然光も照明による光も、一度壁面に反射させてから室内に入る

空間に明るさの濃淡をつくる

照明や開口によって均一で一様に明るい空間をつくるのではなく、常に暗い部分と明るい部分をつくることで、空間に奥行きと深みを与えるようにしている。建物内部は壁や天井で囲まれ、自然光が遮へいされ暗い空間が生み出される。そこに少しずつ開口部や照明を設けていくことで、暗い空間に徐々に明かるさをつくり出していく。トップライトや壁面の開口部、暖炉や置き照明などで、閉じられた空間の中に明るい部分を細切れにつくり出し、それらをつなぐ部分をあえて少し暗い空間とする。それにより光のムラができ、印象深い空間を生み出すことができる。間接照明を生かすために、ペンダントライトやシーリングライトなどを天井面に設置することはなるべく避け、置き照明を多用した照明計画としている。

暖炉とトップライトで部分的な明るさをつくる

間接照明と置き照明によって暗い空間に明るさを生み出す

壁面上部と天井の間にスリットを設けて間接照明を設置

壁・天井面を照らして空間に広がりをもたせる

壁や天井に光を反射させることにより、反射面から柔らかな光を得られるだけでなく、落ち着いた雰囲気を表現できる。床座のリビングではあえて低い位置にアッパー照明を設けることで、大きな壁面にグラデーションをつくり出す。また、間仕切壁のないワンルームでは、ひとつながりの空間を強調するためにもコーブ照明が有効である。

［黒崎敏］

図1｜低位置からのアッパー照明

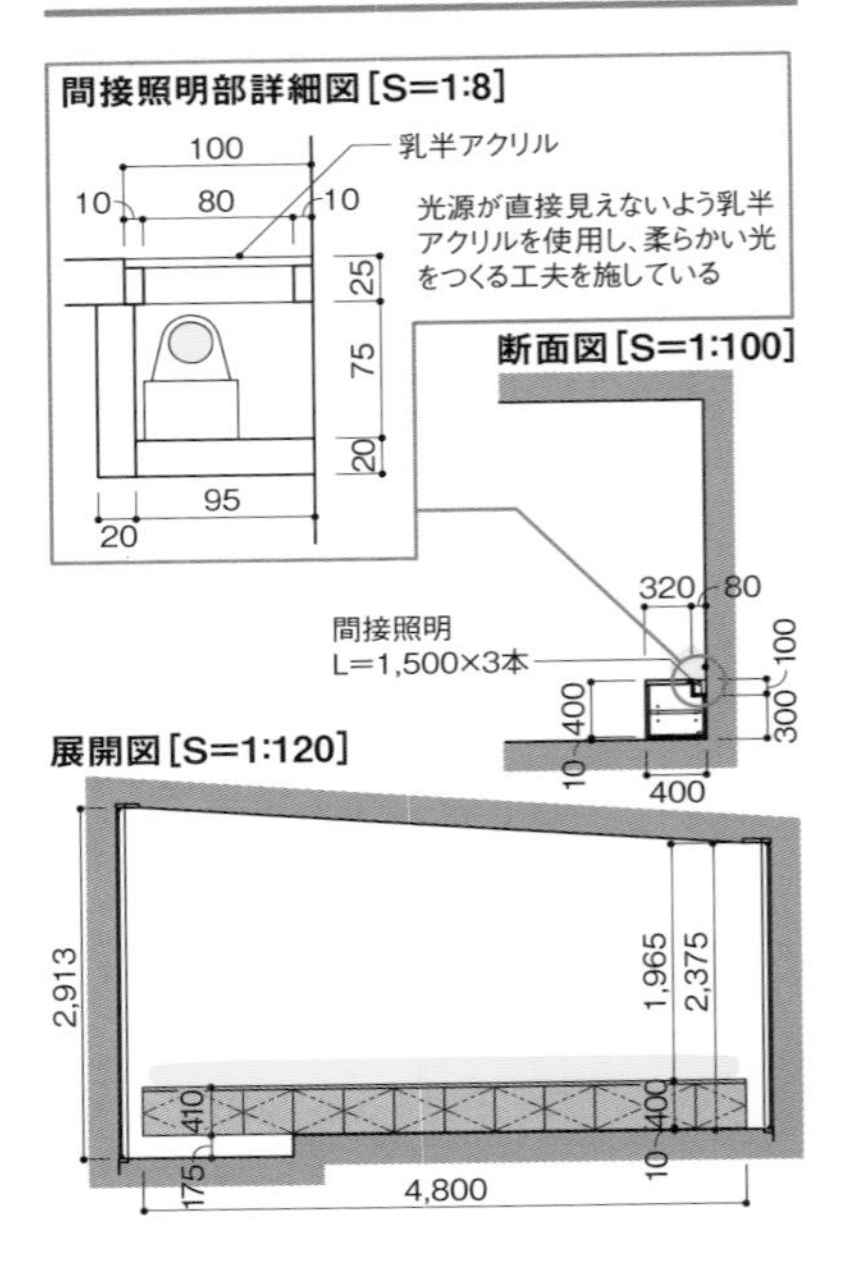

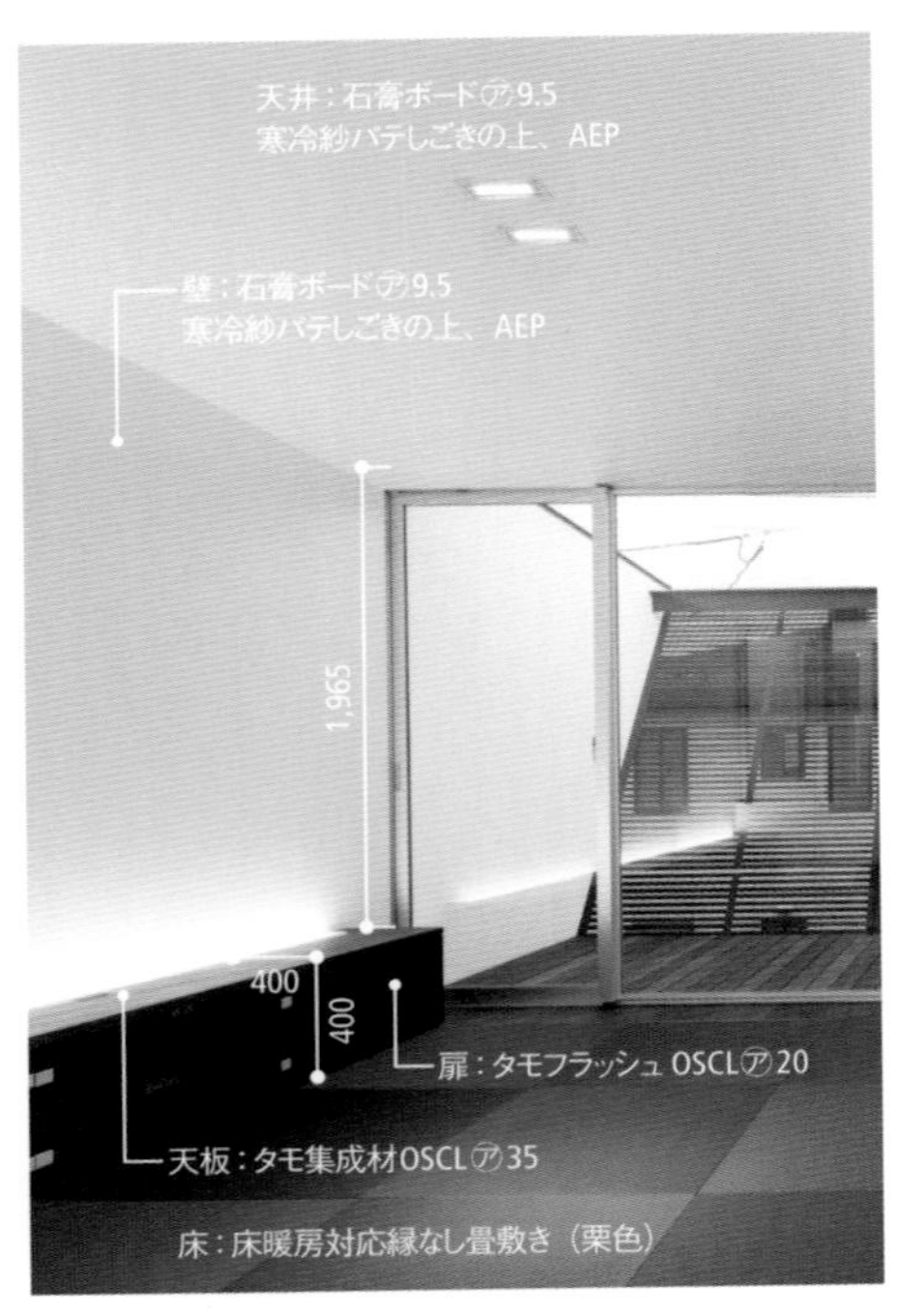

図2｜家具上部を利用して天井を照らす

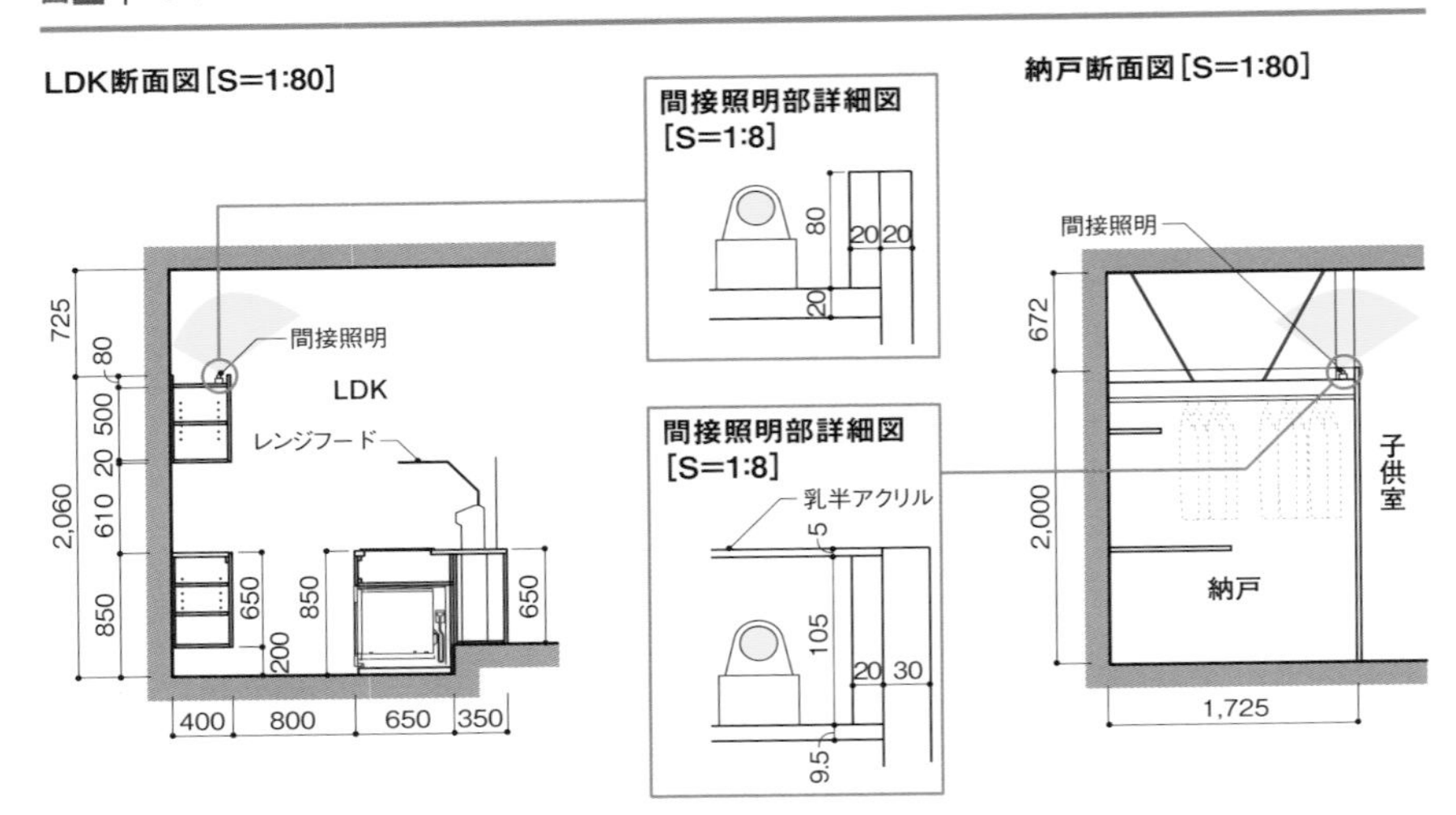

間接照明により器具が照らされるのを避けるため、天井面へ設置する直接光の器具は少なめにしておきたい

濃く染色した家具と間接照明の組合せにより光のラインとコントラストを際立たせる

COLUMN

ガラスを基材としたマジックテント

カフェ、ファッション、アートギャラリーなどを手がけるブランドのホームコレクションの空間構成を手がけた。「MAGIC TENT」と題したガラスベースの仕切りを空間の中央に配し、ジグザグの谷間に3つのステージをつくりだしている。

仕切りは、3枚のカラーフィルムを重ね合わせて、表れた色をラミネートした合わせガラスを使用している。このガラスに、両面が鏡になる国内施工初となるミラーフィルム、その上にホログラムテープ、ホワイトテープでストライプパターンを生み出している。

［KEIKO＋MANABU］

図1｜仕切り断面

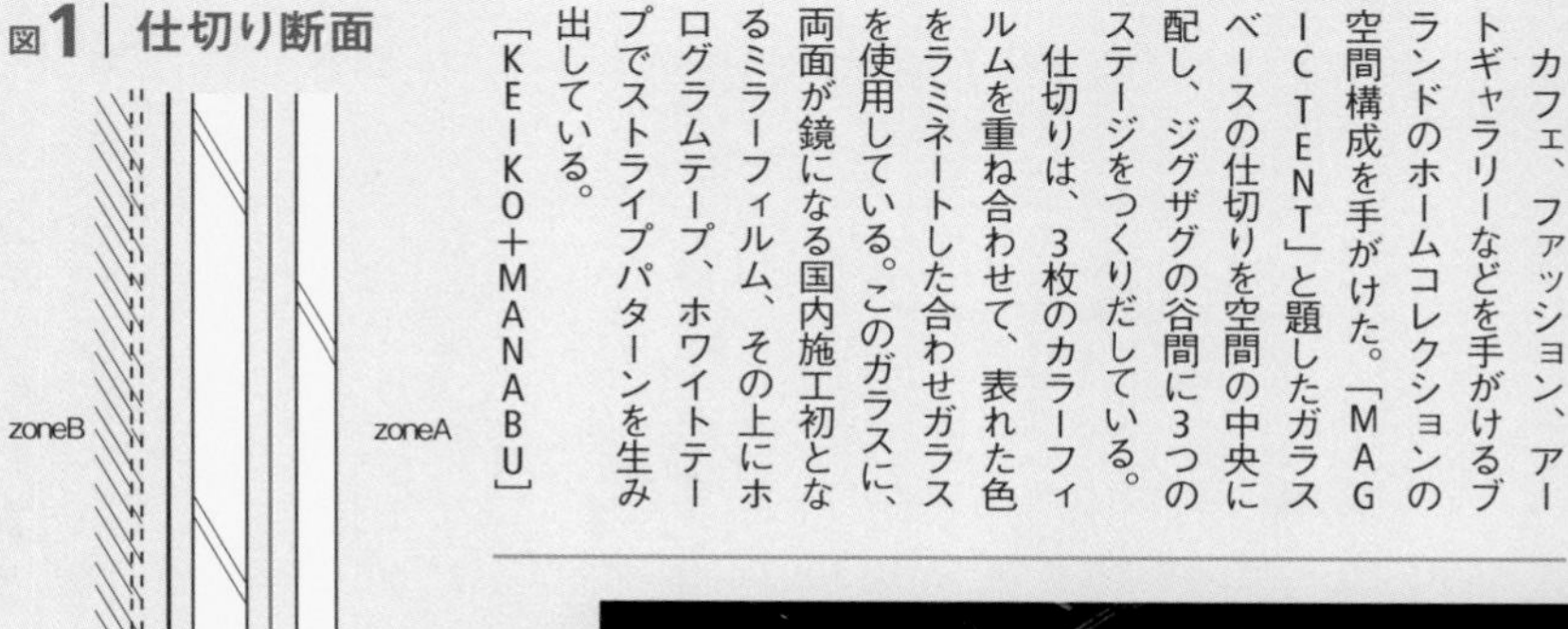

写真1 「zone A」側から見る「マジックテント」。映り込みがあるガラスのパーティションを配置することで、限られた空間でも、より広く感じさせることができる

図2｜平面図

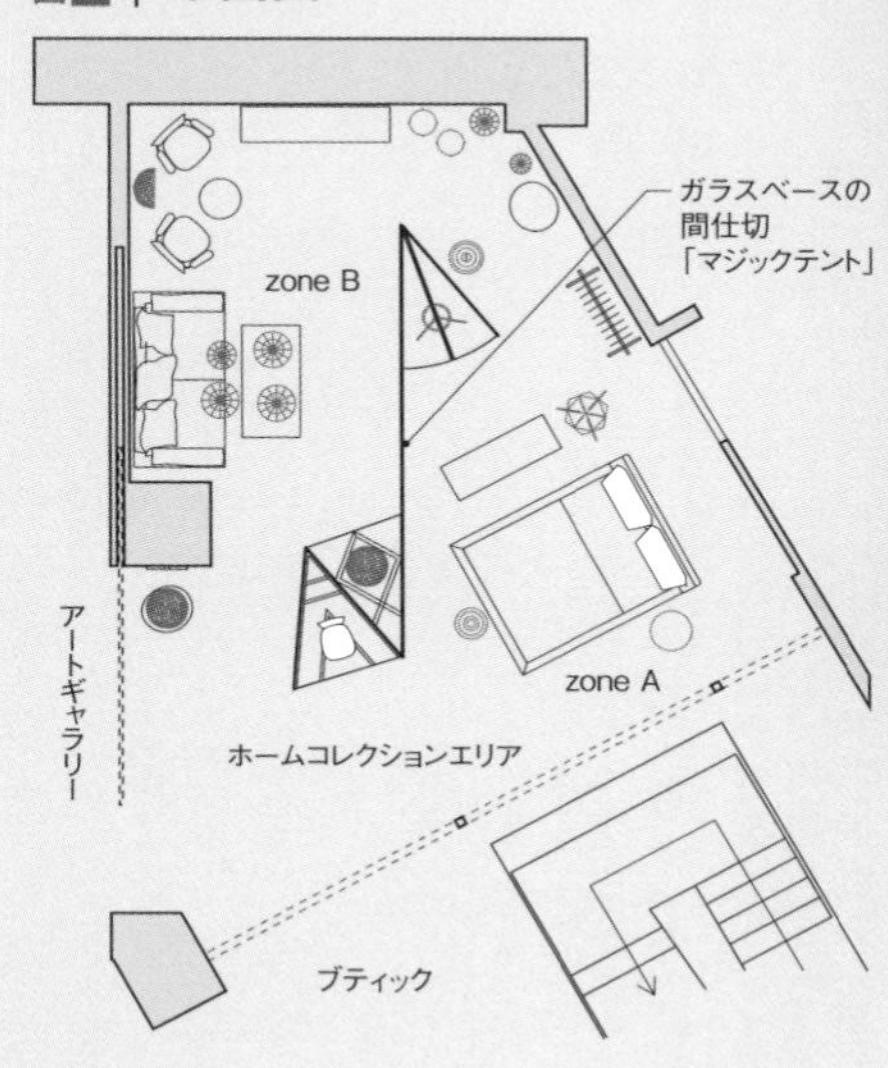

写真2 「zone B」側から見る「マジックテント」。高さ2.8mの大きな鏡によって、洋服を試着するように家具を自分に合わせてみたり、隣接するアートギャラリー作品が映り込んだり、ギャラリー作品をコーディネートの一部に取り込むことで、アートのある日常をも提案している。このパターンはサーカステントをイメージし、さながら、街にサーカスがやってきたような期待感、幕前の高揚感をつくり出している。人と空間のスケールを大事にしながら鏡像の視覚効果、商品の躍動感、浮遊感をつくる

事例：DIESEL渋谷店
写真：太田拓実

バーチカルブラインドの枠を見せない納まり

複数階をまたぐカーテンウォール状のサッシには、統一感のあるバーチカルブラインドを採用し、内外の風景をコントロールしている。ブラインドボックスが納まるようにサッシ内側に懐を設け、スラット上下を隠ぺいする。枠を見せないことで開口部のフレーム効果が格段に向上するほか、風景を象徴的にトリミングすることが可能になる。

［黒崎敏］

本棚：タモ練付け合板組み
OSCL黒色染色　艶消し

壁：石膏ボード㋐9.5＋12.5
寒冷紗パテしごきの上、AEP

手摺：St-PLφ34　SOP

床：複合フローリング㋐12
ウォルナットクリアオイル

図1 | 開口部断面図 [S=1:15]

ブラインド上部はボックスに入れ下部は床の外側に設置し、掃出しの印象をキープする

押縁：ST 32×32×㋐1.6（角出し）
上枠：ST L50×90×9 カット
水抜きパイプ：SUS P φ8×㋐1.0
ボルト：M8 L40@400
下枠：ST L-50×90×9
ナット：工場溶接
木製ブラインド：バーチカルブラインド
床見切：AL-L15×30
カバー：ST PL㋐1.2
ガセットプレート：ST PL㋐6
リブプレート：ST FB-6×50
水抜きパイプ：SUS P φ8×㋐1.0
押縁：ST PL㋐1.6
下枠：ST L150×90×9

3CL　3FL　2CL　2FL　1CL　CH=2,100　CH=2,610

アングルで枠を組んでフィンを前に出し、サッシ本体をセットバックさせることでエッジをつくり、シャープに見せる

図2 | 開口部平面図 [S=1:12]

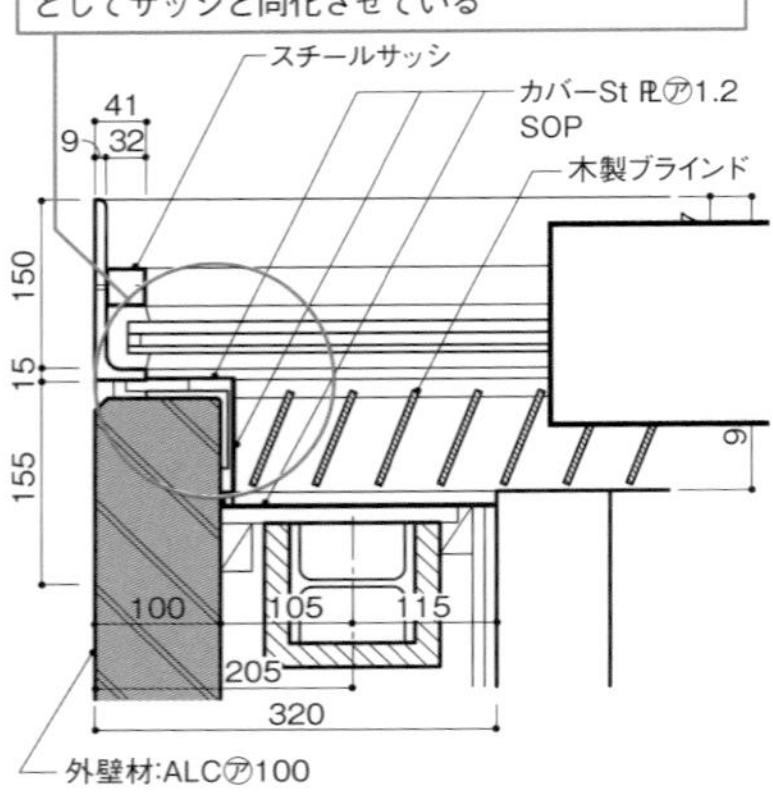

ファサードのスチールサッシによる大開口はカーテンウォール納まりとしている。これに合わせてバーチカルブラインドを設置。本来ガラス越しに透けて見える壁などを見せず、すっきりとした外観に見せている

構造梁を避けて掘り込むブラインドボックス

コンクリート打放しの天井面には、ブラインドを直付けするのではなく、ボックス状に躯体を掘り込むことでブラインドの存在を消している。収納時にスラットが重なるベネシャンブラインドに比べ、ロールブラインドはコンパクトに納まる。構造梁の位置が問題となるため、あらかじめ配筋を考慮し、床レベルと無理なく連続するよう計画をすることが必要となる。［黒崎敏］

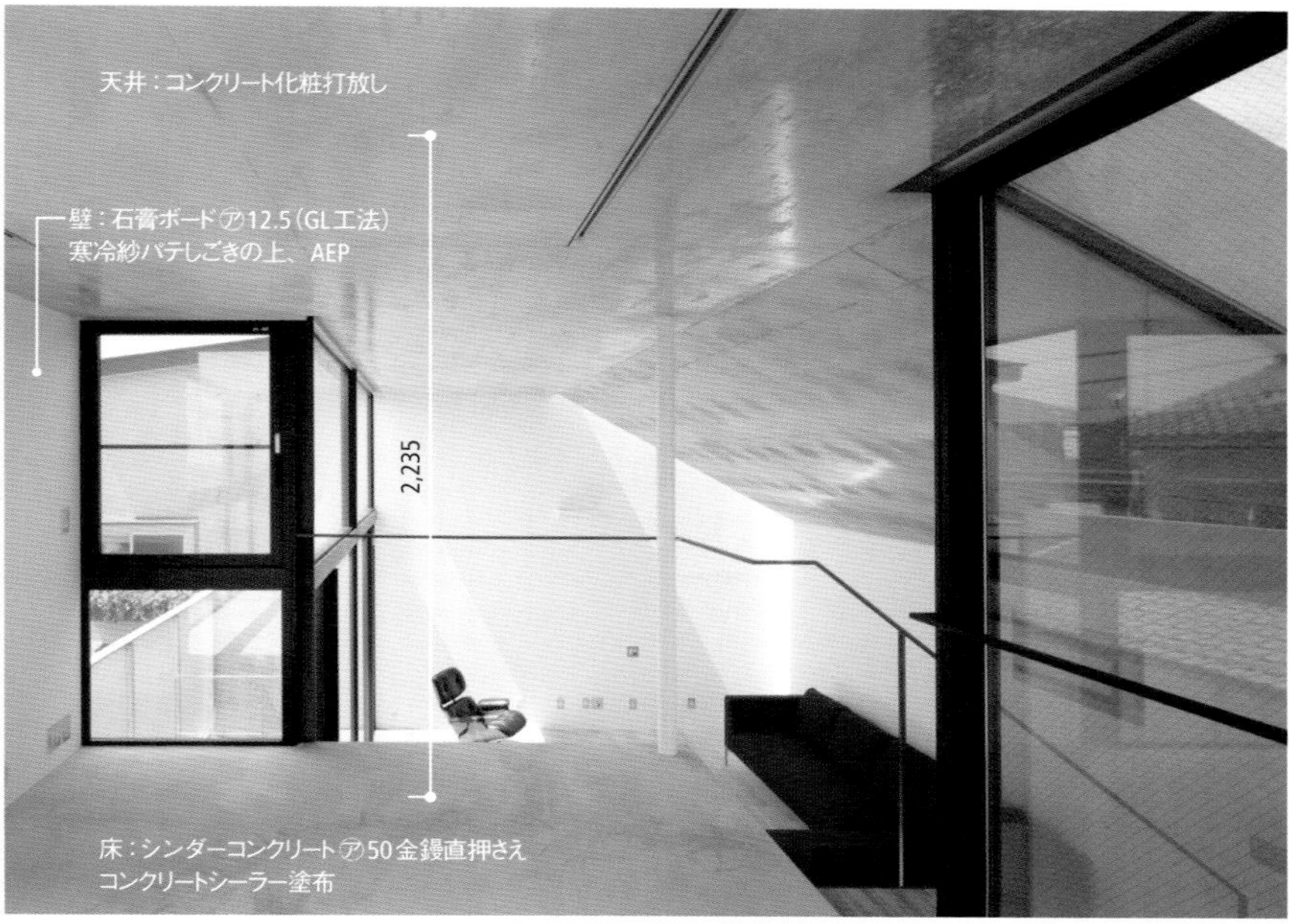

図 ｜ 開口部断面図［S＝1：15］

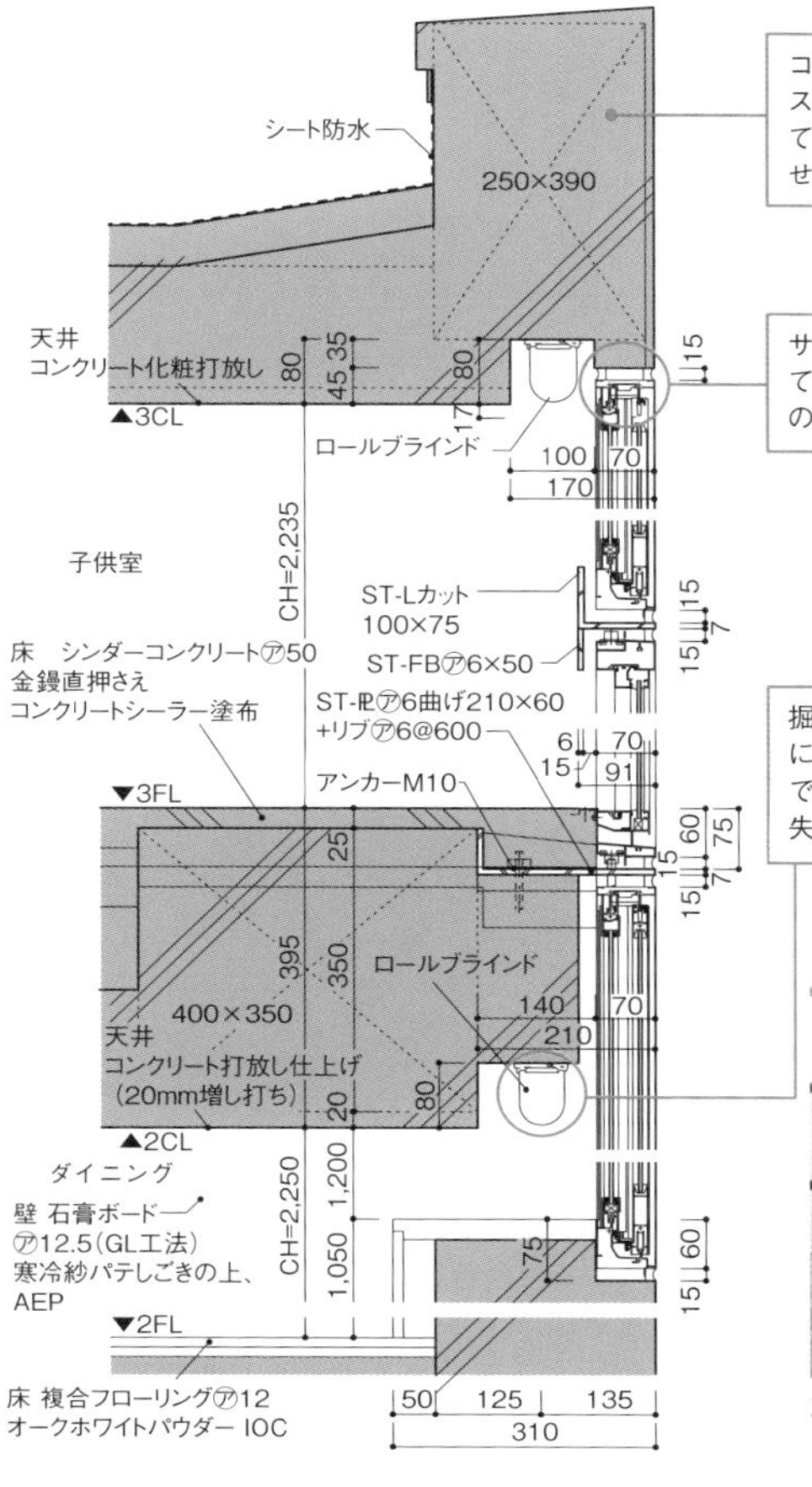

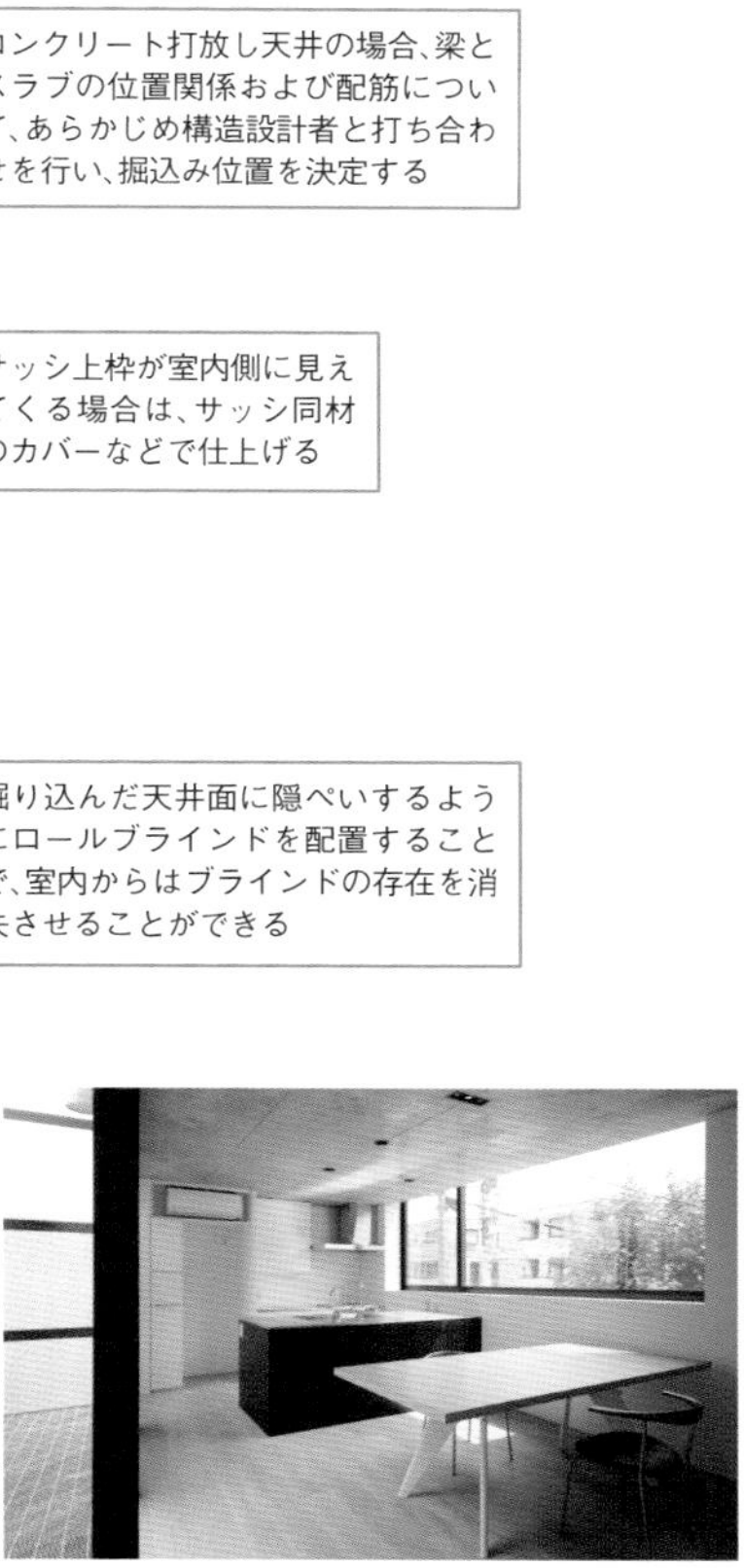

2階ダイニング。サッシ上枠とブラインドが室内からは見えない納まりになっている

横長連続窓に奥行きを生むブラインドボックス

空間を囲むように配された横長連続窓に、自然な立体感を生み、奥行きをもたせるという目的でブラインドボックスをデザインしている。天井付きの照明ではなく、照明ボックスを兼ねたこのボックス自体を光源の1つとすることで、夜間にはその存在感を消去させている。［竹内巌］

天井：強化石膏ボード㋐12.5の上、塗装
ボックスA
ボックスB
スティールサッシ
壁：強化石膏ボード㋐12.5の上、AEP
床：タイル張り㋐10

図1 ｜ 開口部詳細図

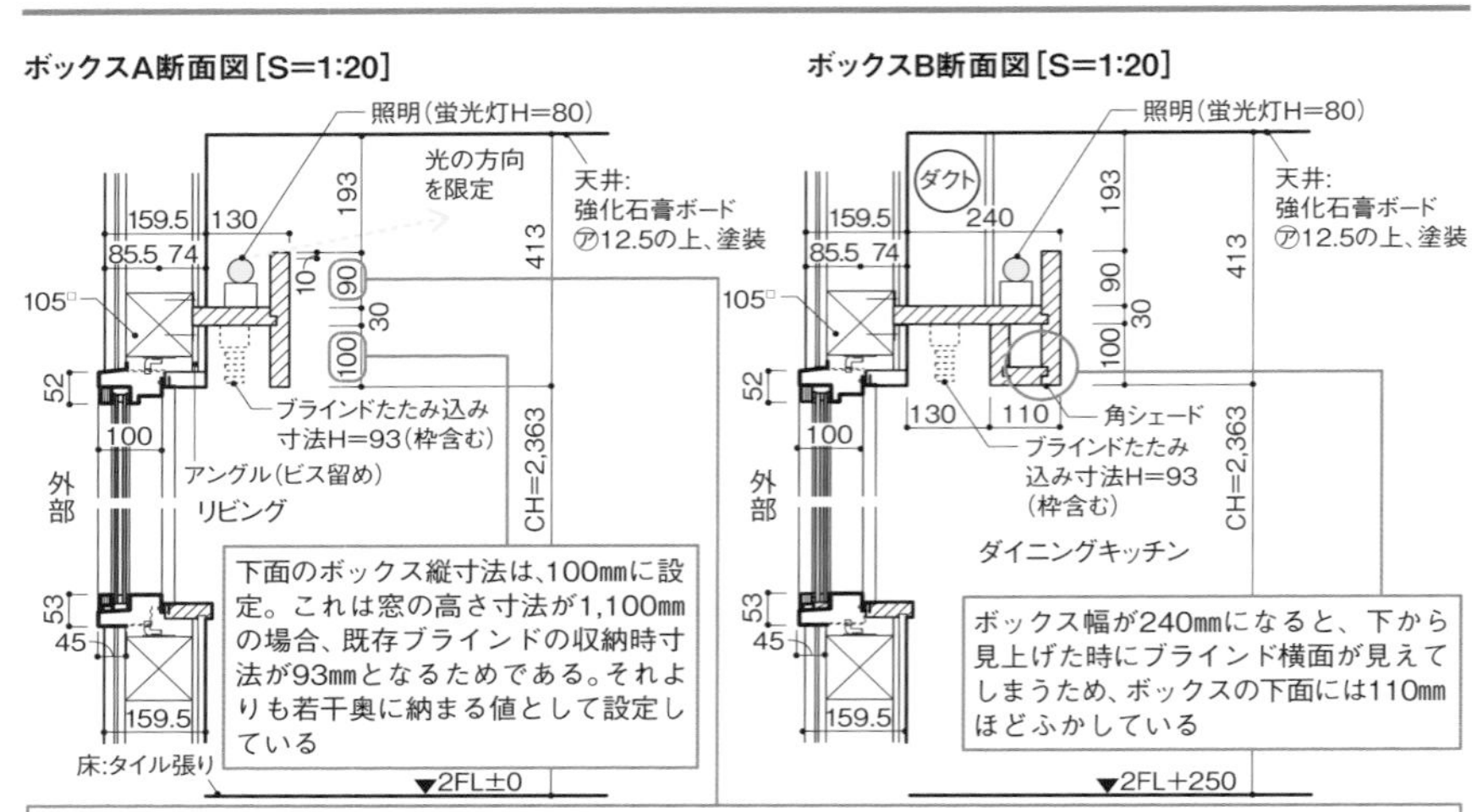

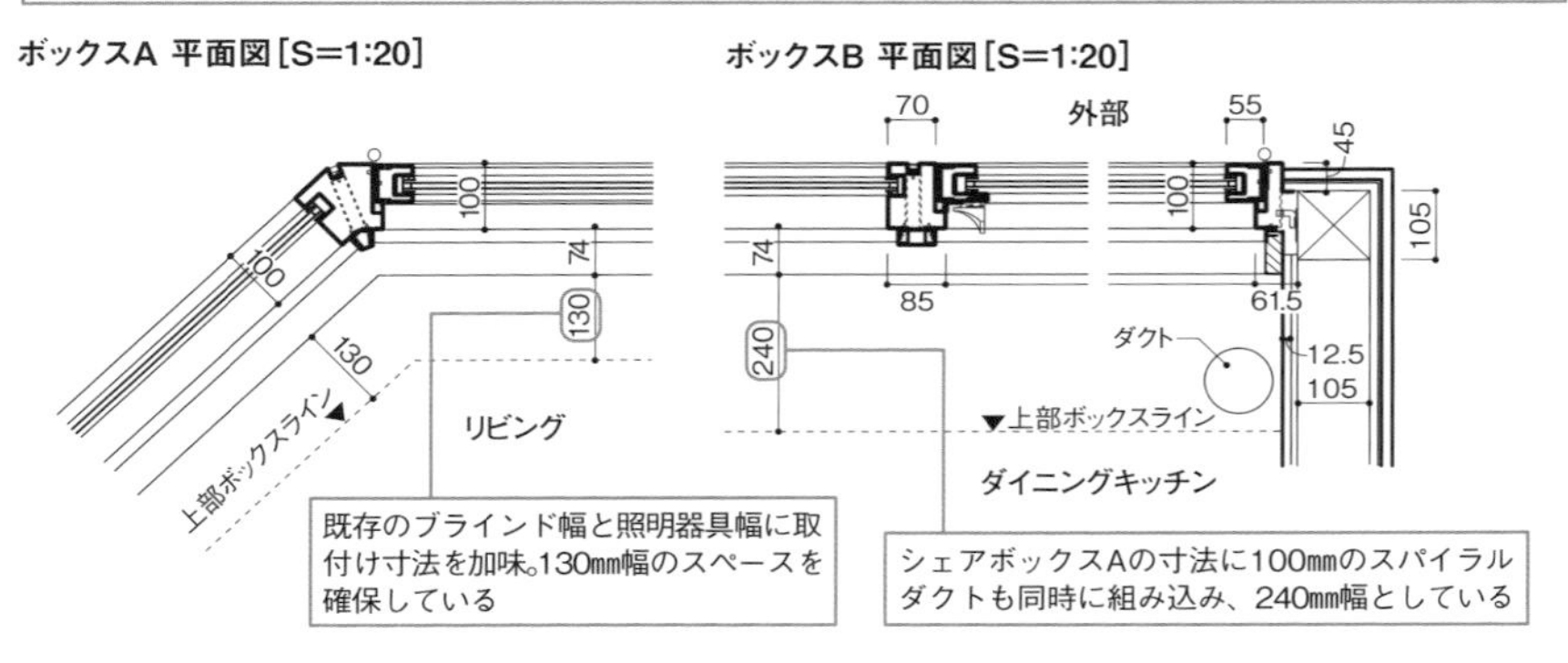

下り壁を利用してブラインドを納める

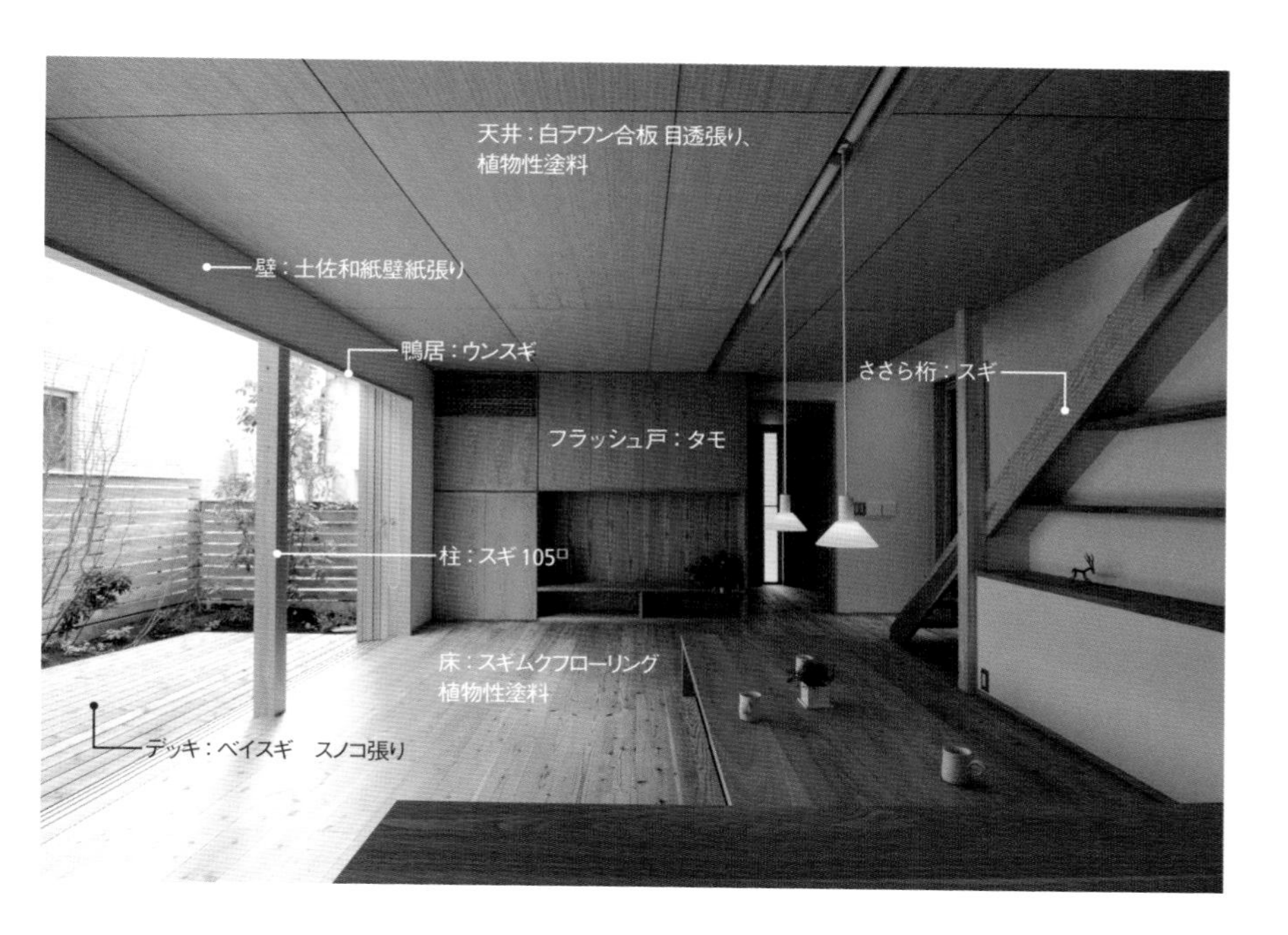

図 ｜ 開口部詳細［S＝1:10］

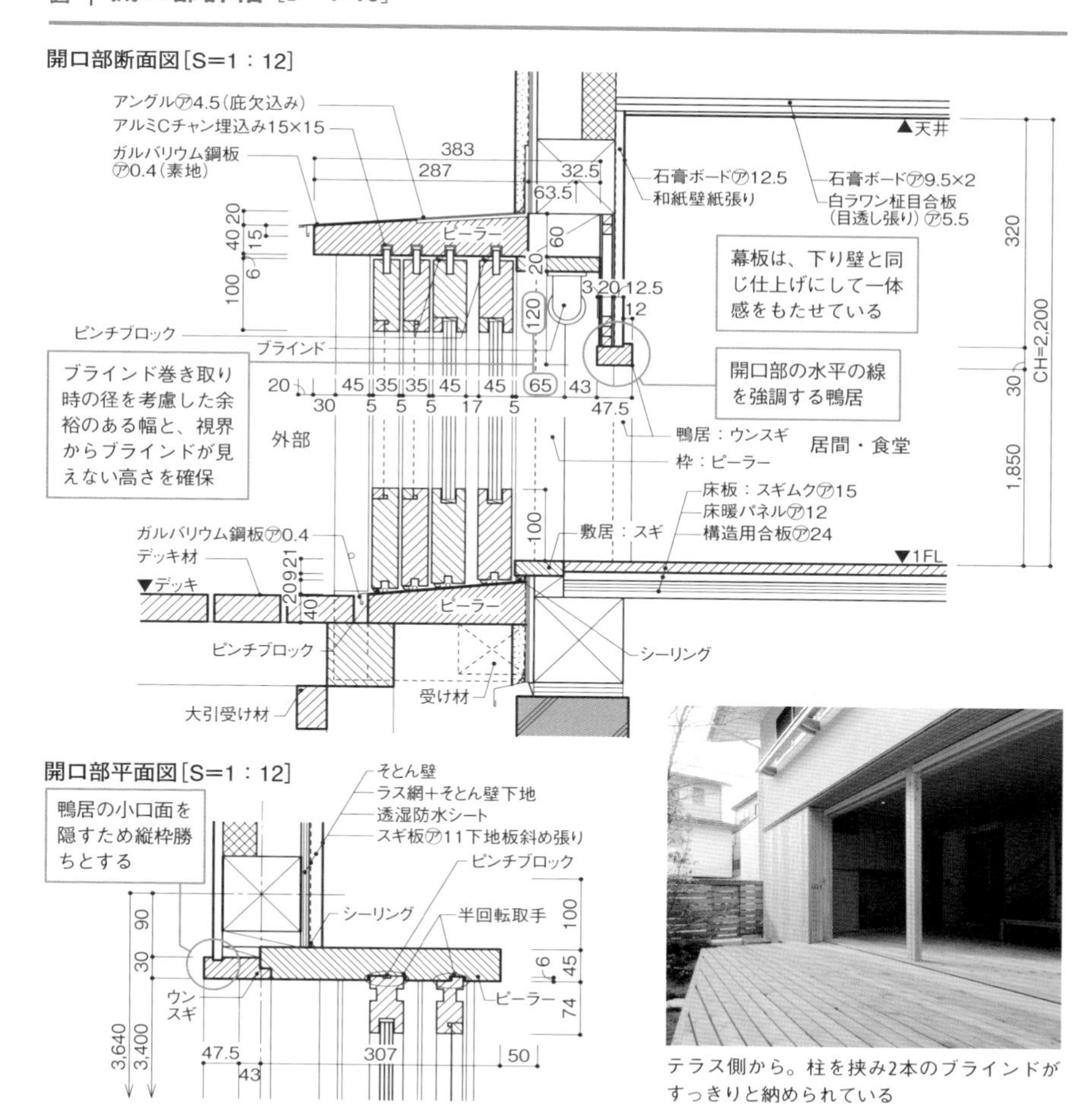

テラス側から。柱を挟み2本のブラインドがすっきりと納められている

開口部の輪郭はすっきりとシャープに表現したい。この事例ではシンプルな窓枠を3方にまわして窓のフォルムをかたどり、風景をほどよく切り取って室内に取り込む計画とした。ブラインドが窓の輪郭線を損わぬよう、下り壁からはねだした幕板でブラインドを隠し、存在を消している。

［加藤武志］

COLUMN

引き渡し前にキズが！ここまで直せる補修技術

「補修屋」というのは比較的新しい職種だが、施工者の間ではすでによく知られているのではないだろうか。住宅という「製品」としての品質への要求が高まってきた昨今、ハウスメーカーや工務店が手がける住宅建築現場でも、「補修工事」が1つの工程として定着しつつある。

　補修する傷には、1つとして同じものがない。それゆえ職人の知識・経験・技術によって、仕上がりには大きな差が出る。

　たとえば、典型的な補修対象であるフローリングでは、ムク、集成材、積層材の違いはもちろん、積層材のなかでもその面材がナラのように木目がはっきりした環孔材［写真1］とカバザクラのような散孔材とでは、仕上げの手法が異なる。さらに、同じ材質でも傷の状況により、使用する材料や手法は変わってくる。

　補修屋というと、材料を交換するなどして傷を手当てするだけというイメージがあるかもしれないが、実際には木目を描いたり、単色の造作家具や建具［写真2］、アルミサッシ、石材の色調整を行ったり［写真3］と、その作業内容は多岐にわたる。見た目のさまざまな不具合は、多くの場合、材料を交換することなく補修職人の技術で修正できる。

　もちろん、何でも完璧に直せるということではないが、あきらめる前に、一度補修屋に相談してみる価値はあるだろう。意外な好結果が得られることもあるので、ぜひ活用していただきたい。

［大河内四郎］

写真1　フローリング材に配管用の孔が残ってしまったケース。埋木を行い、エポキシパテを充填した後、平滑に削り木目を描く。スプレーで作業個所の保護と艶合わせを行って完了

写真2　新築物件の白い建具。白いエポキシパテで形をつくり、調色したカラーをエアブラシで部分的に吹き付ける。艶合わせも行って完了

写真3　外壁の石材の補修。耐候性が問題となるため、できるだけ着色を控えることがポイント。数色に調色したパテにテクスチュアをつけながら充填していく

写真4　タイルの角の欠けの補修。外部ではあるが、このケースでは補正的に着色を行っている

大開口に取り付けるロールブラインド

幅7m、高さ3mの大開口部。ロールブラインドを数本連続して取り付ける必要があった。眺望を損ねないよう、プルグリップタイプのロールブラインドを選択し、開口途中でチェーンが見えてしまうのを避けている。グリップも含めて納まるよう天井にボックスを掘り込めば、その存在をまったく感じさせない開口部を実現できる。

［小川晉一］

天井：石膏ボード㋐9.5パテしごきの上、EP
壁：石膏ボード㋐12.5パテしごきの上、EP
3,000
床：トラバーチン600□張り㋐16
撥水剤塗布

図 ｜ 開口部断面図［S＝1:80］

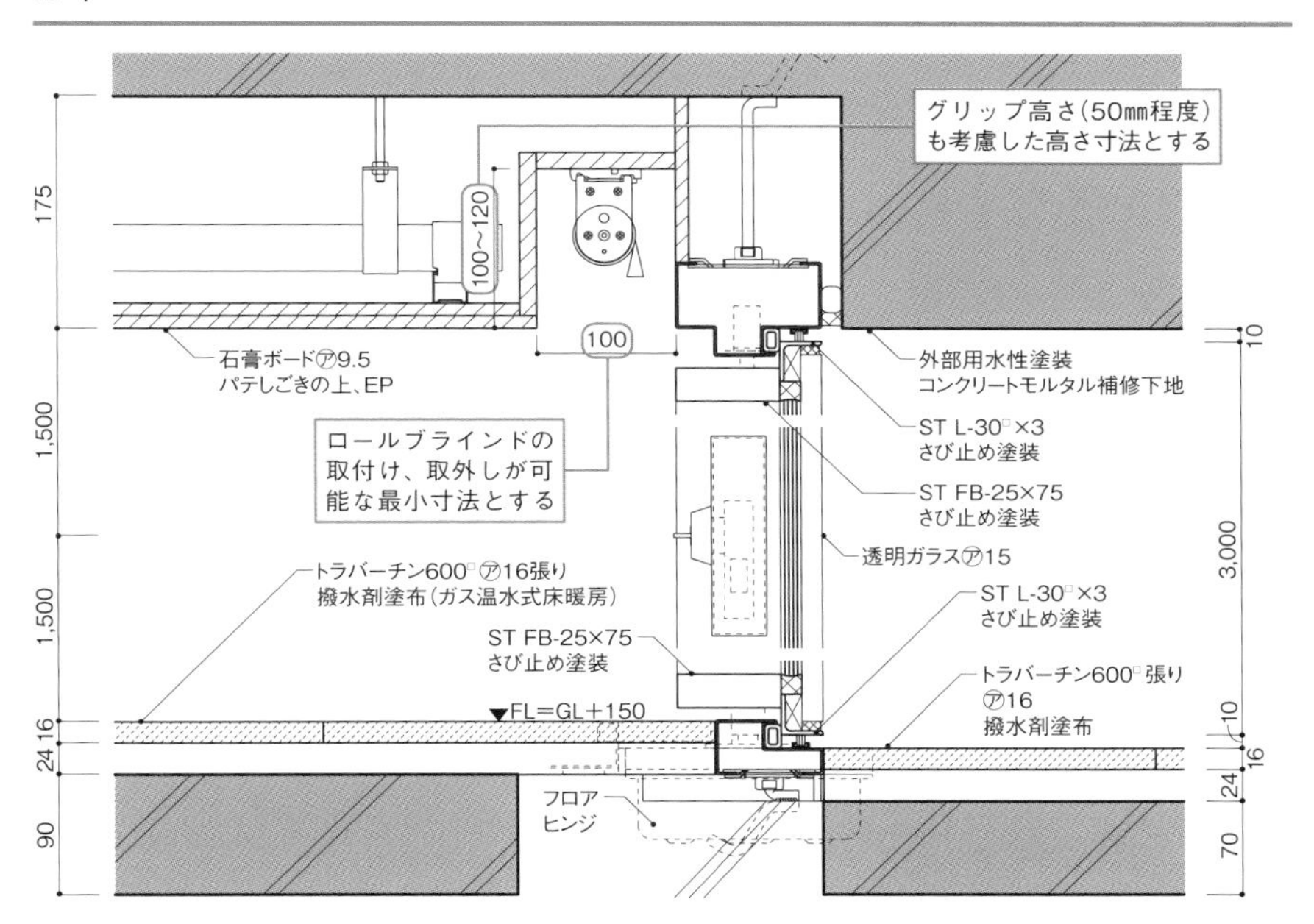

プルグリップタイプは、高さ3mまでは専用のフックバトンを使用して降ろすことが可能。3mを超える場合は、予算が許せば電動ロールスクリーンを選択する

間口一杯の開口部。ロールスクリーンは完全に存在を消している

LED・蛍光灯・白熱灯の特徴比較

近年普及が目覚ましいLED照明だが、従来光源にくらべて何が違うのだろうか。照明設計でLEDは、白熱灯や蛍光灯の器具に代わるものとしてとらえられてきている。しかし本来は、それぞれの光源の特徴を理解し、それらを踏まえた照明計画を立てるべきだ。ここでは、照明設計の前提となる知識、光源の特徴を改めて整理したい［表1］。

照明器具としてのLED

LED自体はそれほど新しい技術ではない。古くから機器の表示灯や信号灯などに用いられており1960年代には実用化されていた技術である。

近年照明器具としてLEDが使われるようになったのは、光量と色合いの点で、居住空間でもこれまでの光源と遜色のないレベルを実現できたからだ。特に青色LEDの登場により、光

表1｜光源の特徴

	LEDランプ		蛍光灯		白熱灯
	電球色	昼白色	電球色	昼白色	
イメージ					
光の質感・色味	やや赤みを帯び、柔らかい、温かみのある光。演色性も高い	青白く、太陽光のようなさわやかな光。演色性も高い	影ができにくく、フラットに見せる。やや赤みを帯び、柔らかい、温かみのある光	影ができにくく、フラットに見せる。青白く、太陽光のようなさわやかな光	陰影ができ、立体的に見せる。赤みを帯び、柔らかく、温かみのある光
平均演色評価数（Ra）［＊1］	Ra＝70〜80（ランプにより異なる）		Ra＝84（ランプにより異なる）		Ra＝100
演出効果	LEDは、蛍光灯や白熱灯と異なり紫外線や赤外線をほとんど含んでいない。このため美術品や生物など、熱や退色に弱い照射物にも使用できる		経済的な蛍光ランプでありながら、温かみのある光色で、落ち着いた雰囲気やくつろぎ感を演出	さわやかで活動的な雰囲気を演出。勉強や読書に適している	落ち着いた雰囲気で、くつろぎ感を演出。ムードを演出したり、料理をおいしく見せたりする効果がある
特性	・長寿命で省電力 ・器具のコンパクト化に大きく貢献 ・プレート状の素子（発光部）のため、従来の白熱ランプのように全方向へ光が出にくいが、最近は全方向型ランプや、フィラメントタイプのLED電球も開発され普及している		・白熱灯と違い、フラットな拡散光が得られるため、影ができにくい ・露出して使用しても、あまりまぶしくない	・フラットな拡散光を得られるため、影ができにくい ・露出して使用しても、あまりまぶしくない	・色の再現性に優れ、食卓や洗面室によく使われる ・点光源で輝度が高く、艶や立体感の表現に優れている ・陰影のある、彫りの深い空間を創出する
点灯	・スイッチを入れるとすぐに点灯 ・ON／OFFが頻繁に行われる場所やメンテナンスしにくい場所に向いている ・専用の調光器により調光可能なタイプも多い		・スイッチを入れてからフル点灯まで、やや時間がかかるものもある ・ON／OFFを頻繁に行う場所には、ランプ寿命を著しく消耗するためあまり向いていない ・調光器との併用はできない ・丸形蛍光灯には、段調光、連続調光が可能なものもある ・電球形蛍光灯は一部調光可能なランプもあるが、一般的には調光不可		・スイッチを入れるとすぐに点灯 ・廊下や階段など、滞留時間が短く、ON／OFFが頻繁に行われる場所に向いている ・調光器との併用で、調光がスムーズにできる
電気代［＊2］	6W≒39円（白熱灯の約1／10）		12W≒68円（白熱灯の約1／5）		60W≒389円
ランプの寿命	40,000h（白熱灯の約40倍）		8,000h（白熱灯の8倍）		1,000h
適した空間	リビング、ダイニング、寝室、和室、エクステリア、廊下、メンテナンスしにくい場所		リビング、ダイニング、寝室、和室、エクステリア	リビング、ダイニング、子ども部屋	階段、サニタリー、エクステリア、ダイニング、リビング

出典、写真提供：コイズミ照明

＊1：いかに基準光源による色彩を忠実に再現しているかを指数で表したもので、原則として100に近いほど演色性が良いと判断される。色温度の高低差により基準光が異なるため、色温度差のあるランプ間でRa値の比較はできない　＊2：8h／日使用として、1カ月の電気代（27円／kWh）

の三原色であるRGB（赤・緑・青）がそろい、白色LEDが誕生したことから、照明器具用LEDの製品化に一気にはずみがついた。

住宅用照明のLEDでは、白熱灯のような温かみのある電球色と、蛍光灯などにみられる白くさわやかな色合いの白色が代表的。そのほかに、LEDの制御性の利点を生かした「調色タイプ」というものもある。これは1つの器具や光源で、電球色から白色まで自由に色を変化させられるLEDである。

光源としてのLED

LEDを光源とする照明器具は、照明器具と光源が一体化しているタイプのものと、ランプが規格サイズのソケット型のものに分けられる。さらに一体型は、光源部分の構造によりパッケージ型とワンコア型［図1］に分けら

図1 光源でみるLEDの分類

	器具一体型	ソケット型
	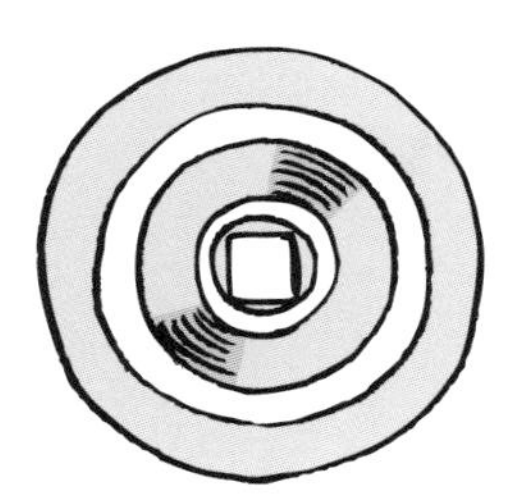	
メリット	・光源のLED基板から器具を設計できるので、照明器具自体の小型化や、より効率のよい放熱設計が可能 ・LED基板に合わせた反射板の設計により、各照明器具メーカーがより詳細な配光設計を行うことができる（より高品質な光が得られる）	・既存照明器具へのLEDランプ交換が可能 ・ランプ寿命が来ても、器具が使用可能であればランプのみの交換で済む
 デメリット	・例外もあるが、基本的にLEDの寿命が尽きた段階で、器具ごと交換が必要	・ソケットサイズが既存器具と一致しても、器具によってはLEDランプを取り付けられないこともある ・明るさや演色性の点で一体型よりも性能が劣る

器具一体型とソケット型は、それぞれにメリット・デメリットがあり、どちらが優れているという判断は、一概にはしにくい。ただし、ソケット型は容易にランプ交換ができるものの、照明器具本体にも寿命があることを忘れてはならない。照明器具を含む電気製品の耐年数は、電気用品安全法により40,000時間と定められている。これは、設置後約10年経つとソケットや電線などの電気絶縁物が経年劣化・熱劣化し、絶縁不良を起こしやすくなることで、発煙・発火・感電などが起こる可能性が高くなるからである。使用場所などにより条件は異なるが、LEDランプの寿命が来たときには、照明器具自体も危険な状態である可能性が高いのである

パッケージ型（従来タイプ）

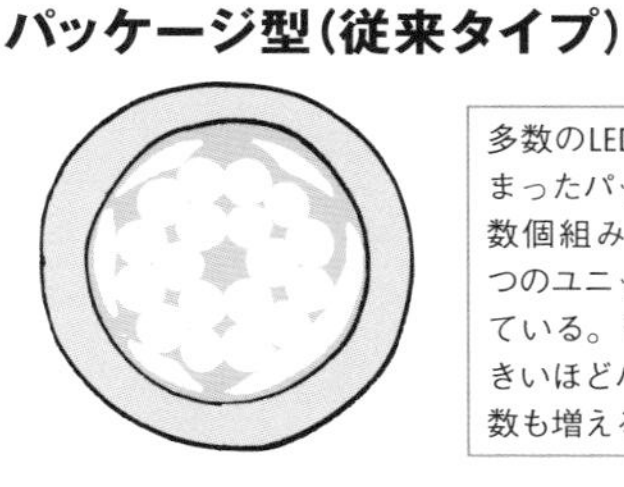

多数のLEDチップが集まったパッケージを複数個組み合わせて、1つのユニットを形成している。ワット数が大きいほどパッケージの数も増える

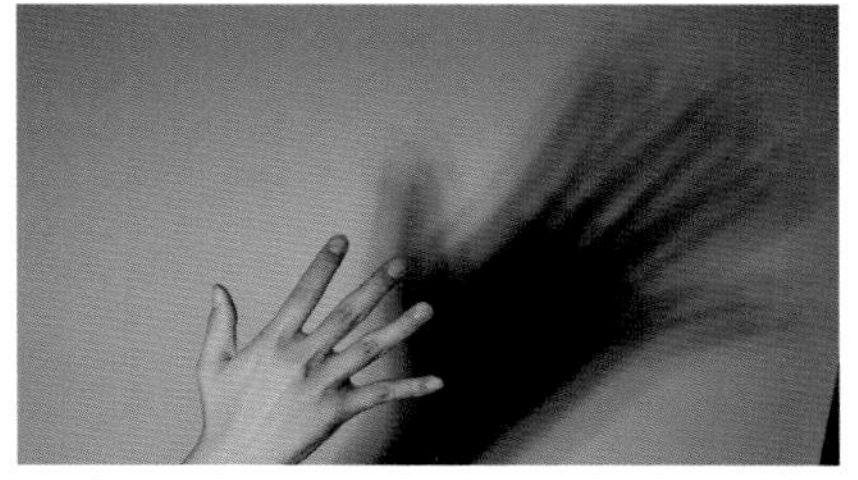

影が幾重にも出る
写真提供：パナソニック

集積型（ワンコアタイプ） 最近主流

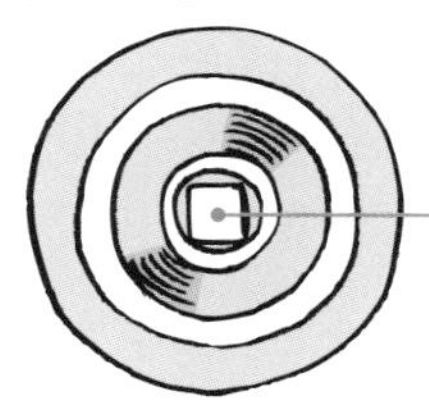

複数LEDチップを1つのユニットに集積 COBタイプとも呼ばれる

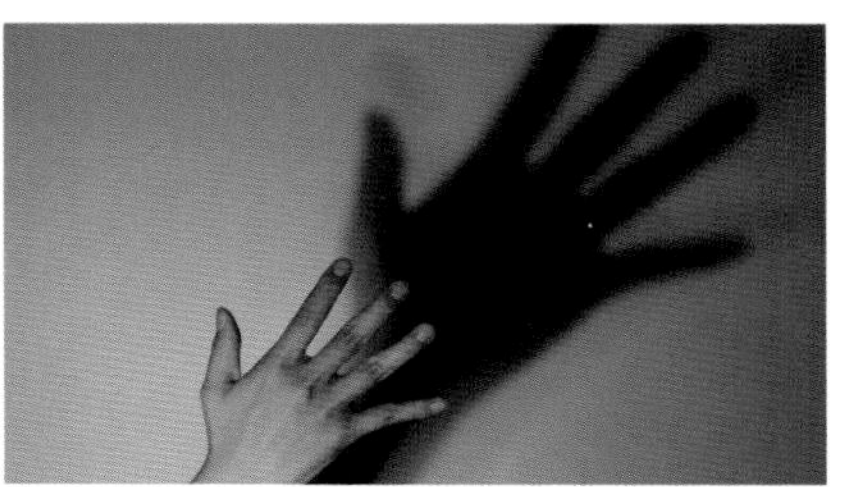

光が均一になり、影もクッキリする。ダウンライトで使う場合、天井を見上げたときに粒状感や違和感がない

イラスト：前田はんきち

表2｜電球形LEDランプと白熱電球の対応

形式	主な白熱電球	例
LDA	一般照明用電球（口金：E26）	
	小形一般照明用電球（口金：E17）	
LDC	シャンデリア電球	
LDG	ボール電球	
LDR	反射形電球／ビーム電球／レフランプ／投光用電球／ミラー付ハロゲン電球など	

E11口金　E17口金　E26口金
11㎜　17㎜　26㎜

出典：日本電球工業会

図2｜直管型LEDランプの新規格

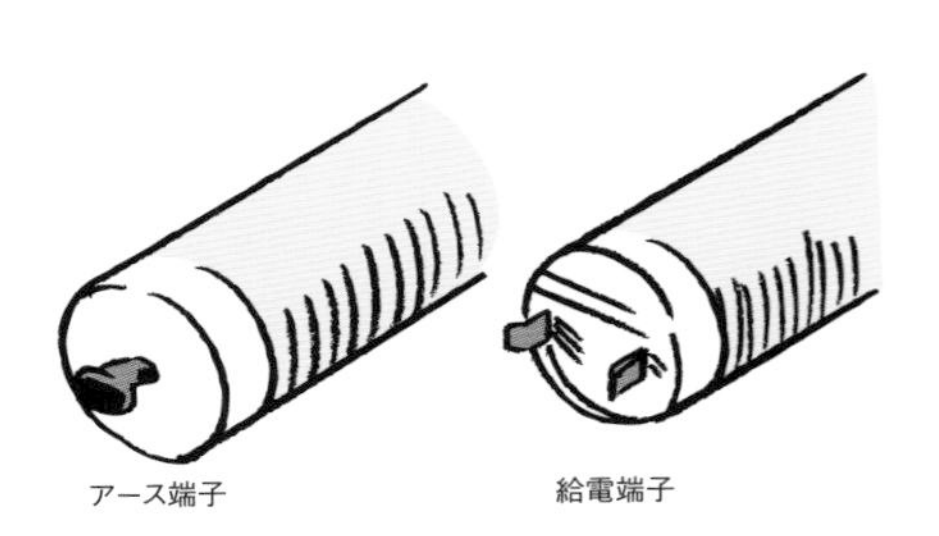

れる。

一般的なLED光源は、小さなLEDチップを集めて、光量の大きな照明器具としてつくられている。この場合、1つの照明器具から多数のLEDチップの光が出るため、光にムラや複数の影（マルチシャドウ）が出てしまう。そのため、住宅のように滞在時間の長い空間などでは、違和感のある照明空間となりがちであった。

一方、複数チップを集積したワンコア型（COB）照明器具が、現在は主流。物の影や壁の影の見え方に違いが出てくるため、特に住宅には、ワンコアタイプのLED照明器具のほうがお薦めだ。影だけでなく、ダウンライトなどでは天井を見上げた際に粒状感がない点も、従来の白熱灯に近い見え方なので、違和感がない。

注意！ 直管蛍光灯型LEDランプ

最近、オフィスや商業施設などで大量に使われている直管型蛍光灯にもLEDが登場している。ただし、既存の照明器具でランプのみを交換すれば節電できるという謳い文句が、さまざまな場面で誤解を招いている［表2］。

市場に多く出回っている直管型LEDランプには、既存の蛍光灯（FL、FLR、Hf）と同等の形状と口金のものが多い。しかし、従来の蛍光灯とLEDランプでは、そもそも発光の原理が異なる。

既存の蛍光灯は、点灯時に一時的に電圧を高めて放電する必要があるため、電圧を高めたうえで電流を安定させる「安定器」が付いている（直管型蛍光灯は照明器具の本体側に安定器があるため、外部からその存在が分かりにくい）。

一方、多くの直管型LEDランプは、棒状の光源部分に電源回路が組み込まれているため、既存器具の安定器は取り外して使用しなければならない。安定器が付いた本体に直管型LEDランプを取り付けると、安定器で高められた電圧によって回路が破壊

図3｜光色調整が自在のLED照明

白い色（昼光色）

夏場や朝方は涼しげな雰囲気を演出する昼光色

全灯（昼白色）

いきいきとした自然な光色

暖かい色（電球色）

冬場や夕方には暖かく、くつろげる雰囲気を演出する電球色

100%

普段（混色）

色濃度は6,500K〜3,000K、明るさは100%〜約5%の間で、好みの色を記憶することができる

約50%

約5%

され、点灯しなくなったり、過熱したりする恐れがある。安定器が電力を消費するため節電効果も小さい。

安定器の取外し作業は電気工事となるため、工事業者への依頼が必要となる。しかし量販店などでエンドユーザーが手軽にランプを購入し、安定器を取り外さずに使用してしまい、事故となるケースが相次いでいる。

原因の1つとして、直管型LEDランプはこれまで明確な規格がなく、電気用品安全法の対象にもなっていないなど、安全基準が明確に策定されていなかったことが指摘できる。これを受けて2010年10月に㈳日本電球工業会による規格（JEL801：2010）「L形口金付直管形LEDランプシステム（一般照明用）」が定められた［図2］。

光を操る

住宅照明にLEDが導入されて大きく変わったのは、明るさだけでなく、光の色も容易に変化させられるようになったことだ［図3］。

さらにIoT技術により、照明制御も飛躍的に変化した。スマートフォンや呼び掛けにより、オンオフや明るさ・色温度の変更も可能となり、外出先からでも照明制御ができる時代となっている。

［高橋翔］

写真提供：パナソニック

照明計画のTPO

多灯分散式は経済的な照明手法

最近一般的となってきた多灯分散方式の照明計画は、機能に応じて小ワット数の照明器具を分散配置する。必要な場所やシーンに合わせて照明をON／OFFできるため、部屋の中心にシーリングライトを取り付け、部屋全体を均一に明るくさせるというこれまでの1室1灯方式に比べ、無駄な照明を必要としない。多灯分散方式は経済的な手法といえる。

まずテレビとテーブルの位置を

リビングダイニングには家族が集まり団らんするだけでなく、ゲストを迎えたり、1人で読書をする場所となったり、ときには映画鑑賞の場となることもある。住宅のなかでも一番用途が明確でなく、使い手の生活スタイル次第でさまざまに変化する場所である。

リビングの照明計画で基準となるのはダイニングテーブルとテレビの位置。どちらも一度決めると頻繁に移動することが少ないからだ。食事の場には料理をおいしく見せられるだけの照明が必要だし、テレビの位置が決まっていればソファの配置など、人の集まるエリアも想定できる。まずはここから室内全体の照明空間を考えていこう。

ダイニングテーブルの位置を決めたら、照明の配置と演色性、組み合わせを検討する。

1．照明の位置

テーブルに対する照明をどこに配置するかによって、空間全体の雰囲気は大きく変わる。

テーブル配置が決まっている場合は、ダウンライトやペンダントライトを利用するのがよい［図1］。

2．演色性

料理をおいしく見せるため、光源には、高演色タイプのRa90以上の電球色LEDを選択するとよい。

ただし、LED照明は演色性や色温度が同じでもメーカーにより若干の違いがあるため、サンプルや照明メーカーのショールームなどで一度確認しておくことを勧める。

3．組み合わせ

食卓のみを明るくしても、快適な空間とはならない。レストランでの食事が楽しいのは、その場の雰囲気が食事を楽しめる空間として全体でコーディネートされているからだ。住宅でも、たとえばダイニングに続くリビングの照明を、食事の際にバランスよく調整すれば、食卓の雰囲気がより華やかになる。

リビングの多灯分散照明に便利な方法として、以下の要素の組み合わせが効果的である［図2］。

①壁面を明るくするスポットライトやダウンライト
②天井面を明るく照らすアッパーライトや間接照明
③低い位置を照らすテーブルライト

これらの照明を組み合わせるとともに、各場所を調光できるようにしておく。こうすることで、照明の強弱バラ

図1｜ダイニングの照明位置

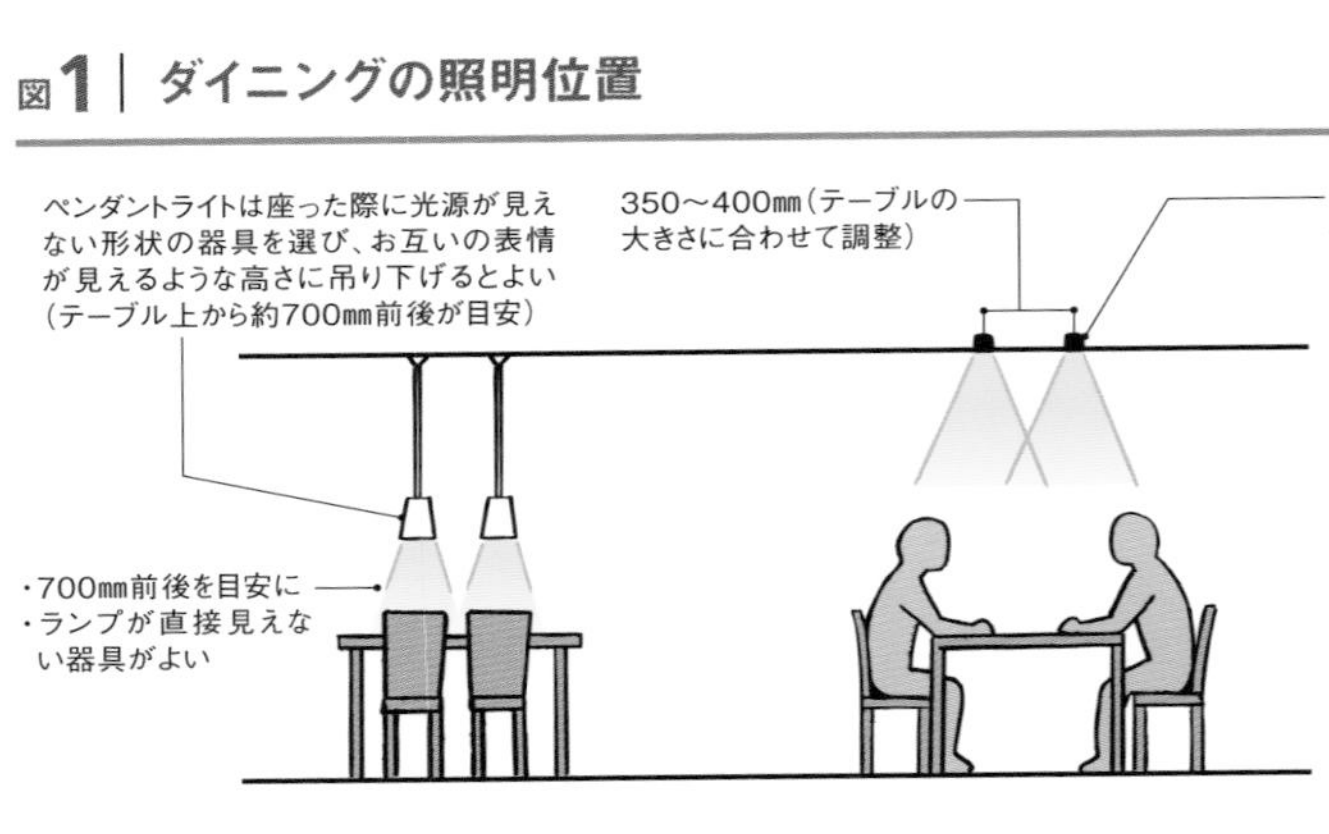

ンスをシーンに合わせて調整できるため、より雰囲気のある空間を演出できる。また、現在は調光に加え1つの照明器具で電球色～昼光色程度までの色温度を自由に変化させる「調色」機能を持った器具も多数あるので、ライフスタイルに合わせて組み合わせるのも効果的だ。[※]

家具との関係性もポイント

リビングでは、家具と照明の位置関係も重要なポイントとなる。

平面上で照明計画していると、実際に家具や家電が入ったときに失敗するおそれがある。具体的な例として、以下のようなケースが考えられる。

・壁付けのスポットを取り付ける場合、TVの後ろに取り付けると、座る位置から光源が見えてしまいまぶしい［図3］

・背の高い家具が来ることを想定しないで、壁面に固定形の照明器具を取り付けてしまう［図3］

・エアコンとダウンライトが近く、エアコンを照らしてしまう。または、ブラケットの上部に光が出る器具でエアコンを照らしている［図3］

このように、造作家具を取り入れる場合には、照明も一体で考えるべきだ。照明器具後付けでは、どうしても器具の存在感が出すぎることが多いが、造作家具がある場合、照明を家具の中に組み込めるので、同時に検討しておくと意匠上有利になる［図4］。

［高橋翔］

図2｜食事をおいしくする照明空間

天井、壁、床面に近い部分で、光を点在させるように3カ所程度光を分散させると、目線が1個所に留まらず、奥行き感のある配置になる

食卓でペンダントライトを使用する場合、器具によっては光が天井方向に出ないものもある。建築化照明やフロアスタンドなど、天井に向けた間接光を併用することで、食卓にメインとなる明かりがありながら、周辺はほどよく雰囲気のある空間になる

壁面に絵画などを飾る場合は、ユニバーサルダウンライトやライティングレールを取付けたうえでのスポットライトを入れるとよい（壁面にポイント的に光を当てることでメリハリをつくる）

ソファテーブルやTVボードなどの上に小ぶりのテーブルライトを置き、目線を下に降ろす光を設置すると、落ち着いた雰囲気をつくりやすい

図4｜造作家具に照明を仕込む

天井の反射も注意（床と同様）

200㎜以上は確保したい

器具と同等の高さで目隠し

ランプが見えない程度に

背面を明るくすると、前に置いたものがシルエットとして浮かび上がる

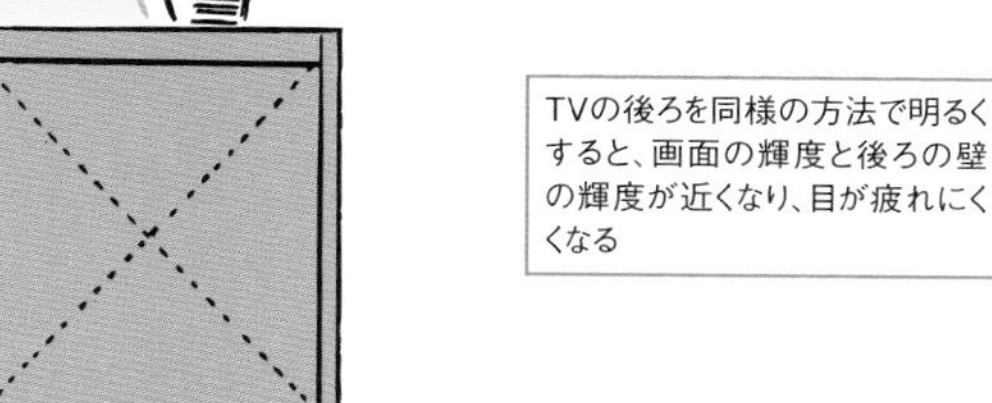

TVの後ろを同様の方法で明るくすると、画面の輝度と後ろの壁の輝度が近くなり、目が疲れにくくなる

床材の反射も考慮する。反射が強いものだとランプが見えてしまう

図3｜残念な照明位置

まぶしい!

TVやソファの位置など、人の居場所を考える

高い家具で影になる……

家具の位置（高さ）を考える

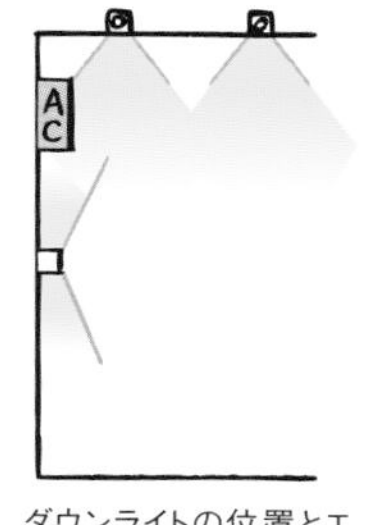

ダウンライトの位置とエアコンの関係を考える

イラスト：前田はんきち

※：例えば子どもの勉強をダイニングテーブルでしたい場合、食事時には電球色がふさわしくても、勉強には白色の光の方が良いなど、同じ場で使うシーンが異なる場合に最適である

家具設計の「ラインコントロール」

図1 ｜ ラインをそろえるまでの流れ

1. 家具に収納したいものを把握する

↓

2. その収納物の出し入れに適しているのは開き扉なのか引出しなのか、ほかの方法なのかを検討する

↓

3. 家具が納まる場所に建築的な障害(梁・下がり天井など)がないかを確認する

↓

4. 1〜3までの内容を考慮して全体の箱割を考える

↓

5. 扉の横と縦のラインをそろえることを意識して割り付ける

「ラインをそろえる」とはいえ、最初からラインをそろえることだけに意識が向かうと、家具の機能性がおろそかになる。収納したいもの、必要な機能をまず押さえ、最後に無駄を落としてラインをそろえる。もちろん、途中の段階でもラインを意識はするが、きっちりそろえるのは最後で構わない

写真1　扉のラインを横につなげ、アルミの取手をアクセントに使うことで、横方向への広がりを意識させる

写真2　横につながる引出しのラインをそろえることで、空間に広がりを与える

ラインをそろえる

部屋の中で存在感を放つ造作家具は、機能だけではなくデザインも十分に検討したい。そのためには扉やカウンター、箱のラインをそろえることが大切である。

家具を設置すればその分面積が減る。場合によっては、家具が圧迫感を与えることもある。しかし扉やカウンターなどのラインをそろえることで空間にリズムを与え、広く感じさせることもできる［**図1**、**写真1〜3**］。

また、ラインのそろえ方として、手持ちの家具などに合わせる方法もある。たとえばダイニングに設置する家具ならば、ダイニングテーブルやキッチンカウンターに高さを合わせる［**写**

写真3　右上の梁形をサイズ決めのポイントとした

図2 | 食器棚に見るラインコントロール

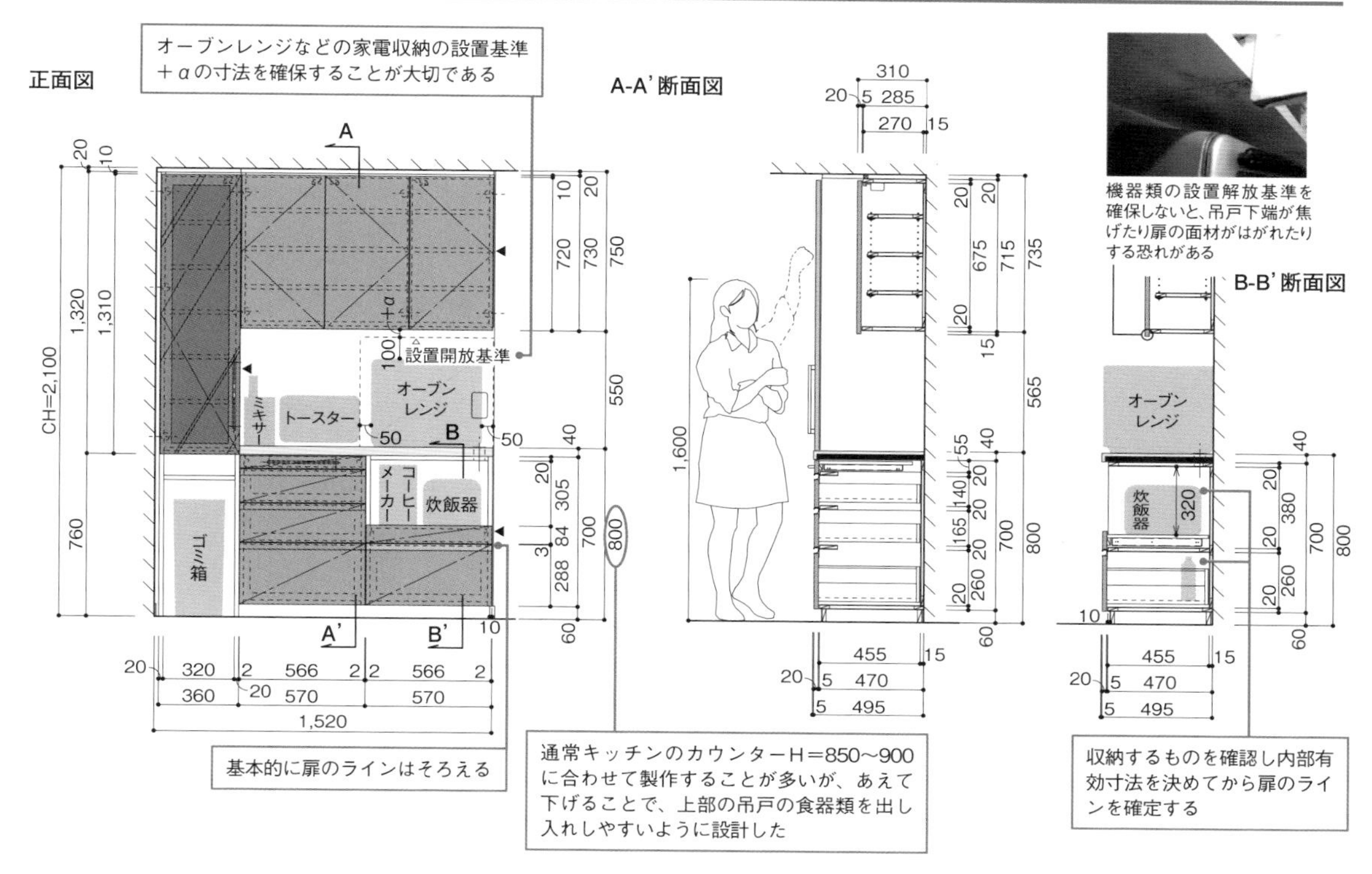

真4・5］。素材も合わせれば、さらに広がりを感じさせることもできる。

ラインをそろえない

ここまでは、ラインをそろえることを基本としてきたが、逆にラインをそろえずに線を整える方法もある。

たとえば食器棚（ここでは吊戸と下台が分かれているタイプを想定する）。食器棚のカウンターの高さは、既存のキッチンカウンターの高さにそろえるのが一般的である。食器棚のカウンターには電子レンジなどを置くが、ここでは家電機器類の設置開放基準寸法を守ることが必要になる（取扱説明書に明記してある）。たとえば、高さ45㎝の電子レンジで上方の設置開放基準が15㎝とあれば、45＋15＝60㎝の高さが必要になる。キッチンの高さが85㎝と仮定すると、吊戸の下端までは85＋60＝145㎝となる。ここで、あえてカウンターの高さをそろえずに食器棚のほうを5㎝低くしてみる。そして電子レンジも、高さが5㎝小さいものを選択すれば、吊戸の下端まで135㎝となり、合計で10㎝下がる。これで小柄な女性でも手が届きやすくなるのである［図2］。毎日使うものだからこそ、あえて高さをそろえず使い勝手を優先することも検討したい。

［増田憲一］

写真4 ダイニングテーブルとカウンター収納の天端を合わせた。ある部分の高さをそろえることでダイニングの空間につながりが生まれる

写真5 写真左側の既存カウンターのライン（丸部分）と壁面収納のカウンターラインを合わせてデザインした

COLUMN

今さら聞けない家具設計に役立つ色使いのテクニック

シンプルすぎる空間を設計してしまうと、色使いが「木の色と白」のみになり、つまらない禁欲的なインテリアになってしまうことがある。色は、2色以上あって初めて「配色された」ことになるからだ。無彩色である白は色の数には入れないので、「木の色と白」の空間は、配色されたとはいいがたいということになる。

専門的には、色の数は500万以上ある。色の使い方を知って美しく配色することで、豊かな空間にしたいものである。インテリアは小難しいものではなく、美しくて楽しいものである。その第一歩として、トーンという考え方を活用したい。

トーン

色の識別は正確には色相、明度、彩度という3属性によって行われる。通常は色の明度の高低、彩度の強弱を1つにまとめたトーン(色調)の考え方で把握する[図1・2]。各色相とも「明・暗」「派手・地味」といった色の調子が共通してあり、これをトーンと呼んでいる。トーンは、明度と彩度で決まる。

色の感じ方

すべての色は、それぞれの色相によってさまざまなイメージをもっている。色相によるイメージは、「ビビッド」「ブライト」のように彩度が高くなると先鋭化してくるが、低いものについてはその差異を感じにくくなる。

色相のほか、色には「明るい」「陽気な」といったトーンによるイメージもある。彩度の低いトーンでは、色相よりもトーン全体のイメージが支配的になる。

「ビビッドトーン」の赤は、活動的で情熱や喜びを感じさせるが、「ペールトーン」の赤である「ベビーピンク」は、ペールトーン共通の特徴であるソフトさ、

表1｜色相によるイメージ

色名	イメージ
赤	活動的、情熱、歓喜、興奮、革命、緊張
橙	喜び、活発、元気、はしゃぎ、あたたかい
黄	明るい、楽しい、上機嫌、陽気、明朗、元気
緑	若々しい、新鮮、有望、平静、安らぎ
青	落着き、涼しさ、淋しさ、誠実、深遠
紫	神秘、高貴、女性的、非日常的
白	純粋、公明、無邪気、清潔、フォーマル
灰	地味、落着き、憂うつ、衰れ、薄暗い、あいまい
黒	フォーマル、不安、死、陰うつ

表2｜トーンによるイメージ

ペール(薄い)	ライト(浅い)	ブライト(明るい)	ソフト(やわらかい)	ストロング(強い)	ビビッド(冴えた)	ディープ(濃い)	ダル(鈍い)	ライトグレイッシュ(明るい灰みの)	グレイッシュ(灰み)	ダーク(暗い)
明るい	あっさりした	若々しい	穏やかな	はっきりした	生き生きした	落ち着いた	穏やかな	おとなしい	地味な	地味な
クールな	簡潔な	陽気な	明るい	派手な	派手な	円熟した	弱い	弱い	落ち着いた	重々しい
清らかな	かわいい	明るい			華やかな	深みのある	ぼんやりした	消極的な	良質な	深みのある
さわやかな	穏やかな	近代的な			陽気な	充実した	静かな	あっさりした	弱い	丈夫な
澄んだ	おとなしい	晴れやかな			自由な	濃厚な	地味な	優雅な	消極的な	暗い
ロマンチックな	明るい	健康的な			あざやかな	伝統的な		上品な	おとなしい	充実した
甘美な	さわやかな	楽しい			動的な			洗練された	にごった	男性的な
幸福な	楽しい				積極的な				渋い	老いた

図1｜トーンと色相の分布

最も明るい	W	白 white
明るい	Gy-8.5	ライトグレー light gray
	Gy-7.5	ライトグレー light gray
やや明るい	Gy-6.5	ミディアムグレー medium gray
中くらい	Gy-5.5	ミディアムグレー medium gray
やや暗い	Gy-4.5	ミディアムグレー medium gray
暗い	Gy-3.5	ダークグレー dark gray
	Gy-2.5	ダークグレー dark gray
最も暗い	BK	黒 black

トーン＼色相	2・R 赤	4・rO 赤みのオレンジ	6・yO 黄みのオレンジ	8・Y 黄	10・YG 黄緑	12・G 緑	14・BG 青緑	16・gB 緑みの青	18・B 青	20・V 青紫	22・P 紫	24・RP 赤紫
(p) ペール	うすいピンク / ベビーピンク	うすい黄みのピンク / シェルピンク	うすいベージュ / 砥粉色	うすい黄 / クリーム	うすい黄緑 / ホワイトリリー	うすい緑 / 白緑	うすい青みの緑 / 淡水色	うすい緑みのスカイ / 薄水色	うすいスカイ / ベビーブルー	うすいラベンダー / 淡藤色	うすいライテック / 淡紅藤	うすい紫みのピンク / 一斥染
(lt) ライト	ピンク / とき色	黄みのピンク / ピーチ	あさい黄みのオレンジ / とうもろこし色	あさい黄 / 黄水仙	あさい黄緑 / 若苗色	あさい緑 / 浅緑	あさい青緑 / 薄浅忽	緑みのスカイ / 水色	スカイ / 空色	あさい青紫 / 藤色	あさい紫 / 紅藤色	紫みのピンク / 薄紅
(b) ブライト	明るい赤 / ゼラニウム	明るい赤みのオレンジ / さんご色	明るい黄みのオレンジ / 卵色	明るい黄 / カナリヤ色	明るい黄緑 / シャトルルーズグリーン	明るい緑 / コバルトグリーン	明るい青緑 / 水浅忽	明るい緑みの青 / 新橋色	明るい青 / 露草色	明るい青紫 / 藤紫	明るい紫 / 若紫	明るい赤紫 / つつじ色
(v) ビビッド	さえた赤 / 赤	さえた赤みのオレンジ / 朱色	さえた黄みのオレンジ / 柑子色	さえた黄 / たんぽぽ色	さえた黄緑 / 若草色	さえた緑 / エメラルドグリーン	さえた青緑 / ピーコックグリーン	さえた緑みの青 / シアンブルー	さえた青 / コバルトブルー	さえた青紫 / 桔梗色	さえた紫 / モーブ	さえた赤紫 / マゼンダ
(dp) ディープ	こい赤 / 茜色	こい赤みのオレンジ / 蒲色	ブラウンみのゴールド / 金茶色	こい黄 / 芥子色	こい黄緑 / 草色	こい緑 / 深緑	こい青緑 / 小鴨色	こい緑みの青 / マリンブルー	こい青 / 濃藍色	こい青紫 / すみれ色	こい紫 / ロイヤルパープル	こい赤紫 / ラズベリーレッド
(dk) ダーク	くらい赤 / 海老茶色	くらい赤みのブラウン / 代赭色	くらい黄みのブラウン / 栗皮色	オリーブ / 鶯茶	オリーブグリーン / 海松色	くらい緑 / 千歳緑	くらい青緑 / 海松藍色	くらい緑みの青 / 鉄紺	くらい青 / ネイビーブルー	くらい青紫 / 葡萄色	くらい紫 / 桑の実色	くらい赤紫 / 葡萄酒色
(g) グレイッシュ	灰みの赤 / ローズブラウン	灰みのブラウン / とび色	灰みのブラウン / 朽葉色	灰みのオリーブ / オリーブドラブ	灰みのオリーブグリーン / 老緑	灰みの緑 / スレートグリーン	灰みの緑 / 納戸ねず	灰みの青 / 藍ねず	灰みの青 / 紺ねず	灰みの青紫 / 葡萄ねず	灰みの紫 / けし紫	灰みの赤紫 / 牡丹ねず
(d) ダル	にぶい赤 / 小豆色	あさい赤みの茶 / 肉桂色	あさい黄みのブラウン / 小麦色	にぶい黄 / 菜種油色	にぶい黄緑 / 苔色	にぶい緑 / 緑青	にぶい青緑 / 錆浅葱	にぶい緑みの青 / 納戸色	にぶい青 / はなだ色	にぶい青紫 / 藤納戸	にぶい紫 / 古代紫	にぶい赤紫 / 梅紫
(ltg) ライトグレイッシュ	灰みのピンク / ローズダスト	ピンクみのベージュ / 香色	ベージュ / サンドベージュ	灰みの黄 / 枯草色	灰みの黄緑 / 柳茶	明るい灰みの緑 / 裏葉色	明るい灰みの緑 / 錆青磁	明るい灰みの青 / 千草ねず	灰みのスカイ / スモークブルー	明るい灰みのバイオレット / 鳩羽ねず	明るい灰みの紫 / ライラックヘイズィ	灰みのピンク / 梅ねず

やさしさを感じさせる。

色使いについて、設計するうえで大切なのは、「優雅で上品なインテリア空間にするためにライトグレイッシュトーンを中心に配色する」などと、根拠をもって配色することである。

図2｜トーンの分布と名称

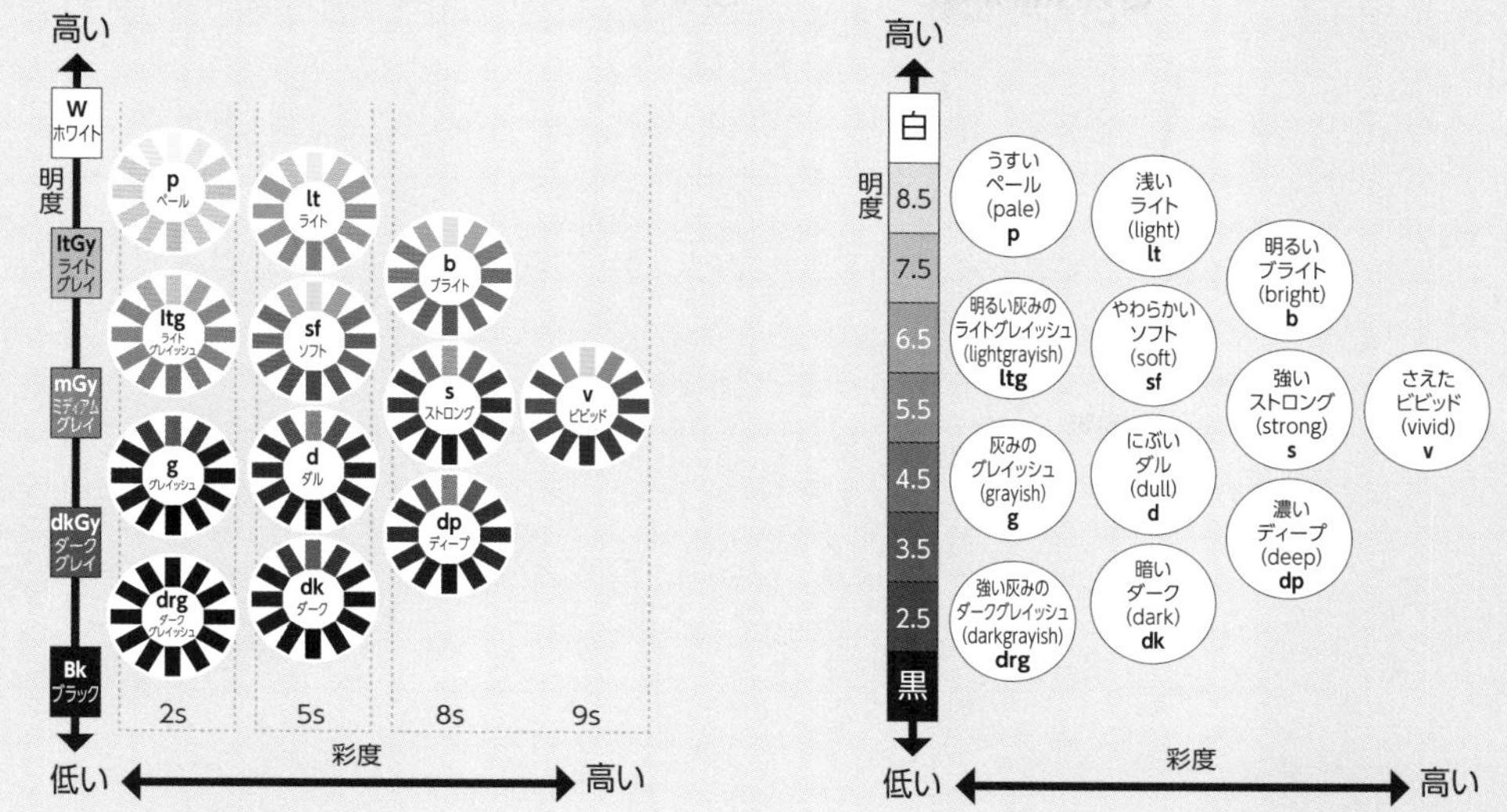

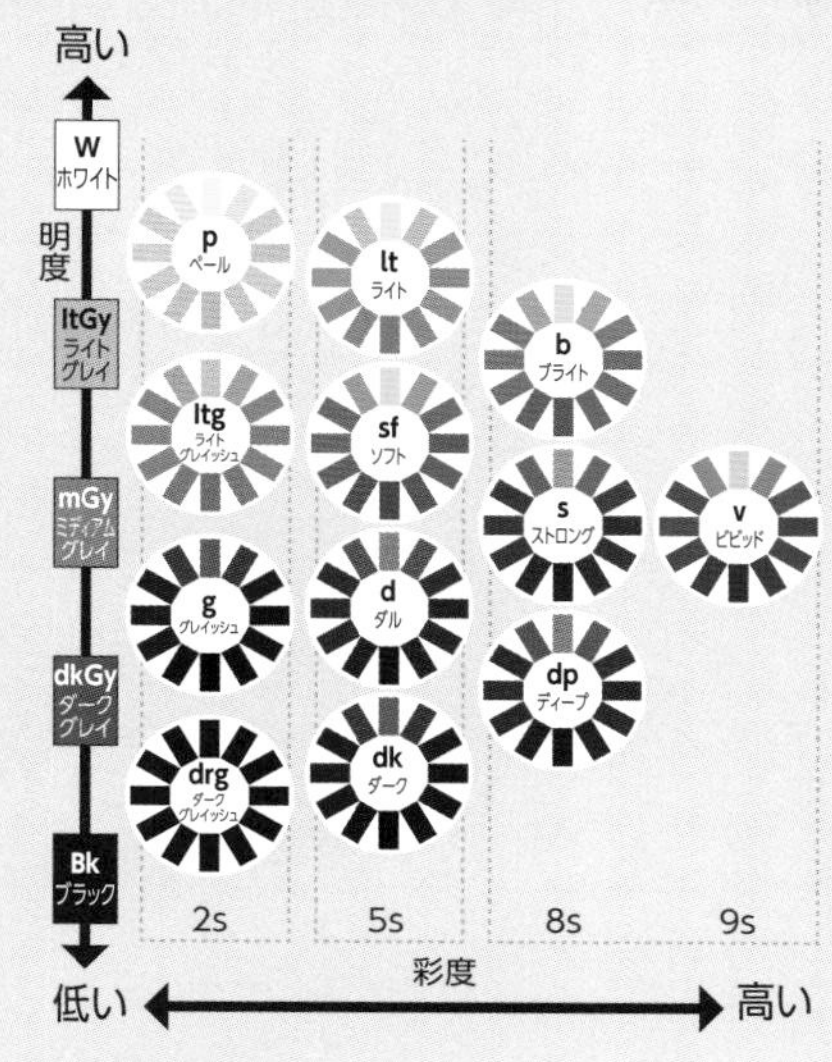

出典：日本色研事業

3つの配色計画

配色の代表的な方法として、以下の3つが挙げられる。

1.コンプリメンタリー

色相環で、お互いに反対側に位置している色相を中心に配色していく方法。ブルーとオレンジ、黄色と青紫、赤と緑など、際立ちの配色となり、若々しいイメージをつくりやすい。

2.ハーモニアス

色相環で、隣りどうしに位置している色相を中心に配色していく方法。2～4色を同時に配してもよい。空間を優しいイメージで包むことができる。

3.モノクロマティック

1つの有彩色の色相を中心に配色していく方法。明度の高低や、彩度の強弱のバリエーションを展開しつつも、平坦で単調にならないように、テクスチュアの違いを際立たせていくことがポイントである。光を「反射」「透過」「吸収」するような3つのテクスチュアを混合していく。1つの色相以外のバックグラウンドは、白やグレー、シルバーなどの無彩色、または、無性格色（サンドベージュやダークブラウンなどのオフブラック）を配色する。

図3｜色彩計画

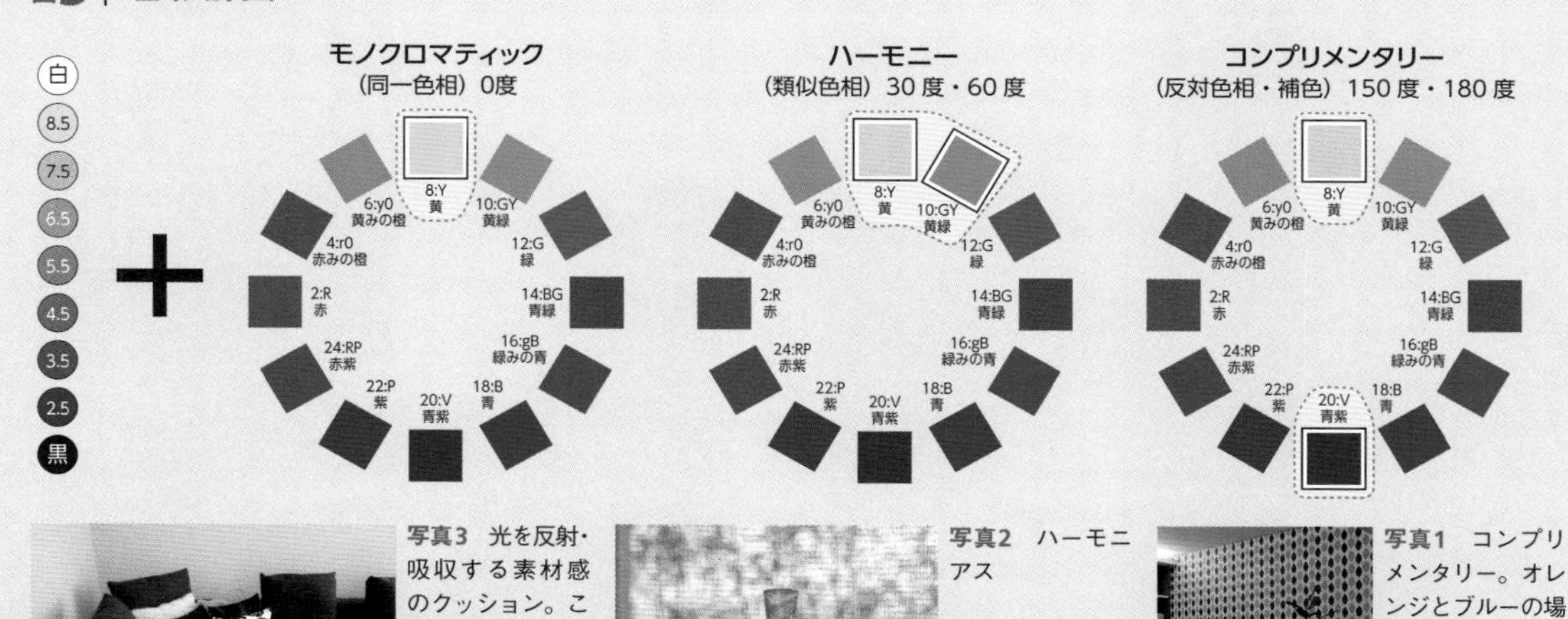

写真3　光を反射・吸収する素材感のクッション。ここに第1番目の有彩色（濃淡・清濁等）を展開させることで、モノクロマティックとなる

写真2　ハーモニアス

写真1　コンプリメンタリー。オレンジとブルーの場合の色相

写真1・2：Ryu Itsuki

素材を色でグルーピング

1. 木材

樹種にも色相の違いがある。その純色を見極めて配色すると美しく仕上がる。

2. ガラス

ガラスは、光が透過すると、ボトルグリーンというブルーグリーンの色相を示す。クリア&クールなイメージに属する。

3. 金属

クロームメッキなどのシルバーはクールなイメージ、ブラスなどのゴールドは、温かくエレガントなイメージで使うとよい。

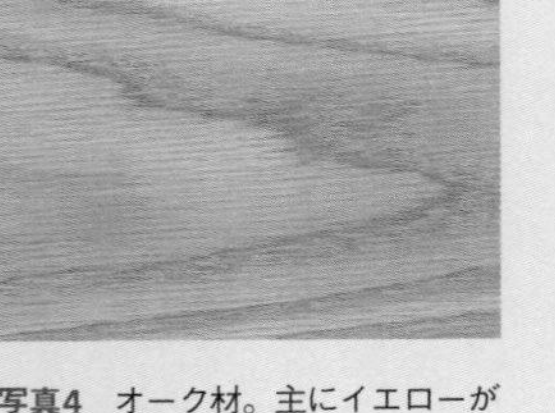

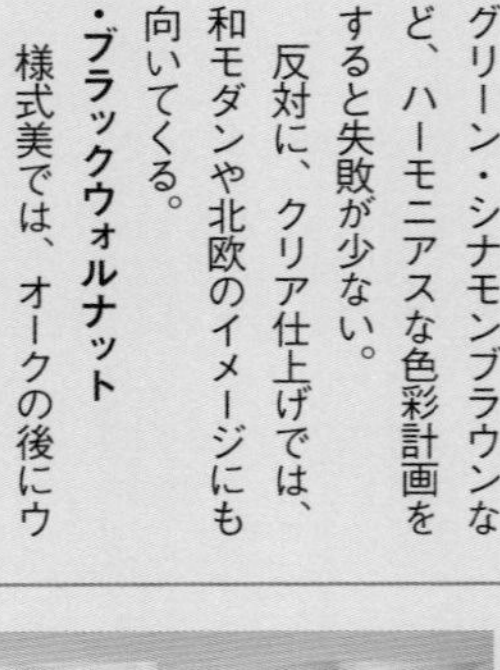

写真4　オーク材。主にイエローが変化した茶色
写真5　チェリー材。主にオレンジが変化した茶色
写真6　マホガニー材。主にレッドが変化した茶色
写真7　ガラス
写真8　シルバーゴールド

木材のイメージでコーディネート

木材には、色相の違いもあるが、樹種自体のイメージもある。

・オーク

様式美の時代を称して「オークの時代」というくらい有名なイメージ。特に、濃いめの塗装をしたオークは、トラディショナルなコーディネートにまとまりやすい。

トーンでは、ダークトーン・グレイッシュトーン・ディープトーンを中心に、色はオリーブグリーン・シナモンブラウンなど、ハーモニアスな色彩計画をすると失敗が少ない。

反対に、クリア仕上げでは、和モダンや北欧のイメージにも向いてくる。

・ブラックウォルナット

様式美では、オークの後にウォルナットの時代がある。元々の木肌はグレイッシュブラウンで、着色すると重厚で品格のあるダークブラウンになる。最近では、ダンディなイメージのインテリアに多用される。

・カリン

黄褐色・赤褐色・赤紫と変化するカリンの表情は、大胆で優雅。円熟した高級感ある和モダンのイメージとなりやすい。

・ウエンジ

黒褐色の色味と繊細な木目のウエンジは、モダンで上質なイメージに向く。高級感のあるシックモダンなイメージに多用される。ただし、無個性でもあり、イメージの活用範囲は広い。

・ブラックチェリー

北欧ビンテージから和モダンまで、ウッディ好きには魅力的な素材である。

［深澤組個］

写真9　トラディショナル
写真10　和モダン
写真11　ダンディ
写真12　ブラックチェリー床・北欧
写真13　ブラックチェリー床・和モダン

写真9：サンタ通商
写真10・11：シーズクリエイト
写真12：Ryu Itsuki

図2 | パネル材のサイズはこう決める

最も基本となるサイズは3×6尺、4×8尺。このほか3×8尺、3×10尺、4×9尺、4×10尺、5×10尺などのサイズがある

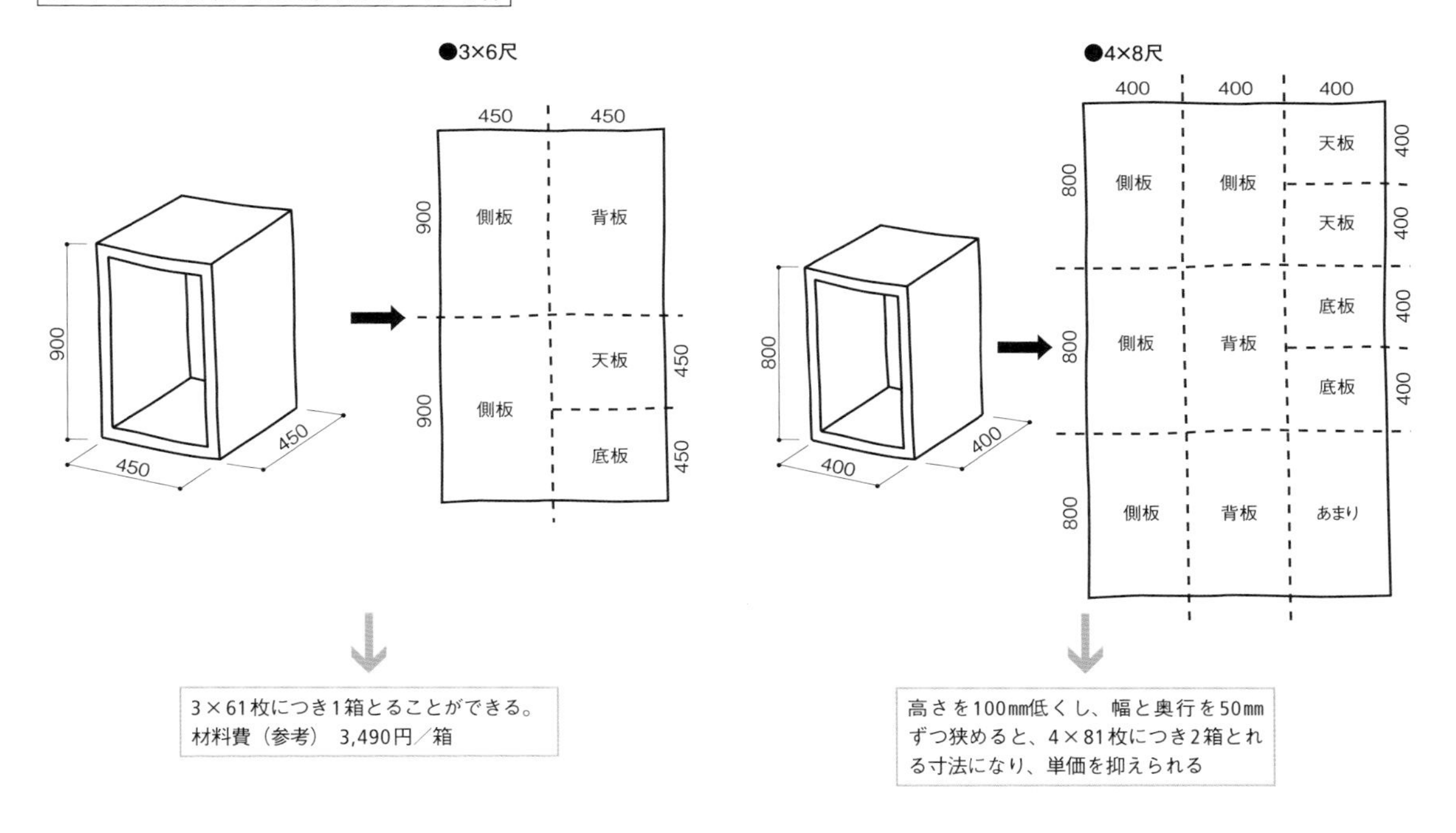

表 | 厚さの基本

種類	厚さ（㎜）														
ラワン積層合板	—	2.5	3	4	5.5	6	9	12	15	18	21	24	30	—	—
ランバーコア（ラワン・シナ）	—	—	—	—	—	—	—	12	15	18	21	24	30	—	—
MDF	—	—	3	4	5.5	6	9	12	15	18	21	24	30	—	—
シナ積層	2	2.5	3	4	5.5	—	9	12	—	—	—	—	—	—	—
曲げ合板（タテ目：煙突曲げ用、ヨコ目：ドラム曲げ用がある）	2（シナ）	—	3	4	5.5	—	9	12	—	—	—	—	—	—	—
パーティクルボード	—	—	—	—	—	—	—	—	—	18	21	—	—	—	—
集成材（ブナ、タモ、パインなどが一般的）	—	—	—	—	—	—	—	—	—	—	—	25	30	35	40[*]

*：特注で180まで可

造作家具はパネル材の集合体である。家具の構成を知るために、まずはパネル材の種類を理解する［図1］。

サイズの決め方

パネル材のサイズを決めるには、まずつくる家具のサイズを決めなければならない。そのアプローチ方法は基本的に3つある。1つめは現場の実測寸法から追いかける。2つめは収納する物のモジュールから追う。3つめは使う人の身体モジュールから追う。これらに加え、市場に流通している材料サイズとその歩留まりを踏まえて設計するのが理想的だ。

また、住宅の部材構成、つまり家具を据え付ける場所の壁・床・天井の下地がどのように入っているかも影響する。ボード下地・LGSなどが303㎜ピッチ・455㎜ピッチで配置されている場合が多いことを考えると、家具の割付けも、3×6尺材ベースのほうが相性がよいとされる［図2］。

それから各部材の厚みについては、大きな箱の場合は外回り（側板・地板・甲板など）は厚く、荷重のかかる書棚の棚板や地板などもできるだけ厚いほうが望ましい。また仕上げの板の厚みによって芯材の厚みを検討する必要がある。

［野崎義嗣］

図1 | 箱組みの基本構成

箱の集合体に必要な機能を満たす扉・引出し・甲板・棚板・意匠的な幅木・支輪・建築との取合いの埋め木やフィラーを入れ込んで、1つの家具となる

ガラリ(ルーバー)

ムク板、框組

下駄箱、エアコン部分、クローゼットなどの部材にして不可視性があり、かつ通気性も必要とされる場合にガラリを設ける。機能だけでなく意匠的なアクセントにもなる

側板

突板、ムク框組、メラミン化粧板、ポリ合板、カラーウレタン、フラッシュ

箱を構成する大きな部材で、扉、棚板、棚口、引出しなど、多くの部材・金物が側板に取り付けられる。側板の厚みが薄いと華奢でエレガントに、厚いとどっしりと無骨に見える。また丁番などとの関係も考慮して設計することが大切

扉

突板、ムク框組、ガラス、メラミン化粧板、ポリ合板、MDF、カラーウレタン

扉は甲板、引出し前板と同じように、その家具の印象に影響する大切な部材である。開閉収納のため、甲板のように物が上に載って見えなくなることがないため、常に見える個所と意識することが大切。クローゼットの扉など、高い物は反りやねじれが生じにくい素材(LVLなど)を使う

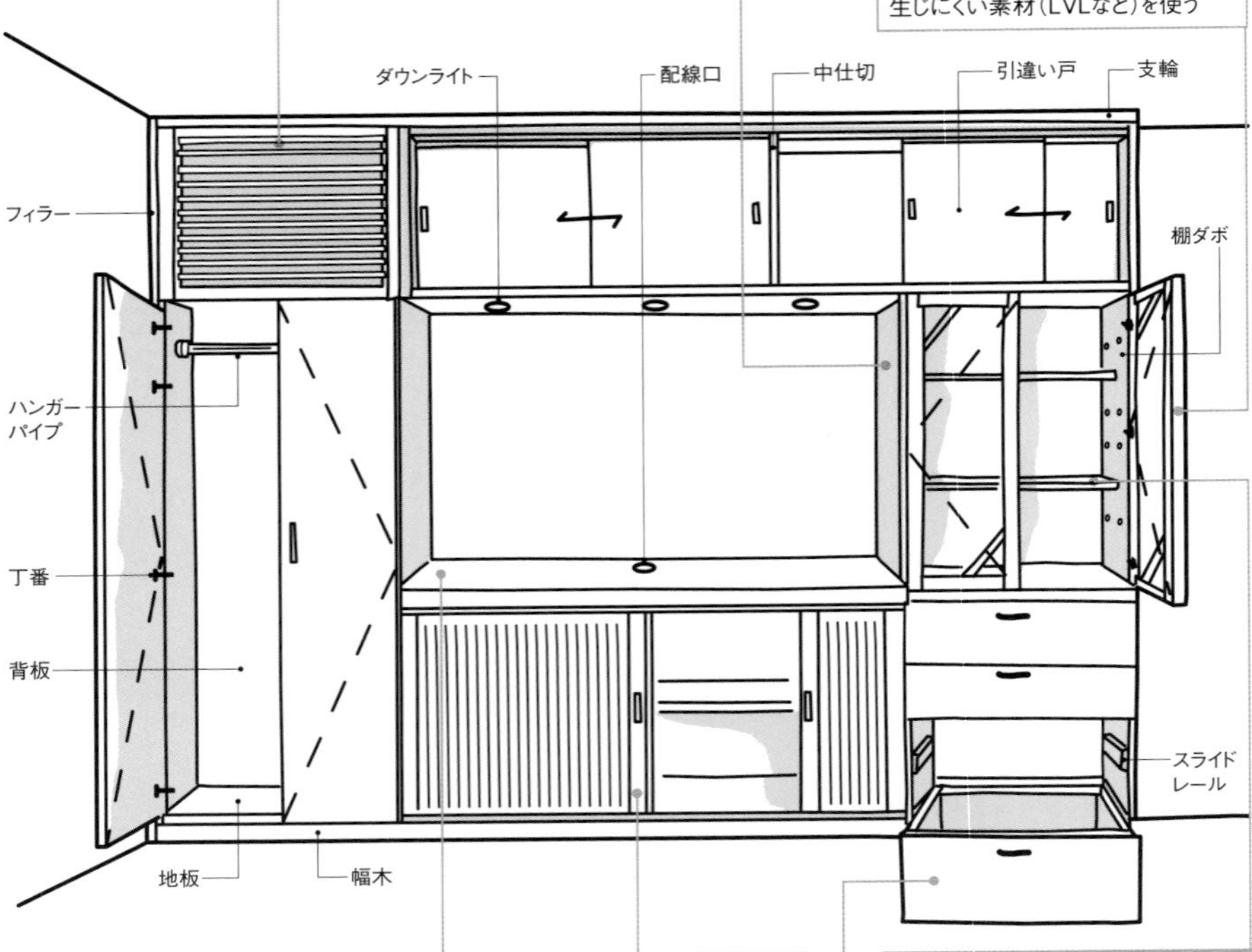

甲板

ムク板、突板、MDF、カラーウレタン、メラミン化粧板、人工大理石、ステンレス

甲板は家具の用途・個性を大きく左右する部材だ。その家具のグレードは甲板である程度決定されるというくらい重要である。リビングなどと違いキッチンや洗面台などの甲板には、水に強いステンレスや人工大理石のトップにするなど、性能も考慮する必要がある

巻戸

ムク材、突板、帆布

巻戸を取り入れることでデザインに幅が出るだけでなく、引違い戸のように一度に半面しか開けられないこともなく、扉や引出しのように手前に引かないと開けられないということもなく、利便性がある

棚板

ガラス、ポリ合板、メラミン化粧板、ツキ板練り付け合板、フラッシュ

棚板の大きさ、厚さ、枚数は、その家具の収納力に大きく影響する。収納する物のモジュールや数量を想定して考えるとよい。棚板自体が重くなるのを避けるため、フラッシュが望ましい

引出し

前板:ムク材、突板、メラミン化粧板、ポリ合板、MDF、カラーウレタン

中箱:ムク材(アガチス、シナなど)、シナランバーコア、ポリ合板

引出しは前板と内箱と2つの部材からできている。前板は扉板同様、意匠的に重視される部材である。内箱は収納力に大きく影響するので、やはり収納する物のモジュール、物量を考慮することが大切で、棚口、側板、底板、レールなど、家具本体の内寸より収納できる空間は小さくなることも侮れない

イラスト:中川展代

図2 ｜「くせ物」を制す！ かたちから選ぶ材料

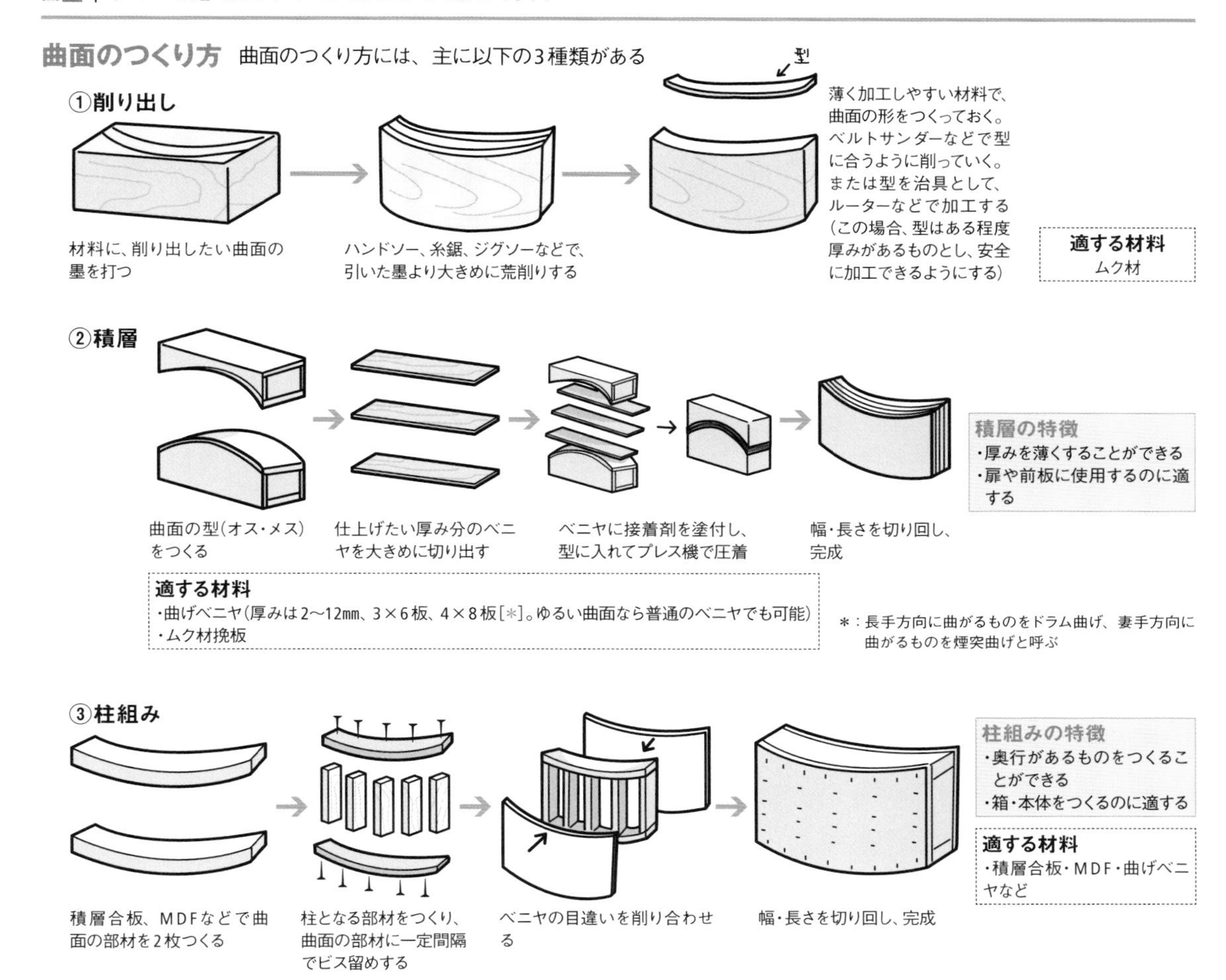

曲面のつくり方　曲面のつくり方には、主に以下の3種類がある
①削り出し
材料に、削り出したい曲面の墨を打つ
ハンドソー、糸鋸、ジグソーなどで、引いた墨より大きめに荒削りする
型
薄く加工しやすい材料で、曲面の形をつくっておく。ベルトサンダーなどで型に合うように削っていく。または型を治具として、ルーターなどで加工する（この場合、型はある程度厚みがあるものとし、安全に加工できるようにする）
適する材料
ムク材
②積層
曲面の型（オス・メス）をつくる
仕上げたい厚み分のベニヤを大きめに切り出す
ベニヤに接着剤を塗付し、型に入れてプレス機で圧着
幅・長さを切り回し、完成
積層の特徴
・厚みを薄くすることができる
・扉や前板に使用するのに適する
適する材料
・曲げベニヤ（厚みは2〜12㎜、3×6板、4×8板［＊］。ゆるい曲面なら普通のベニヤでも可能）
・ムク材挽板
＊：長手方向に曲がるものをドラム曲げ、妻手方向に曲がるものを煙突曲げと呼ぶ
③柱組み
積層合板、MDFなどで曲面の部材を2枚つくる
柱となる部材をつくり、曲面の部材に一定間隔でビス留めする
ベニヤの目違いを削り合わせる
幅・長さを切り回し、完成
柱組みの特徴
・奥行があるものをつくることができる
・箱・本体をつくるのに適する
適する材料
・積層合板・MDF・曲げベニヤなど

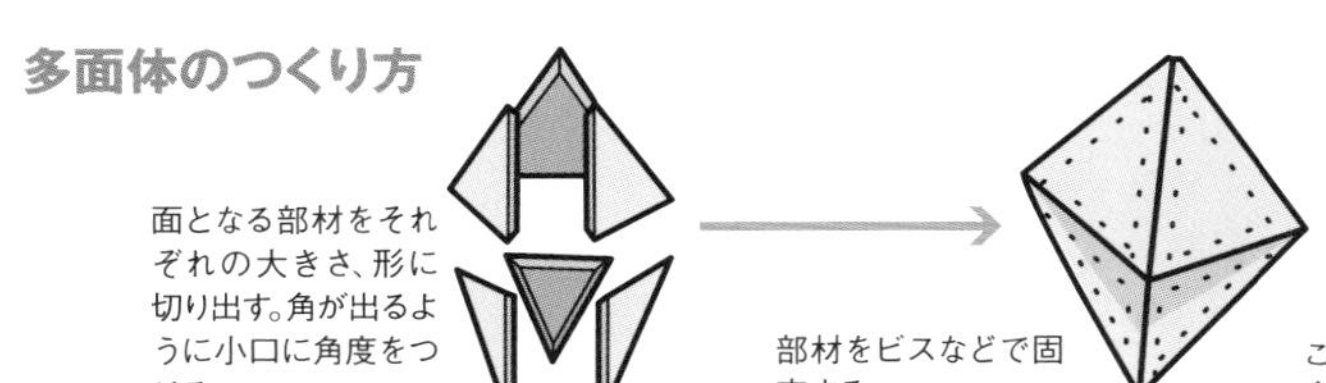

多面体のつくり方
面となる部材をそれぞれの大きさ、形に切り出す。角が出るように小口に角度をつける
部材をビスなどで固定する

この方法のほか、大きなムク材を削り出して多面体をつくることも可能

収納家具は箱の組み合わせである。複雑な壁面いっぱいの大きな家具も、大小さまざまな箱の集合体である。個々の箱のサイズは収納する物から追いかけ、全体的なサイズは建物全体のボリュームに合うように調整しながら決めていく［図1］。

現場では、よく「R3倍」という用語が使われる。これは、曲線や角度モノは、直線モノに比べて材料も手間も3倍かかるということを意味する。そういった作業を敬遠する製作現場もあるが、こういった「くせ物」が使えれば、直線構成だけではつくりだせない空間構成を実現できる。

曲線円形物の製作で大事なことは、まず、中心線を常にぶらさないこと、つまり、木取りから加工・金物付けまで一貫して、中心から角度寸法を出すことだ。

扉、前板のように薄い板状のものは成型するか削り出すことで、薄くかつ同じものを複数つくれるようになる。

箱物は天板と地板で曲線をつくり、柱を立てて曲面をつくりだすことで箱として成り立たせるようにするとよい。また、多面体については面どうしが接する角度、また傾きにより図面に表せない実寸をいかに拾い出すかが重要だ［図2］。［野崎義嗣］

家具金物の分類

家具金物は、部位や用途などによって主に以下の9つに分けられる。

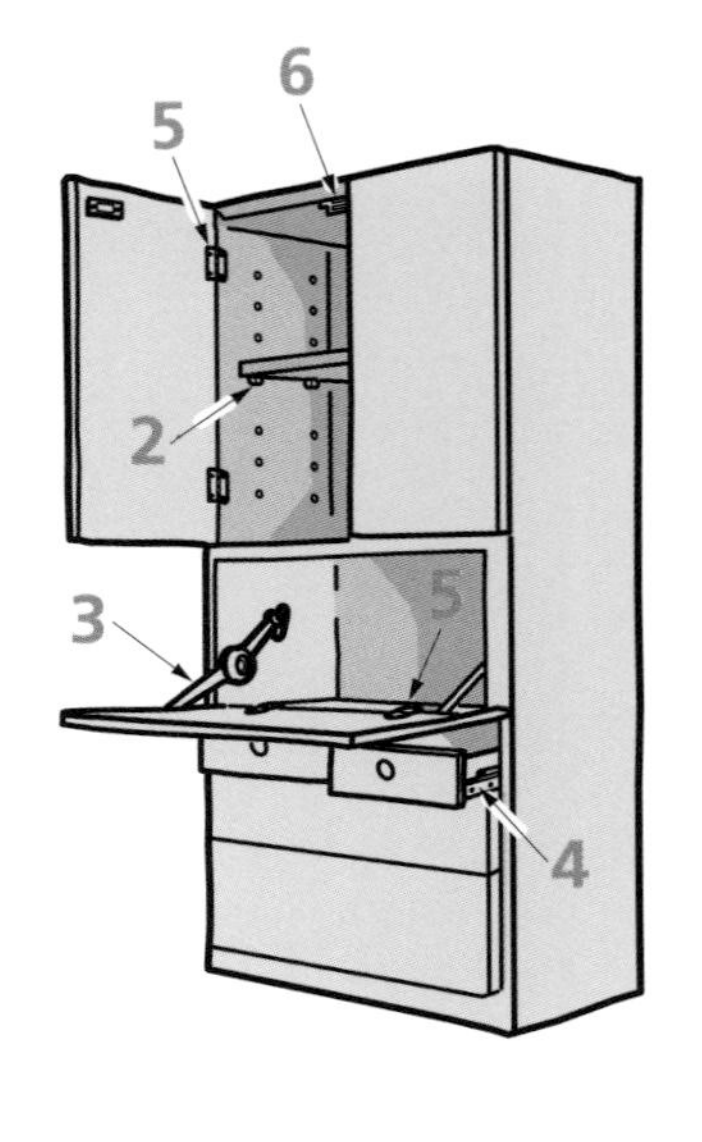

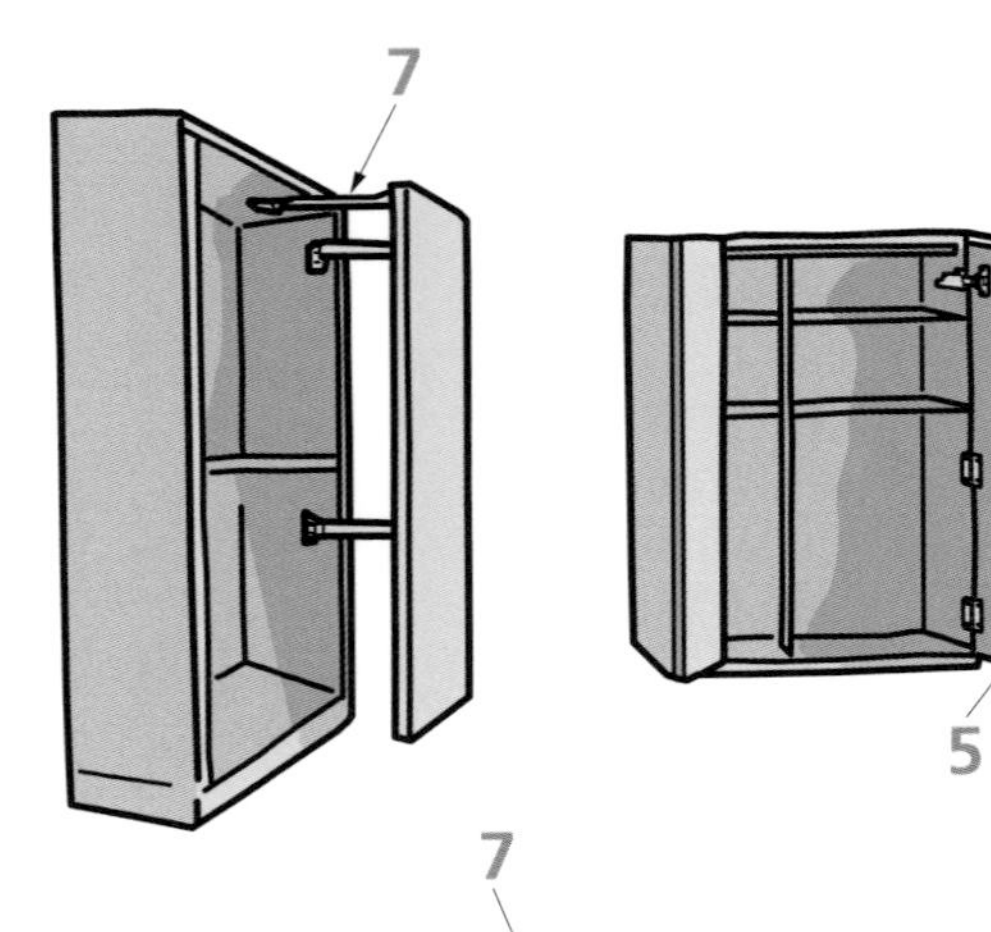

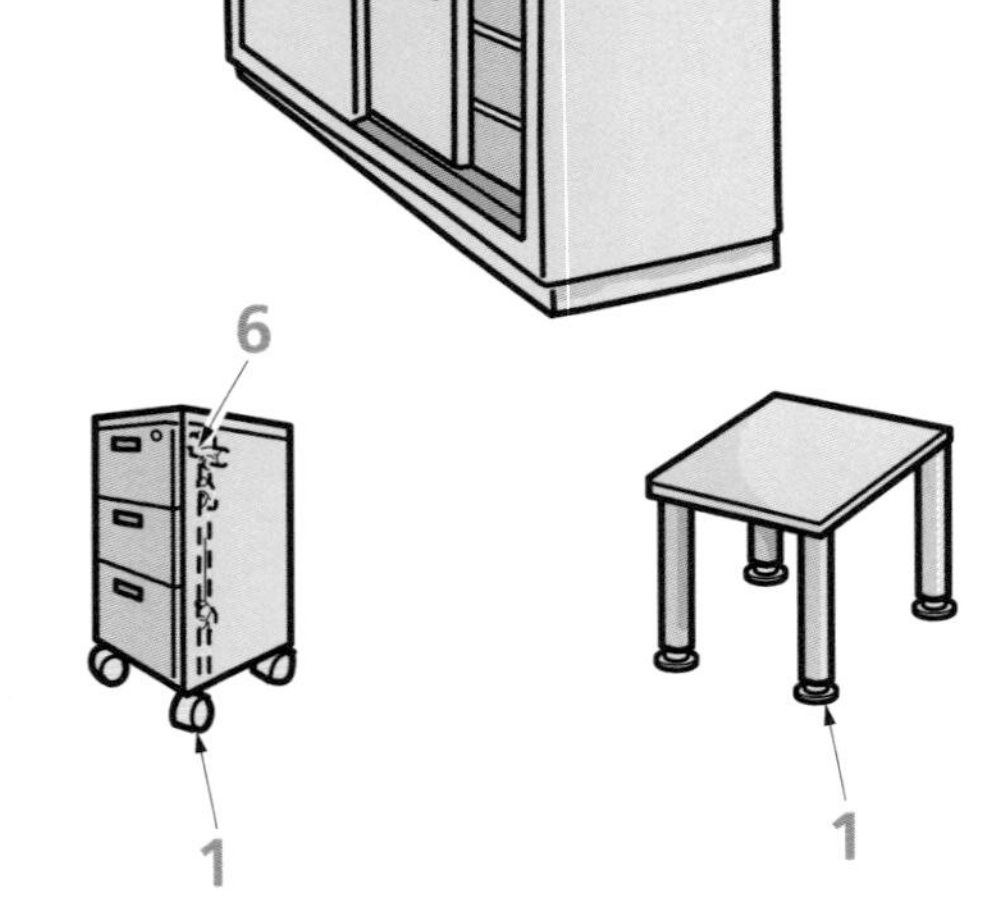

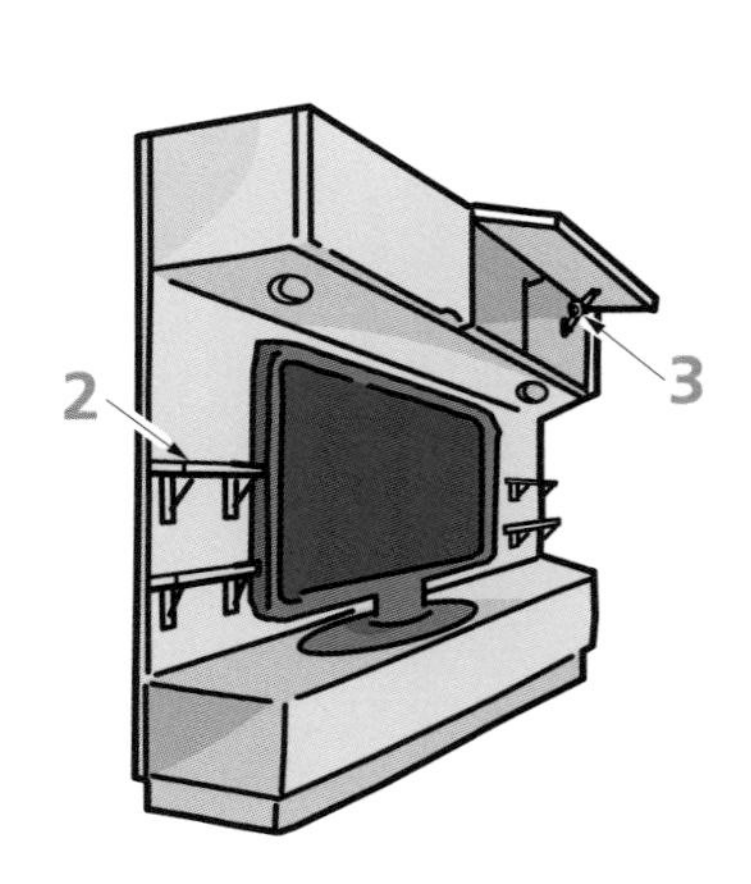

1. アジャスター、キャスター
2. 棚受、棚ダボ
3. ステー
4. スライドレール
5. 丁番（スライドヒンジ／スラップヒンジ）
6. キャッチ、ラッチ、ロック

7a. 引戸金物
7b. 折戸金物
7c. スイングドア

本項執筆：新井洋之
イラスト：中川展代

❶アジャスター

アジャスターは水平を出したり、ガタツキをなくしたり、レベル（高さ）を合わせたりする際に使われていて、許容荷重や床面の材質などによって選びます。

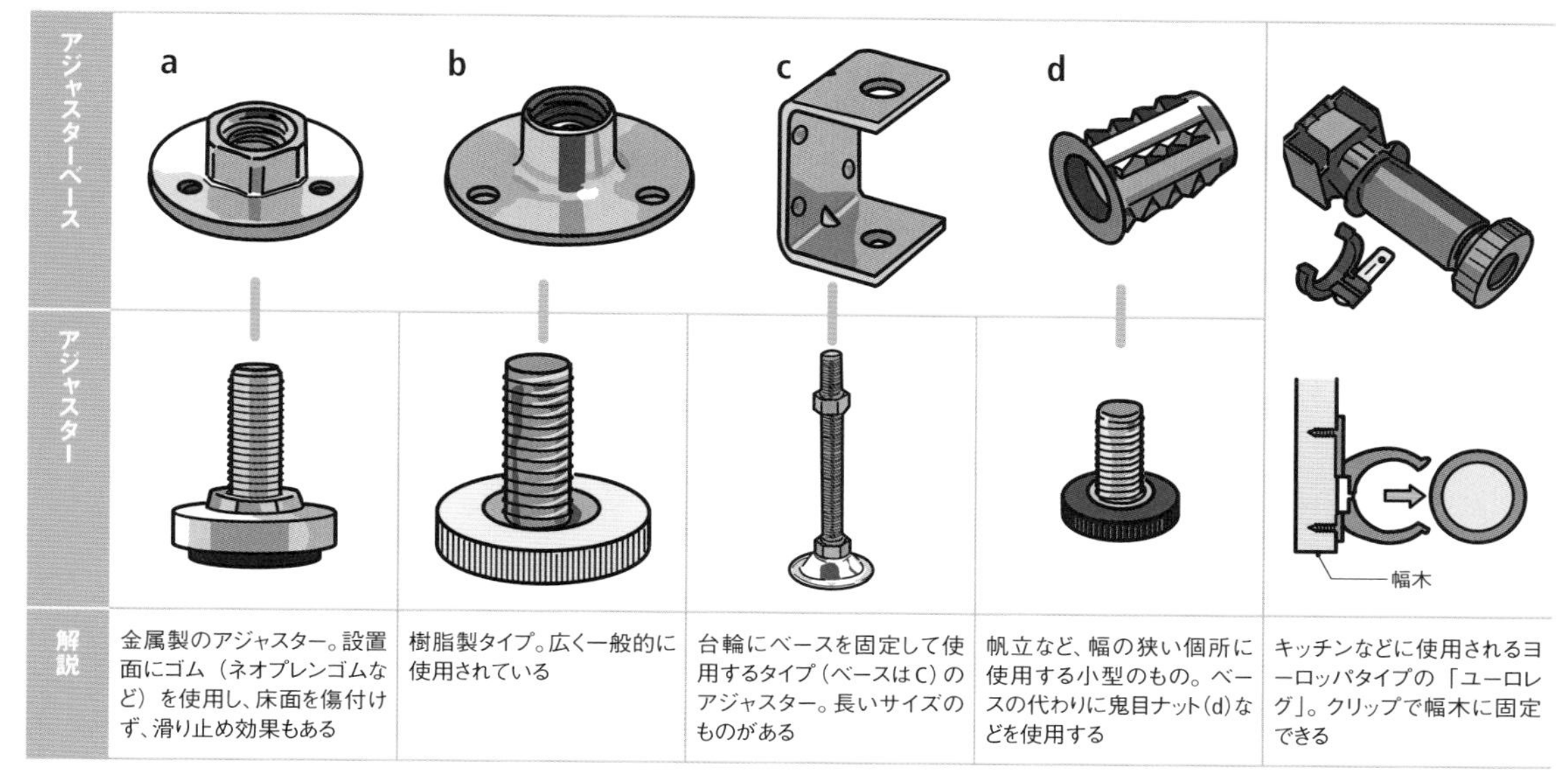

	a	b	c	d	
解説	金属製のアジャスター。設置面にゴム（ネオプレンゴムなど）を使用し、床面を傷付けず、滑り止め効果もある	樹脂製タイプ。広く一般的に使用されている	台輪にベースを固定して使用するタイプ（ベースはC）のアジャスター。長いサイズのものがある	帆立など、幅の狭い個所に使用する小型のもの。ベースの代わりに鬼目ナット(d)などを使用する	キッチンなどに使用されるヨーロッパタイプの「ユーロレグ」。クリップで幅木に固定できる

❷棚受サポート

文字どおり、棚を受けるために使用する部材。差込みダボ、打込みダボ、棚柱などがあります。棚に何を置くか(荷重設定）で選びましょう。ダボを打ち込む間隔などについて、ヨーロッパ製を中心に広まっている規格があります。

❸フラップステー

扉を持ち上げたり、下に開く扉を保持するために取り付け、扉を支える。スライド丁番やドロップ丁番などと併せて使用する。持ち上げるときも下に開くときも使えるステーもある。

[便利な規格　システム32]

システム32は、ドイツの家具メーカーなどによって策定された家具製作の規格。32㎜をモジュールとし、その倍数で構成された寸法体系となっている。

〈メリット〉

- システム32で製造された家具は、現場で組み立てるノックダウン方式
- 狭いスペースでも搬入・組立てが可能
- ジョイント金具はドライバー1本で取り付けられる
- 金具の取付けも、穴の数を数えるだけで特別な技量を必要としない

→システム32は、合理化を図れるため、工事費・工期の短縮につながる

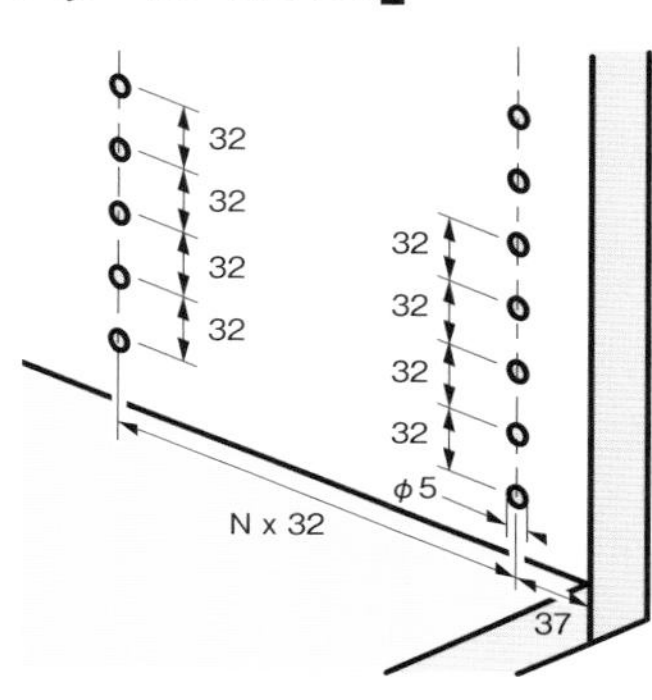

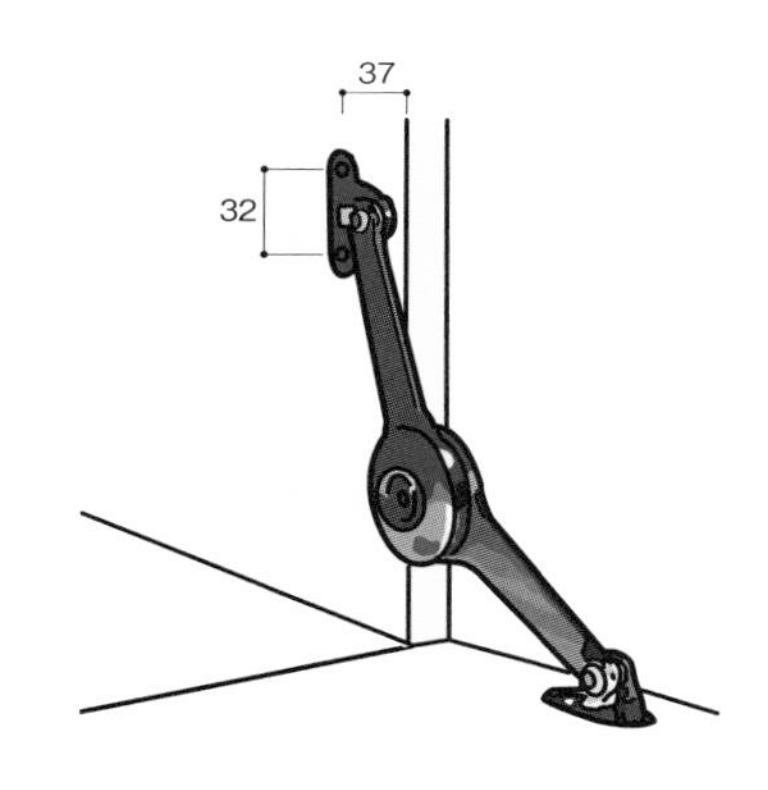

❹スライドレール

スライドレールは、引出しやスライド棚を小さな力で引き出せるようにするために取り付けます。機構により、ローラータイプとベアリングタイプに大別されます。用途によって、耐荷重や脱着機能の有無で選びます。たとえば、ボールベアリングタイプは耐荷重が大きく、重いものを収納する場合に適しています

[ローラータイプとベアリングタイプ]

a. ローラータイプ(ローラー軸受けタイプ)

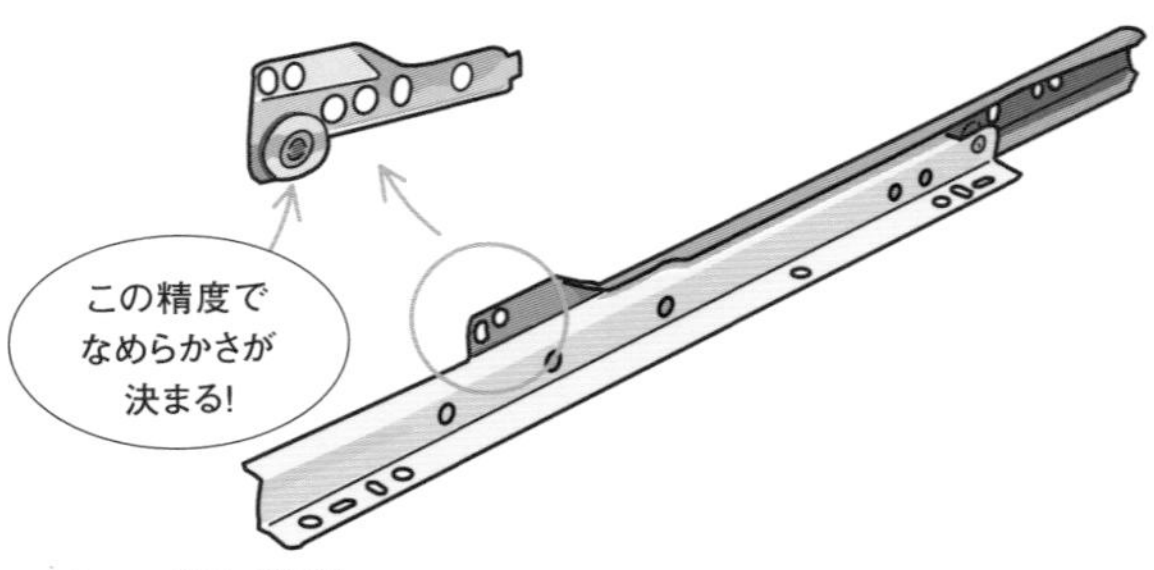

- 引出しの着脱が簡単
- 塗装されているため、錆びにくい
- グリスなどをつけなくてよいため、衣類が汚れない
- 軽荷重用
- 開口寸法の誤差を吸収できる

ベアリングタイプは、大きく3種類に分けられます。

b. ベアリングタイプ

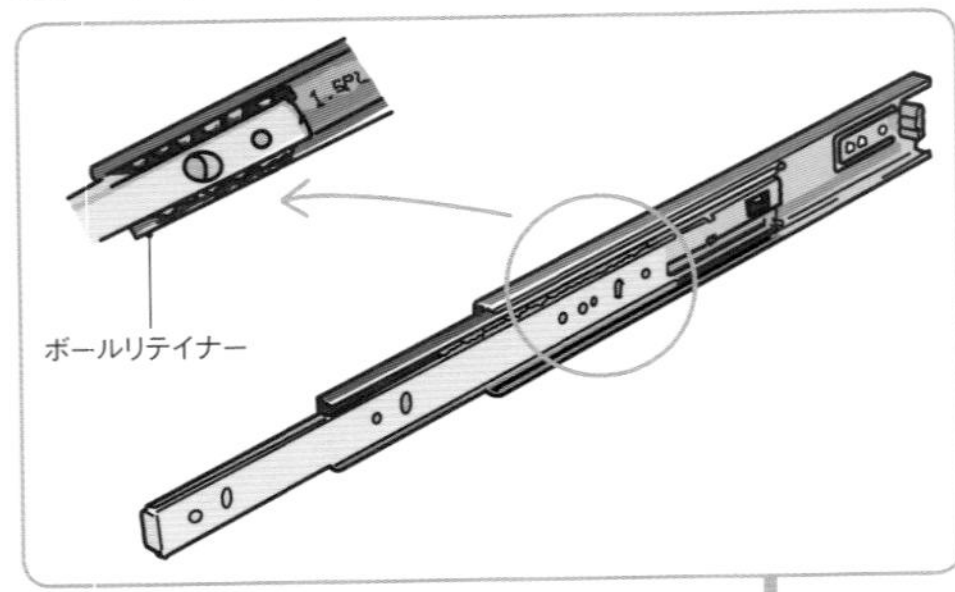

- 荷重が分散されるため、荷重が大きくても動きが軽い
- 豊富な種類があり、用途別に選べる
- 引出しが全部出てくる

〈横付け引抜きタイプ(ボールベアリングタイプ)〉

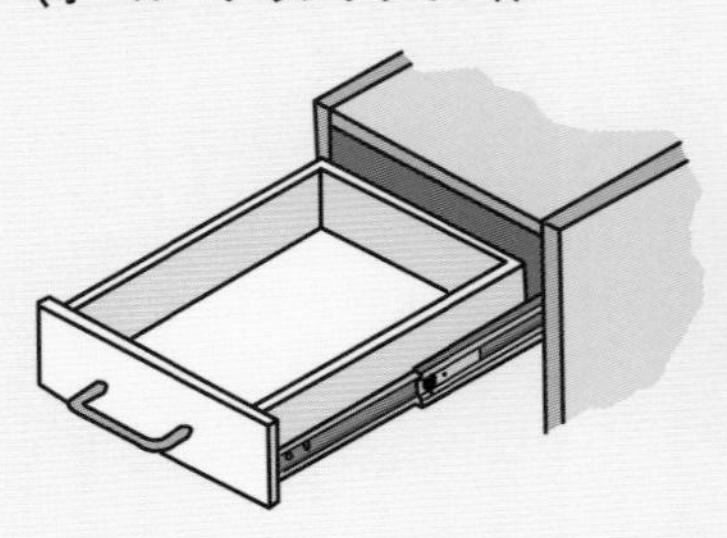

- レールを差し込むとき、ボールリテイナーを破損しないよう、注意が必要
- 廉価品が豊富にある
- 幅方向に遊びが少なく、寸法誤差に注意が必要

〈横付けブラケットタイプ〉

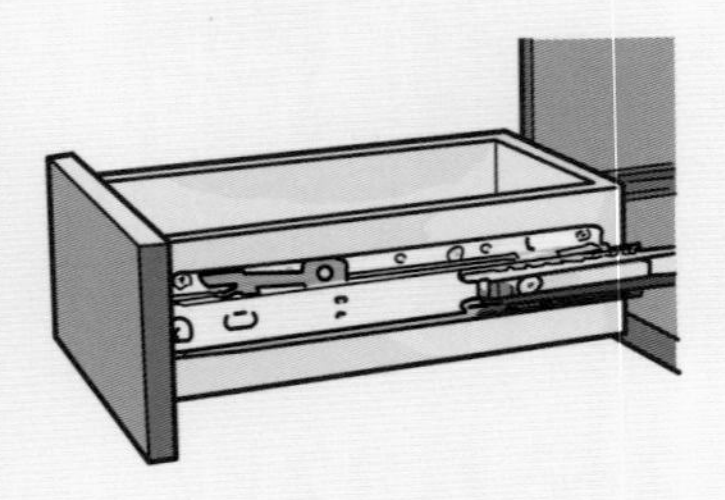

- 着脱が簡単
- 間口寸法誤差を吸収できる

〈アンダーマウントタイプ〉

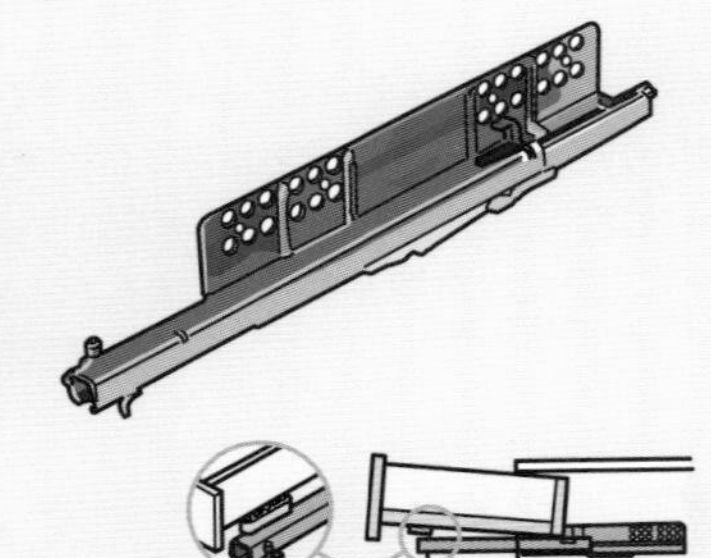

- 着脱が簡単
- 間口寸法誤差を吸収できる
- レールの上に引出しを載せるため、引き出したときにレールが見えない

アンダーマウントタイプのレールは、主にヨーロッパのメーカーのものが多く、家具用に設計され、動きもなめらかで取外しが簡単。さらに寸法誤差を吸収できるのは、木製家具にはうれしい仕様です。引き出したときにレールが見えないので家具のデザインを邪魔しません

[付加機能のあるスライドレール]

スライドレールのなかには、引出しを押し込むと出てくるプッシュオープン機能や、勢いよく閉めてもゆっくり閉まるソフトクローズ機構が搭載されたものもあります。

このほか、電動で開閉するスライドレールもあります。

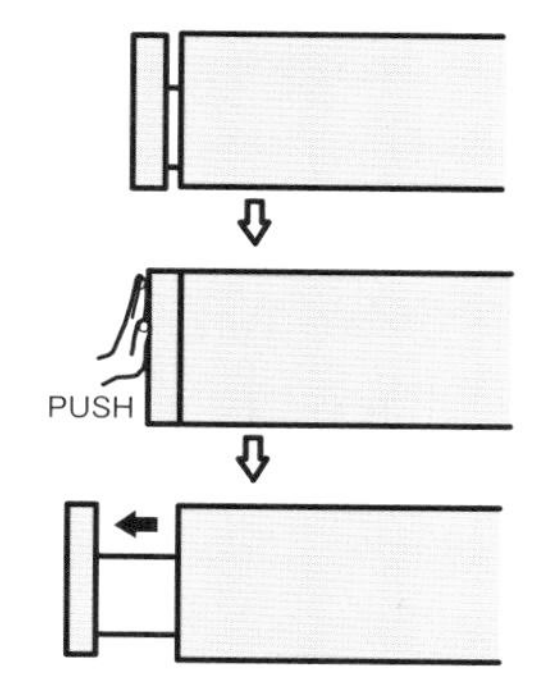

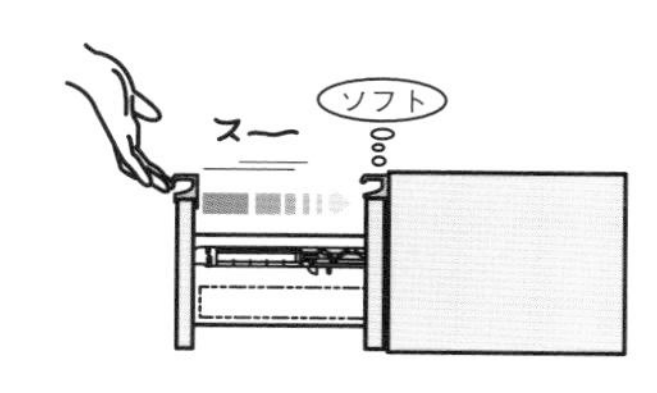

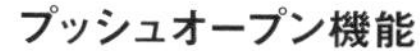

プッシュオープン機能
タッチラッチのように引出しを軽く押し込む操作で開閉できる機能。ハンドル、ツマミなどの引手が不要

ソフトクローズ機能
引出しが完全に閉まる手前でダンパーが働き、ゆっくりと静かに閉まる機能

ベアリングタイプの精密スライドレールに使われている材料の硬度はHV130〜150と、一般のJIS材の硬度（HV110以下）と比べ、硬い材料です。材料硬度が低いと、荷重が大きい場合にたわみ量が大きくなり、レールの変形により脱落することもあるので、気をつけないといけません。
廉価な輸入製品が増えていますが、それらは一般的には材料硬度が低く、なかには著しく性能が劣るものもあります。外見だけでは見分けにくいため、実際に触れてみて、ガタツキが少なく、なめらかに動く製品を選びたいですね。

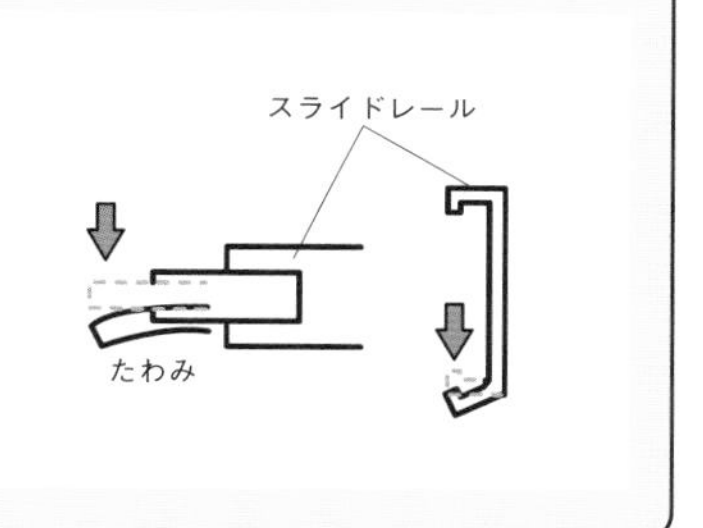

[最新! 使えるスライドレール]

間口の広い引出しにお薦めなのが、左右のレールがシンクロして動くるスライドレール。間口が広くてもふらつきが少なく、なめらかに動く

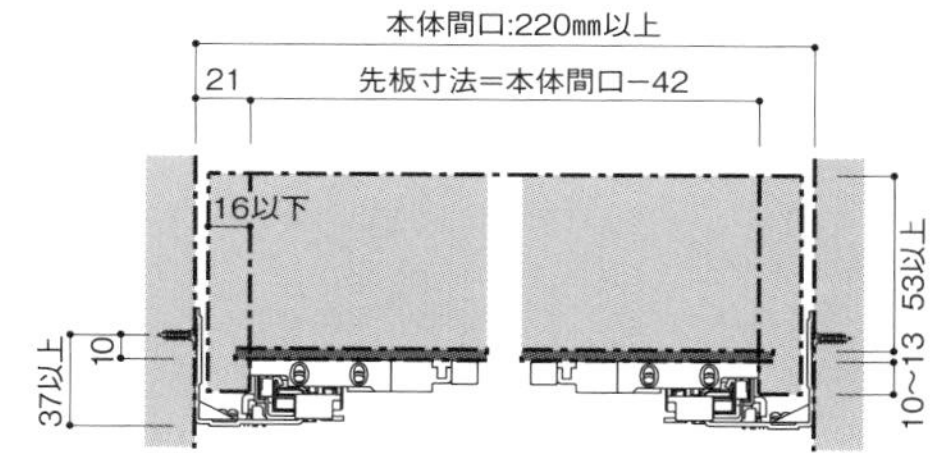

引出しにすっきり収納できる出すとボックス。分別にも便利

❺丁番

丁番を選ぶときは、扉のかぶせ方・かぶせ代、カップ径、開き角度やキャッチの有無扉厚などをもとに検討します。

a. 扉のかぶせ方・かぶせ代 側板に対する扉の納め方で、3つに分けられる

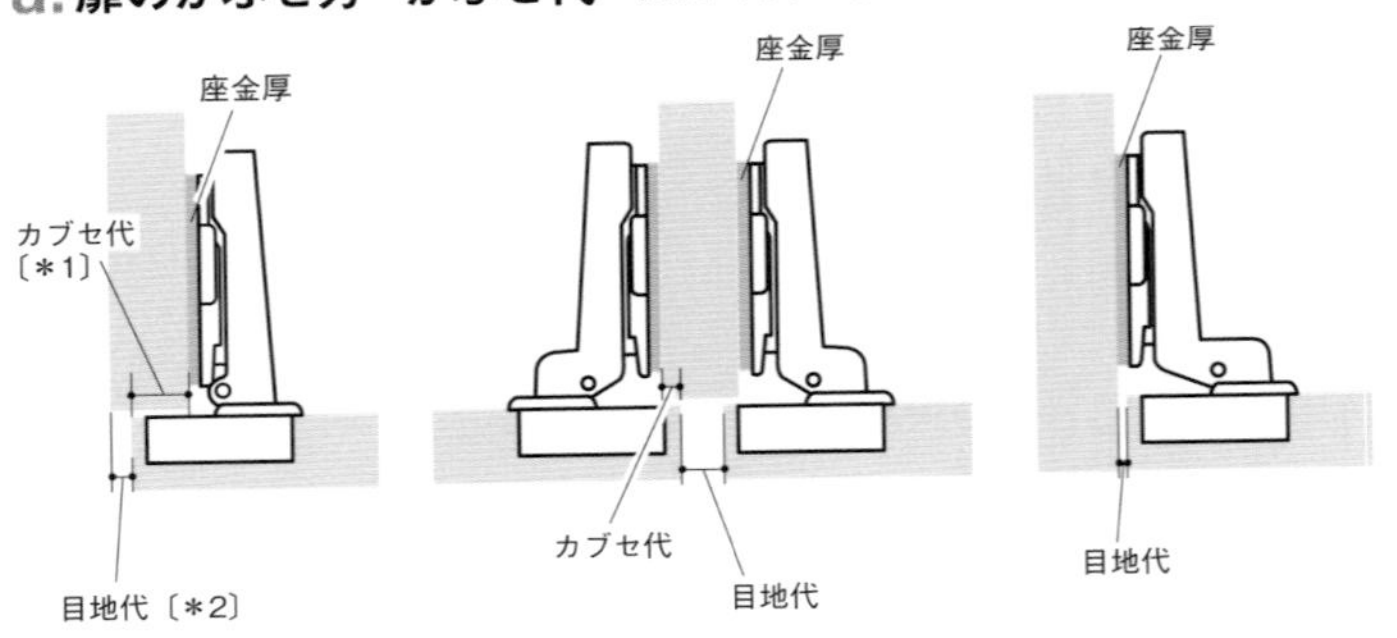

＊1　側板に扉が重なっている幅を指す
＊2　扉が隣の扉や壁などに当たらずに開くために必要な最小値を目地代と呼ぶ。目地代は直角（ピン角）の状態で測る

b. カップ寸法

扉厚
φ35
かぶせ代

カップ寸法にはφ26、φ35、φ40などがある。通常はφ35カップ、框組のガラス扉などはφ26カップを使用する。カブセ代を大きくしたいとき、扉厚が厚いとき、目地代を小さくしたいときはφ40カップを使用する

c. 開き角度

通常使用するタイプは105°～110°開きのヒンジが多いが、扉が壁などに当たる場合、85°開きのヒンジや角度ストッパーなどを使う。上下を留加工したい場合、持出しが大きい広角開きのヒンジを使用するとよい

d. キャッチ

扉を閉めるときにヒンジにバネが入っていて扉が開かない方向に力が働いている。このようなタイプをキャッチ付きと呼ぶ。最近は、閉るときに「バタン」とならないダンパー内蔵タイプが増えている

e. ヒンジの取付け

ネジ止めタイプ

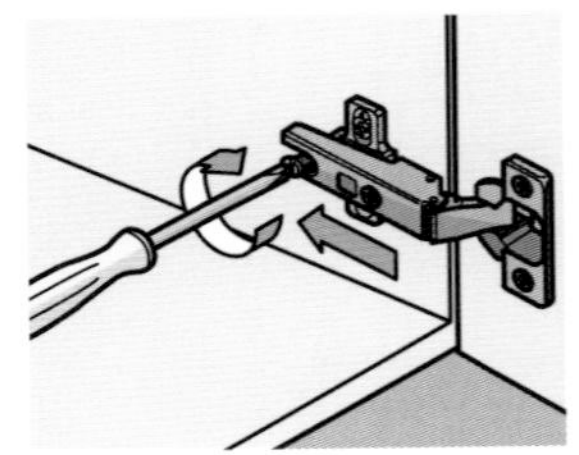

従来は、このようにヒンジを座金に差し込み、ネジで止めるタイプが多かった。ネジがゆるむ場合があり、メンテナンスが必要となる

ネジ止め式：木ネジで2カ所止める

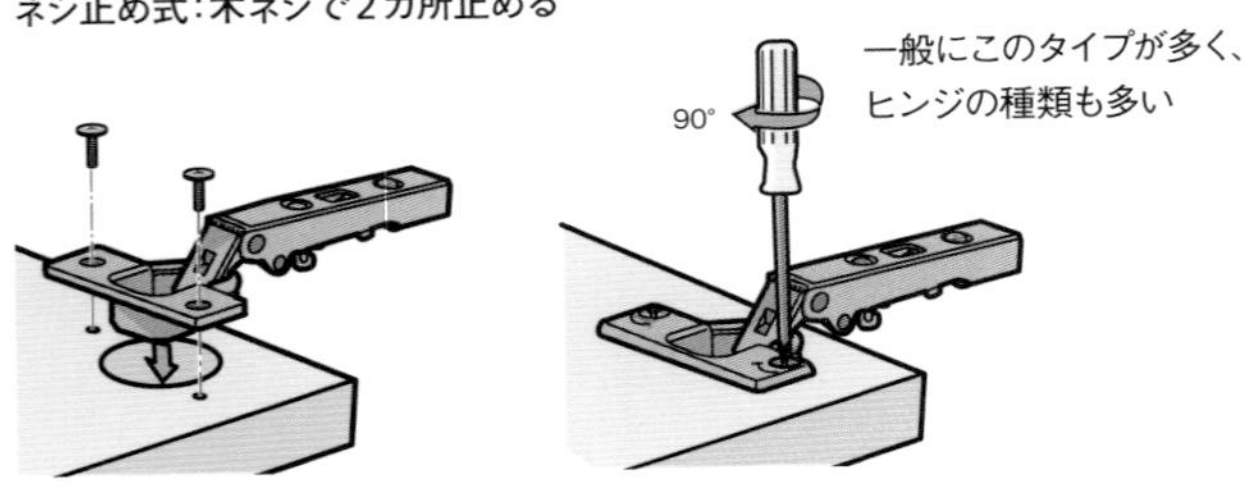

一般にこのタイプが多く、ヒンジの種類も多い

ワンタッチタイプ

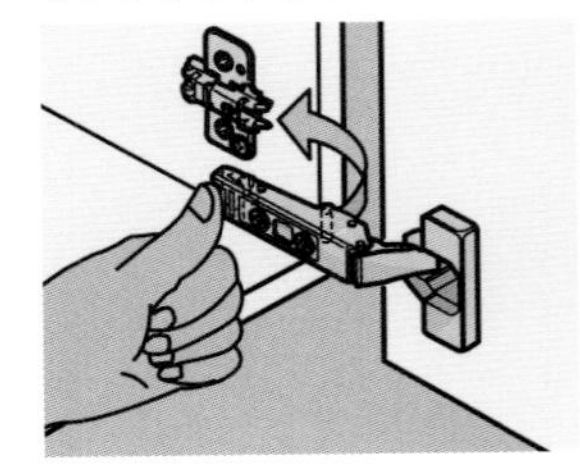

最近は、座金に差し込み押し込むだけのタイプが主流だ。ネジ止めしないため、ネジがゆるむ心配がない

インサータ式：取付けに道具が不要

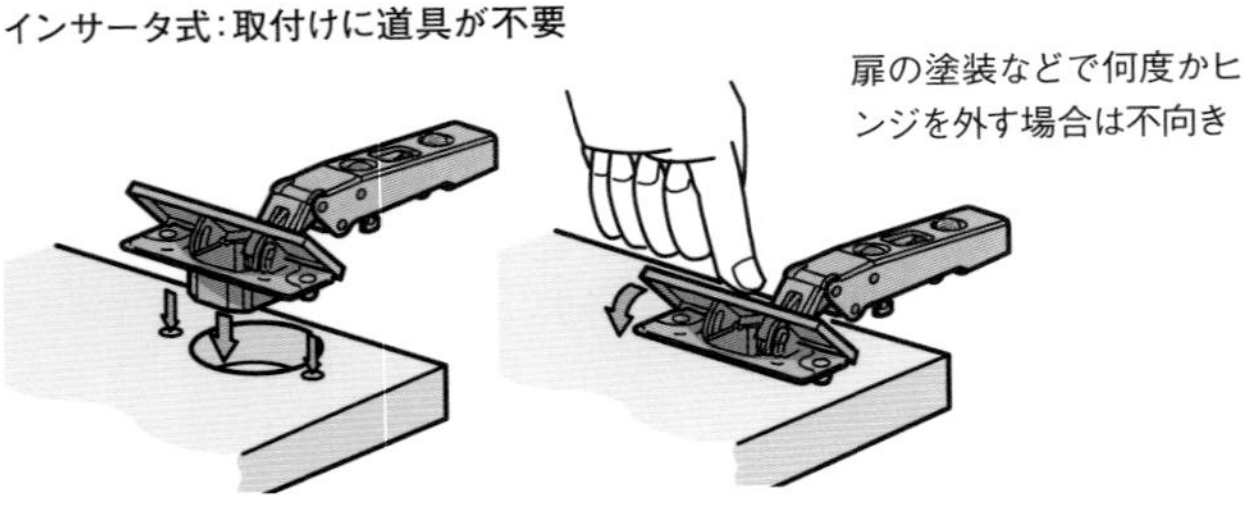

扉の塗装などで何度かヒンジを外す場合は不向き

[最新! 使えるヒンジ]

ダンパー内蔵タイプでダンパーの働きを扉の大きさに合わせてON／OFFできる。また、ダンパーがカップ側に内蔵されているため、従来使用している座金をそのまま使用できる。扉厚は26m／mまで対応、カブセ代は20m／mまで対応できる

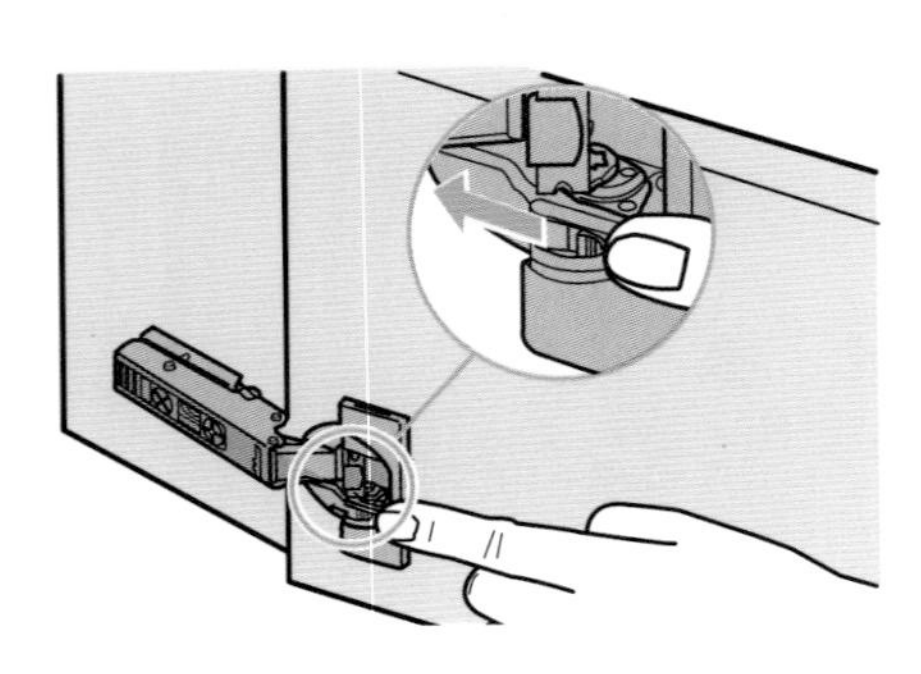

[主な丁番の種類と特徴]

一般的な開き戸の場合、スライド丁番が最も多く使われますが、用途に応じて適した製品を選ぶことが大切です。開閉軸が水平面になる扉に使用されるフラップ丁番、ガラス扉に使用するガラス丁番、大きくて重い扉に使用する長丁番などがあります。

a. スライド丁番

スライド丁番は、扉が開くとき、回転軸が移動する。また、外から丁番が見えないためすっきり納めることができる

- 扉を閉めると丁番が見えない
- 側板に座金部分を取り付け、扉に丁番本体を別に取り付けるため、長尺や重量扉にも対応
- 扉厚15〜40㎜
- 種類によりインセット、アウトセットそれぞれに対応可能
- 扉の取り外しが簡単にできる

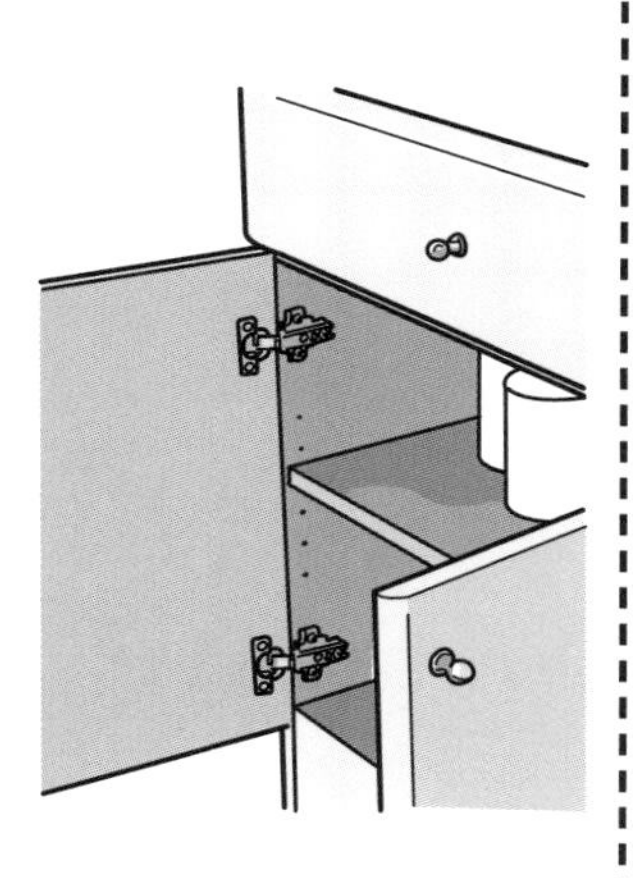

b. フラップ(ドロップ)丁番

- 扉を開けたときに扉内面とキャビネット内面がフラットになる
- 扉厚14〜21㎜。
- インセット不可
- かぶせ量が大きいものもある

c. ガラス丁番

ガラス、アクリル扉に使用できるスライド丁番や軸吊丁番がある

- 扉厚4〜7㎜

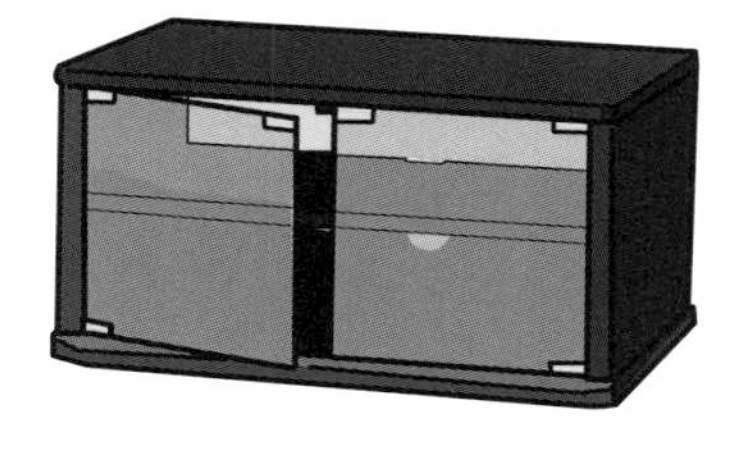

d. 長丁番

- ピアノ丁番とも呼ばれ、面積の大きい扉に対応
- 扉厚は羽根の大きさによる
- 開き角度180°
- アウトセット半かぶせ不可

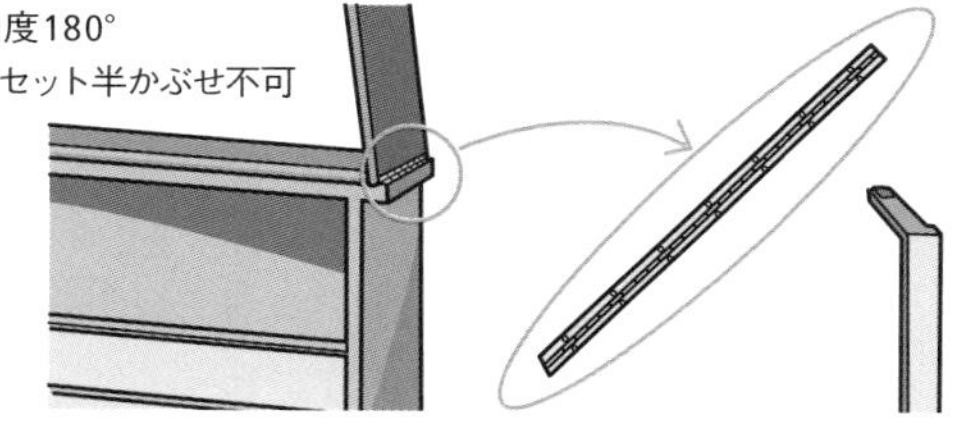

扉の厚さや大きさのほかに、重量のある扉に使う場合も注意が必要です。重い扉に使用するスライド丁番は、ヨーロッパ製の商品がお薦め。ヨーロッパでは家具のほとんどがベタ芯の扉のため、重い扉に対応した金物が豊富にあります。ガタツキがなく、長年使用しても扉がたれるようなことが少ないのです。また、カップ径が大きいからといって重い扉に対応しているとは限らないことにも注意。たとえばφ40カップの丁番は厚い扉に対応していますが、これはかぶせ量を大きくしたいときに使用するもので、重い扉用につくってあるわけではありません。

[丁番と組み合わせて使うダンパー]

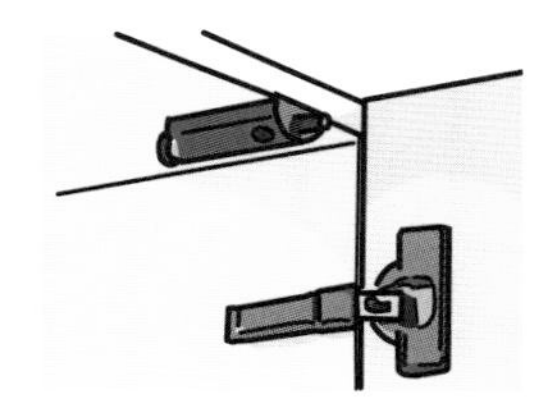

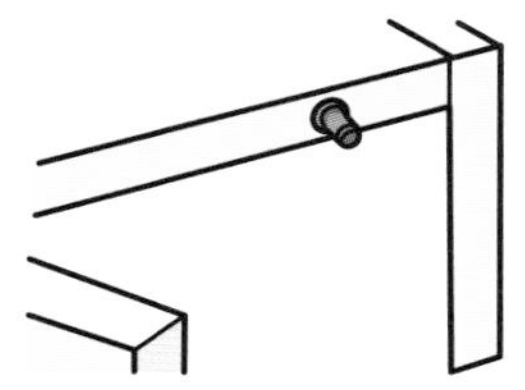

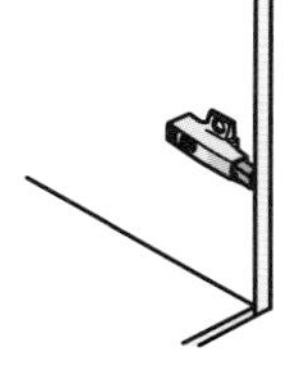

ソフトクローズ(扉がゆっくり閉まる)にしたい場合、キャッチ付きスライド丁番とダンパーを併用する方法もあり、後付けでもダンパーの取付けは可能です。

❻キャッチ、ラッチ、ロック

a.マグネットキャッチ

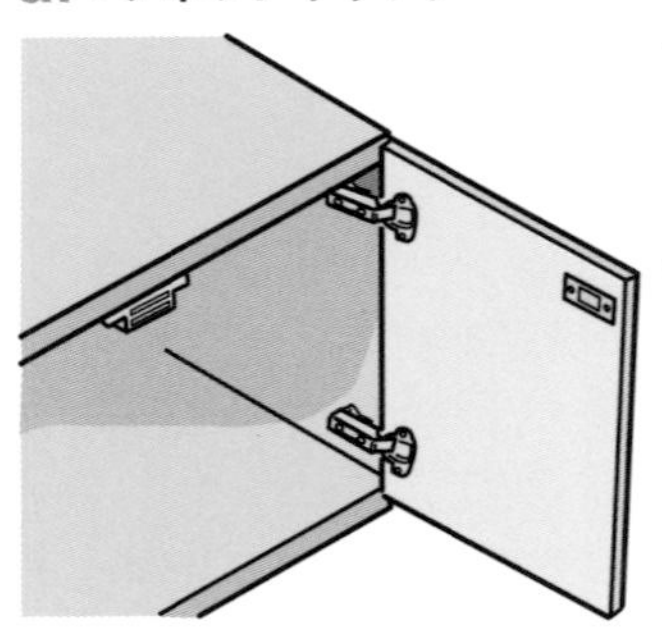

・磁石内蔵の本体をキャビネット側に、扉内側に受け金具を取り付けて扉を固定
・形状やサイズ、吸着力の種類が豊富
・すべて樹脂でコーティングされているタイプや、扉の反りに対応して磁石の強さを選べる

角型　丸型

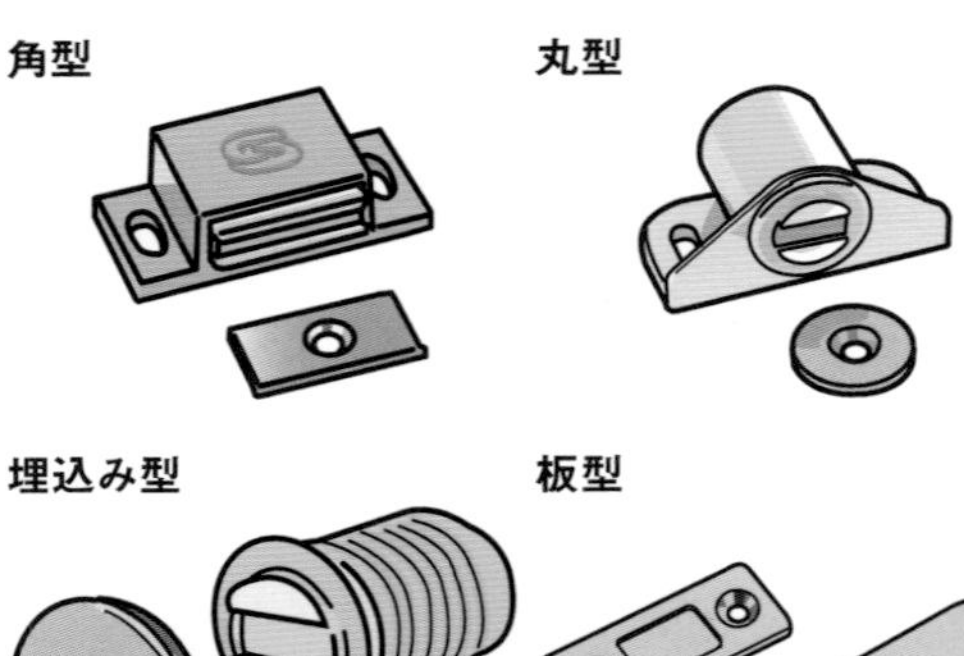

埋込み型　板型

b.ボールキャッチ、ローラーキャッチ

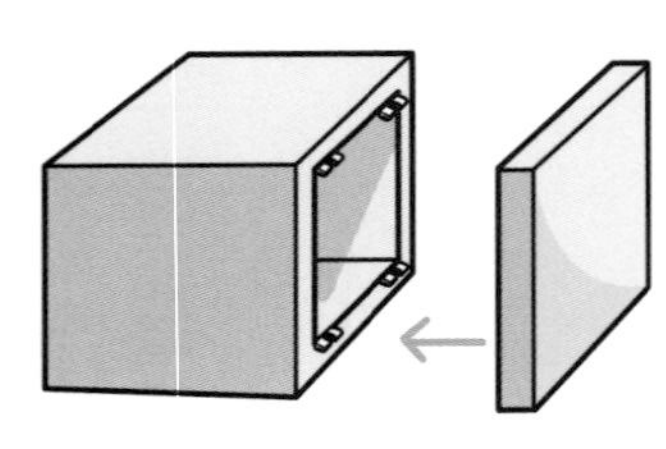

ボールキャッチ
・金物ボールで座金を挟み込んで扉を固定
・ボールと座金の取付け位置合わせに注意が必要
・マグネットキャッチよりも吸着力が強く、開閉頻度が高い扉には不向き

ローラーキャッチ
・ローラー内蔵の本体をキャビネット側に、扉内側に受け金具を取り付けて扉を固定
・本体と受け金具の取付け位置合わせに注意が必要
・引っ張らないとロックが解除されないので、閉まった状態を維持する必要がある場合に使用

ボールキャッチ

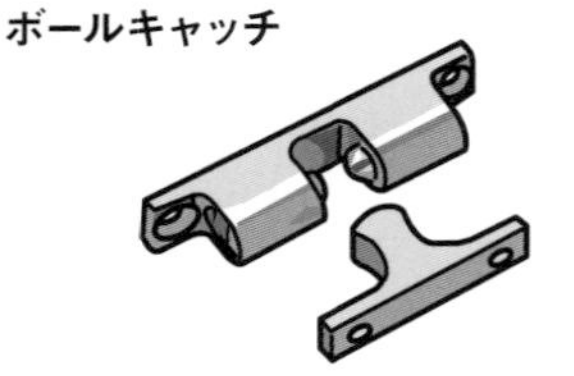

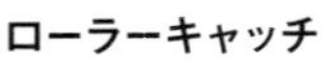

[最新! 使える耐震用インターロックシステム]

地震のとき、引出しが全部出て家具が転倒するのを防ぐ機能がプラスされたロック装置がこれ。インターロックは、スチール家具ではすでに使われているが、木製家具用に使えるものは少ない。

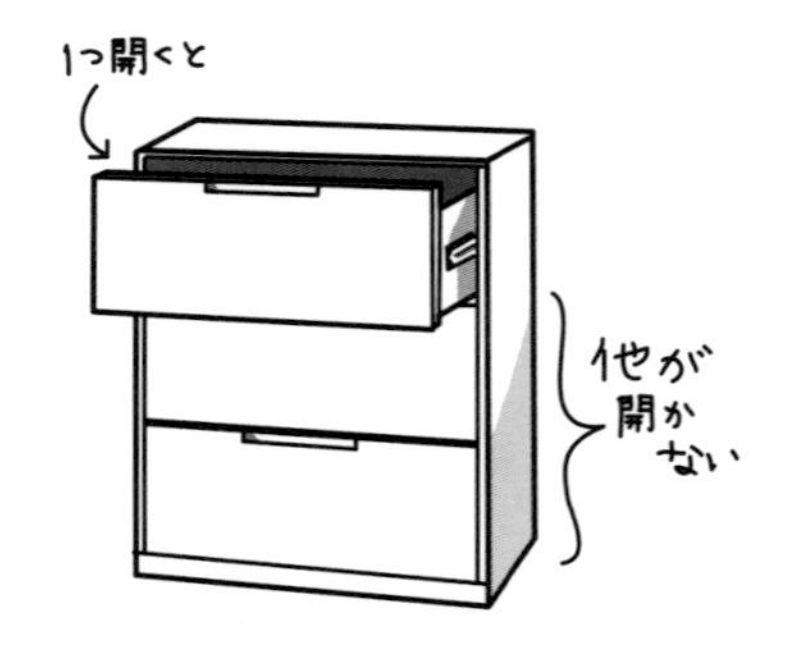

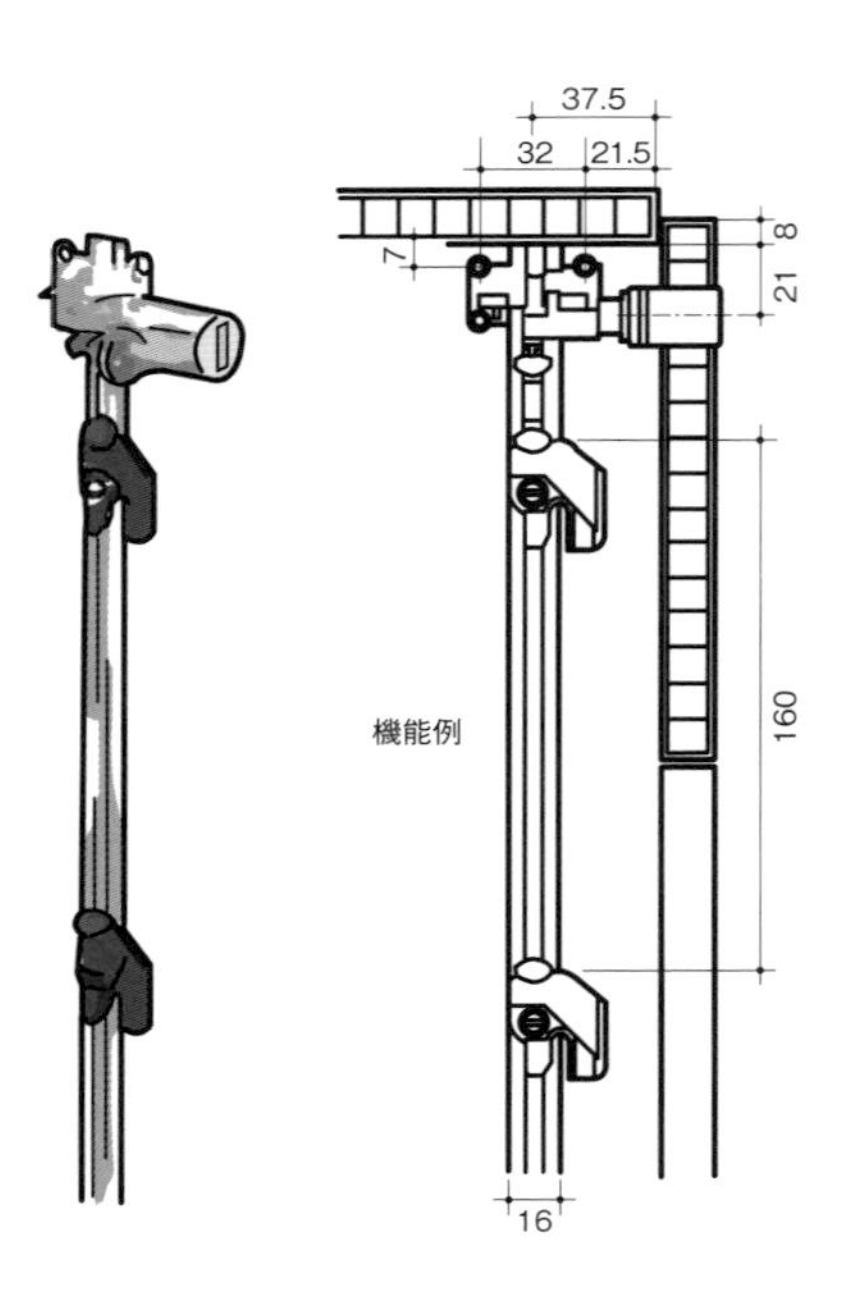

3.金物による接合

金物による接合は、釘接合のように直接部材に打ち込むものと、
木ねじやインサートナットによる接合のように、
前処理(打ち込んだりねじ込んだりする前に部材に下穴をあける)を
行う必要のある接合方法がある。
ねじ込みタイプはノックダウン形式の家具に用いられる

3-1 釘接合

要求強度によって、釘の大きさ（太さ、長さ）を容易に選ぶことができる。木材の種類、木材の繊維方向と打ち込み方向、釘の長さ、打込み間隔や位置などが強度性能に影響する

板厚と釘長さ

柾目面・板目面への打ち付け

木口面への打付け

板が割れない釘の打付け間隔

板の割れ

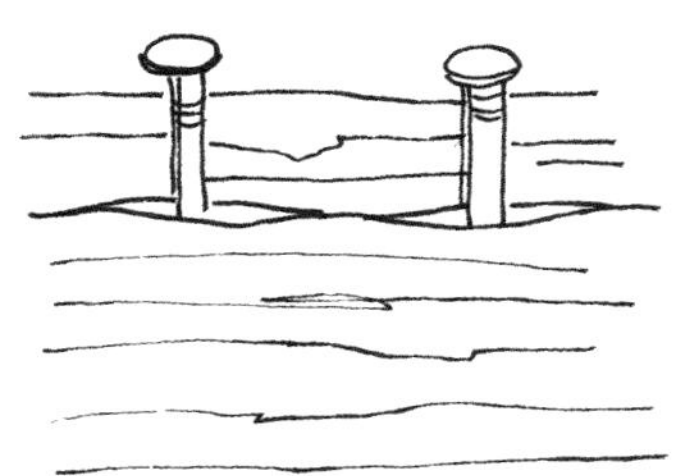

打付け方向と間隔

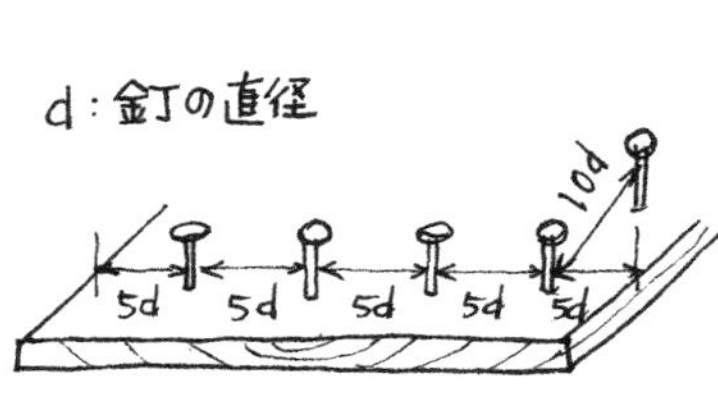

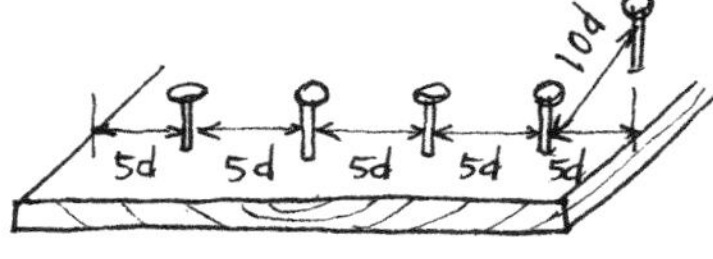

3-2 木ねじ接合

釘よりも大きな強度が必要で、あとから取り外したい個所の接合に用いられる。木ねじは釘の2倍以上の保持力だが、木ねじを玄翁（げんのう）などでたたき込むと、釘よりも低い保持力となるため適正な下穴をあけてねじ込む必要がある。針葉樹に適した下穴径は木ねじの首径の60％、広葉樹では80％である。ねじ部側（主材）のねじ長さは、側材厚の2.5～3倍程度とする。また、木口面にねじ込んだ木ねじの保持力は、板目面にねじ込んだ場合の約60％しか得られないため、主材は板目面となるようにする

木材中に形成されたねじ山

ねじ山の変形

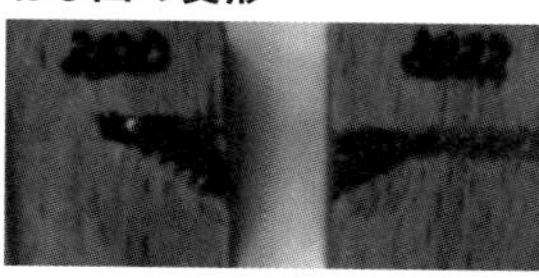

木ねじによるMDFの割れ

3-3 インサートナット

主材側にねじ込むインサートナットと、側材を通してインサートナットにねじ込むボルトで構成されている。打込みタイプとねじ込みタイプがある。両タイプともに下穴が必要であるが、ねじ込みタイプは下孔の管理が重要である

打込み式ナット

ねじ込み式ナット

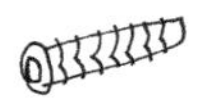

家具の正しい逃がし方

天井・壁からの逃げ

造作家具をきれいに納めるためには、必ず逃げが必要になる。家具が納まる部分の天井や床、壁は完全な水平・垂直ではないことが多い。そのため、天井との取合いには支輪を、壁との取合いにはフィラーを、そして床に対しては台輪を用いて削り合わせることで、寸法を調整するのである。

天井高いっぱいに家具を設置する場合、家具と天井との間には最低でも10㎜くらいの隙間がないと壁を傷つけてしまうおそれがある。ならば10㎜の隙間をとって支輪で調整すればよいと考えがちだが、実際は少なくとも20㎜くらいの遊びが必要だ。これは、支輪を削り合わせて調整する際、支輪の高さが10㎜だととても削りにくいからである。また、仮に天井の高さが左右で5㎜ずれていると、支輪の見え掛かりが両端が5㎜から10㎜まで変化することにより、斜め加減が目立ってしまう。「最低でも20㎜」とする支輪の高さには、この問題を解消する目的もある［図1］。

図1 支輪の断面

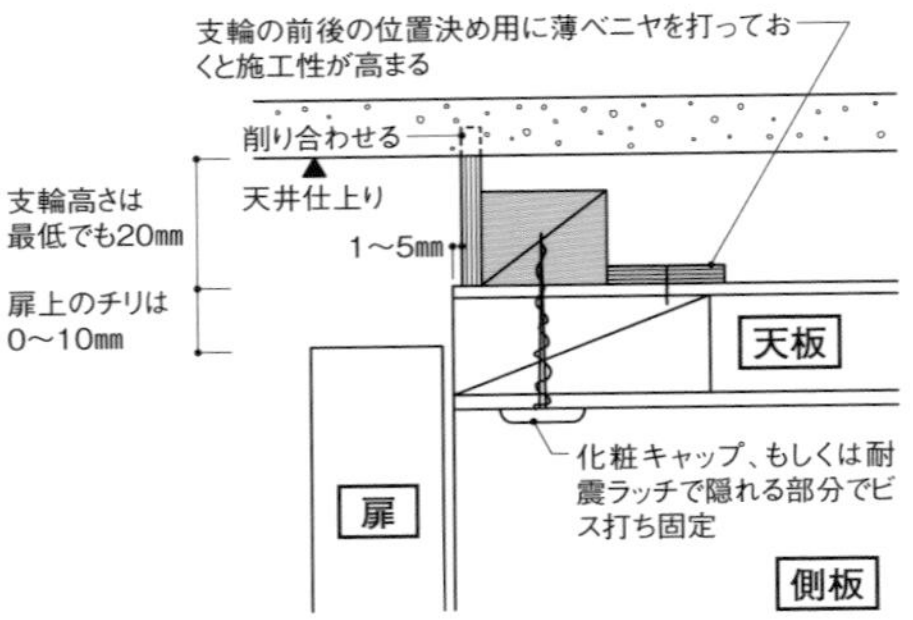

支輪の前後の位置決め用に薄ベニヤを打っておくと施工性が高まる
削り合わせる
天井仕上り
支輪高さは最低でも20㎜
扉上のチリは0〜10㎜
1〜5㎜
天板
化粧キャップ、もしくは耐震ラッチで隠れる部分でビス打ち固定
扉
側板

写真1　削り合わせしやすいように工場で決りを入れたフィラー

壁については、縦方向にフィラーを入れて壁との取合いを調整する。基本的な考え方は支輪の場合と同じで、幅は20㎜を基本とする。フィラーがあまり大きくなると、意匠的にしまりがなくなるので注意が必要である［図2］。

フィラーは、下地材と化粧板とを別々に製作し化粧板を削り合わせて張り込む方法と、一体で製作する方法がある。一体で製作する場合、工場では

図2 フィラーの平面

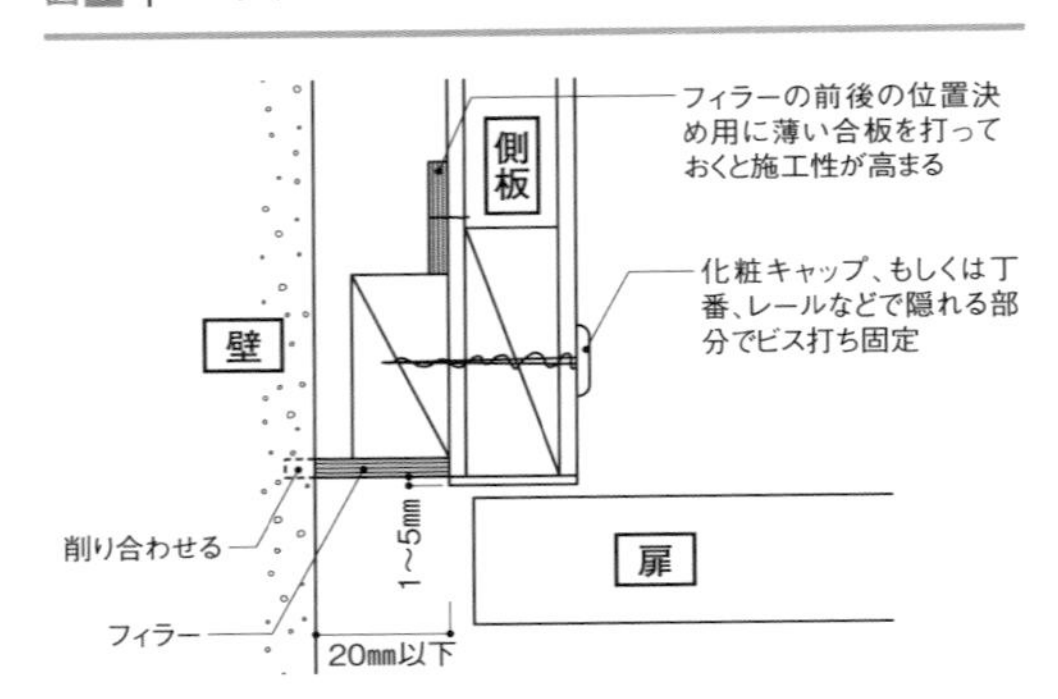

図3 台輪と幅木の取合い

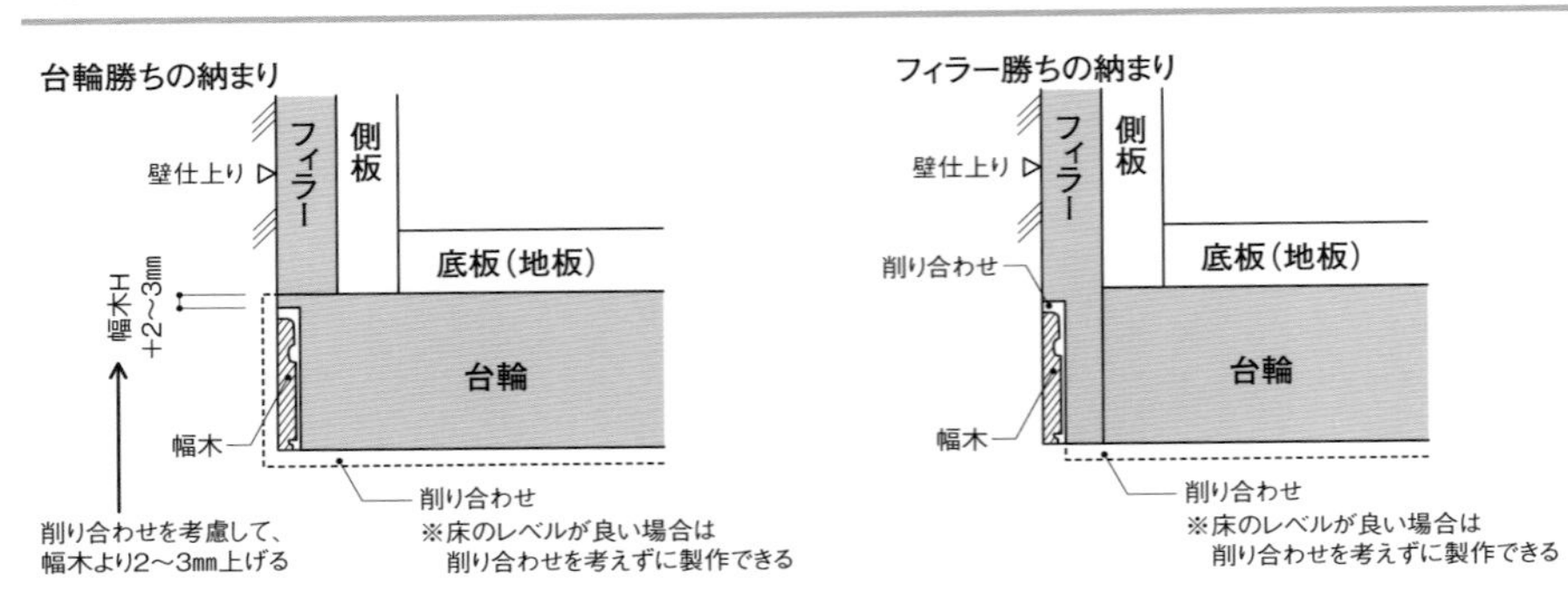

一手間かかるが、現場での施工時間の短縮を図ることができる［写真1］。

床・壁からの逃げ

床との取合いは台輪で調整する。まず、台輪の高さは幅木を目安にするとよい。台輪が幅木よりも低いと、掃除の際、掃除機が扉に当たるなどの弊害が生ずる可能性がある。また削り合わせて高さを調整する場合も考慮して、台輪は幅木より若干高く設定するとよい［図3］。

床のレベルが不均一な場合、台輪を削り合わせて調整することになるが、台輪は支輪やフィラーと異なり家具の重量を受ける部分なので、納め方には注意が必要である。

まず家具の採寸時、レーザー墨出器などを使い、床のレベルをしっかり測ることが大切である。床のレベルを把握していれば、事前にどのような形状で台輪を納めるか計画することができる。

不陸がなければ、台輪を削ることを考えずに製作できるが、不陸がある場合には、正面の見え掛かりの化粧板と台輪本体部分を別々に製作する。台輪本体のレベルを見ながら設置し、最後に化粧板を削り合わせて張り込むことで、きれいな仕上がりになる［図4］。

ジョイント

写真2　箱の側板はあえて仕上げていない。ジョイントは2カ所ある

ジョイント

写真3　サイドパネルを設置すると、ジョイントが隠れすっきりとした印象に変わる

図4｜化粧板を別づくりにして後張りする納まり

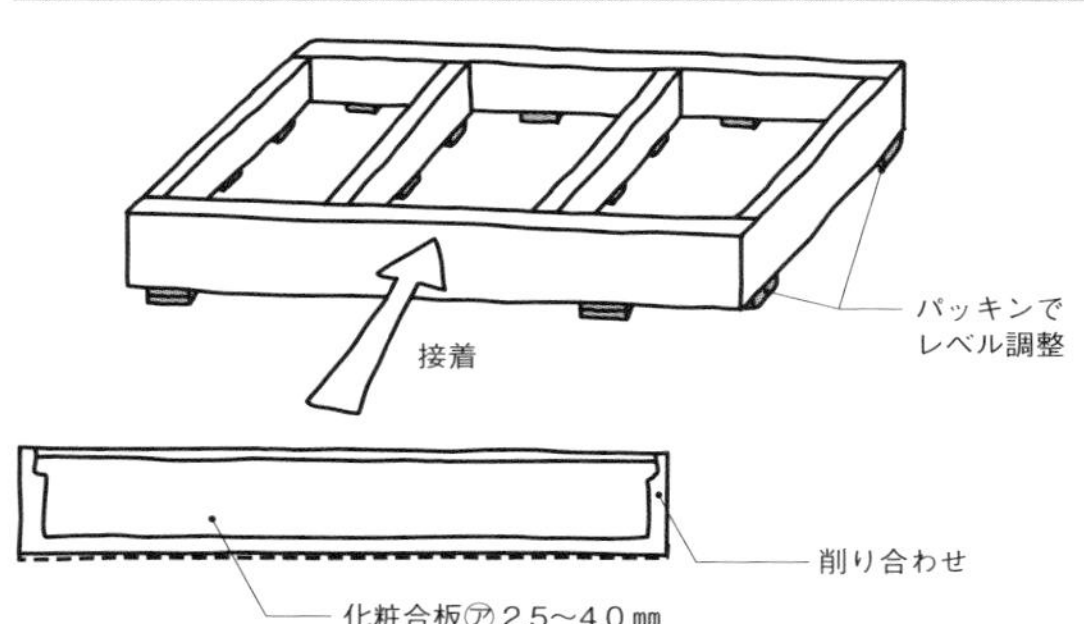

ここで一番大切なことは、とにかく正確な現地調査（採寸）である。壁や床の垂直・水平の具合、障害物（梁形のような出っ張りなど）の有無を把握することで、ぴったりと納まる家具ができ上がるのである。

高い天井高いっぱいに家具を据え付けるケースでは、家具を上下に分割して納めることがある。このとき、箱の側面に露出するジョイント部分を壁などで隠せない場合は、サイドパネルを付けるとよい［写真2・3］。扉と同じ素材でつくることで高級感も出る。ただし、当然ながら付けない場合に比べてコストがアップ（450×3010㎜で2万円程度）するので、注意が必要である。

カウンター（天板）の逃げ

カウンター（天板）の逃げの方法は、

図5｜天板を壁に納める

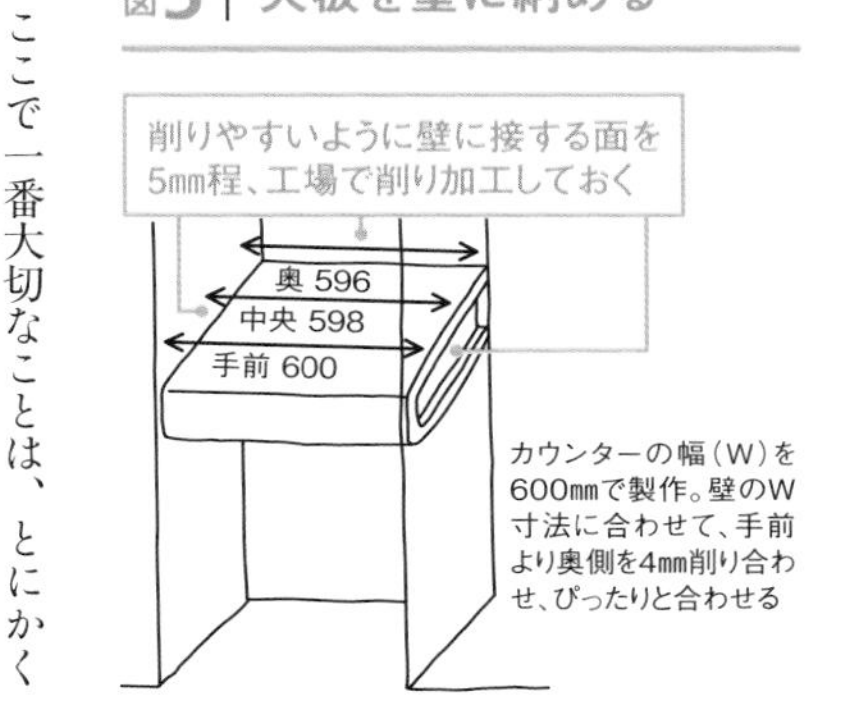

削りやすいように壁に接する面を
5㎜程、工場で削り加工しておく
奥 596
中央 598
手前 600
カウンターの幅（W）を600㎜で製作。壁のW寸法に合わせて、手前より奥側を4㎜削り合わせ、ぴったりと合わせる

大きく2種類に分けられる。

　1つめはフィラーや支輪と同じ手法、削り合わせである。素材が木であれば、壁との取合い部分をあらかじめ削り合わせしやすいように加工しておき、現場で壁に合わせて削り合わせていく［157頁図5］。ここでの注意点は、削っては確かめの作業を繰り返すなかで、仕上材（クロスや塗装）を傷つけないようにすることである。

　2つめは、壁から数mmの逃げを前もってつくり、それによって生じた隙間をシリコーンシーリングなどで埋める方法である。こちらは、天然石やメラミンポストフォームカウンター、人工大理石など、削り合わせが困難な素材のときに用いる。壁の採寸時には、壁の前後の幅とコーナー部分の矩手（かねて）（直角）を確認し、あらかじめ2～3mm逃がして製作する［図6］。

　カウンター設置後、シリコーンシーリングやジョイントコークを充填する。注意点は、カウンターが納まる部分の正確な採寸。シーリングを平滑に均すのも技術が必要だ。

図6｜カウンター（天板）の逃げ（平面）

指矩（さしがね）などを用いて矩（90°）が出ているか、確認する
奥
中央
前
2～3mm逃げる
※左右、後方とも
壁仕上がり
奥行き寸法
カウンターが納まる高さで、幅（奥から手前まで3個所程度）と奥行き（左右とも）を測り、製作寸法を決める

自動火災報知器からの逃げ

　改正消防法が施行され、2006年6月からすべての住宅に住宅用自動火災報知器（自火報）の設置が義務付けられた。

　自火報は直径が100mm前後、高さが50mm前後のものが多く、家具の手前にある場合、扉が当たって90°開かないこともあるので注意が必要である。

　逃げ方としては支輪を高くして自火報を避ける方法がある。自火報の高さが50mmの場合、支輪を50～60mm程度で製作すればよい［図7］。ただし、壁面いっぱいの壁面収納などでは意匠的に間延びする場合があるので、家具の色や横方向のサイズなどを含めて検討したほうがよい。

　扉と自火報との位置関係によっては、支輪を高くしなくてもよい場合があるので、平面的な位置関係を正確に作図し、確認する［図8］。

　また、扉が90°までは開かなくても、収納する物の出し入れに問題がない場合は、角度制限付きの丁番を使用したり、金物（スガツネ工業 S型ステーなど）を使ったりして、自火報の手前で扉をストップさせる方法もある［写真4］。

S型ステー

写真4　S型ステーを使って報知器の手前で扉をストップさせる

図7｜自動火災報知器からの逃げ（断面）

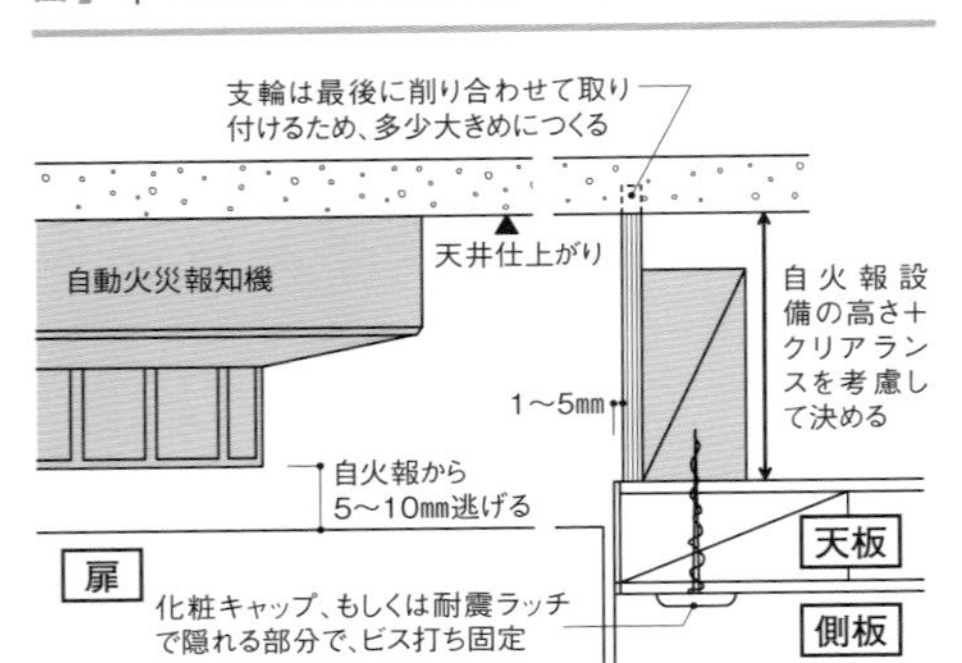

点検口・換気口からの逃げ

　長期優良住宅制度の推進などにより、壁などに点検口を設けることが多くなった。点検口が家具の設置個所と重なった場合は、当然逃げが必要になる。

　点検口を家具の箱の内部に設けるケースは多い。その際、そのまま側板や背板をくり抜いて露出させる方法［写真5・6］と、側板などを外せるよう

写真5　点検口を箱の中で露出させているが、その部分（丸部分）の棚板も使えるように工夫している

写真6　家具の側板をくり抜いて点検口をそのまま箱の中で露出させている

にする方法がある［写真7〜9］。点検口の位置、家具の形状は現場ごとに異なるので、臨機応変な対応が必要である。

コンセントからの逃げ

壁にあるコンセントにも注意が必要だ。コンセントカバーの見込み厚さだけならフィラー（幅20㎜程度）で十分逃げられるが、そこにプラグが差し込まれていると、引出しはぶつかって途中までしか引き出せなくなる。

家具を企画する場合、コンセントの使用頻度を確認して形状などを決めることが大切である。FIX材などを用いて逃げるも1つの方法である［写真11］。

カーテンボックスやエアコンからの逃げ

壁一面に収納を設ける場合、カーテンボックスやエアコンが障害物となる場合がある。扉の形状をひと工夫することで、収納も充実し、かつ意匠性も損なわない納まりにすることができる。

具体的には、たとえばカーテンボックス部分を欠き込んだ扉形状にすれば、壁際まで有効に収納スペースをとることが可能だ［写真10］。ただし、カーテンボックスにからむ家具の場合、カーテン溜まりの位置やカーテンの開き勝手、使い勝手を、必ず建築主と打ち合わせることが重要である。

扉を分割することも有効だ。エアコンなどの障害となるものまでの距離、梁やカーテンボックスなどのサイズを総合的に判断し、扉を分割するという手法である［写真10・左］。

［増田憲一］

図8｜自動火災報知設備からの逃げ（平面）［S=1:30］

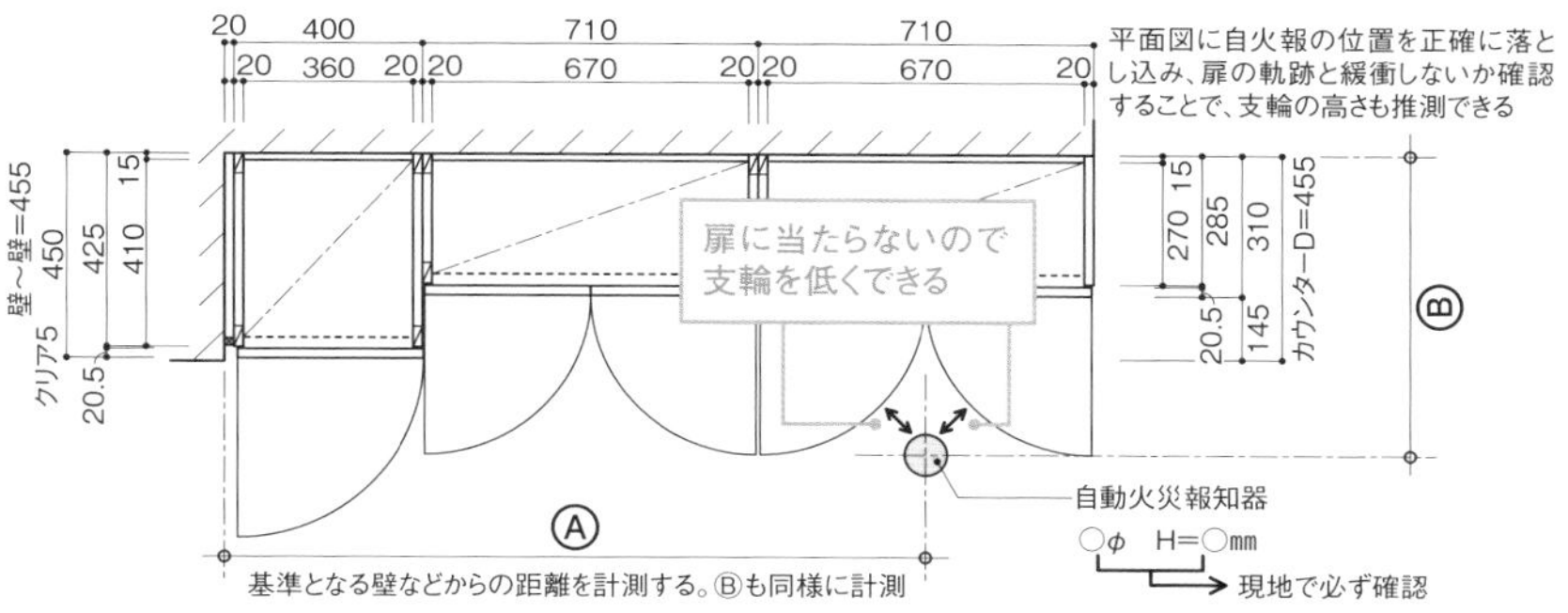

20 400 710 710
20 360 20 20 670 20 20 670 20
平面図に自火報の位置を正確に落とし込み、扉の軌跡と緩衝しないか確認することで、支輪の高さも推測できる
壁～壁=455
450
425
410
15
クリア5
20.5
扉に当たらないので支輪を低くできる
270 15
285
310
カウンターD=455
20.5
145
Ⓑ
Ⓐ
自動火災報知器
○φ H=○㎜
現地で必ず確認
基準となる壁などからの距離を計測する。Ⓑも同様に計測

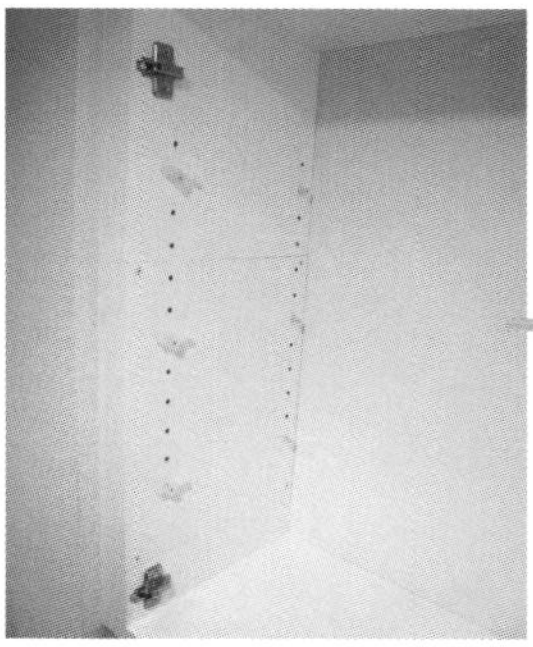

写真7　普通の箱に見えるが、壁には点検口がある

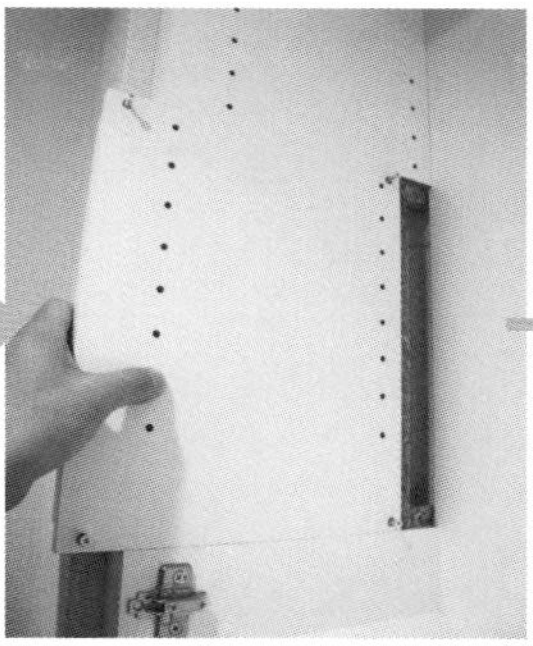

写真8　側板の一部をスライドさせる

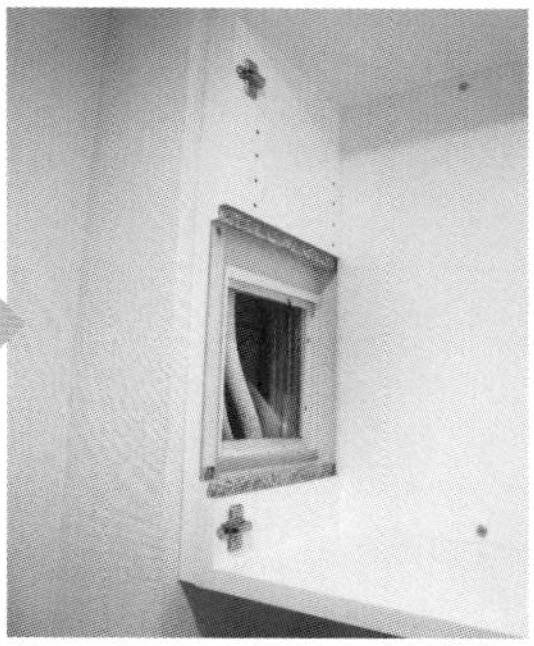

写真9　壁に設置された点検口が現れる

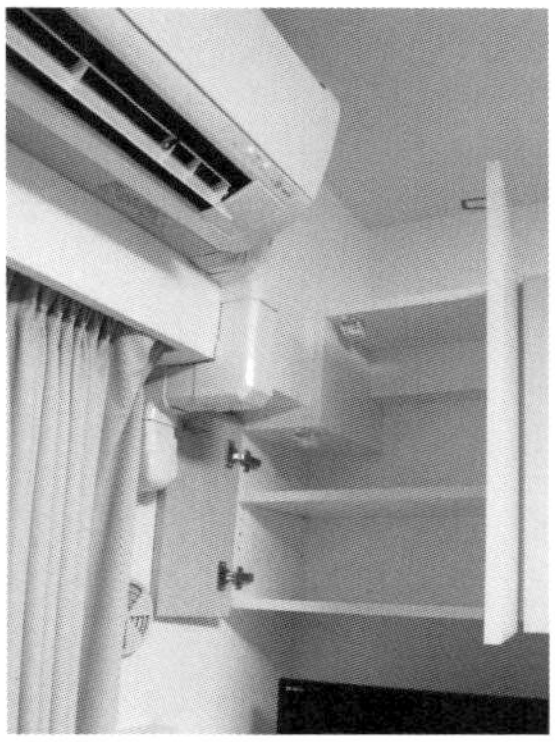

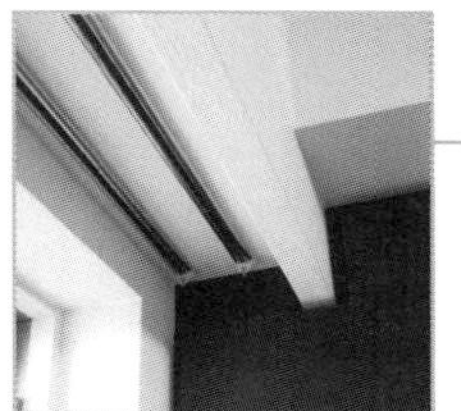

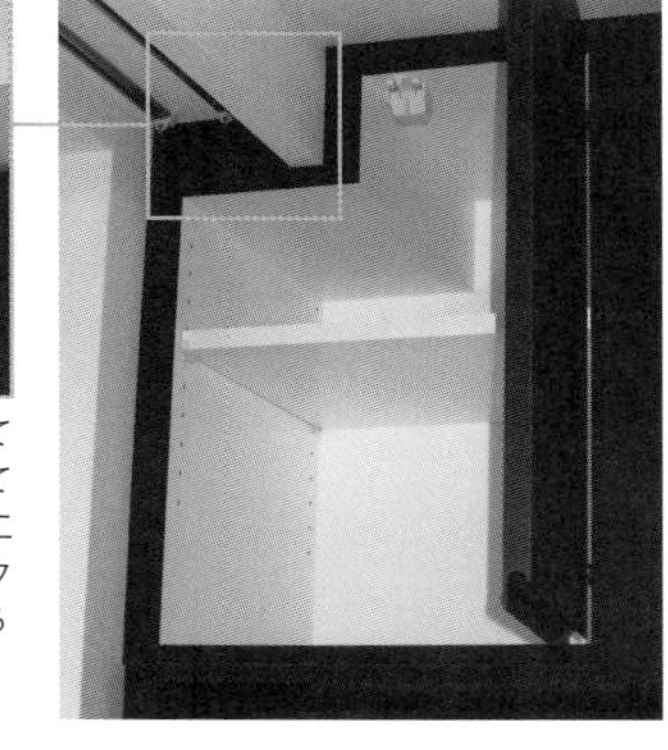

写真10　左／扉を分割して逃げている　中／扉が閉じている状態　右／扉の形状を工夫することでカーテンボックス下まで収納スペースになる

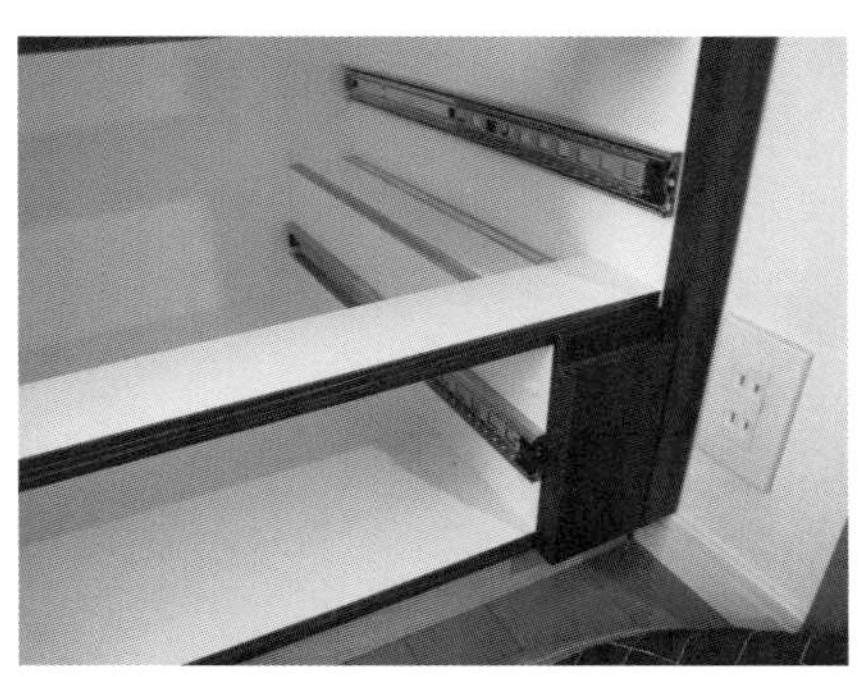

写真11　手前にコンセントがあるため、FIX材で逃げをとっている

見せたくない配線の納め方

配線の納め方は5つ

AV機器、薄型TV、PCなどを収納する家具を設計する際は、配線ルートを確保することが必要になる。電源ケーブルやTVのアンテナ、LANケーブルなどを家具の内部に通すのだが、その方法はコンセントの位置と家具の扉の組み合わせにより、大きく5種類に分けられる［図1］。

A（コンセントが背面、開き扉）の場合、家具の背板をくり抜き、コンセントを露出させる。そして家具の側板や棚板を欠き込み、配線ルートを確保する［写真1］。欠込み部分の大きさ

図1｜配線を納める5つの方法

A. コンセント位置が箱の背面、家具が開き扉の場合

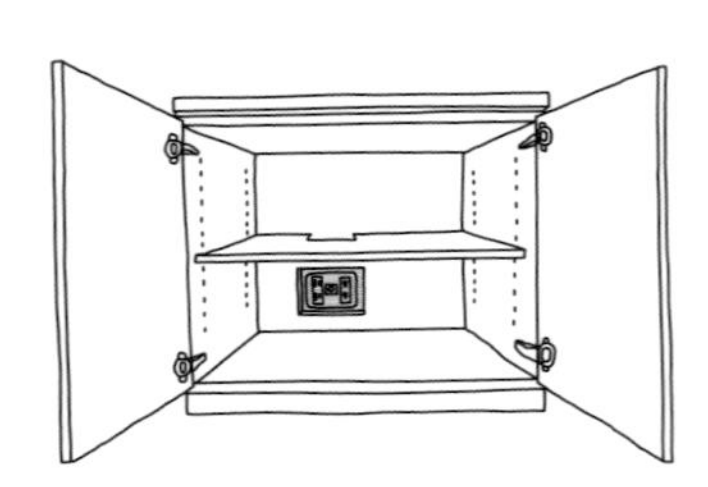

B. コンセント位置が箱の背面、家具が引出しの場合

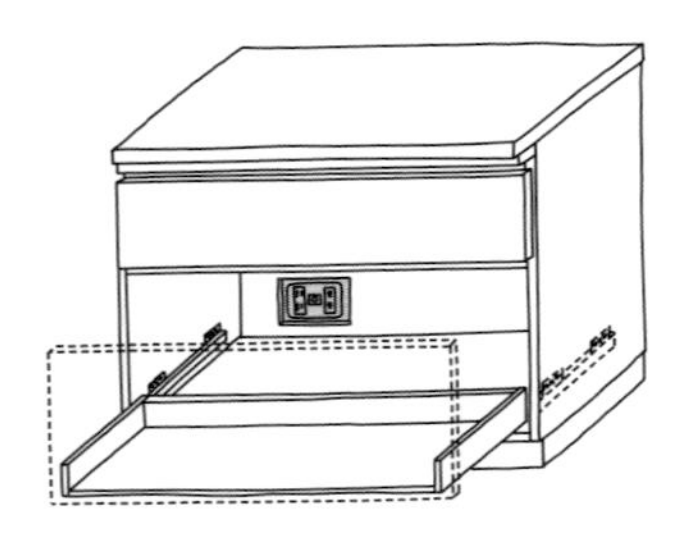

C. コンセント位置が箱の側面、家具が開き扉の場合

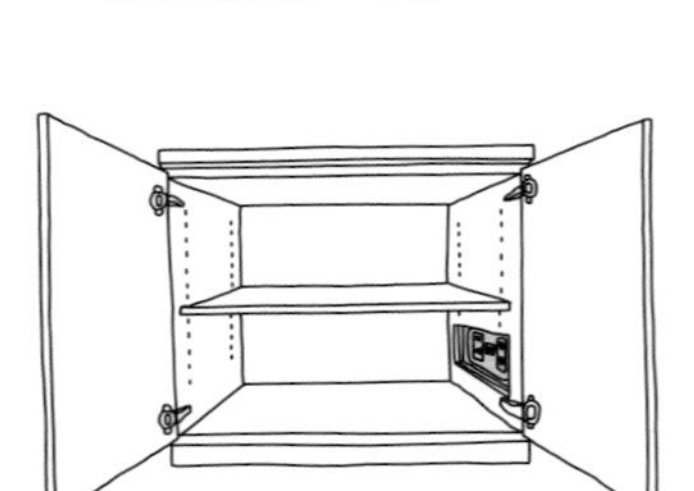

D. コンセント位置が箱の側面、家具が引出しの場合

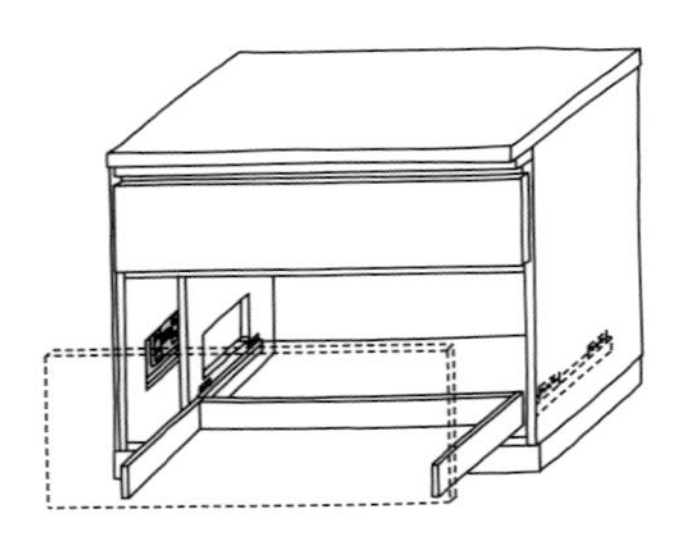

E. コンセントが家具で隠れない場所にある場合

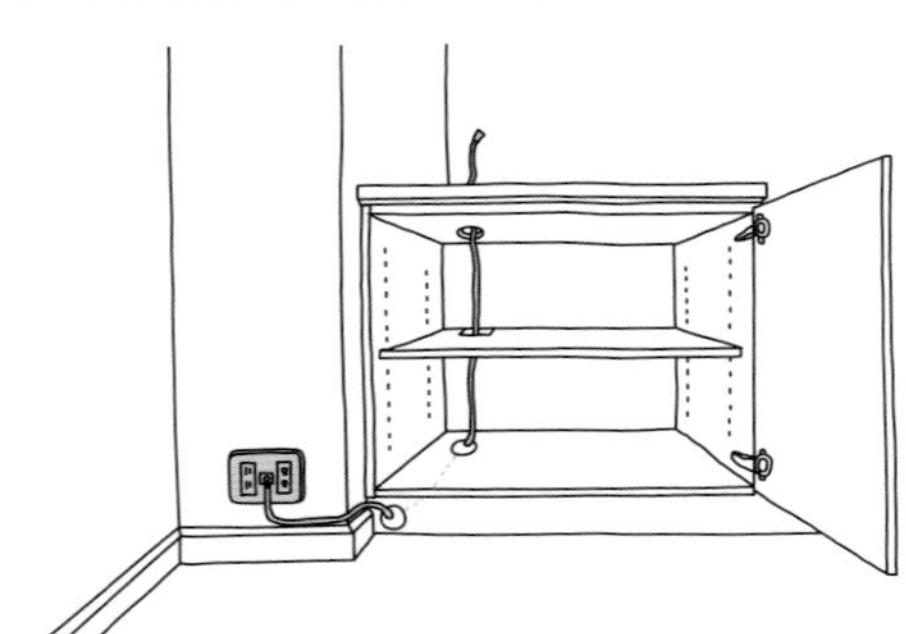

図2｜Aパターンの配線方法

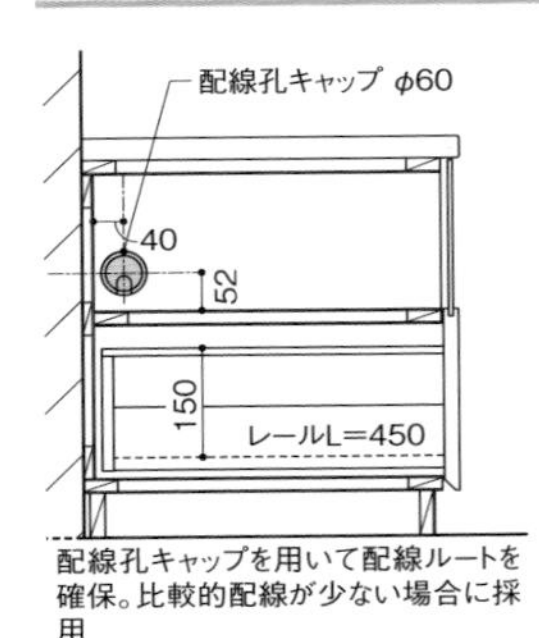

配線孔キャップを用いて配線ルートを確保。比較的配線が少ない場合に採用

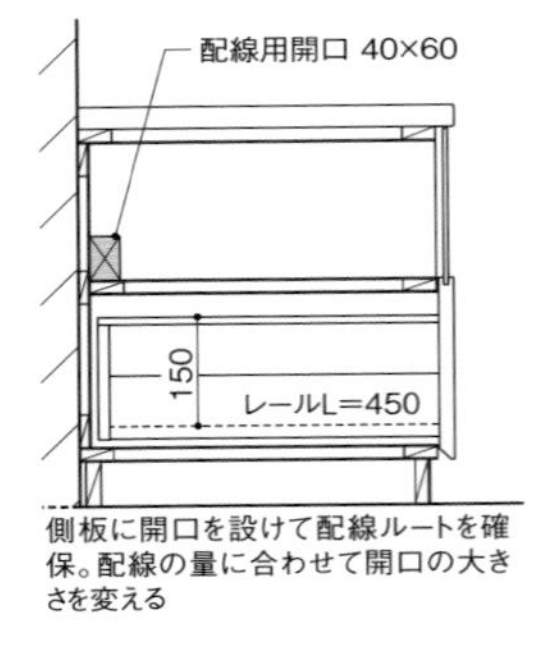

側板に開口を設けて配線ルートを確保。配線の量に合わせて開口の大きさを変える

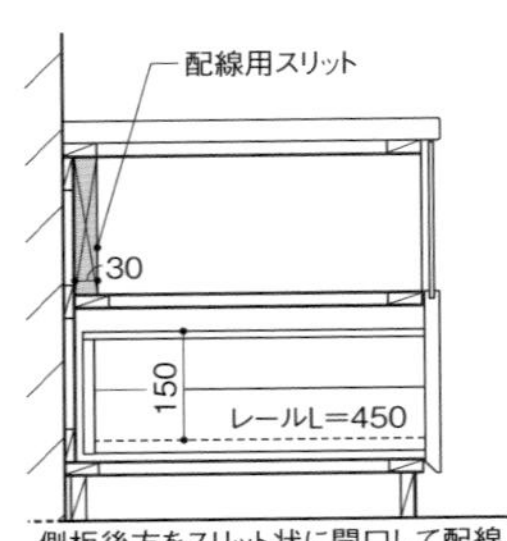

側板後方をスリット状に開口して配線ルートを確保。配線および接続する機器が多い場合に有効

図3｜Bパターンの配線方法

既存コンセントがあるため、引出レールの長さを上部の物より50㎜短くし、配線するスペースを確保

45　30

レールL400

58

レールL400

レールL350

配線孔 50□

443

写真1　家具の背板をくり抜きコンセントを露出させた。棚板、側板には通線ルートの欠込みを入れてある

は、配線の数や機器の差込みプラグの大きさなどを考慮して決める［図2］。

B（コンセントが背面、引出し）の場合には引出しの奥行き（レールの長さ）を短くすることで対応する［図3］。引出し後方の空き寸法は、差込みプラグの大きさなどを考慮して決定する。

C（コンセントが側面、開き扉）の場合は基本的にはAと同じだが、コンセントが側面にあるので家具の側板を欠き込み、コンセントを露出させる。

ここで注意したいのが、通常、側板側には、家具の納まり上の逃げとしてフィラーが入ること。フィラーの厚み分（20㎜ほど）、コンセントの欠込み部に隙間がでる。これをキャビネットと同材のフィラーやウレタンフォームなどで埋める必要がある［写真2］。

また、壁の内部のコンセントまで来ている電源などのケーブルの長さに余裕がある場合、側板を欠き込まず、側板に直接コンセントを移設する場合もある。そして、目的の機器まで配線ルートを確保する。また、側面にコンセントがある場合、それが家具の奥行き方向に対し中央や手前に来ることもあるため、配線を一度底板の下に通すこともある［写真3］。見た目はすっきりするが配線には手間がかかるため、底板に点検口を配置する必要がある。

写真2　壁と側板の間にフィラーと同じサイズの隙間ができるので必ずふさぐ

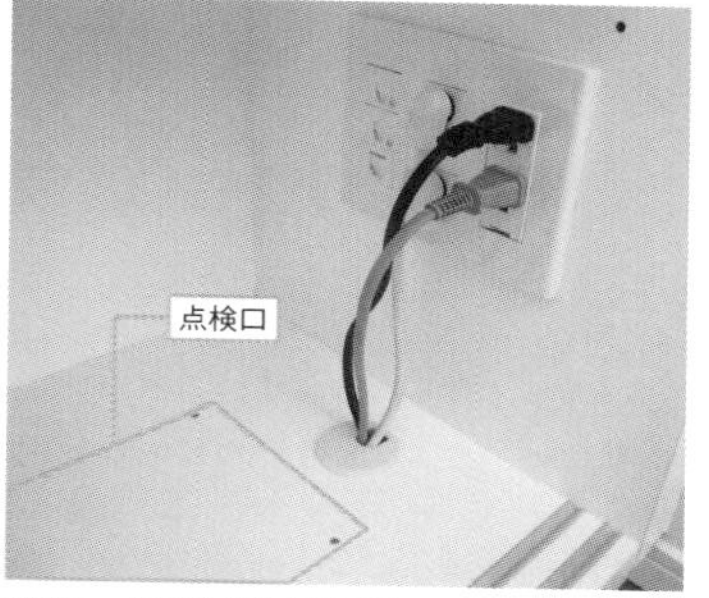

写真3　配線を地板（底板）の下に落としている。また、配線しやすいように各箱の地板（底板）に点検口を設けている

隠せない場合はどうする?

D（コンセントが側面、引出し）の場合は、コンセント部分に引出しのレールが来てしまい、最も難しい納まりになる。コンセント面にはレールを付けられないので、側板の手前にもう1枚、レール取付け用の方立を設ける［図4］。方立の分、引出しの有効幅は減ってしまうが、意匠性を損ねずに配線ルートを確保できる。

E（コンセントが隠れない）の場合、家具の納まる位置にコンセントがないため、いかにすっきりと配線を家具に取り込むかがポイントになる。コンセントが家具のカウンターより上部にある場合は、カウンター面に配線孔キャップなどを用いて家具内に配線を取り込む。コンセントがカウンター面よりも下部にある場合には、できるだけ視線の下にある台輪などから内部に取り込む［写真4］。取込み口には配線孔キャップなどを付けるが、その径を決める際、差込みプラグの大きさを確認しておくことが大切だ。［増田憲一］

配線孔キャップ

写真4　コンセントが家具より離れた場所にあるため、配線孔キャップを台輪に取り付け、そこから配線を家具内部へ取り込む

図4｜Dパターンの配線方法

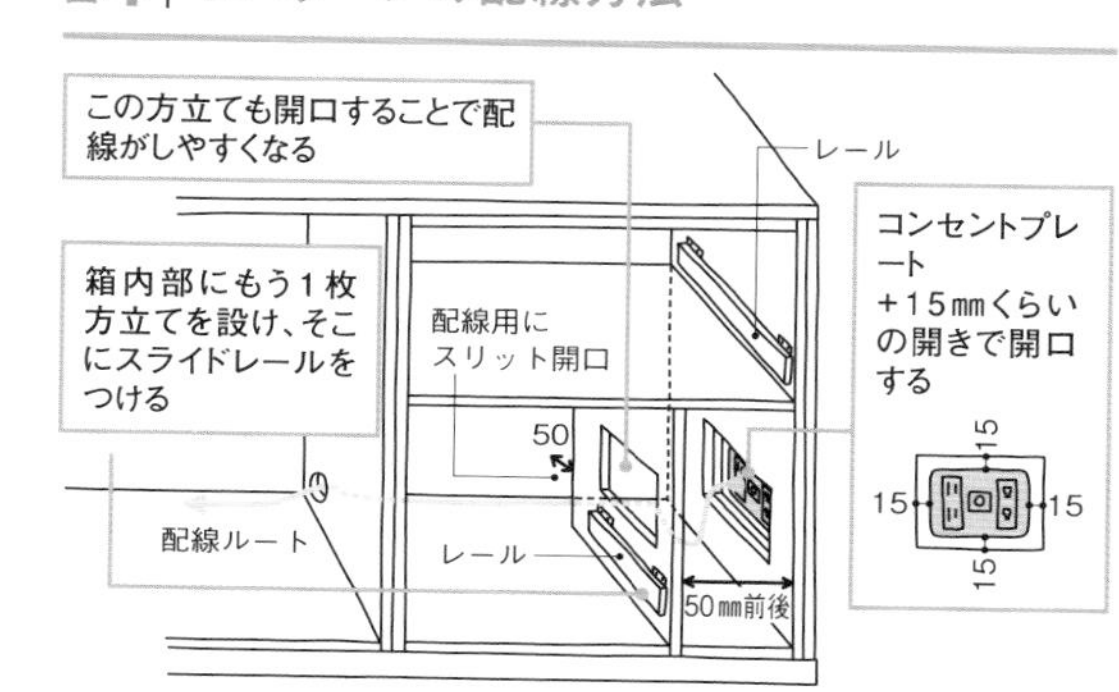

ビジュアルコラム

インテリアがとけ込んだ建築

―構造を通じてできる今までにないインテリア―

遠藤政樹・上原直樹／EDH遠藤設計室・千葉工業大学

1. 敷地に立つ。現況の問題点をさぐる

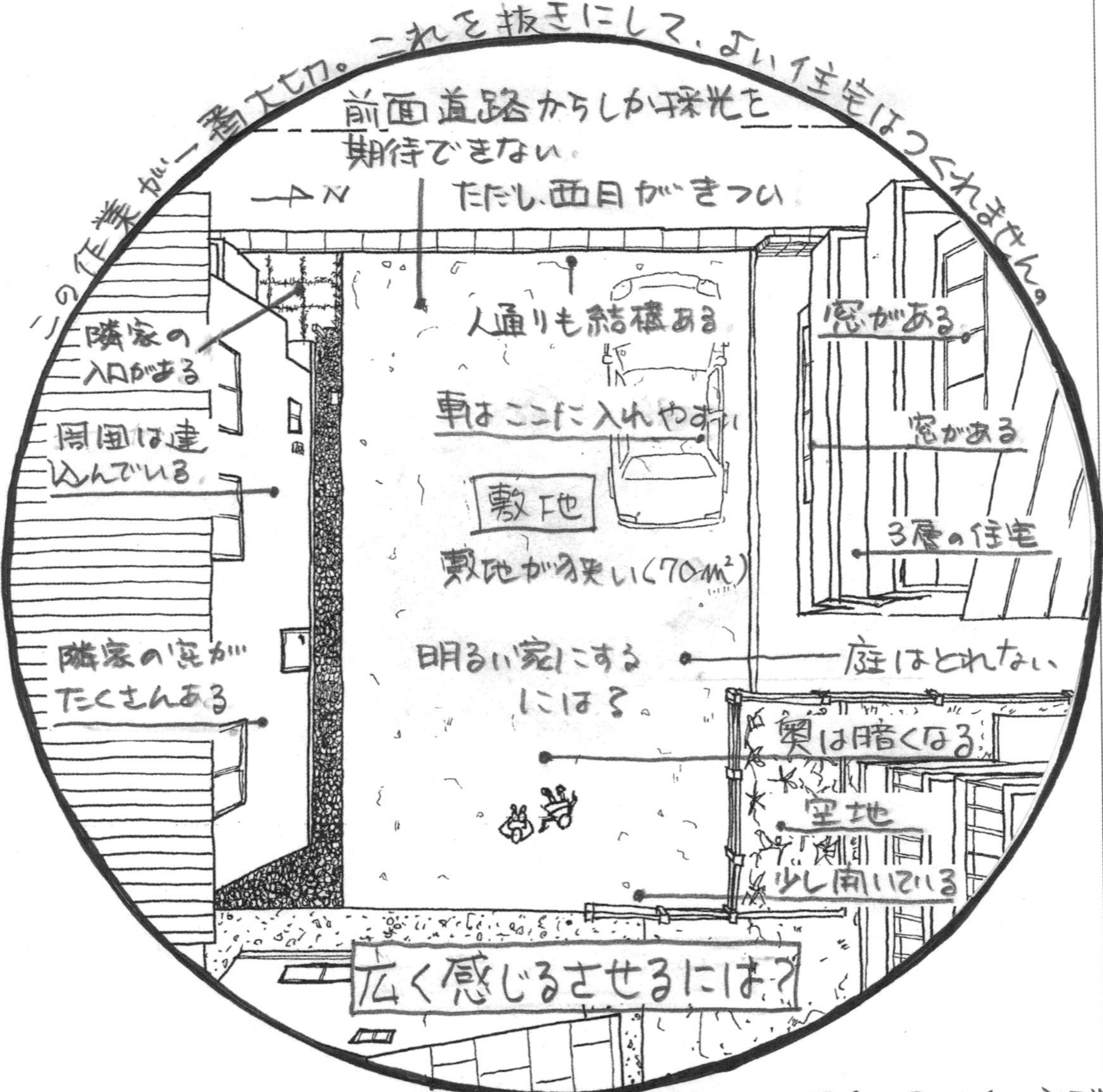

今までにないインテリアは、構造や施工に絡めていくことで可能になります。様々な段階で、試みの検証を行います

参考文献：建築知識1988年5月号「ペタンランゲージを用いた家具つくり」

2. スキンのようなインテリアをつくる

構造と絡んだインテリアデザイン

吹抜けとなる2層分のすっきりしたBOX共有部をつくる

できるだけ大きく

グリッドの隙間から採光。そのための柱間隔と大きさを、構造的に検討する

ドアもグリッドに合わせたデザイン

駐車場は、小さくても一番入りやすいところに。工事中は資材置場となる。

小部屋は周りに配置。1階は台所と主寝室に。2階は2人分の子供部屋

中央は物見やぐら
1階は、浴室
2階は、学習コーナー

3. モックアップ製作 照度測定を行う

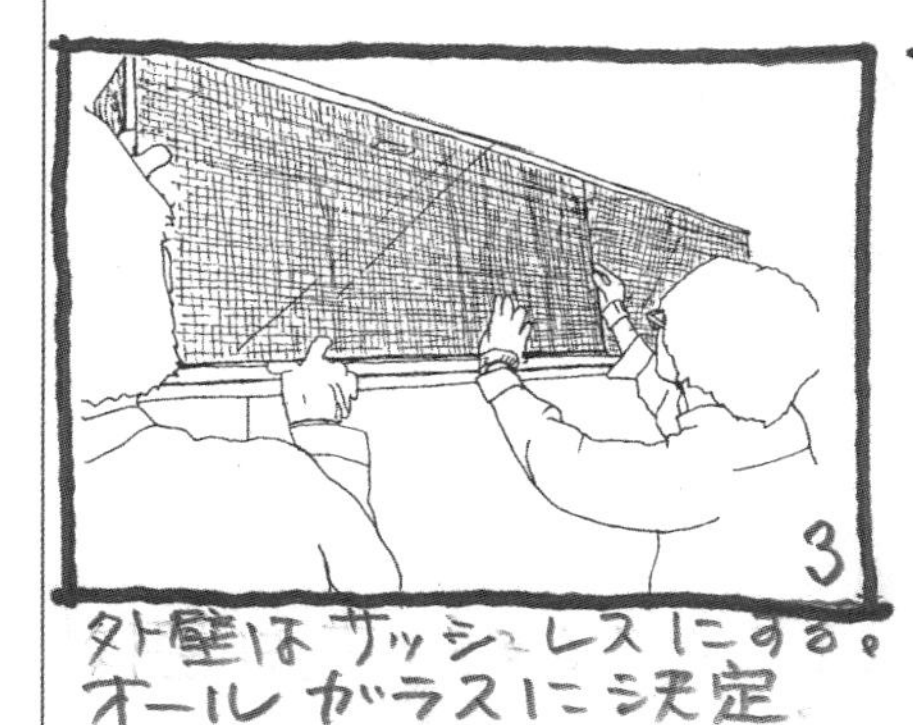

外壁はサッシュレスにする。オールガラスに決定

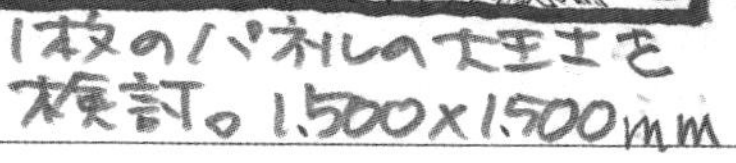

1枚のパネルの大きさを検討。1,500×1500mm

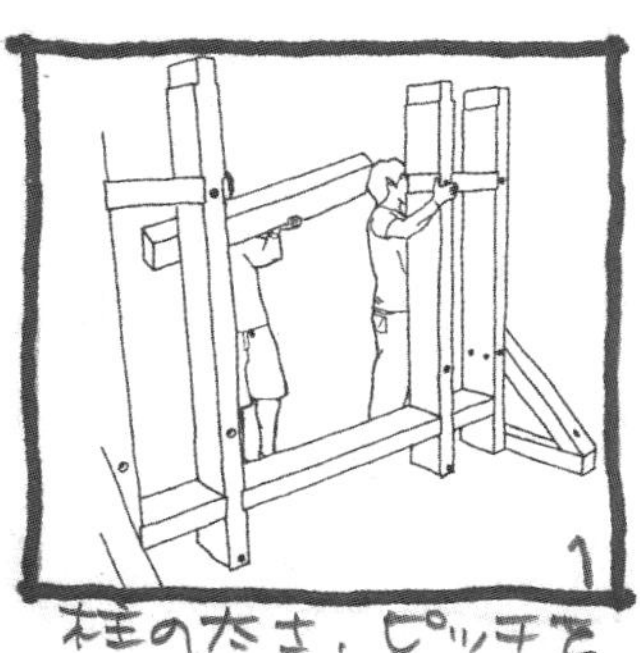

柱の太さ、ピッチを決める。ディテール検討

(財)トステム建材産業振興財団平成21年度助成研究

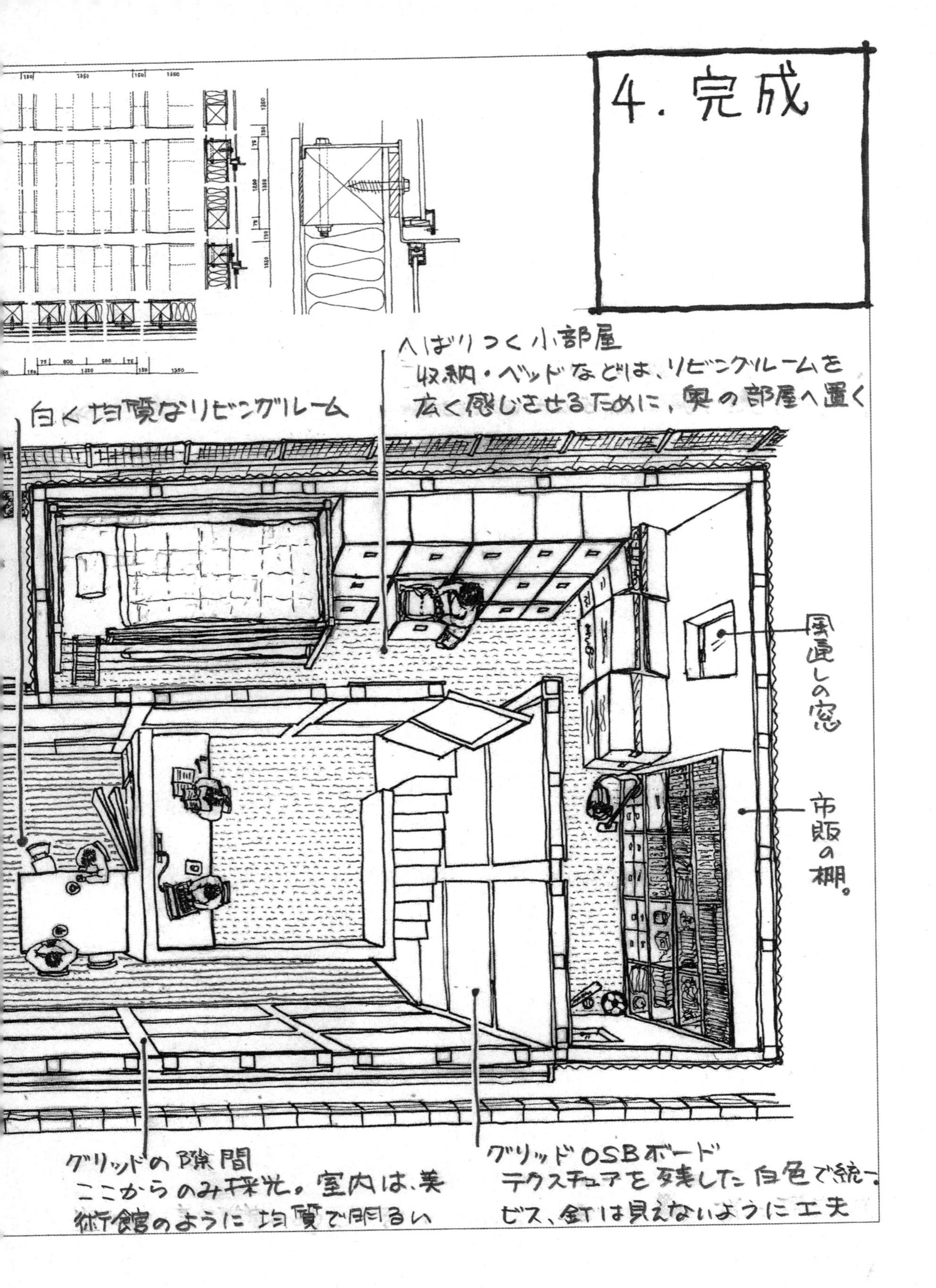
4. 完成
へばりつく小部屋
収納・ベッドなどは、リビングルームを
広く感じさせるために、奥の部屋へ置く
白く均質なリビングルーム
風通しの窓
市販の棚。
グリッドの隙間
ここからのみ採光。室内は、美
術館のように均質で明るい
グリッドOSBボード
テクスチュアを残した白色で統一。
ビス、釘は見えないように工夫

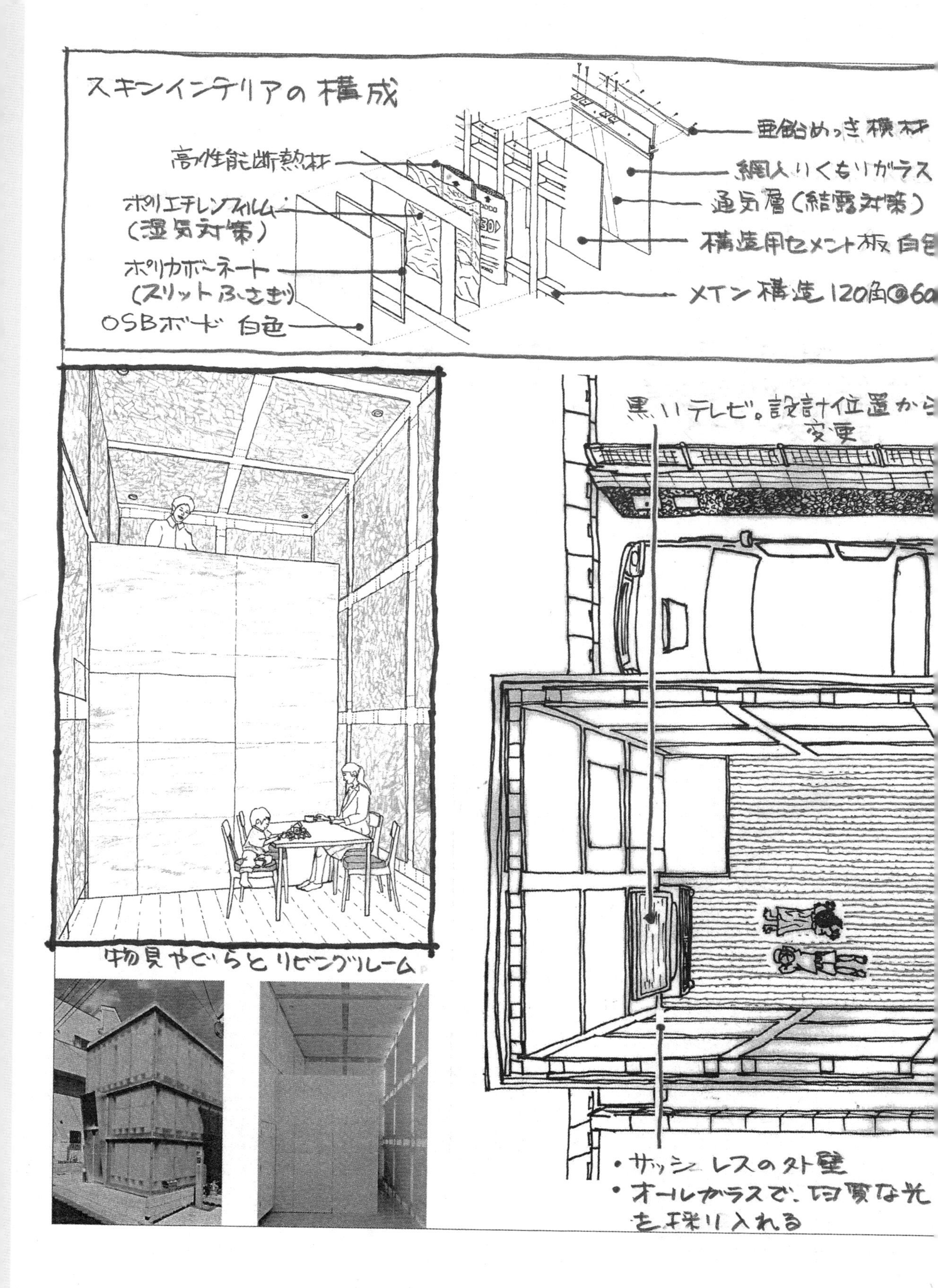

物見やぐらとリビングルーム

COLUMN

インテリアデザインの新たな試み

インテリアデザインは人々の生活に密接に関係するものである。それにもかかわらず、建築デザインの一部としてしか考えられていない現状がある。それはなぜだろうか?

忠実な空間デザイン

ルネサンスとバロックの時代では、建築は神に通じるものだった。そこに建築家の作品意図が入り込む余地はなかった。

それが19世紀後半になり、「空間」という概念が生まれたことで、建築がデザイン行為として定義され、空間も建築家が操作できると考えられるようになった。その後、万人が共通して認識できる空間は、建築家の追求対象となったのである。

万人に通じるためには、「空間」の解釈にズレがあってはならない。そこで、構造的、表現的、歴史的に忠実であることが求められた（当時の重要なキーワードとして「Truth＝忠実」が挙げられるようになったのも、そのためである）。

ここでいう「空間」とは、以下の要素からなる。

・立地などの諸条件から必要とされる構造や形体を考慮する
・過剰な装飾をなくす
・建築家の意志にもとづく
・突如として完全になるのではなく、段階的に発展する

これらの要素の1つが欠けても「空間」ではなくなる。

現在でも定着している「建築家は建築全般にかかわる」というイメージの根底には、こんな背景がある。さらにこのイメージを前提とすれば、インテリアは、それのみのデザインでは必要十分ではないと解釈される。

建築主視点を加える試み

しかしこの概念には、建築主側（建築を利用する側）からの視点が欠けていた。そのことを疑問視したことから、「シークエンス」という新しい概念が生まれた。

建築をさまざまな空間の集合体として考え、建築を利用する人がその中を移動することによって、緩やかに、あるいは劇的に変化していく光景の連続がシークエンスである。そして、その体験の総体を建築と呼ぶ。

アドロフ・ロースのミュラー邸は、シークエンスを体験できる建築として、現代的観点からも評価できる好例である。ミュラー邸の内部では、さまざまなレベルの床が複数の階段によってつながれている。個々の部屋は外観の窓に対応したシンメトリーな平面をベースにしながら少しずつ変形し、部屋固有の仕上げがなされ、部屋が独立しながらも視覚的には連続性のある住宅となっている。

しかし、このように確立された建築の枠組みから解き放たれた「自由な建築」というのは、つくり手にとっても受け手にとっても実現が難しいものだ。インテリアデザインも、そうした前提に立って考えなければならない。

インテリアがとけ込んだ建築

筆者が行ったインテリアデザインの新しい試みは、「インテリアデザインで全体性を獲得する方法を考える」ということ。

これを実践した過程を示したのが、162〜165頁である。

この事例は、周りが建て込んだ密集地に建つ住宅。外部から室内に景色を取り込める状況にはない立地だった。この条件を踏まえ、構造的、表現的、社会的に忠実な建築を筆者なりに考えた。それが、リビングを閉じ、建築に「とけ込ませる」インテリアである。

諸々の家具は、リビングの奥にへばりつく個室に配置をする。とけ込んだインテリアは、木造による立体格子の上につくられている。立体格子の隙間から差し込む均質な光が、空間の奥行きとヒエラルキーをなくす[写真]。小さな空間には広がりが生まれ、外部を取り込む大きな窓がなくても、前面道路から離れた奥までもが明るくなるインテリアである。

これは標準的でない新しい試みである。実現には、完成まで多くの細かなチェックが必要とされた。

そうした過程を通してはじめて可能になるインテリアデザインである。［遠藤政樹］

写真　1.5mグリッドの12cm角木造の立体格子を構造とし、横力に対し白く塗られた1.5m角の木毛セメント板＋ケイカル板が格子の内外に張られたものである。断熱材は柱間にある。建築全体はガラスで被われている。ガラスにもヒエラルキーがないサッシレスなデザインである

主要な材料を網羅 木材マテリアルスクラップ

Contents

黒

ウエンジ

→ P. 186

灰

タモ

→ P. 173

クス

→ P. 176

オバンコール

→ P. 188

赤

マホガニー

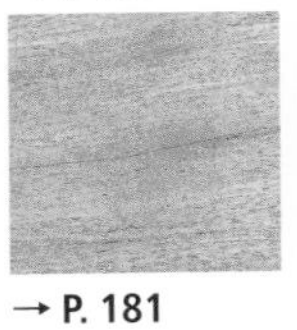

→ P. 181

ブラック
チェリー

→ P. 181

カリン

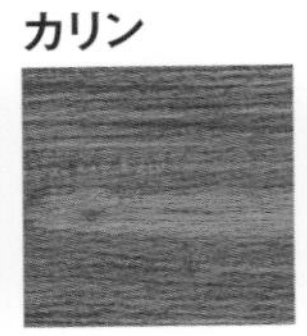

→ P. 185

ブビンガ

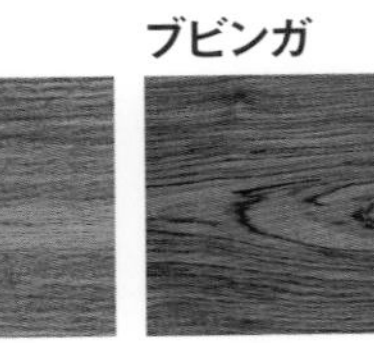

→ P. 188

サペリ

→ P. 187

パープル
ウッド

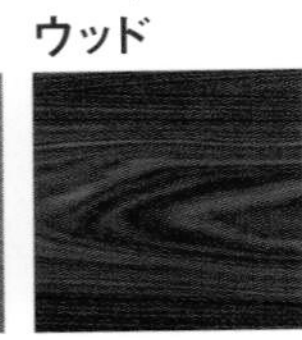

→ P. 182

ローズウッド

→ P. 186

黄

ベイマツ

→ P. 183

ケヤキ

→ P. 175

チーク

→ P. 186

白

ブナ

→ P. 172

色で選べる木質マテリアル一覧

薄い

黒						ウォルナット  → P. 178	
灰			クリ 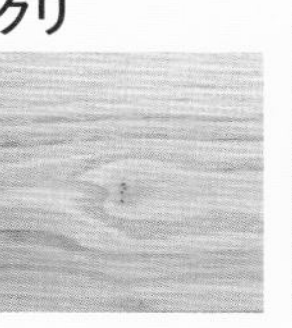 → P. 174	ホワイトオーク → P. 179	ナラ 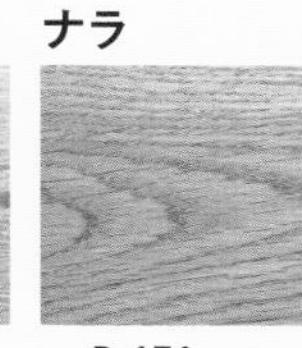 → P. 171	クルミ  → P. 172	
赤		アカマツ 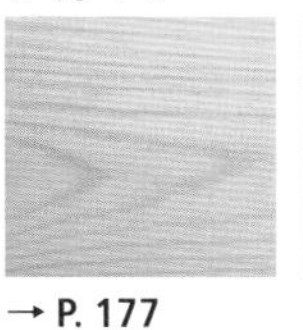 → P. 177	スギ 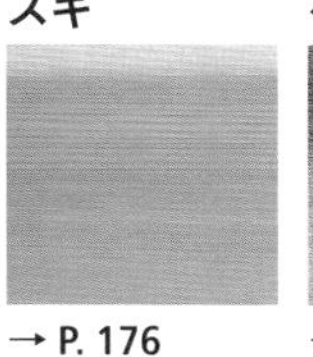 → P. 176	ベイスギ 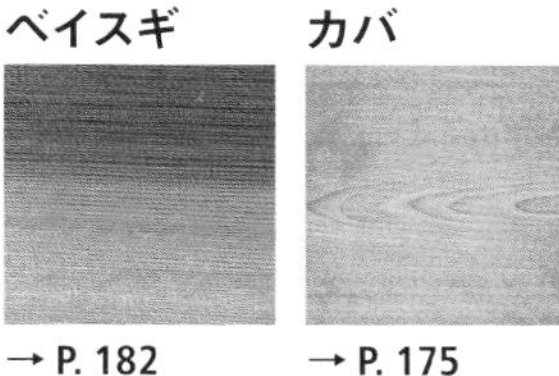 → P. 182	カバ → P. 175	レッドオーク 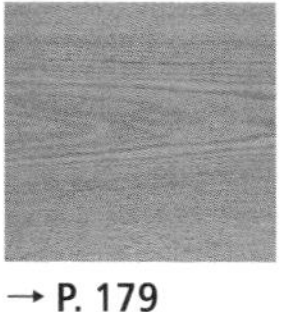 → P. 179	ニヤトー → P. 184
黄	ヒノキ → P. 177		ニレ  → P. 189	シルバーハート 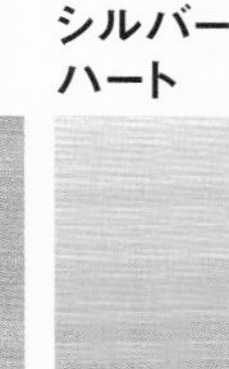 → P. 187	ヒバ 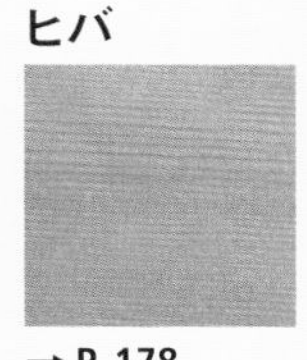 → P. 178	ホワイトパイン  → P. 184	スプルース  → P. 183
白	キリ → P. 174	ハードメープル  → P. 180	ホワイトアッシュ → P. 180	シナ  → P. 171	ホワイトバーチ 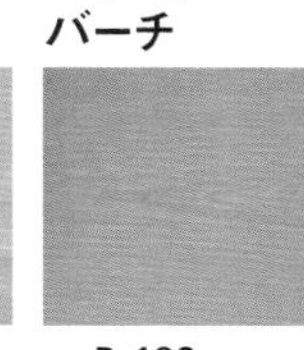 → P. 189		セン  → P. 173

産地&樹種別木材リスト

造付け家具や内装に利用可能な38種類の木材について、テクスチュアと活用事例を写真で紹介。価格の安さや加工性・耐久性など、設計に必要な情報を一目で分かるレーダーチャートで示しました

ナラ ブナ科　別名：ミズナラ、オオナラ

分布　日本全土
気乾比重　0.67
性質　辺材は灰白色、心材は暗灰褐色。柾目面には、特徴的な模様の「虎斑（とらふ）」が現われる。古くから家具材として定番の材
用途　家具用材、建築内装材全般。椅子などの曲げ物にも適する。洋酒の酒樽材、器具材などにも使われ、用途は幅広い

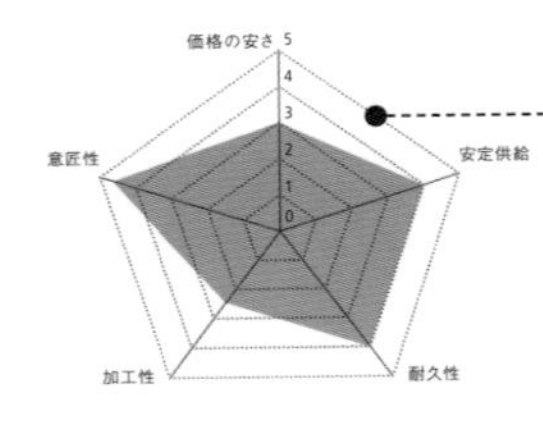

ナラのテーブル（スキマのある家／津野建築設計室）　撮影：西川公朗

板材のテクスチュア

写真の左上に木目の種類を示している

レーダーチャート

凡例

●価格の安さ
立方メートル単価（立米単価）ごとの価格の安さを5段階で評価。数値が高いほどコストパフォーマンスが高いことを示す。節が多い場合や幅広の材が少ない場合などは歩留まりが悪くなる。特に、針葉樹は節の有無や等級によって価格が大きく変わってくる。ここでは、各樹種の上級の材を目安に価格を判断しており、ブランド材（秋田杉、屋久杉、吉野檜など）は考慮していない

●安定供給
供給の安定性を5段階で評価。原産地から安定供給できるもの→5、産地は変わっても原産地と同等の材が入手できるもの→4、現在は供給できているが近い将来安定供給が難しくなる可能性があるもの→3、国内に在庫はあるが入手できる見込みの少ないもの→2、国内外で入手できる見込みが少ないもの→1。木材の供給状況は刻々と変化しており、安定供給できていたものが突然入手困難になるケースもあり得ることに注意していただきたい

●耐久性
耐久性の高さを5段階で評価。広葉樹は一般的に家具（特に天板）としての耐久性はあるといえる。一方、針葉樹はどれも家具の天板材としては不適切である。ここでは、耐朽性なども考慮して評価している

●加工性
加工性の高さを5段階で評価。木材の加工には「切る」「張る」「曲げる」「削る」などの行為が含まれるが、ここでは、「切る」「削る」という加工がしやすいかどうかを基準に、職人の立場から木材の扱いやすさを判断している

●意匠性
意匠性の高さを5段階で評価。人それぞれの主観によるところが大きい要素だが、ここでは家具材として用いる場合の一般的な評価をもとにした。スギなど、昔から人々に慣れ親しまれている材も高めの評価としている

木材活用事例

木材を活用した家具、床・壁の事例を紹介

執筆：間中治行
協力：平住製材工業

国産・広葉樹

シナ シナノキ科　別名：シナノキ、アカシナ

分布　日本全土

気乾比重　0.37〜0.50

性質　加工性がよく、均質で軽軟な材。緻密で表面の仕上がりがよい。合板は、家具の内部材として使われることが多い

用途　家具用材（特に内部材）や器具材のほか、鉛筆やマッチの軸木、彫刻材などに用いられる

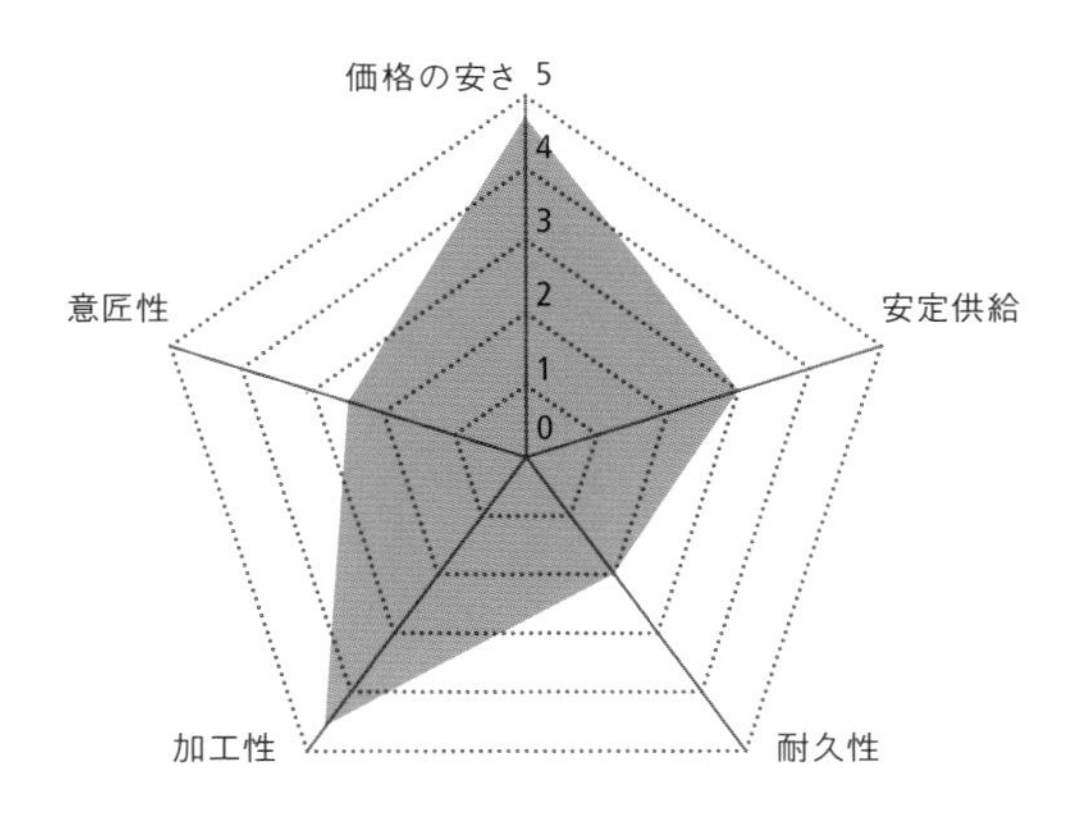

シナのデスク兼カウンター収納（光が丘のパインハウス／村上建築設計室）

ナラ ブナ科　別名：ミズナラ、オオナラ

分布　日本全土

気乾比重　0.67

性質　辺材は灰白色、心材は暗灰褐色。柾目面には、特徴的な模様の「虎斑」が現われる。古くから家具材として定番の材

用途　家具用材、建築内装材全般。椅子などの曲げ物にも適する。洋酒の酒樽材、器具材などにも使われ、用途は幅広い

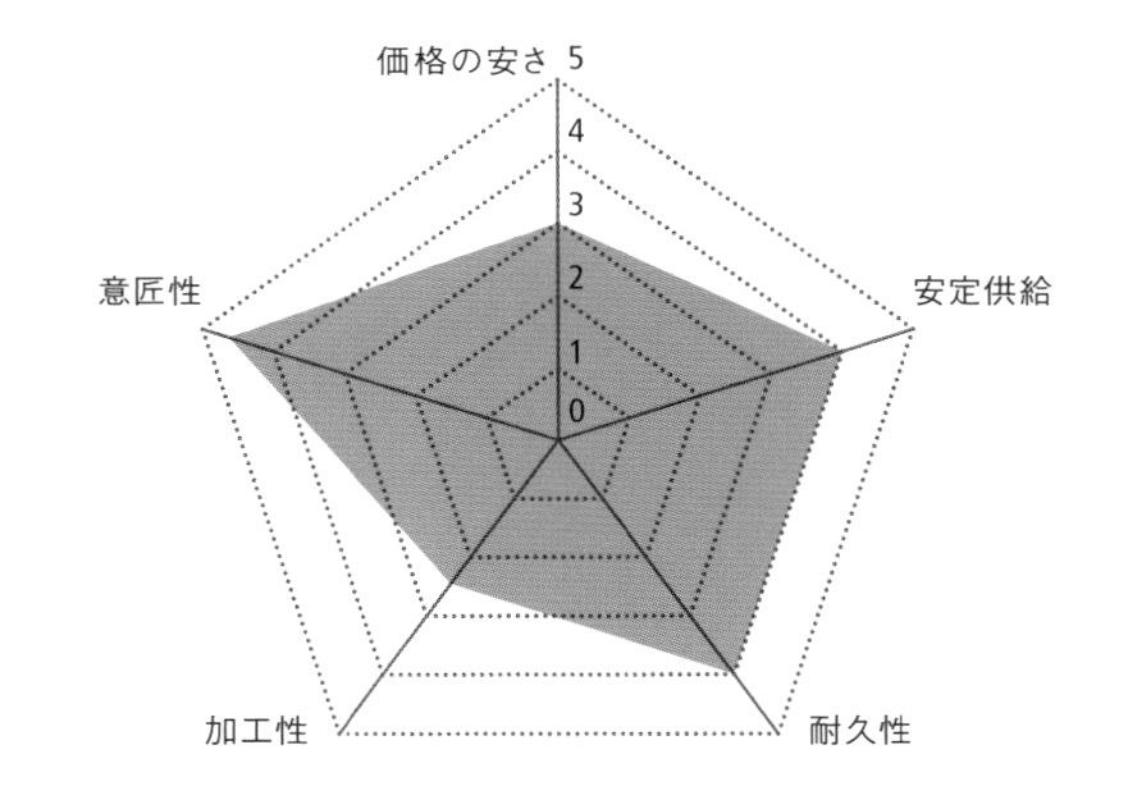

ナラのテーブル（スキマのある家／津野建築設計室）　撮影：西川公朗

国産・広葉樹

クルミ クルミ科

分布 東北、北海道、樺太

気乾比重 0.53

性質 切削などの加工性がよく、狂いの少ない材。粘りがある。木肌は、粗めであるが、仕上がり感はよい

用途 家具材、彫刻材、建築材、器具材など。銃床としても使われる

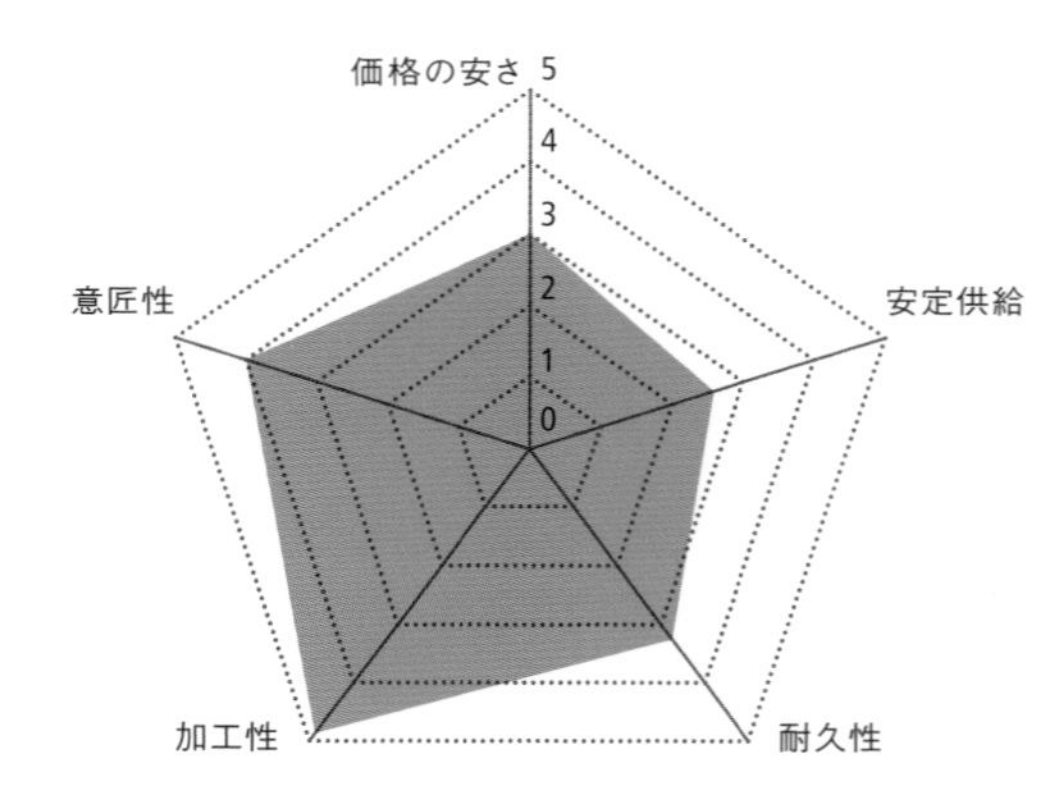

クルミのフローリング（時の家／こころ木造建築研究所）

ブナ ブナ科　別名：シロブナ、クロブナ

分布 北海道南部、本州、四国、九州

気乾比重 0.63

性質 木質は重硬で均質。狂いや腐朽が激しいため、十分な乾燥が必要となる。曲げ木に適しており、椅子のフレームなどによく使われる

用途 家具用材（主に脚物家具、曲げ木）、楽器の鍵盤や玩具小物類、彫刻材

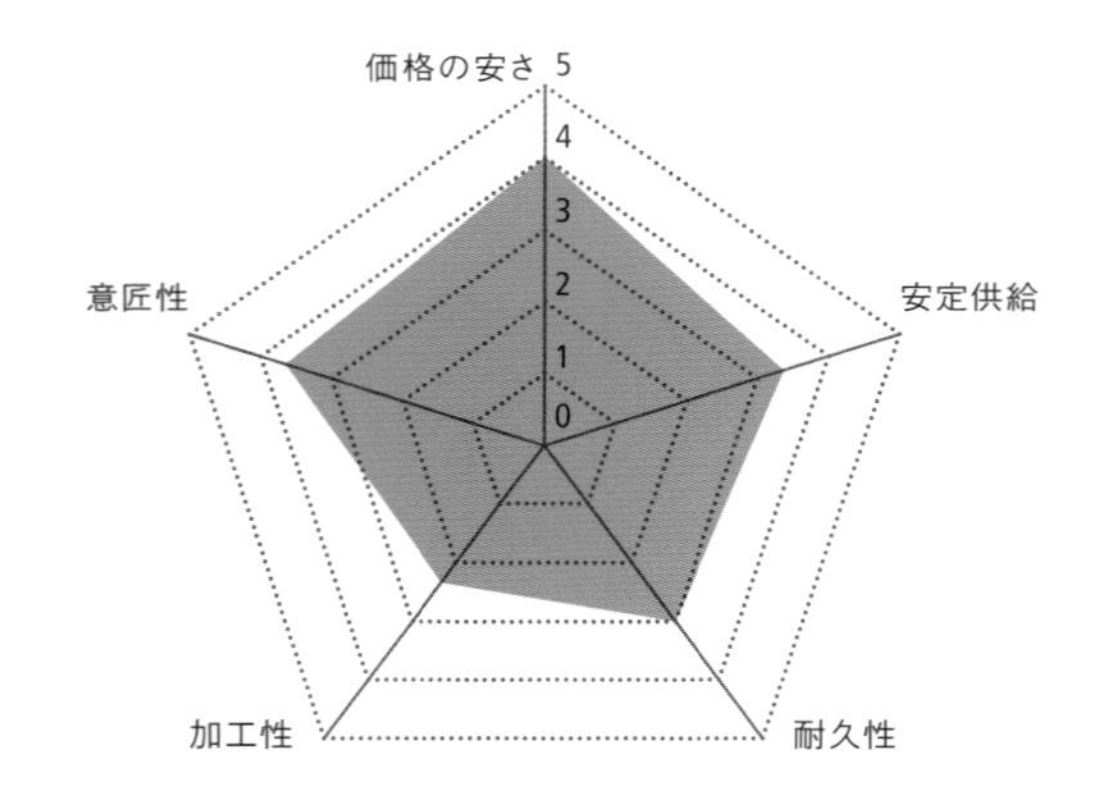

ブナのフローリング（春の家／こころ木造建築研究所）

セン ウコギ科　別名：ハリギリ

分布　北海道、本州、四国、九州
気乾比重　0.50
性質　比較的軽軟な材で、加工性がよく、仕上がりは良好であるが、材の保存性はあまりよくない。木肌が少々粗い。板目は年輪がはっきりとしていて美しく、着色してケヤキの代用に使われることがある
用途　家具用材、内装造作材、下駄、器具材

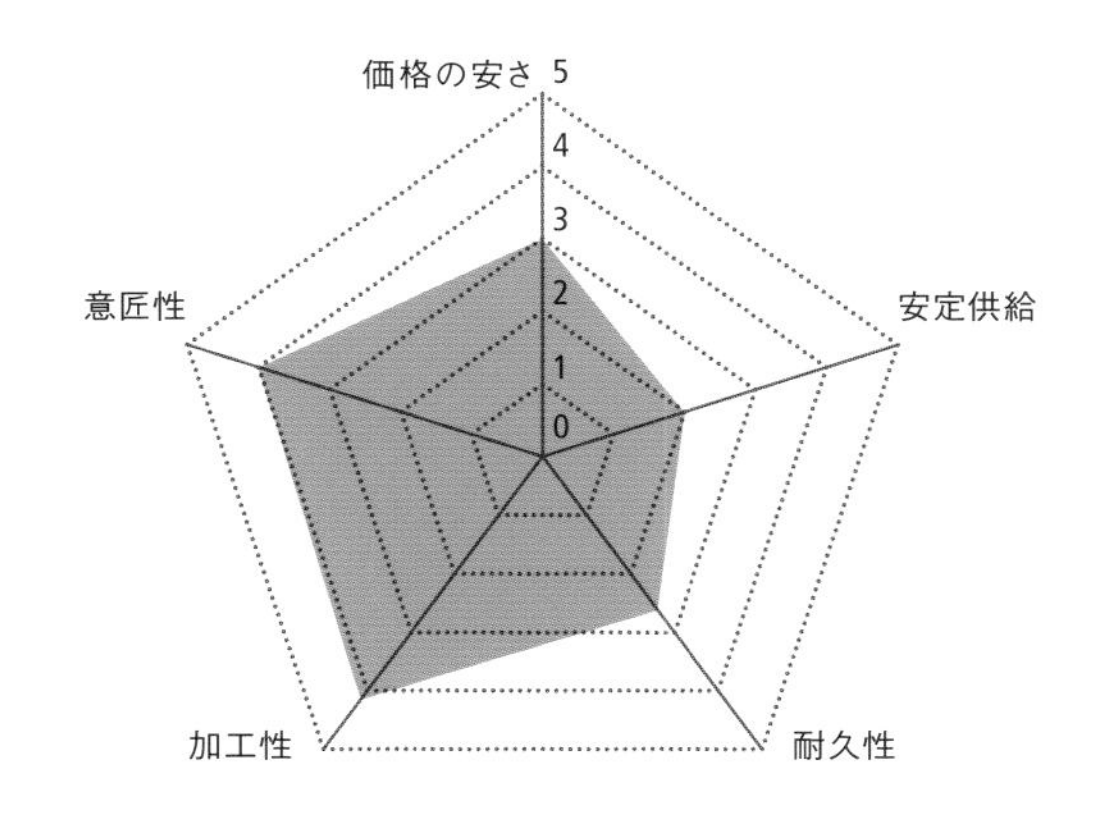

センの什器（ルピシア京都寺町三条店／古屋誠章＋NASCA、津野建築設計室）撮影：淺川敏

タモ モクセイ科　別名：ヤチダモ、オオバトネリコ

分布　北海道、中国
気乾比重　0.65
性質　木質はやや重硬で、粘りもあり、加工性は中程度。生長がよく、幅広の材を入手しやすい。弾力性に富むため、家具以外にも幅広く利用されている
用途　家具用材、内装造作材、器具材、スキー板などの運動用具材

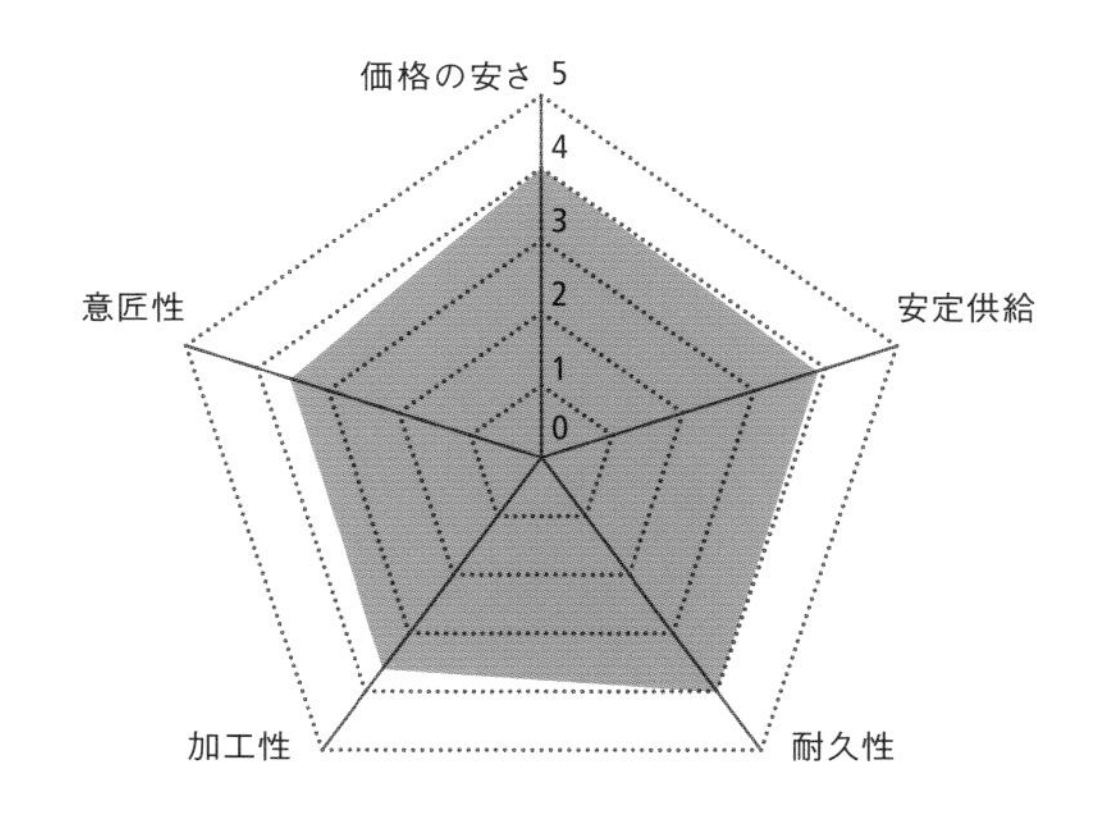

タモの洗面カウンター&フローリング（大倉山のアッシュハウス／村上建築設計室）

クリ ブナ科　別名：ヤマグリ、シバグリ

分布　北海道西南部、本州、四国、九州
気乾比重　0.55
性質　重く硬質であり、弾力に富む。耐湿性が高く、強度がある。加工は困難。大きな角材は採りにくい
用途　家具用材、建築用材、枕木、土木材

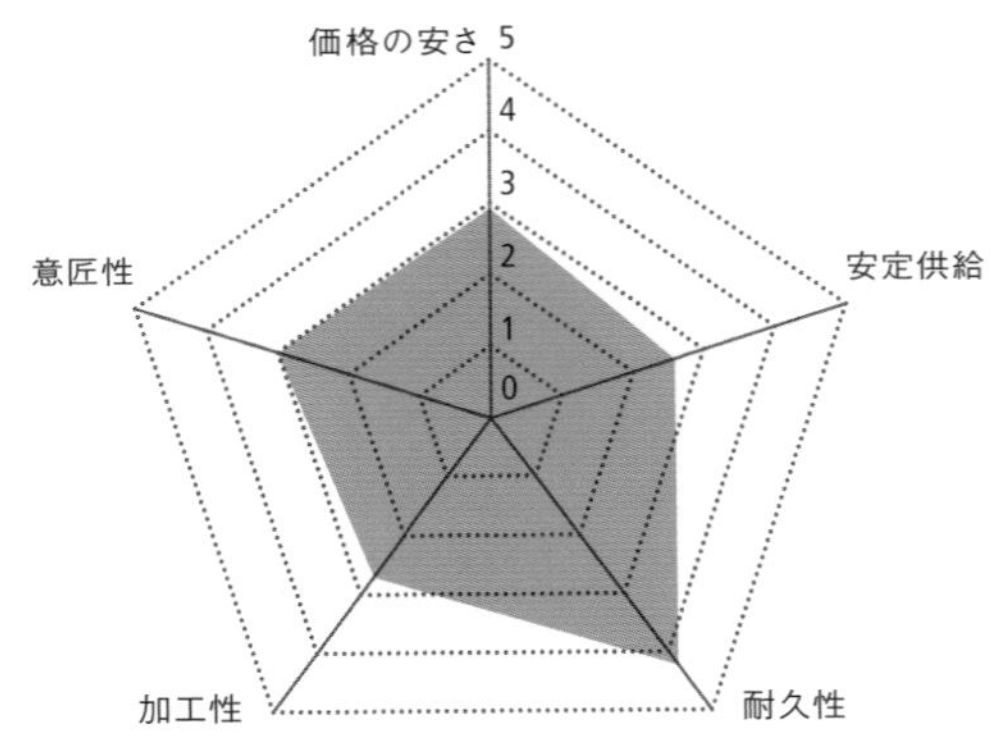

クリのフローリング（W邸／横田満康建築研究所）

キリ ゴマノハグサ科

分布　日本全土、中国
気乾比重　0.19～0.30
性質　流通している材木のなかで最も軽い材で、切削などの加工性は非常によく、狂いや割れが少ない。研磨することで光沢が出る。アクが強く、アク抜きが必要となる。強度は劣る
用途　箪笥、下駄材、楽器材、箱材

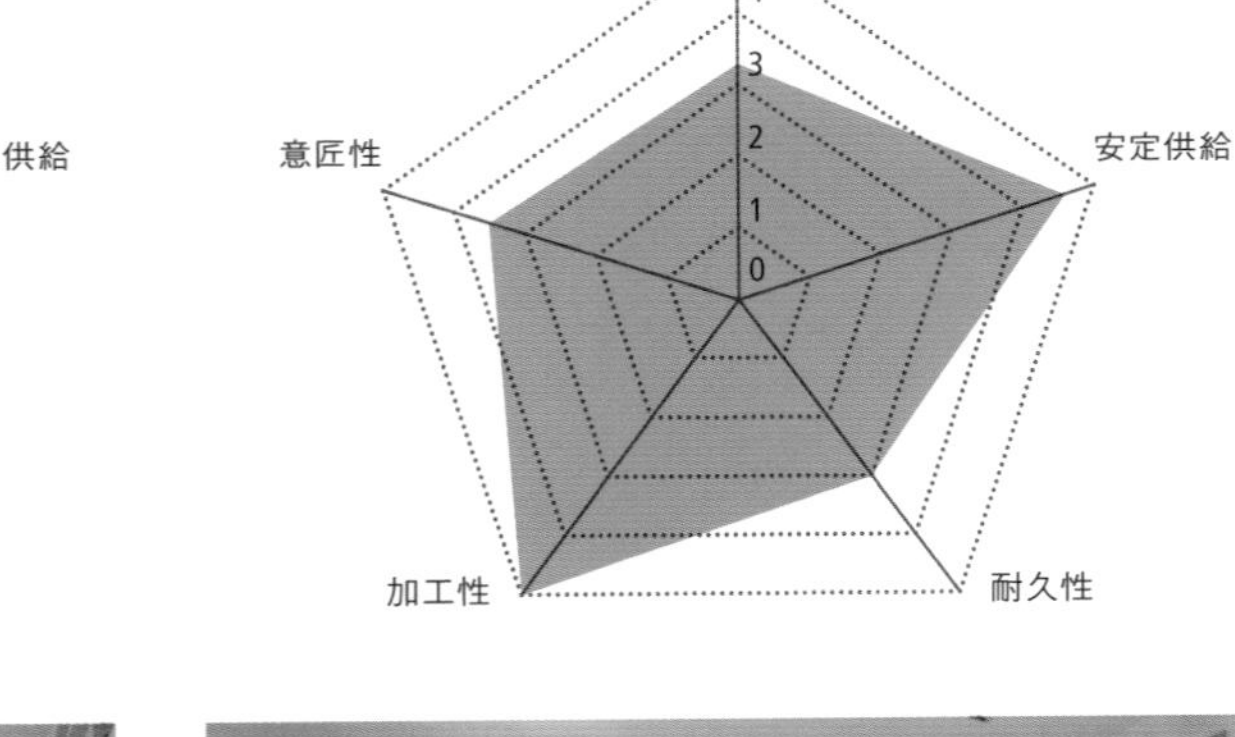

キリのフローリング（ヨコタの家／横田満康建築研究所）

ケヤキ ニレ科　別名：ツキ、ツキケヤキ

分布　本州、四国、九州
気乾比重　0.48〜0.65
性質　大黒柱など、古くから建築構造材として用いられている。やや重硬質で、耐水性に優れるが、乾燥して安定するまでに時間を要し、狂いやすい
用途　建築用材、家具用材、造作材、神社建築用

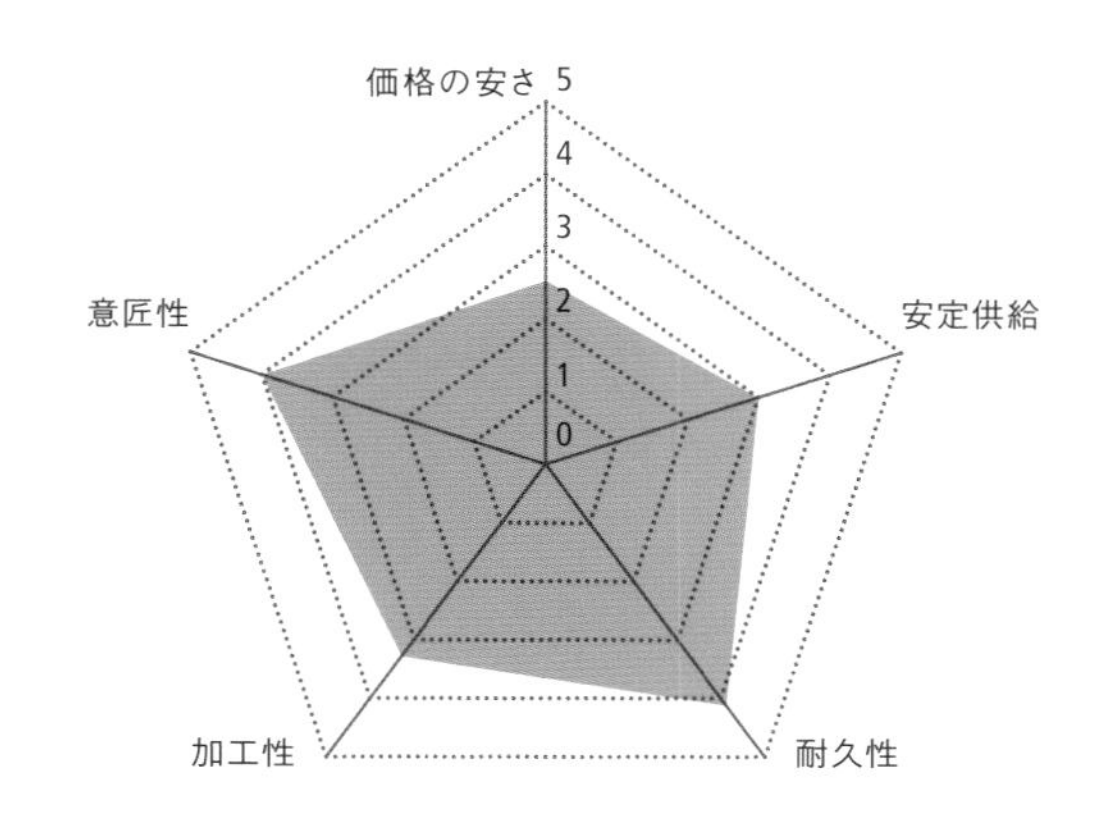

ケヤキのダイニングテーブル（ヨコタの家／横田満康建築研究所）

カバ カバノキ科　別名：シラカバ

分布　北海道、本州中部
気乾比重　0.65
性質　重硬で均質な材で、仕上がり、加工性とも良好。材木業者の間では「サクラ」という俗称で呼ばれる。赤味の多い真カバは近年、希少材となっている
用途　家具用材、床材、造作材

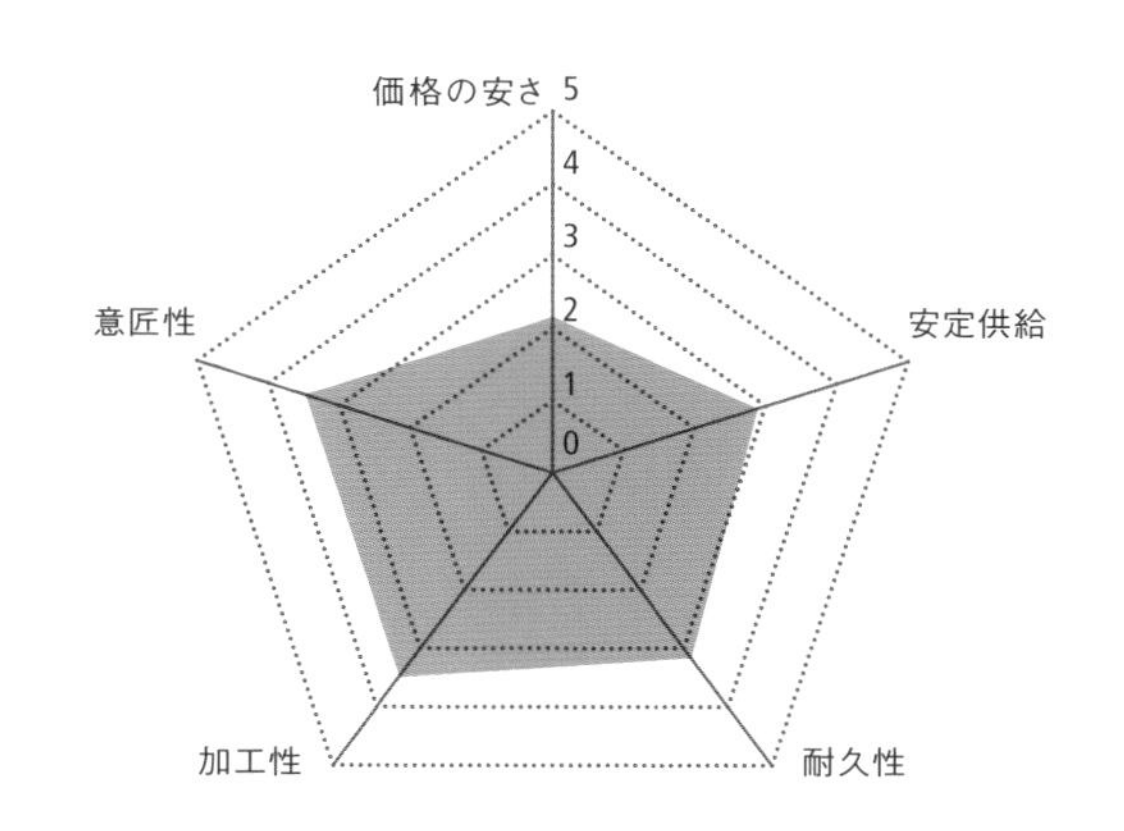

カバのフローリング（O邸／横田満康建築研究所）

国産・針葉樹

スギ スギ科

分布 本州、四国、九州
気乾比重 0.38
性質 材質はやや軽軟で、狂いも比較的少ない。加工性はよく、耐久性・保存性は中程度。木目に沿って割裂しやすい。独特の芳香をもち、古くから建具用の材としても使われている
用途 建築用材、建具材、梱包用材、下駄、割り箸など、用途は幅広い

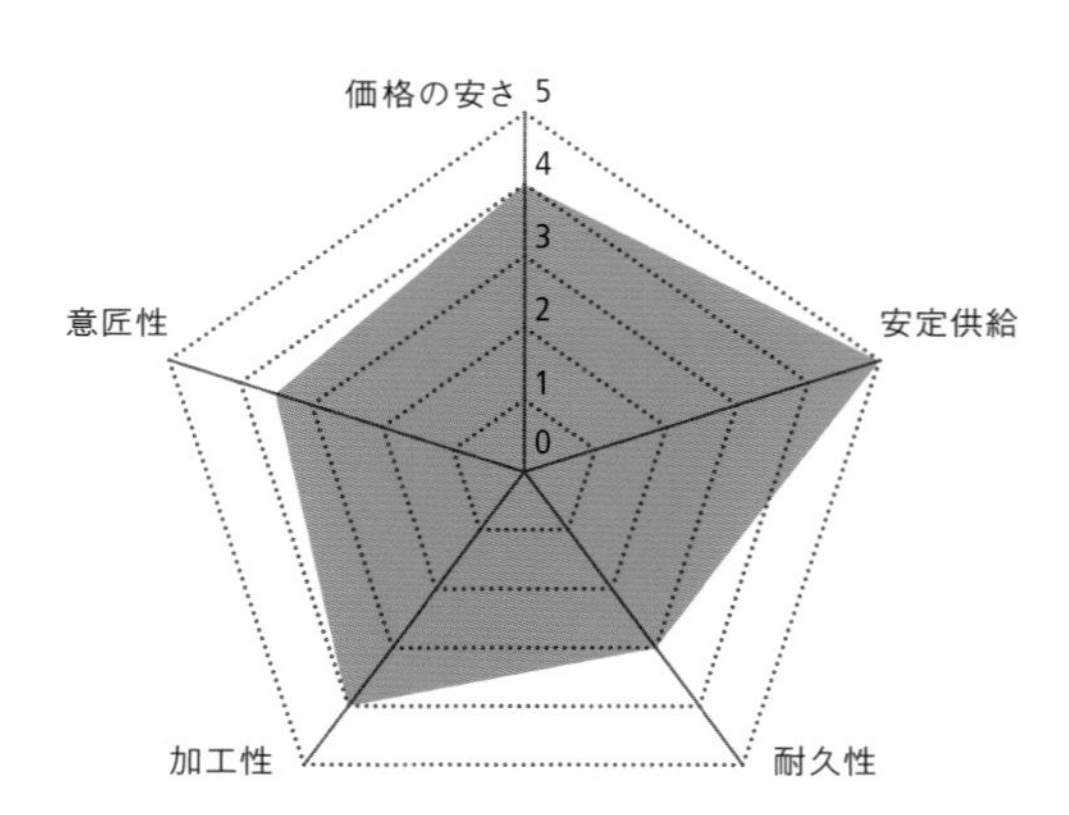

スギのフローリング（Wakaba-House／村上建築設計室）

国産・広葉樹

クス クスノキ科 別名：クスノキ、アオグス、イシグス

分布 関東以南、中国、台湾
気乾比重 0.52
性質 木肌は緻密で、耐朽性に優れる。加工性はよいが、狂いが生じやすい。芳香が強く、虫害を防ぐ
用途 彫刻用材、造作材、家具用材、箪笥の引出し

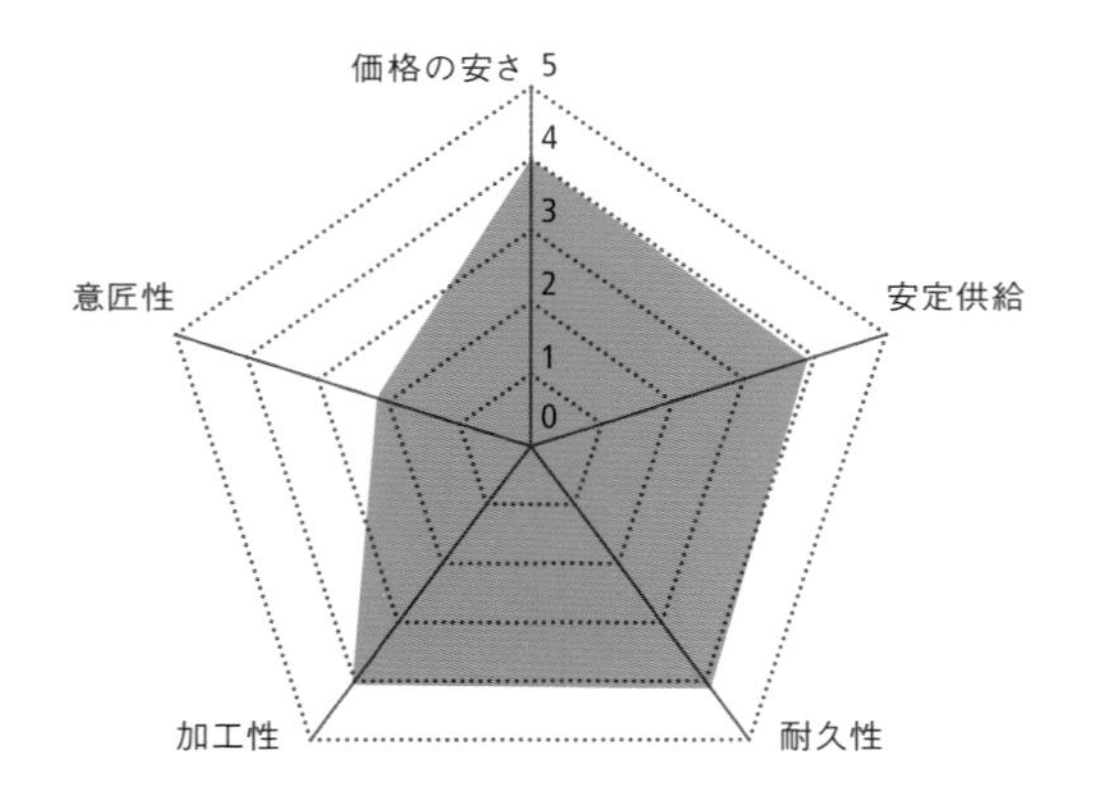

クスのテーブルセット（いわい家具）

アカマツ マツ科　別名：メマツ、オンナマツ

分布　本州北部から四国、九州

気乾比重　0.53

性質　加工性がよい。水に強く、耐久性に富むが、狂いが生じる場合がある。建築材をはじめ幅広い用途で用いられる

用途　建築用材、造作材、土木材、茶道具、経木

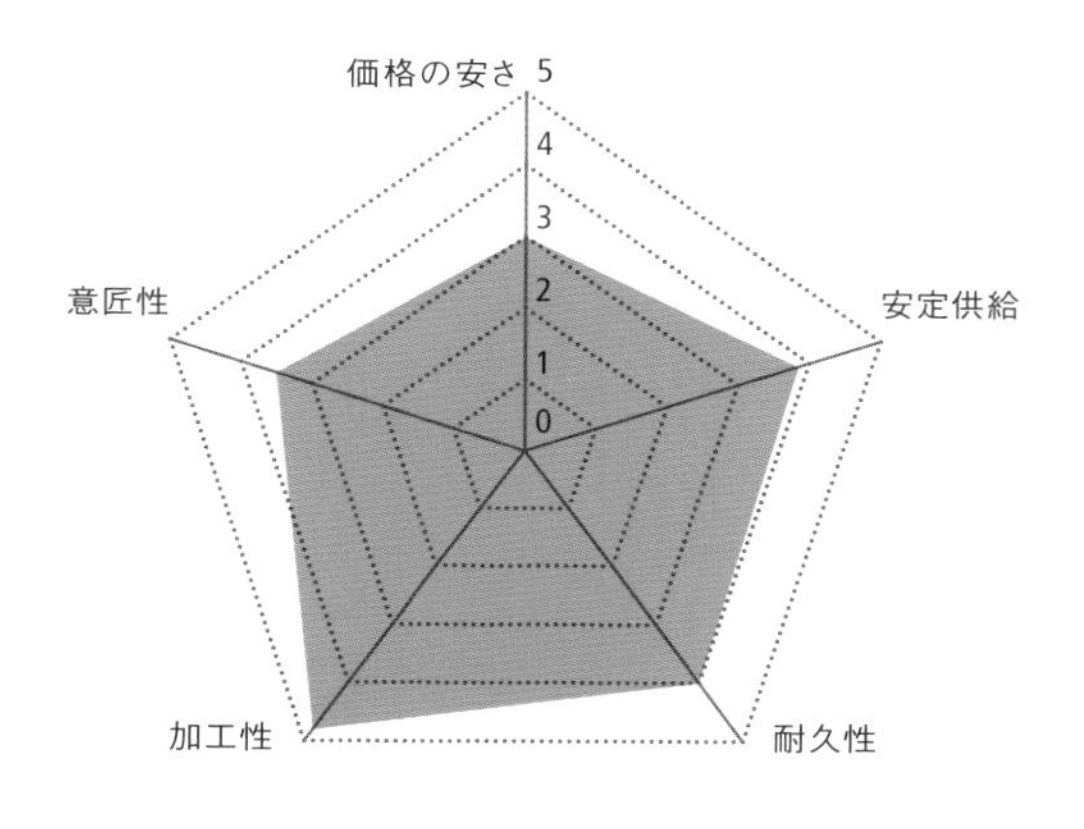

土間上に張られたアカマツの板材（川越の家／シティ環境建築設計）

ヒノキ ヒノキ科

分布　本州、四国、九州

気乾比重　0.41～0.45

性質　加工性がよく、耐湿性・耐水性・保存性・耐朽性に富む。木理は均質で、通直。特有の芳香がある。仕上げ方によっては美しい光沢が現われる

用途　神社仏閣などの高級建築用材、家具材、建具材、曲げ物材、彫刻材、桶など、用途は幅広い

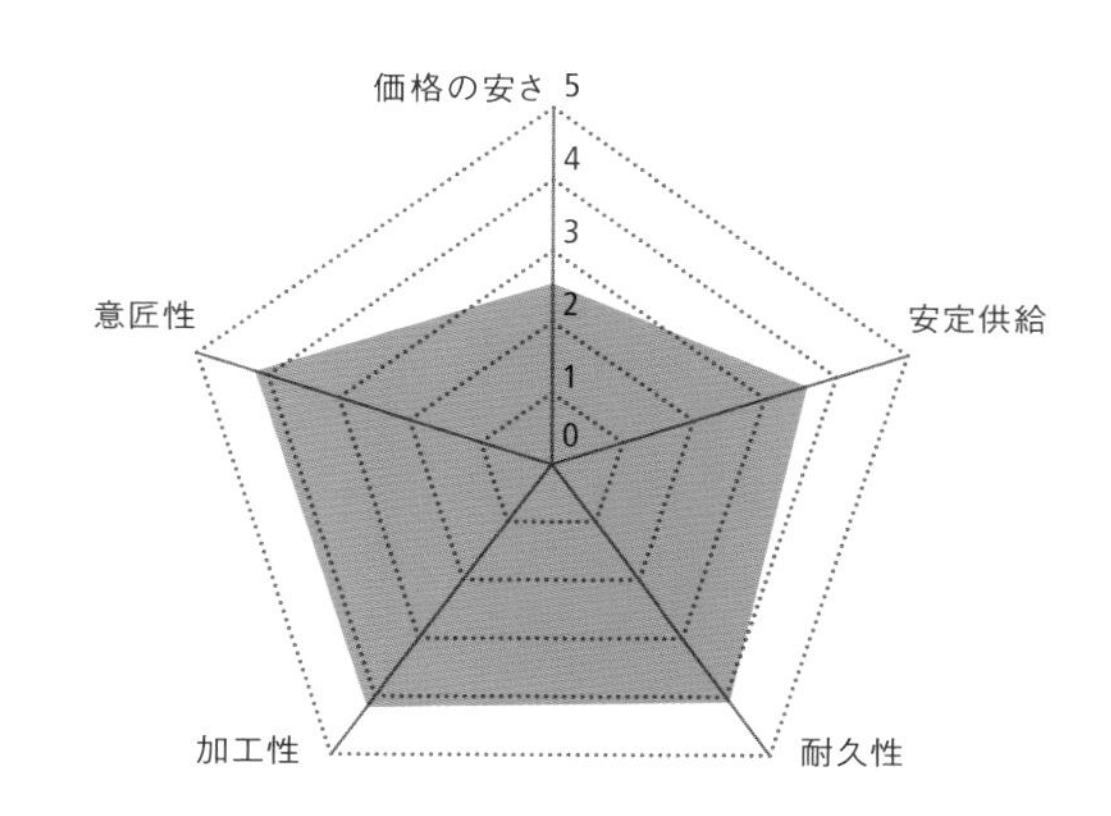

ヒノキのカウンター（Wakaba-House／村上建築設計室）
＊3層クロスパネル（Jパネル）を使用

米国産・広葉樹

ウォルナット クルミ科　別名：ブラックウォルナット

分布　米国東部、カナダ
気乾比重　0.63
性質　高級材の1つ。古くから家具材として用いられる。狂いが少なく重硬。木肌はやや粗いが、塗装で美しく仕上がる。加工性がよく、接着強度も確保できる
用途　高級家具材、ドア材、床材、各種造作材、楽器材

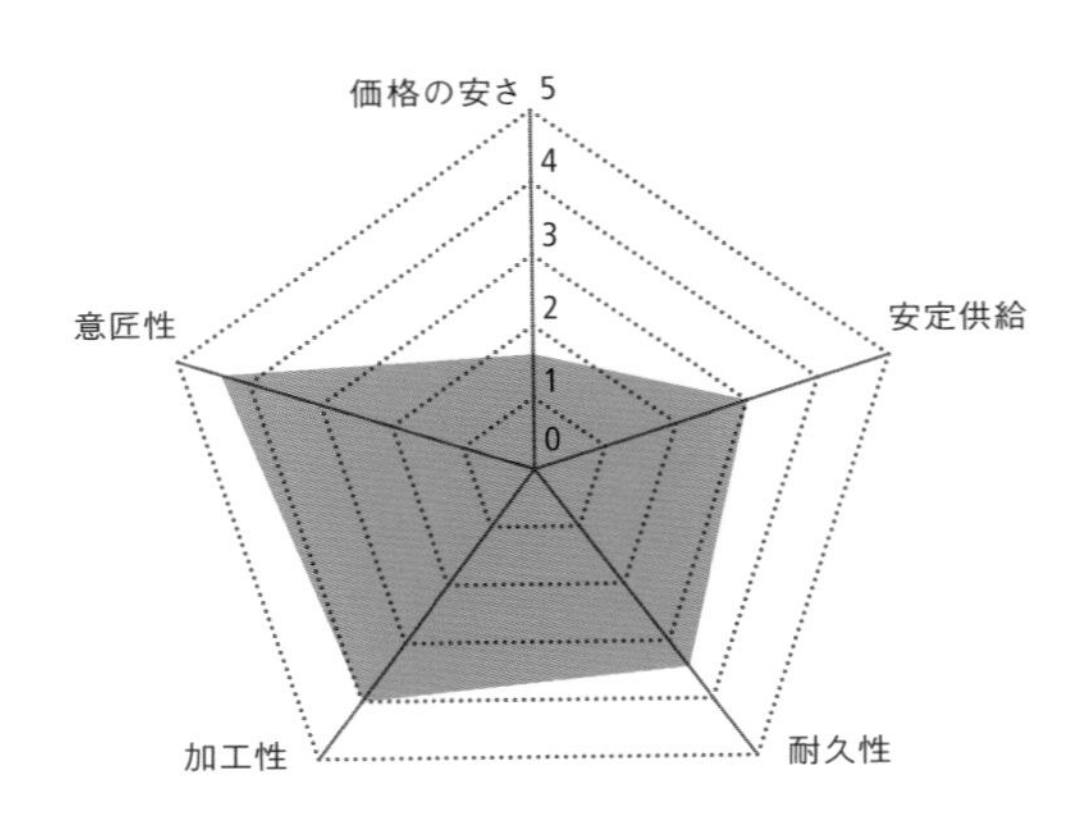

ウォルナットの棚（村上建築設計室）

国産・針葉樹

ヒバ ヒノキ科

分布　北海道南部、本州、四国、九州
気乾比重　0.41
性質　やや軽軟で、表面仕上げ、加工性がよい。抗菌作用のあるヒノキチオールの成分を含む。水湿に耐える。特有の匂いがあり、陽疾［※1］が出やすいという欠点もある
用途　土木、建築用材、船舶材、枕木

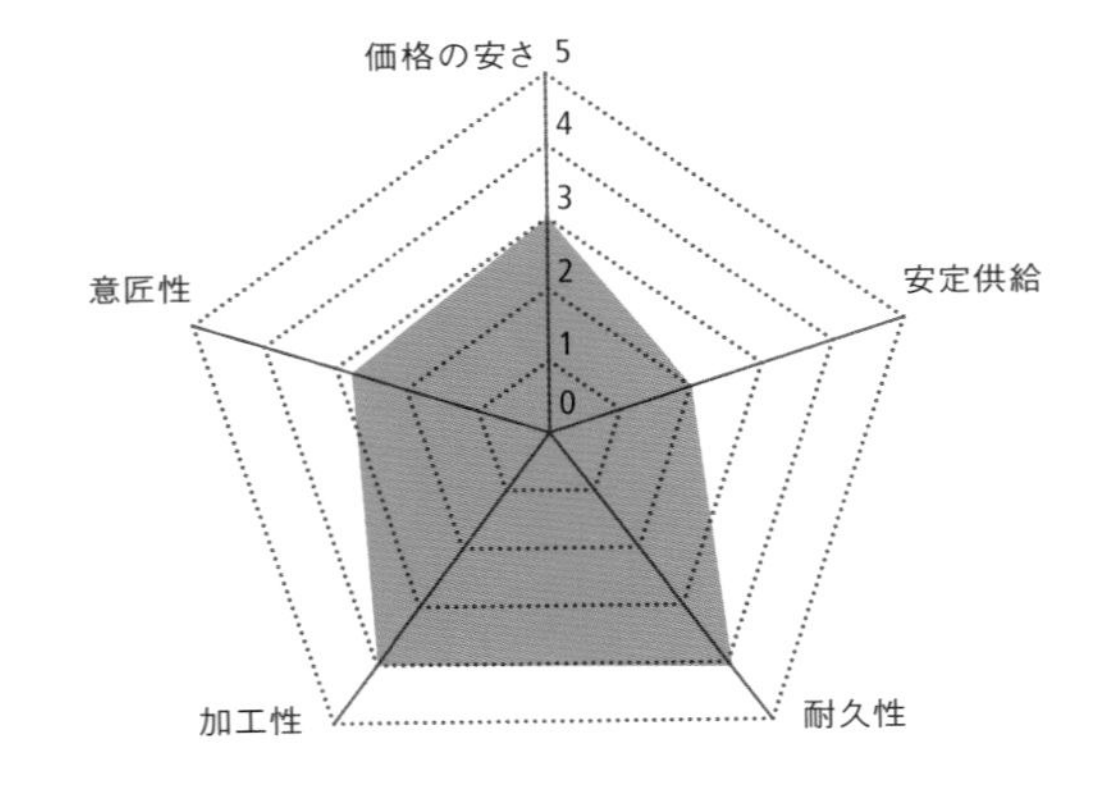

ヒバの食卓・椅子・食器棚（練馬の家／シティ環境建築設計）

※1：山の斜面地で斜めに生えた立木が、真っ直ぐに伸びようとすることにより根元に曲がりの部分が生じるが、その部分の肥大成長した細胞組織のことをいう。陽疾の部分は曲がりや反りが発生しやすく、構造強度も劣るため、製材品では欠点といえる

レッドオーク ブナ科

分布　北米
気乾比重　0.70
性質　適度な硬さがあり、蒸気による曲げにも適する。加工性がよい。ホワイトオークに比べ耐久性は劣る
用途　家具用材、ドア、床材、各種造作材

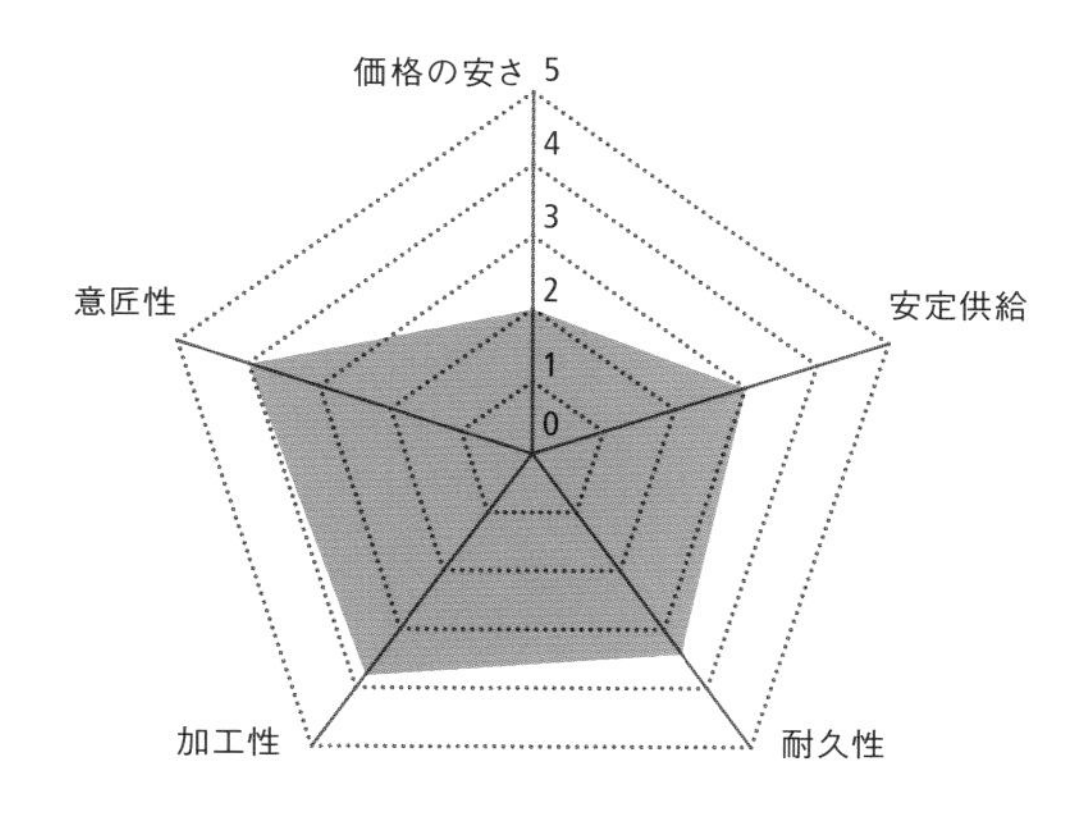

レッドオークのTVボード（土間のある家／濱田建築事務所）

ホワイトオーク ブナ科

分布　北米
気乾比重　0.68～0.75
性質　木理は通直で、木質は重硬で強靭。耐久性はあるが、乾燥の際、狂いや割れが生じやすい。加工性にはやや難があるが、仕上がりはよい。柾目には独特の虎斑が現われる
用途　家具材、建築材、構造材、床材、各種造作材、船舶材、酒樽、枕木

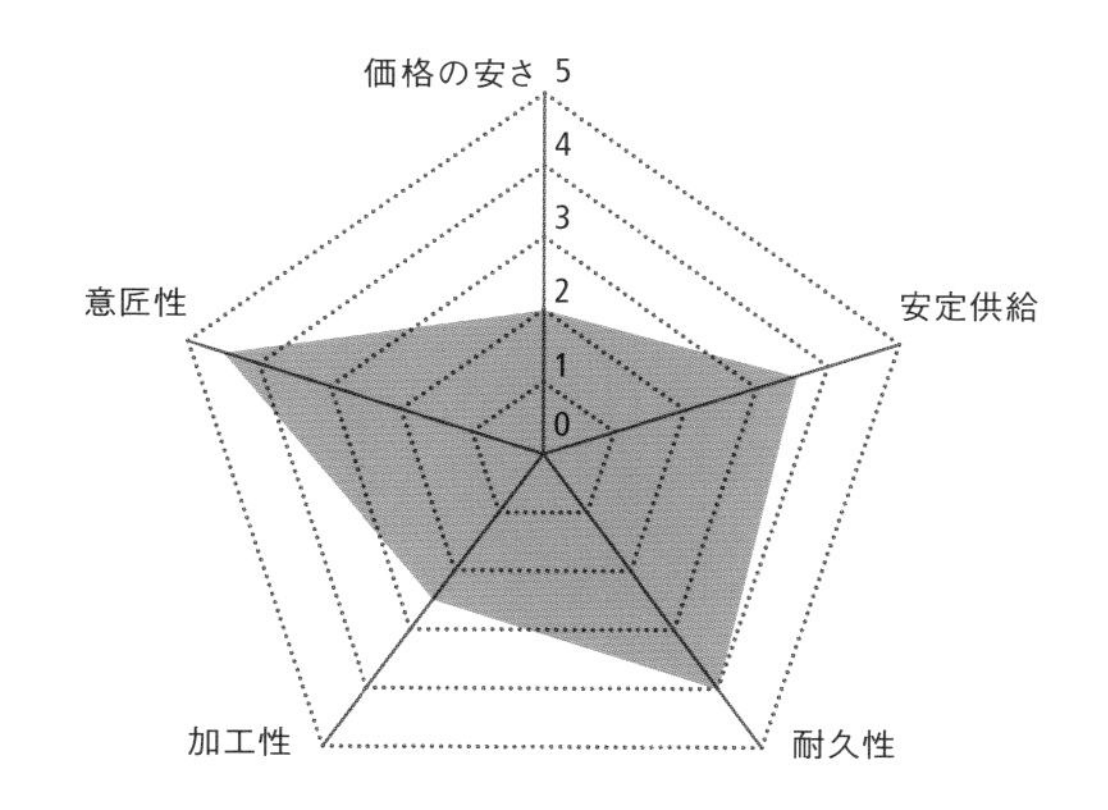

ホワイオークのTVボード（REAL-WOOD）

ハードメープル カエデ科　別名：シュガーメープル

分布　カナダ、米国東部

気乾比重　0.70

性質　高級材の1つ。心材の色は淡赤褐色、辺材は淡い灰白色。重硬な材質でシルクのような緻密な木肌。加工にやや難があるが、艶のある塗装を施すと美しい仕上がりとなる。玉粒状の鳥眼杢が現れるものを「バーズ・アイ・メープル」と呼ぶ

用途　高級家具材、楽器材、床材、建築材

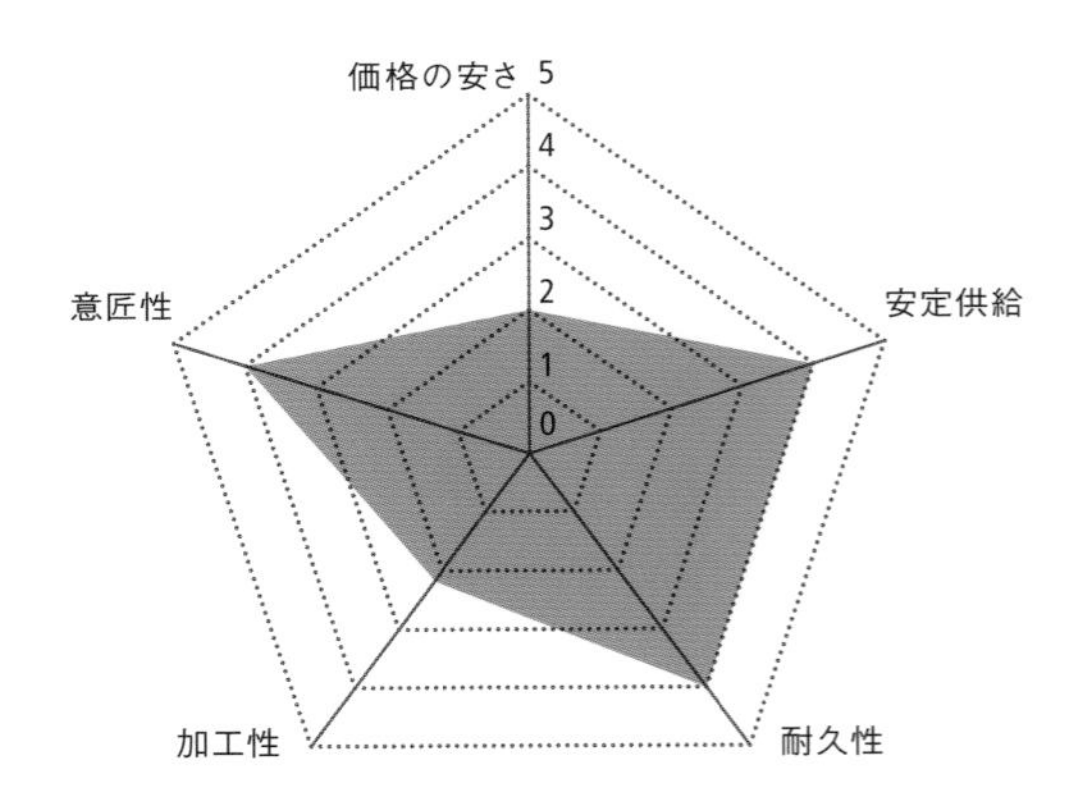

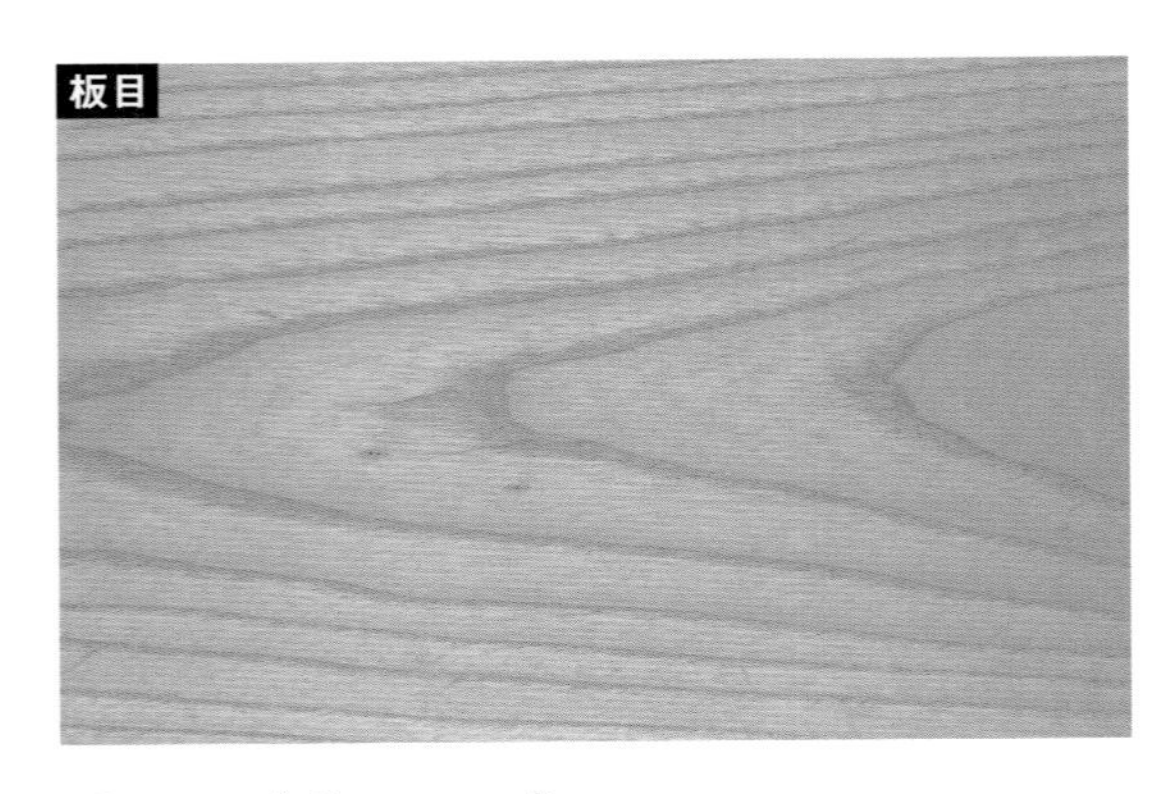

ホワイトアッシュ モクセイ科

分布　北米

気乾比重　0.69

性質　適度な硬さと弾力性に富み、加工性もよい。釘や木ねじの保持力が強く、接着性に優れる。心材の色は淡褐色で、辺材はほとんど白色

用途　家具用材、建築用材、ドア材、バットなどの運動用具材

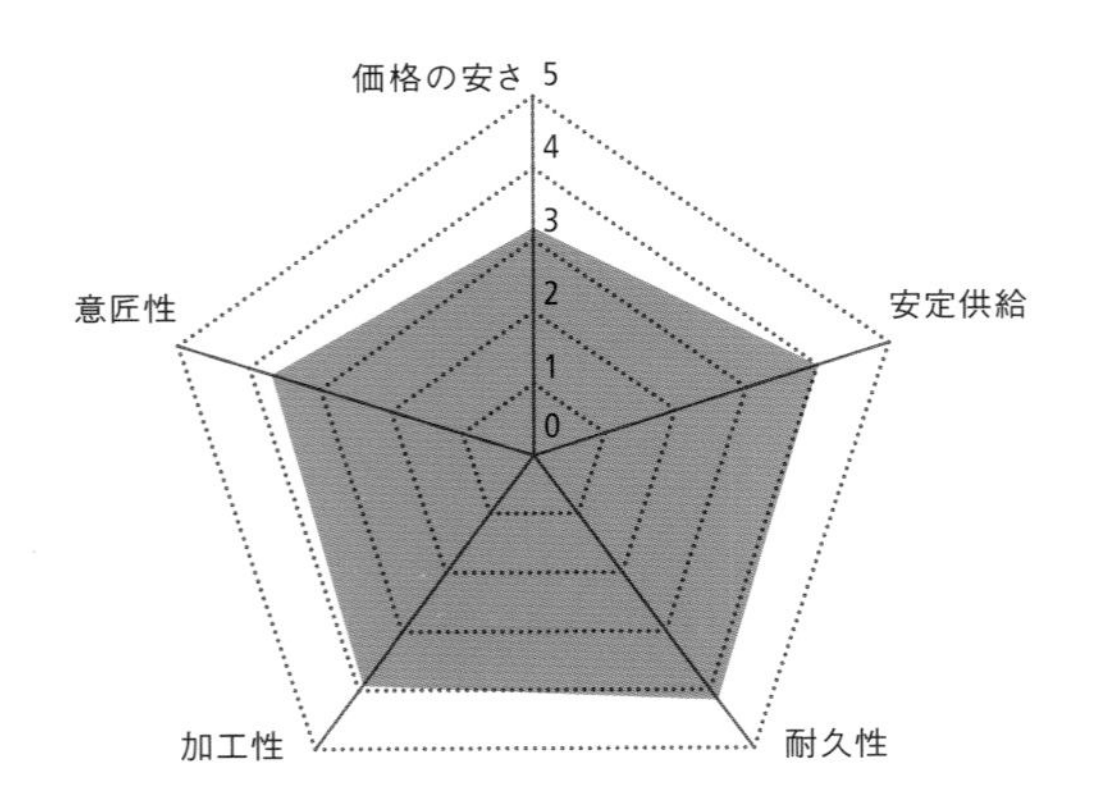

ハードメープルの収納家具（設計：リベルデザイン　氏家香澄、製作：間中木工所）

ホワイトアッシュのテーブル（東海の家／鈴木隆之建築設計事務所）

ブラックチェリー バラ科　別名：アメリカンチェリー

分布　北米東部
気乾比重　0.55
性質　木質はやや軽軟で加工は容易である。緻密で表面の仕上がりは美しい。経年変化で深味を増す材。辺材は虫害に弱い
用途　家具材、ドア、楽器材

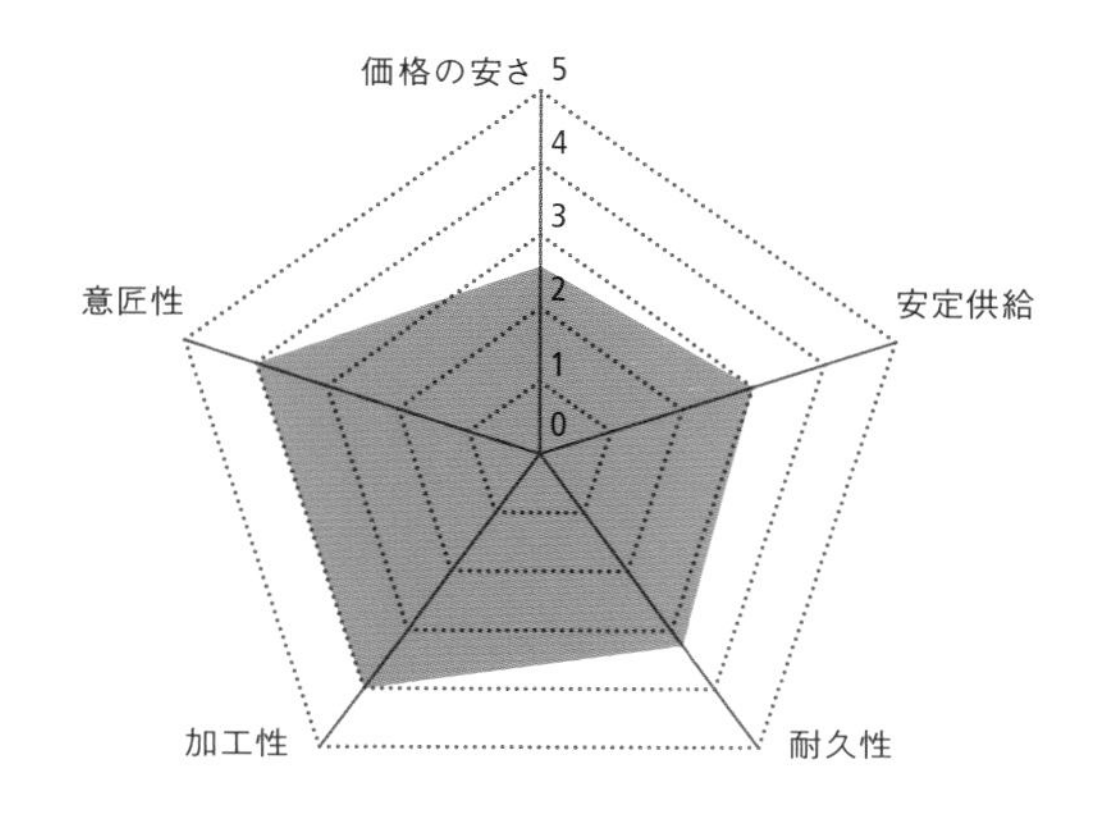

ブラックチェリーのダイニングテーブル（間中木工所）

マホガニー センダン科

分布　中米、南米
気乾比重　0.65
性質　天然乾燥の速度も速く、加工性・寸法安定性・耐久性などに優れている。狂いや割裂も少ない。紫外線により色合いが濃くなる。柾目には独特の「リボン杢」が現われることがある
用途　家具材、楽器、彫刻材、各種内装材、模型材、高級車のダッシュボード

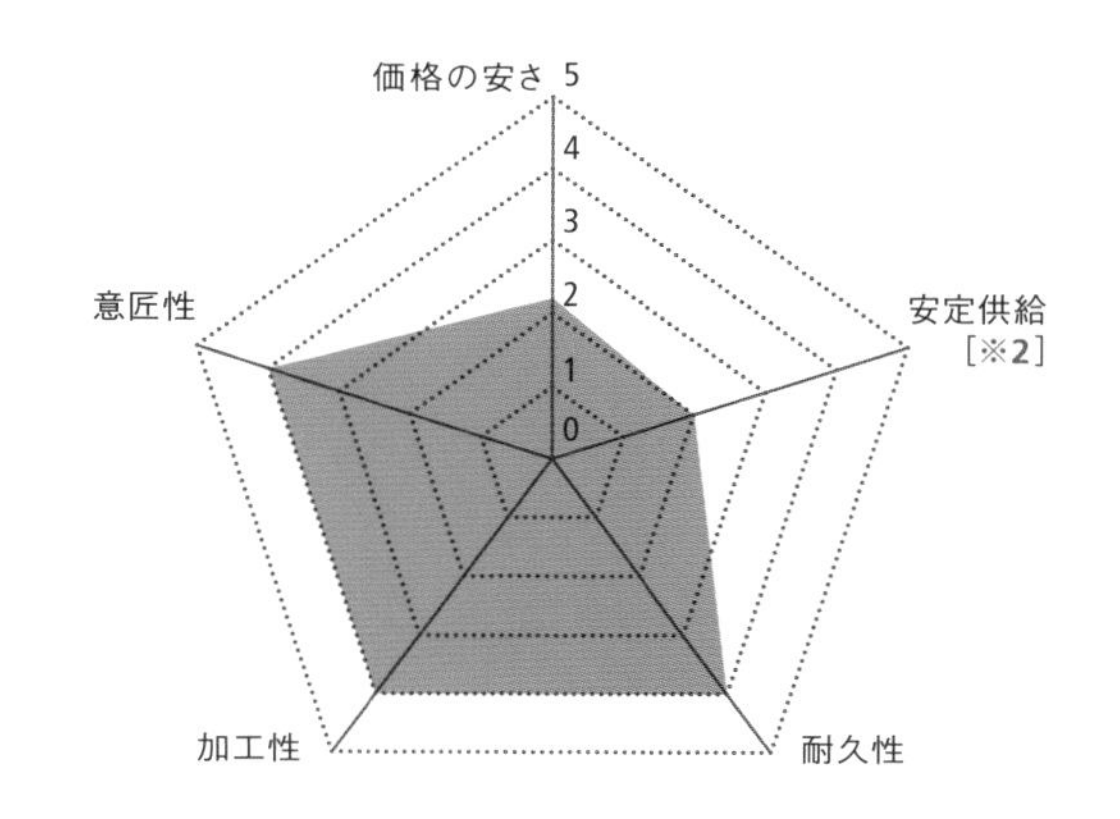

マホガニーの手洗いカウンター（白金のマホガニーハウス／村上建築設計室）

北米産・針葉樹

ベイスギ ヒノキ科　別名：ウエスタンレッドシーダー

分布　ロッキー山脈北部、太平洋岸北西部
気乾比重　0.35
性質　木質は軽軟で加工性がよい。年輪は均一で、耐久性が高い。天井板によく用いられる。耐久性は高いが、軟らかいため構造材には不向き
用途　建築材、建具材、羽目板、屋根板や天井板

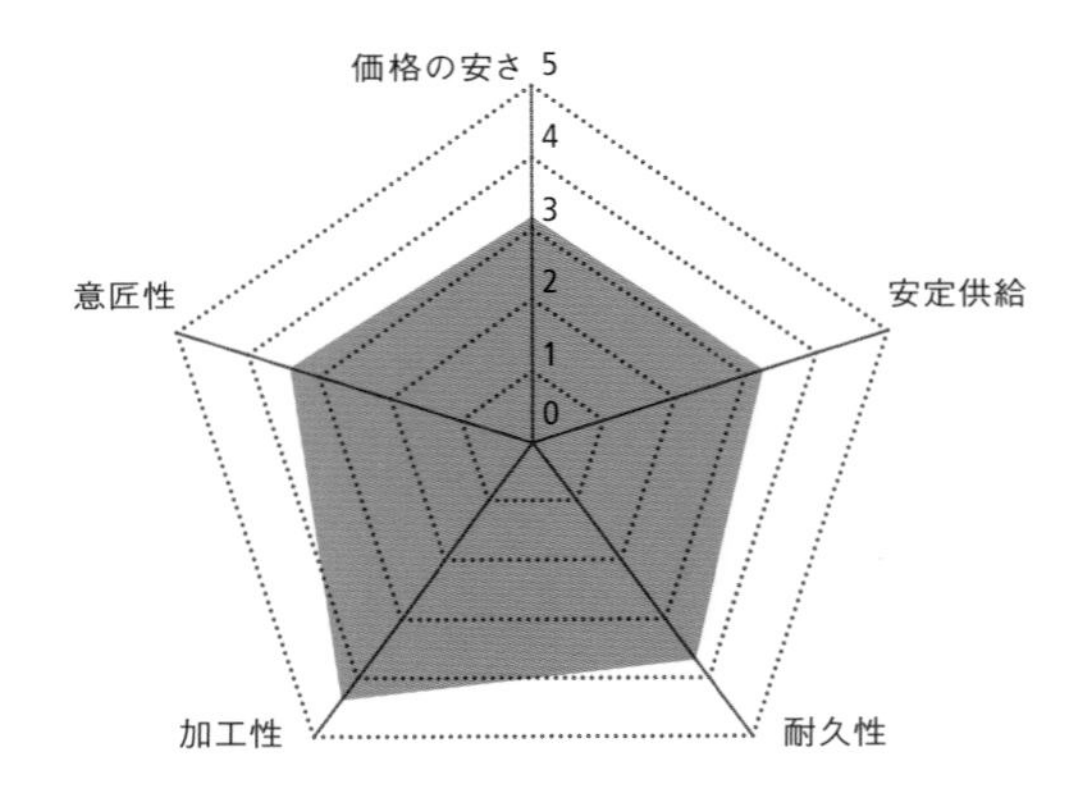

ベイスギの壁（富士桜の山荘・松井邸／横河設計工房）　＊P.102に掲載
撮影：新建築社写真部

米国産・広葉樹

パープルウッド マメ科

分布　南米
気乾比重　0.88
性質　木質が重硬なため、加工が困難。光沢をもち、仕上がりは美しい。耐久性や防虫性、寸法安定性があるのでウッドデッキ材として使われていたが、近年は希少性の高い材となっている
用途　家具用材、内外装用建築材、床材、ウッドデッキ材

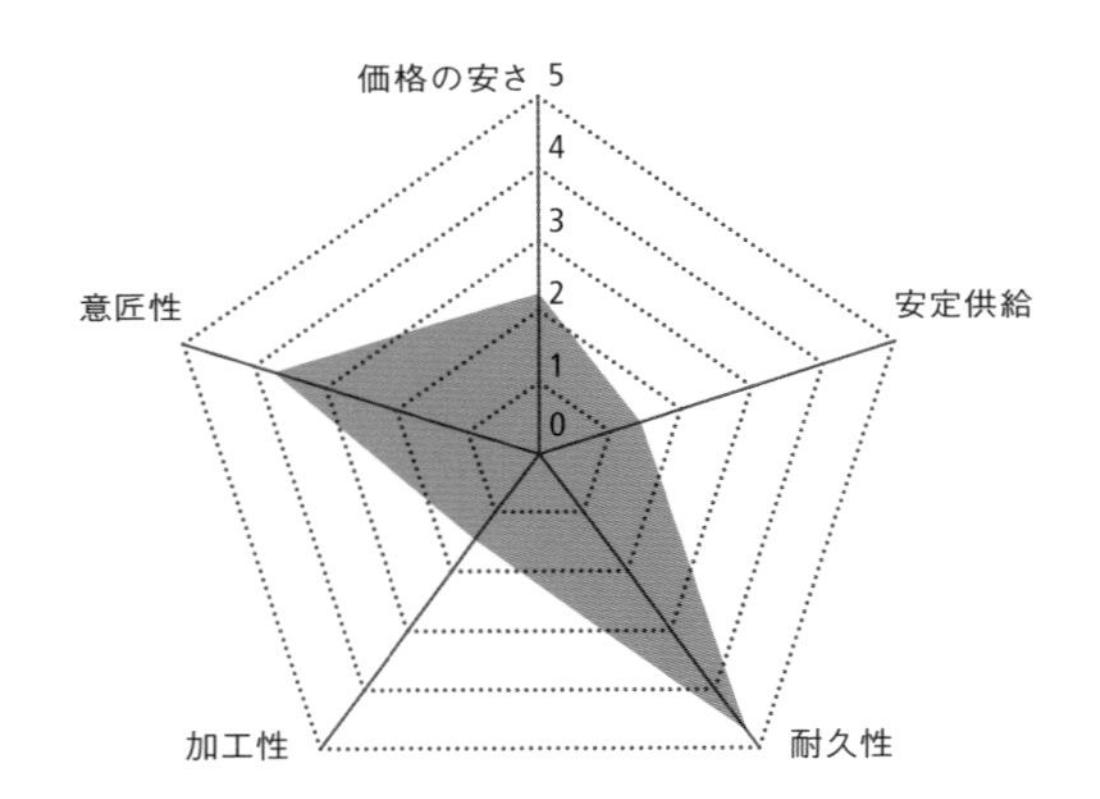

パープルウッドのカップボード（小淵沢の住宅／design office neno1365）

スプルース マツ科　別名：北洋エゾマツ

分布　北米（北部・中部）
気乾比重　0.35〜0.40
性質　材質は軽軟。繊維は強靭で弾力性がある。樹脂分が少なく、緻密な肌目。引出しの側板などに用いられる
用途　内装造作材、家具材、器具材、箱材、楽器材

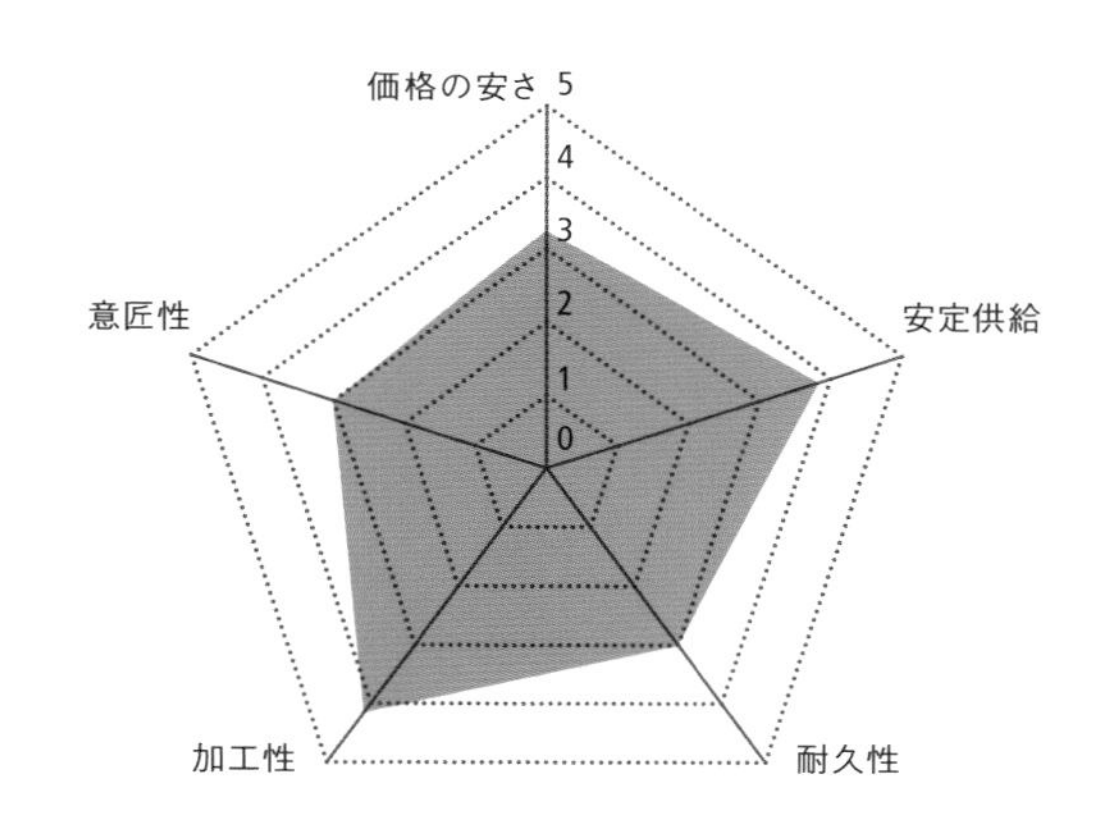

スプルース3層フローリング（L形に囲う家／加藤一成建築設計事務所）

ベイマツ マツ科　別名：ダグラスファー

分布　北米（北西部・太平洋岸）
気乾比重　0.51
性質　年輪がはっきりしていて、赤褐色と橙赤色の色味をもつ。産地により軽軟なものと重硬なものがある。通直な木理と均一な年輪幅。樹脂道があり、ヤニが滲み出てくることがあるので注意が必要
用途　柱や梁など建築用材・構造材、家具材、建具材

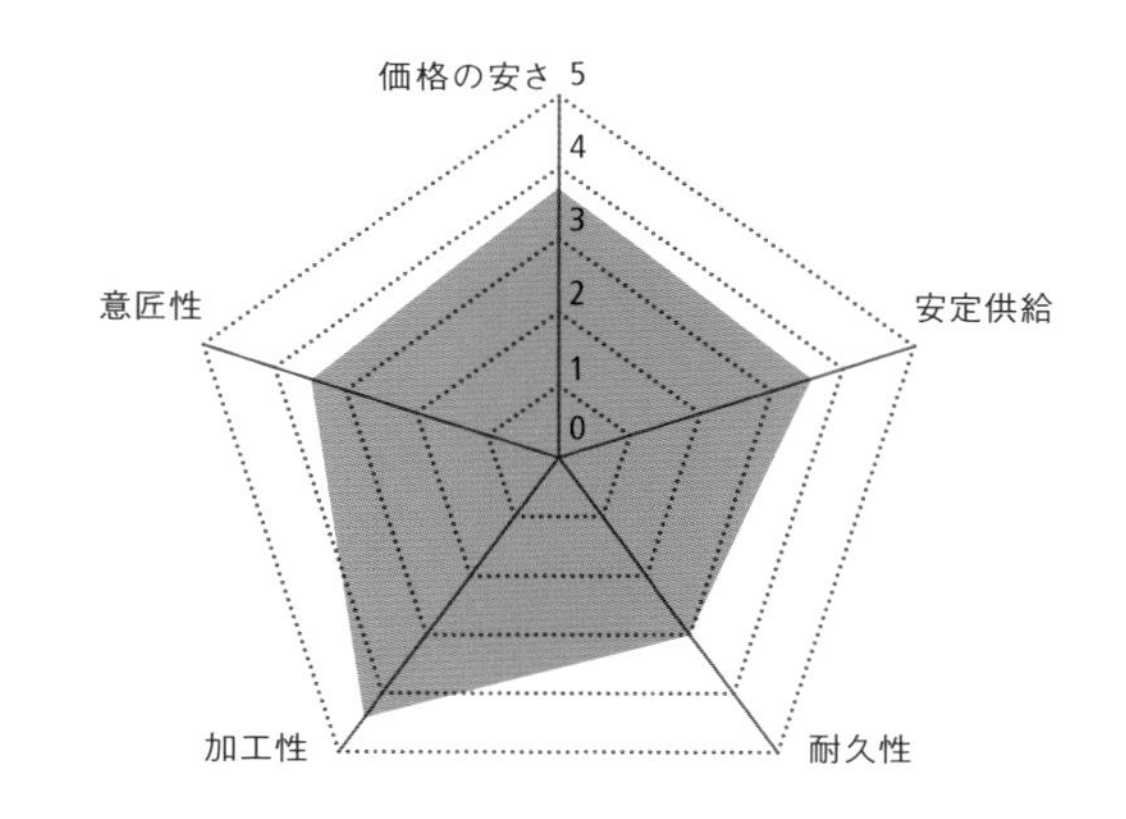

ベイマツ（オスモ塗装）の手洗カウンター（casa della casa／村上建築設計室）

南洋産・広葉樹

ニヤトー アカテツ科

分布　インド、タイ、フィリピン
気乾比重　0.47〜0.89
性質　材質が日本のサクラなどに似ていることから、代用としての利用が多い。軽軟なものから重硬なものまである。加工は容易であるが、反りや割れが生じやすい。耐久性は部位によって異なる
用途　家具用材、建具材、建築材、各種内装造作材、楽器材

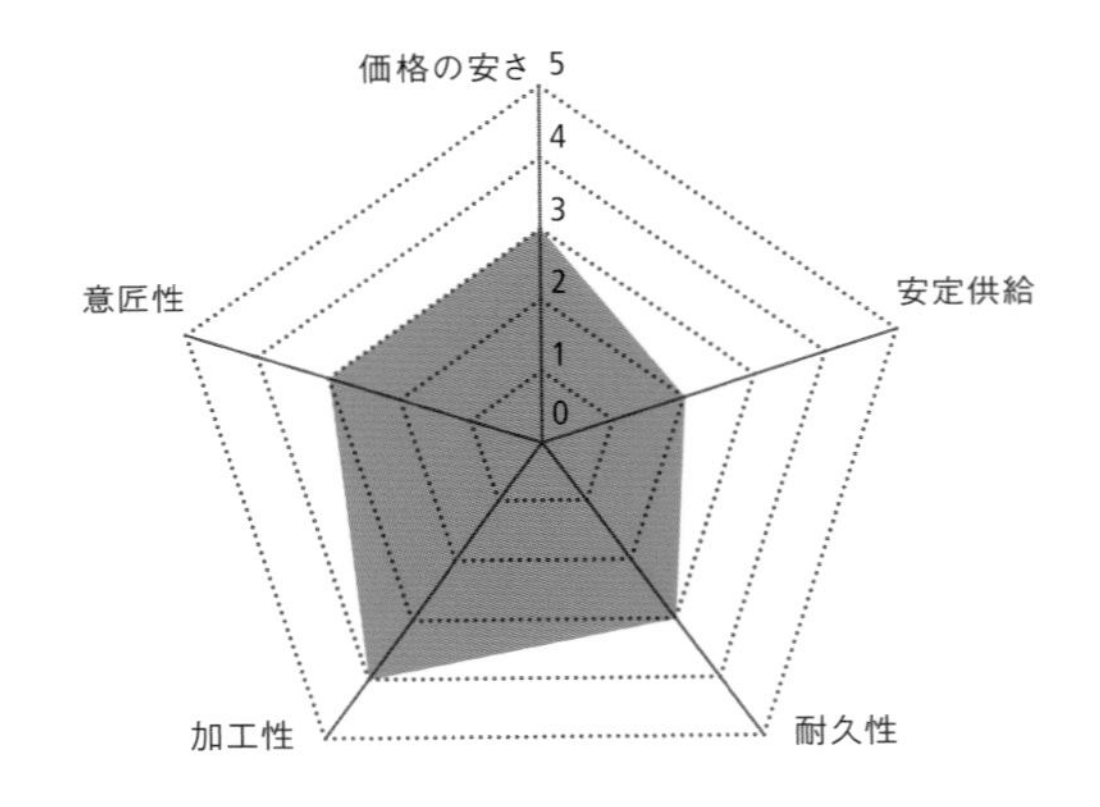

ニヤトーのダイニングテーブル（REAL-WOOD）

北米産・針葉樹

ホワイトパイン マツ科　別名：ウエスタンホワイトパイン

分布　カナダ
気乾比重　0.45
性質　白色で、狂いが少なく、加工性がよい。ヤニ気があり、肌目も粗い
用途　造作材、箱材、楽器材など

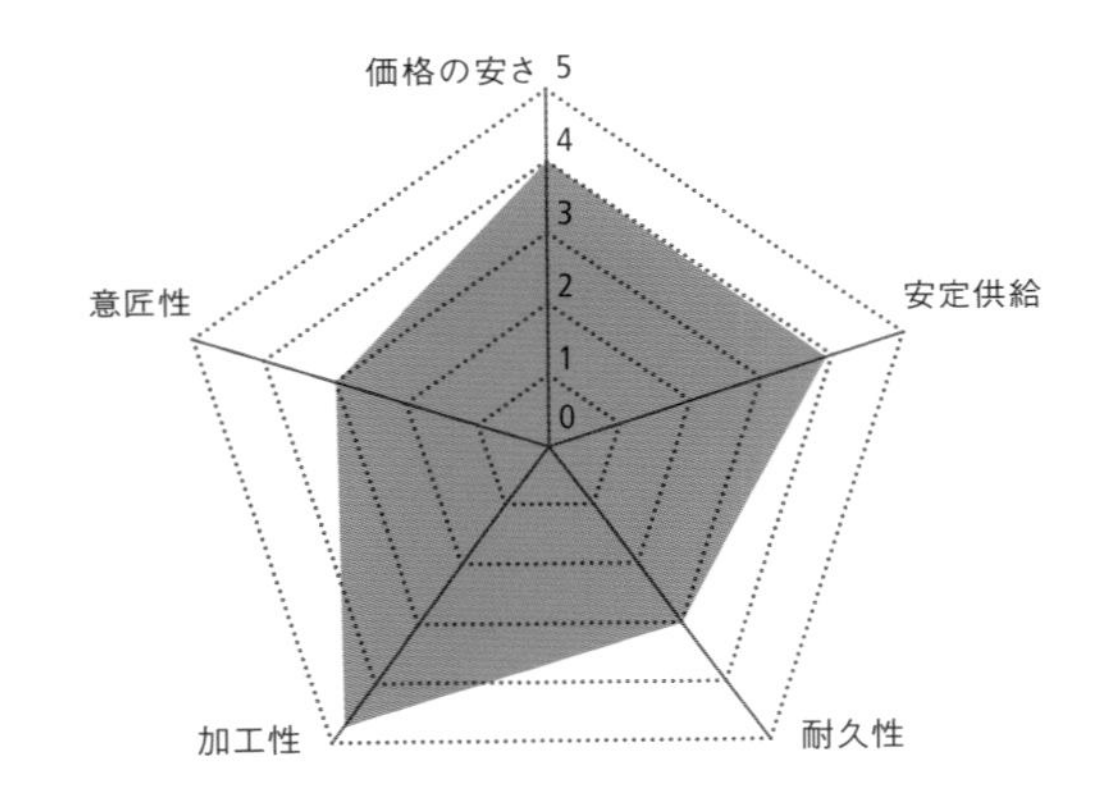

ホワイトパインの食器棚（鎌倉自然素材の家／ミワランド）

カリン マメ科

分布 タイ、ミャンマー、フィリピン
気乾比重 0.81〜0.90
性質 強靭で重硬な材であるが、加工は比較的容易。心材は赤褐色を帯びており、磨くと美しい光沢がでる
用途 床材、廻し縁類、楽器、器材

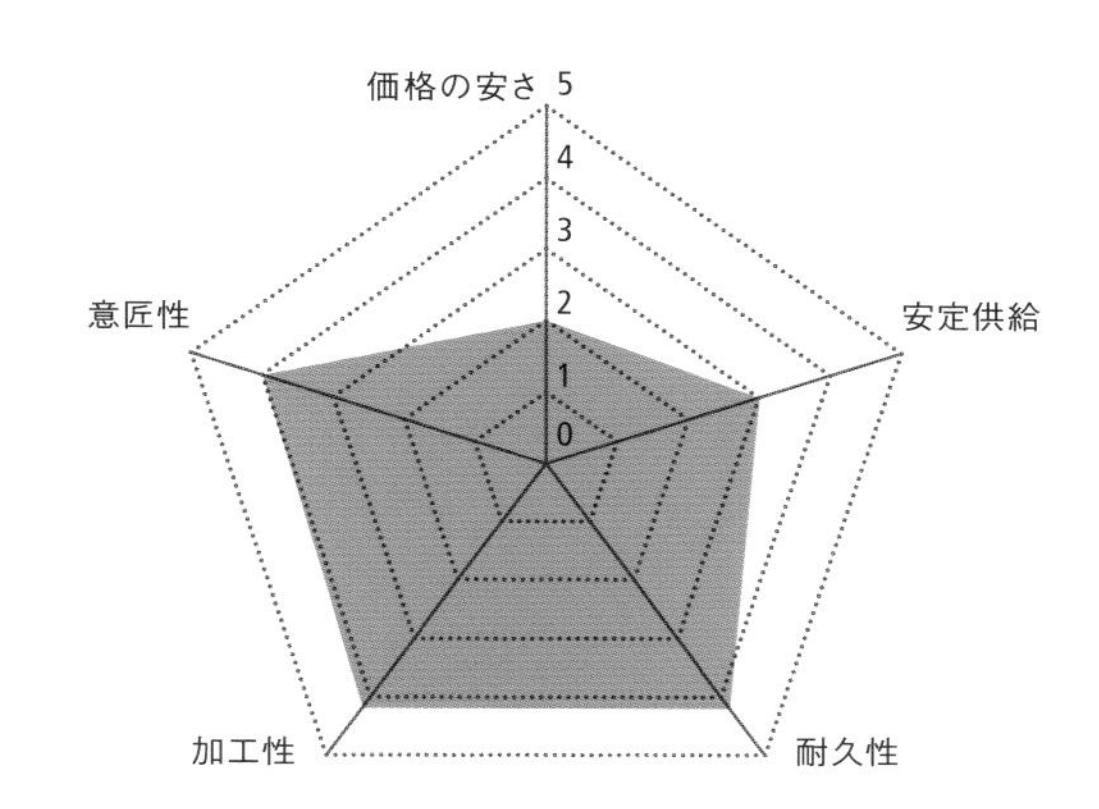

カリンのフローリング（光が丘のカリンハウス／村上建築設計室）

チーク クマツヅラ科

分布 バングラデシュ、ミャンマー
気乾比重 0.57〜0.69
性質 シロアリなどの虫害に強く、水湿などへの耐久性にも優れるため、古くから船舶材として用いられている。表面に蝋（ろう）状の感触がある。接着剤による接着にやや難あり。銘木のひとつ
用途 家具材、彫刻材、船舶材、床材、各種内装材

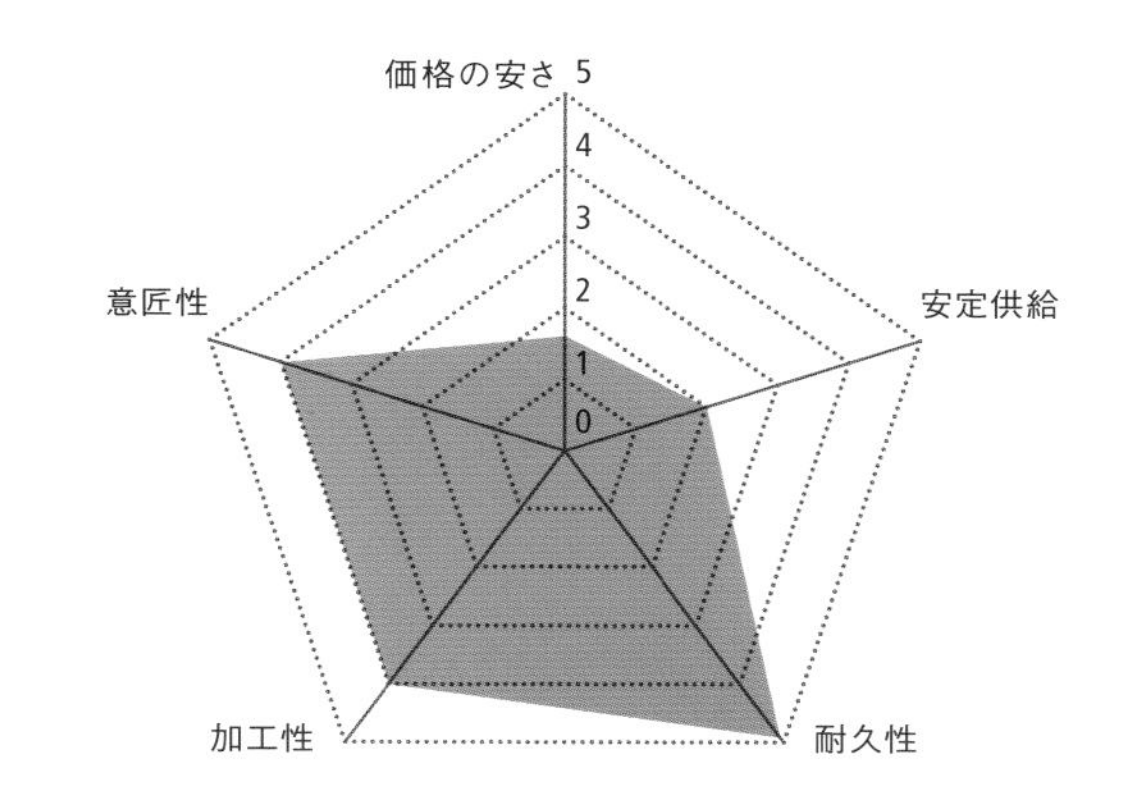

チークの洗面カウンター兼収納（太子堂の家／S.O.Y. 建築環境研究所）

アフリカ産・広葉樹

ウエンジ マメ科

分布 ザイール、カメルーン、コンゴ
気乾比重 0.79〜0.88
性質 木肌は粗めで、重硬で強靭。寸法安定性がよく、耐久性にも優れる。産地によって色味が異なる。規則的な細かいまっすぐなラインが特徴で、高い装飾性が求められる用途に使われる
用途 高級家具、額縁、床柱

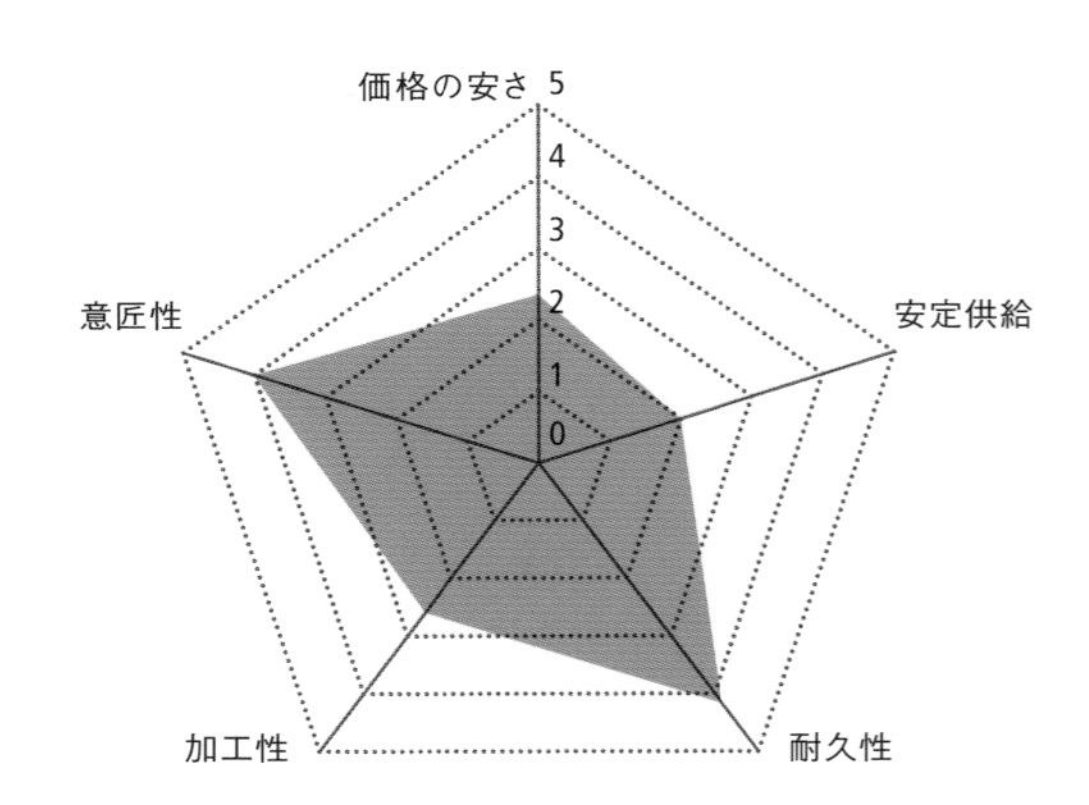

ウエンジのダイニングテーブル（REAL-WOOD）

南洋産・広葉樹

ローズウッド マメ科　別名：イーストインディアンローズウッド

分布 インド、東南アジア
気乾比重 1.04
性質 独特の木目と赤紫褐色を帯びた色味をもつ。古くからさまざまな用途に用いられる銘木の1つ。重硬で、加工性に難があるが、耐久性に優れる
用途 高級家具材、指物、唐木細工、車両材、器具類

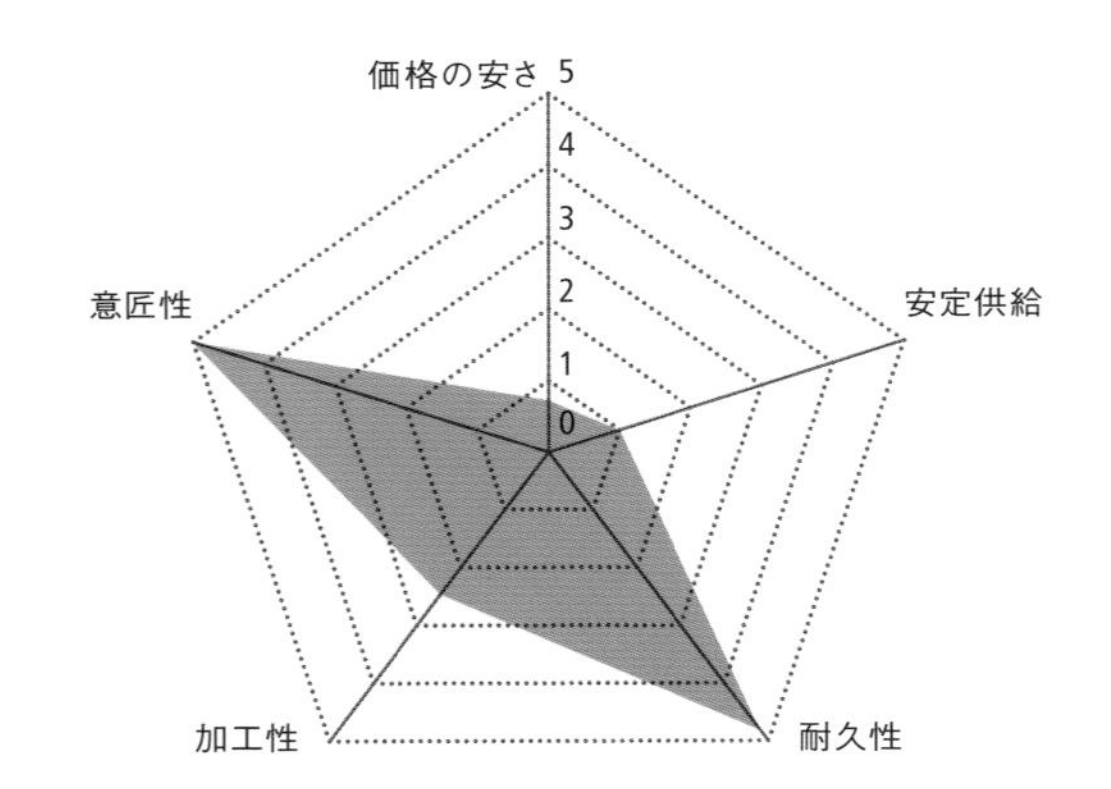

ローズウッドのテーブル（デザイン・設計：a+s Design & Architektur 岩橋亜希菜、製作：間中木工所）

サペリ センダン科　別名：サペリマホガニー

分布　コートジボワール、ナイジェリア、カメルーン、ウガンダ
気乾比重　0.65
性質　帯状の模様が規則正しく配列された美しい「リボン杢」が現われる。木質はやや重硬で、刃物の扱いが難しい
用途　家具用材、床材、各種内装材、楽器材

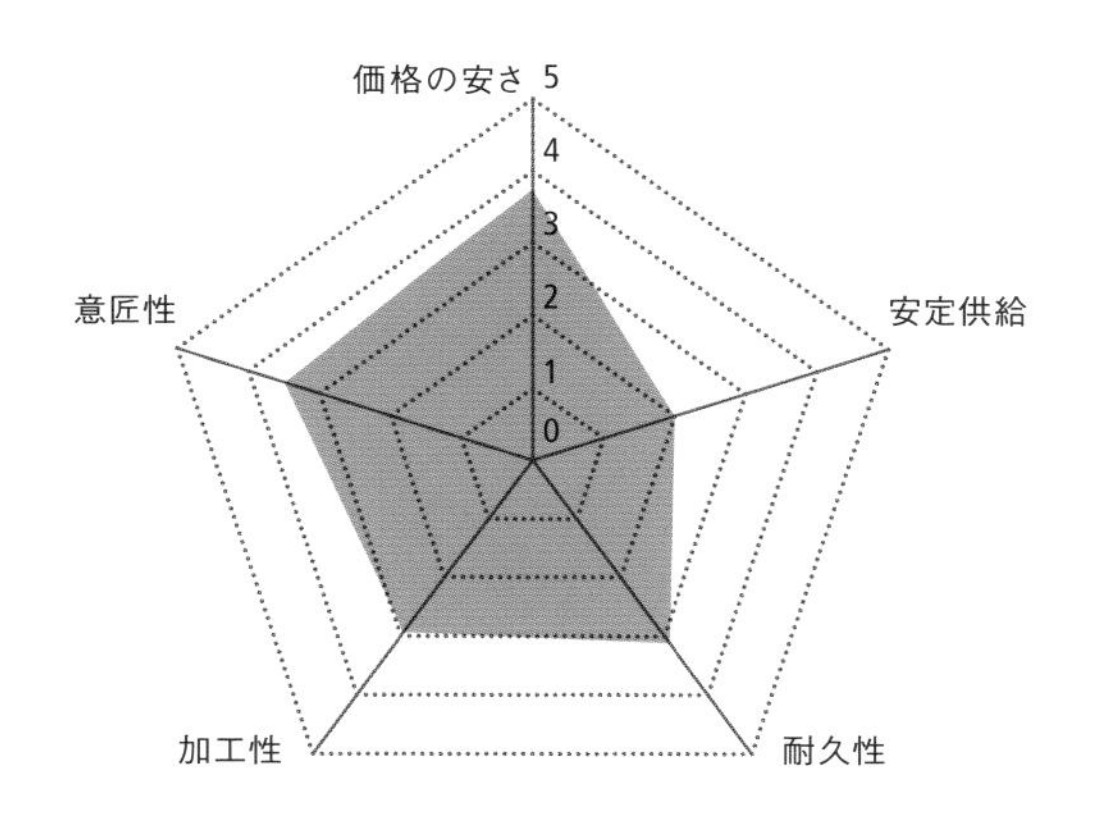

サペリのフローリング（神楽坂の家／角倉剛建築設計事務所）

シルバーハート アカテツ科

分布　コートジボワール、ナイジェリア、アンゴラ、ケニア
気乾比重　0.57
性質　通直な木理で、辺材と心材の区分が不明瞭。美しい縞杢が出ることがある。欧米では「イタリアンウォルナット」の代替材として定着した。近年は入手が困難になっている材の1つ
用途　家具用材、建具材、各種内装材、建築材

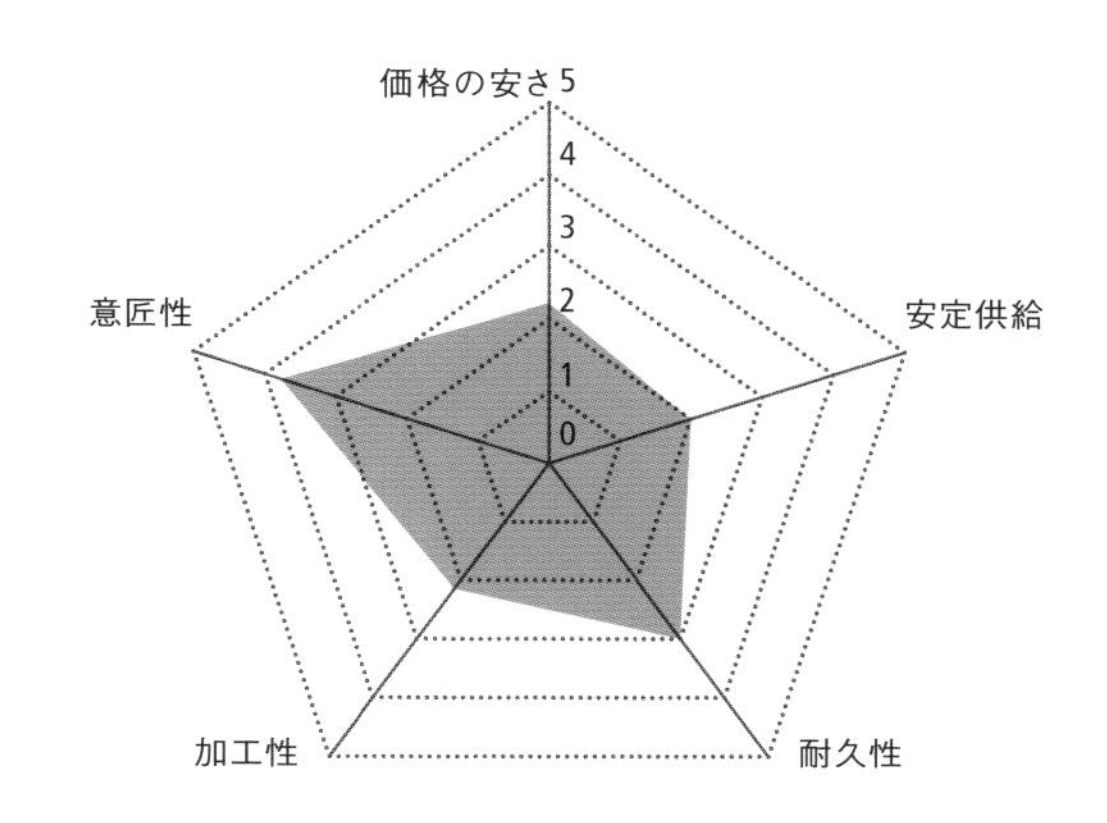

シルバーハートの食器棚（フリーハンドイマイ）
＊カウンター天板はアルダーを使用

オバンコール マメ科　別名：エヒー、エヒエ

分布　ガーナ、ナイジェリア、ガボン
気乾比重　0.73〜0.85
性質　心材はチョコレート色で、濃いグレーの縞模様を有する。辺材は黄白色。重硬な材である反面、粘りが少ない
用途　高級家具用材、床材、建具材

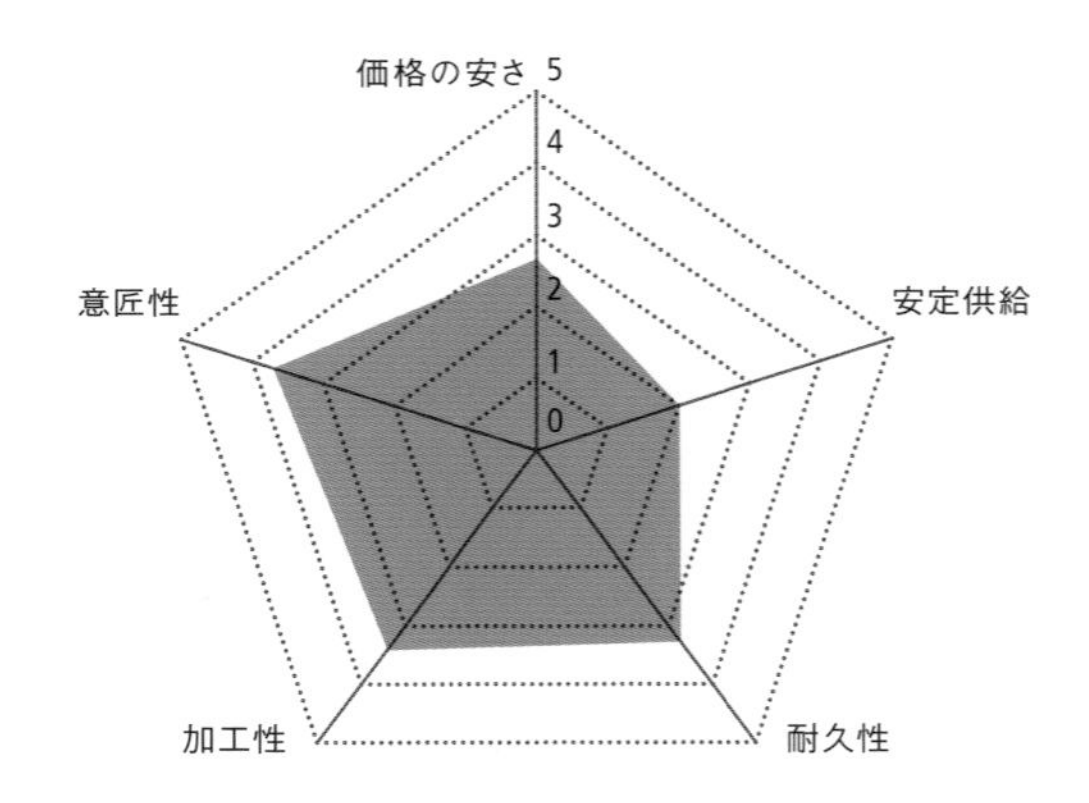

オバンコールのカウンター（Partire／エーシーファクトリー）

ブビンガ マメ科

分布　カメルーン
気乾比重　0.86〜0.94
性質　辺心材の差が明瞭。心材は赤褐色で表面に不規則な縞模様が現われる。辺材は淡色。重硬で加工はやや困難だが、粘りと強度があり耐久性に優れる
用途　家具用材、床材、各種内装材、彫刻材、楽器材、細工物

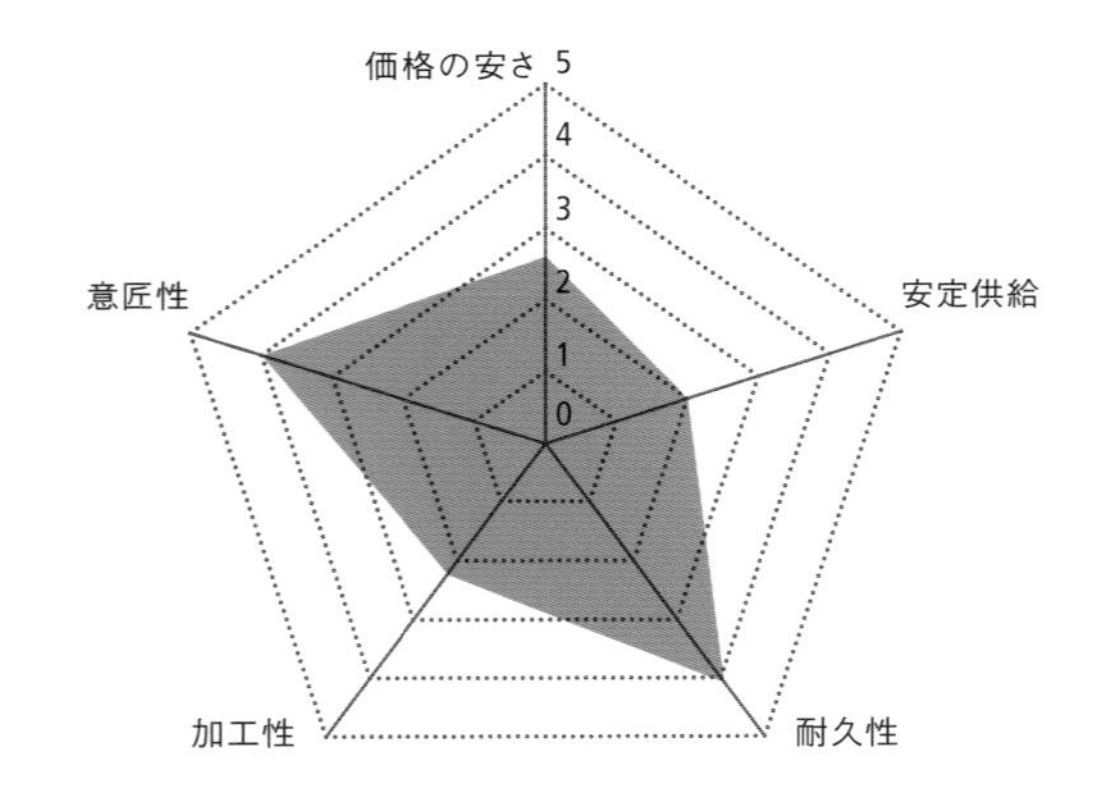

ブビンガのフローリング（広尾H邸リフォーム／カガミ建築計画）

その他地域産・広葉樹

ニレ ニレ科　別名：ハルニレ、コブニレ、アカダモ

分布　北海道、樺太、千島、朝鮮、中国、シベリア

気乾比重　0.42〜0.71

性質　木理は通直で、木肌は粗い。重硬で、加工はやや困難。粘りがあるので曲げ木に適する。何世紀も地中に埋もれていた「神代ニレ」は、独特の色味と風合いをもつ希少材である

用途　器具材、家具材、車両、家具用材、枕木など

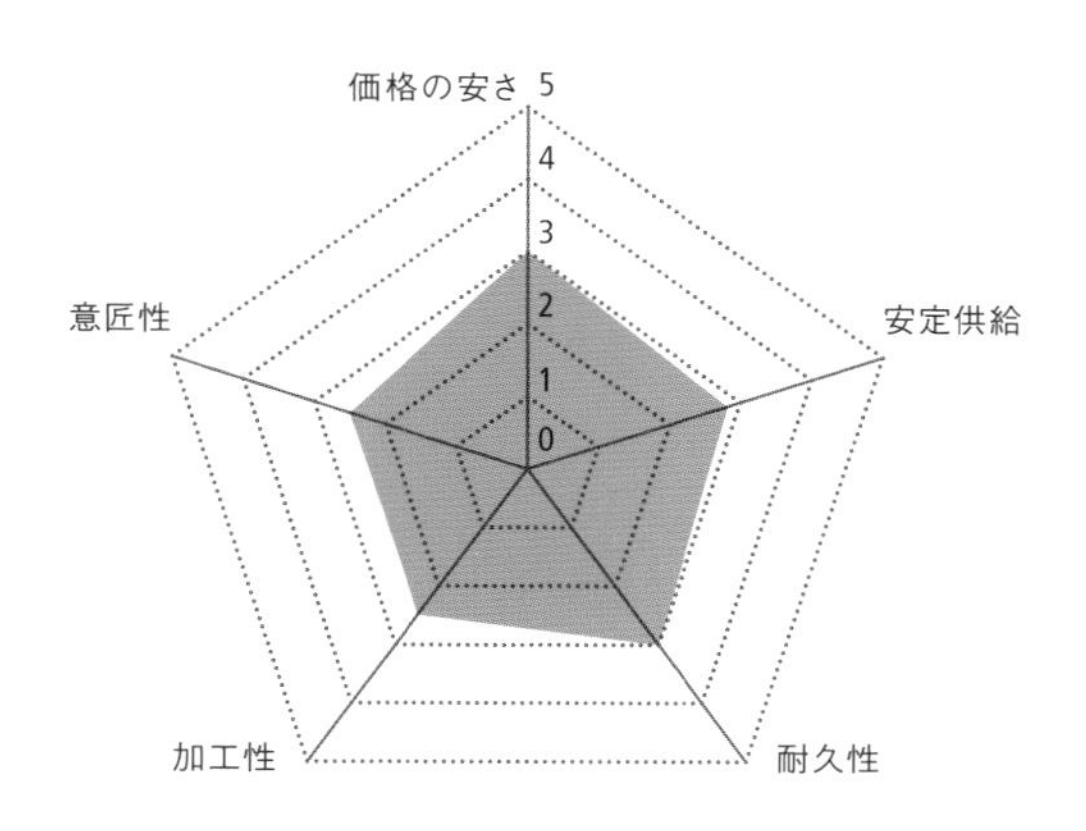

ニレのカウンター（木箱の家／こころ木造建築研究所）

ホワイトバーチ カバノキ科

分布　東ヨーロッパ、ロシア、ドイツ、スウェーデン、フィンランド、バルト海沿岸、中国北部

気乾比重　0.70

性質　均一な木目と美しい板目が出る。塗装との相性もよく、表面の仕上がりがよい。濃淡の少ない、おとなしい木目。粘りがあり、曲げ加工にも適するが、狂いが生じやすい

用途　家具用材、床材、建具材、玩具

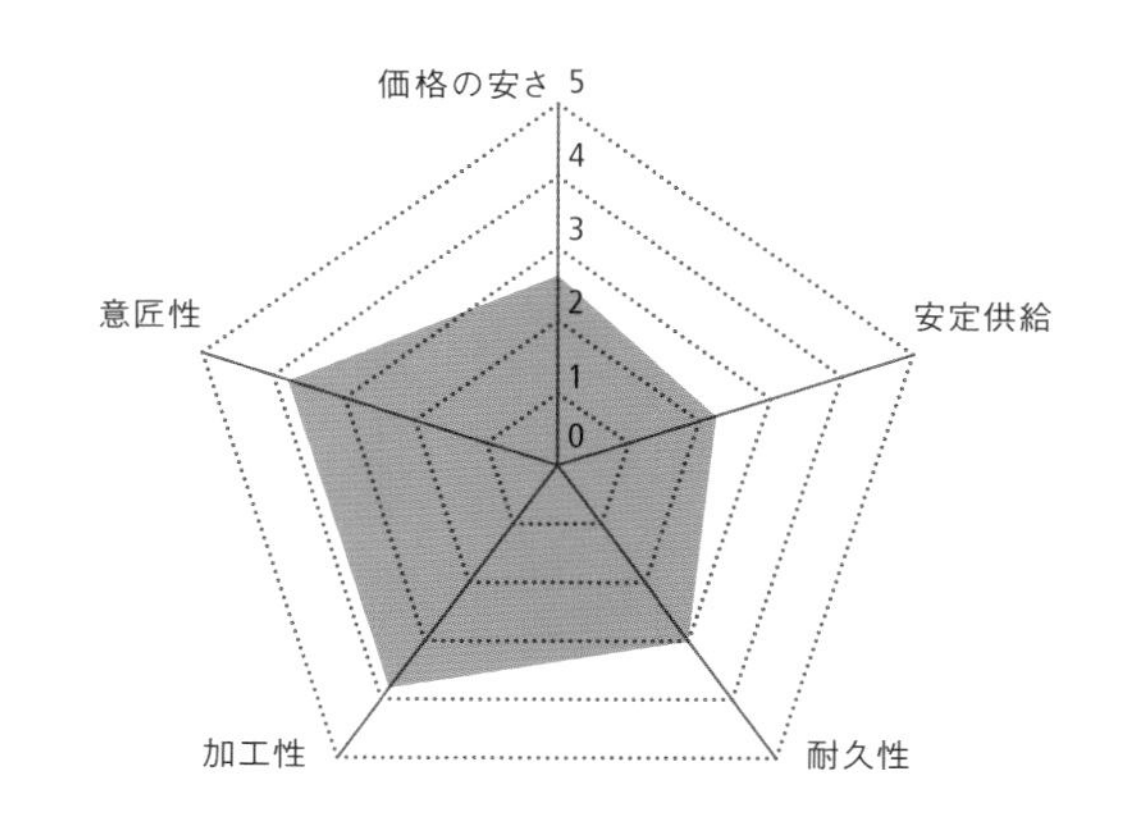

ホワイトバーチのTVボード（フリーハンドイマイ）

思いどおりの仕上がりを手に入れる家具塗装の選び方

図1 | 「素材の保護」と「美観の向上」

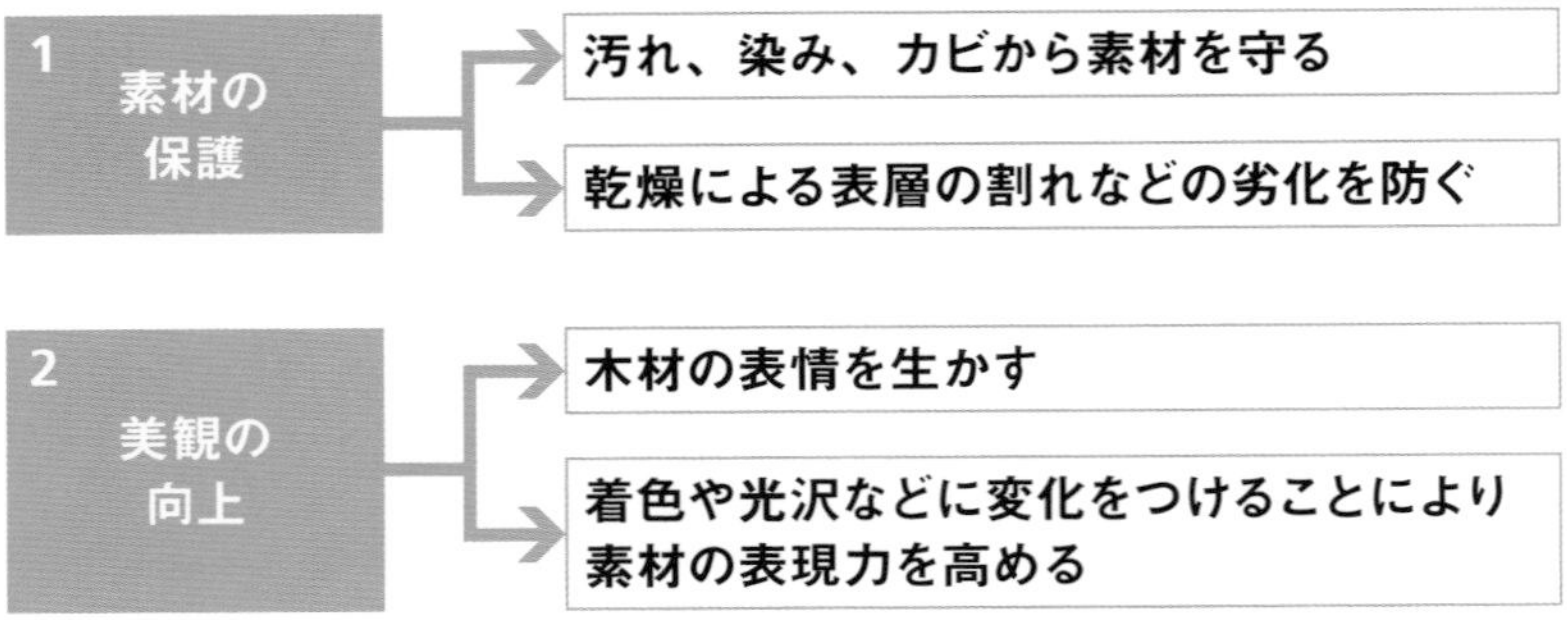

1 素材の保護
- 汚れ、染み、カビから素材を守る
- 乾燥による表層の割れなどの劣化を防ぐ

2 美観の向上
- 木材の表情を生かす
- 着色や光沢などに変化をつけることにより素材の表現力を高める

表1 | 家具塗装で使われる主な塗料

塗料の種類	通称	正式名称	用途
塗膜系（木材の表面に塗膜をつくる）	ラッカー	ニトロセルロース（硝化綿）ラッカー	伝統的家具（アンティーク調・民芸調）建築内装の木部
	ウレタン	ポリウレタン樹脂塗料	家具全般、建材、木製品全般
	ポリ	不飽和ポリエステル樹脂塗料	家具全般、楽器、仏壇
	UV	UV（紫外線）硬化塗料	家具全般、建材
浸透系（塗料が木材の内部に浸透する）	オイル	オイルフィニッシュ塗料	ムク材の家具、クラフト品

家具塗装の目的

家具塗装の大きな目的は2つある。「保護」と「美観」である［図1］。塗装することにより木材の表面を塗膜で保護し、着色や光沢を与えることにより豊かな表情をつくり上げる。設計者は、この2つの目的を頭に置きながら塗装仕様を決定していくべきだろう。

思いどおりの仕上がりを実現するためには、塗装業者へ自分のイメージをどれだけ具体的に伝えることができるかが大きなポイントとなる。「どのようにしたい」という具体的な要望をもとに、設計者と塗装業者が同じ土俵上でやり取りすることが大事なのである。「イメージが違う」との理由で塗り直すことは、お互いの労力の無駄にしかならない。

ここでは造作家具の塗装に絞って、塗料の違い、完成時のテクスチュア、質感などに大きく影響する塗装仕上げの選び方と、塗装を発注する際のポイントを紹介する。

家具塗装で使われる主な塗料

塗料には塗膜系と浸透系がある。前者は木の表面に塗膜をつくるタイプで、光沢やツルツルとした質感を求める場合に使われる。後者は木そのものの質感や、使い込んでいく風合いを楽しみたい場合に使われる［表1］。

ラッカー

硝化綿（ニトロセルロース）・樹脂・可塑剤・溶剤が主成分。化学反応を伴わずに溶剤の揮発だけで乾燥・硬化する。歴史は古く、昭和の初期から使われ始めて現在に至っている。木材塗装で最も広く使用されてきた塗料の1つといってよい。木材を含むすべての植物細胞の主成分であるセルロースを塗料成分としていることもあり木材によくなじみ、塗膜系のなかでは木質感をそのまま表現するのに適した材料である。その反面、耐候性、耐水性、耐磨耗性には難があるため、屋外での使用や、屋内でもテーブルなどの天板・床・水掛かりの部位には不向きである。

ウレタン

木工家具用として幅広く使用されているのが、2液型ポリウレタン樹脂塗料である。

主剤のポリオールと硬化剤のイソシアネートが結合して硬化乾燥する。この塗料の長所は、光沢、肉持ち[※1]がよいこと。塗膜は強靭で、付着性に優れている。また耐薬品性、耐水性、耐候性、耐磨耗性のいずれも優れ、バランスのとれた塗料といえるが、丈夫な塗膜を作るため人工的な仕上がりになりやすい。塗装対象としては、木材関係では、家具類、床、建築一般内装、玄関ドアに使用される。外部でも雨掛かりのない部分なら使用可能であるが、基本的に環境の厳しい外部には適していない。

ポリ

ピアノ、楽器、仏壇や銘木の厚板テーブルなど、美しくピカピカと輝き、鏡のような歪みのない像を映し出す塗装仕上げには、不飽和ポリエステル塗料が使われていることが多い。塗られた塗料の揮発分が少なく、そのまま塗膜になるため、肉持ちがよく厚塗りが可能となる。光沢性、透明性があり、硬く、経時後の目やせ[※2]も少ない。

しかし、塗料配合が複雑なうえ、手作業での研磨が難しいため、機械依存性が高く、扱える工場が限定される。

UV

UV（紫外線）硬化型塗料は、硬化時間が秒単位という超速乾性や高硬度の塗膜が得られるなどの点が長所。家具、建材を中心に急速に普及している。エナメルの鏡面で仕上げられたキッチンの扉や、艶消し仕上げの階段、床材、造作材などで採用されている。ただし、この塗装は塗料、塗装機、硬化装置といった生産プロセスをシステム化し、ある規模以上の生産量を確保することが必要となる。大量生産向きの塗料である。

オイル

オイル（浸透性）塗料は、オイルを浸透させ、塗膜を表面にまったくつくらないか、または、ごく薄い塗膜をつくる仕上げとなる。木材がもっている美しさ、しっとりとした風合いを表現するのに最も適した塗装方法といえる。

主にチークオイル、ワトコオイルなどが使われる。素地が濃く、濡れ色になると木目がはっきりと現れるため広葉樹に適している。ただし、突き板合板では表面の突き板が0.2㎜と薄いものが主流であるため、オイルによる塗装は効果が現れないことに注意したい。

塗装仕上げの選び方

先に挙げた塗料の種類を理解することに加えて、塗装仕上げの種類も押さえておきたい大きなポイントである。テクスチュア、色味、質感などの仕上がりイメージのほか、耐汚性、耐水性、防湿性などの機能を見て選択していく。図2に示したように、塗装仕上げにはいくつもの種類があり、さらにそ

図2 | 塗装仕上げの種類

分類	仕上げの種類
①塗膜の形成状態（表面の塗膜のでき方）	浸透仕上げ（マイクロフィニッシュ）
	オープンポア仕上げ（目はじき仕上げ）
	セミオープンポア仕上げ（準目はじき仕上げ）
	クローズポア仕上げ（鏡面仕上げ）
②素地明瞭度（塗膜を通して見える素地の明瞭度）	透明仕上げ（クリヤー仕上げ。素地がはっきり見える仕上げ）
	半透明仕上げ（素地が少しぼやけて見える仕上げ）
	不透明仕上げ（塗りつぶし仕上げ。不透明で素地の見えない仕上げ）
③着色の有無（素地そのままの色か、着色するのか）	木地色仕上げ（無着色）
	着色仕上げ ― 素地着色仕上げ
	着色仕上げ ― 目止め着色仕上げ
	着色仕上げ ― 塗膜着色仕上げ
	着色仕上げ ― 変わり塗り仕上げ
④上塗り塗料の光沢の違い（高い光沢（艶）か、抑えた光沢か）	艶消し ― 全消し
	艶消し ― 7分消し
	艶消し ― 5分消し
	艶消し ― 3分消し
	艶出し ― 全ツヤ有
	艶出し ― 鏡面磨き
⑤上塗り塗料の種類の違い（上塗り塗料の種類は何か）	ラッカー
	ウレタン
	ポリ
	UV
	オイル

※1　肉持ち：吹付け直後と乾燥後で塗膜の厚みがあまり変化しない塗料を「肉持ちがよい」という
※2　目やせ：平滑に塗装した塗膜が時間の経過とともに木目に沿って凹凸ができてしまう状態のこと

の組み合わせによって仕上がりが変化する。大きく5つに分類される項目の組み合わせで、塗装工程が組まれる。この項目を細かく発注時に押さえることでイメージどおりの表情をつくり上げることにつながる。

①塗膜の形成状態

木材の木目（導管の凹凸など）をどの程度生かす仕上げとするかが、塗膜の形成状態の選択基準となる［図3］。これらは樹種・塗料の違いには関係しない。

②素地明瞭度

木材の素地が塗装後にどの程度見える仕上げとするかを選択する。透明仕上げ、半透明仕上げ、不透明仕上げがある。家具塗装では木目や風合いを生かすことが多いため、透明仕上げが多く使われる。また顔料系ステイン着色および塗膜着色したものは、すべて半透明仕上げの範疇に入る。

③着色の有無

大きくは木地色仕上げ（無着色）と着色仕上げに分けられる。木地色仕上げは着色をせずにクリヤー塗料を塗装して、素地の色を表現する仕上げのこと。塗料の浸透だけで発色する濡れ色は、樹種や塗料の種類によって、趣が大きく異なってくるので注意が必要だ。

着色仕上げはその方法によって、素材である木材の木目や模様などの特徴を強調させたり均一にしたりする。素地着色仕上げは主に素地の色ムラを着色により抑え、均一な色合いになるようにする。目止め着色仕上げは素地と導管を同時に着色するもので、木目を強調して鮮明にする。塗膜着色仕上げは色調の補正やコントラストをつけるもの。変わり塗り仕上げはメタリックコートやパールコートなど特殊な質感を出したいときに用いる。

④上塗り塗料の光沢の違い

艶消しと艶出しそれぞれあるが、ここで注意が必要なのが、その発注方法である。塗装の仕様書に「3分艶」と表記されている時、家具塗装では「3分艶消し」と理解するのが一般的

図3｜塗膜の形成状態

塗装浸透仕上げ
（マイクロフィニッシュ）
表面に塗膜をつくらずに木材内部に塗料を浸透させる仕上げ。オイルフィニッシュなど、浸透系塗料を使い木肌感を重視する仕上げに適している

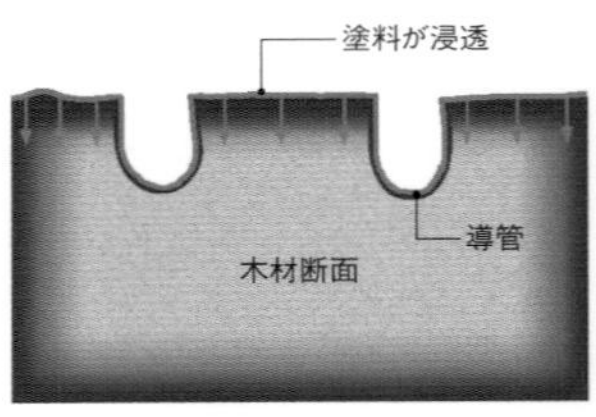

オープンポア仕上げ
（目はじき仕上げ）
導管を完全にはふさがず、木目が開いた状態のままにする塗装仕上げ。樹種そのものの風合いが出る反面、汚れやすい場所への採用には向かない。ウレタン・ラッカーなどの塗膜系塗料で用いられる

セミオープンポア仕上げ
（準目はじき仕上げ）
導管以外の部分は平滑に仕上げ、導管の約半分程度を埋める仕上げ。汚れやすく防湿効果に劣るオープンポア仕上げの短所を改善しつつ、木材特有の木肌を残した仕上げ。ウレタン・ラッカーなどの塗膜系塗料で用いられる

塗膜
目止め剤

クローズポア仕上げ
（鏡面仕上げ）
素地表面に開いた導管をはじめ、すべての孔を目止め剤や塗料で完全にふさぎ、平滑でしかも厚い塗膜を形成する仕上げ。高光沢にすると鏡面仕上げとなる。ウレタン・ラッカーなどの塗膜系塗料で用いられる

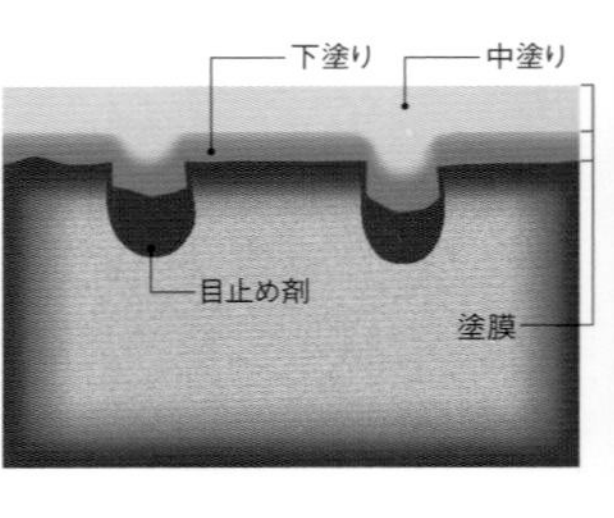

写真1｜塗料缶の表記例

塗料缶には「消」という表示がされている

駒田剛司［こまだ・たけし］駒田建築設計事務所
1965年神奈川県生まれ。'84年立教英国学院卒業、'89年東京大学工学部建築学科卒業。同年香山壽夫建築研究所入所、'95年東京大学工学系研究科建築学専攻助手。2000年㈲駒田建築設計事務所共同設立。現在、前橋工科大学教授

駒田由香［こまだ・ゆか］駒田建築設計事務所
1966年福岡県生まれ。'89年九州大学工学部建築学科卒業、'89年東陶機器システムキッチン開発課入社。'93年サティスデザイン。'96年駒田建築設計事務所設立、2000年㈲駒田建築設計事務所共同設立。現在、東京芸術大学・明治大学非常勤講師

鈴木謙介［すずき・けんすけ］鈴木謙介建築設計事務所
1973年神奈川県生まれ。'98年早稲田大学理工学部建築学科卒業、2000年早稲田大学理工学研究科大学院理工学研究科建築計画修了。同年椎名英三建築設計事務所入所、'04年㈲鈴木謙介建築設計事務所設立

田野恵利［たの・えり］アンドウ・アトリエ
1963年栃木県生まれ。'85年武蔵野美術大学建築学科卒業、'86年レミングハウス。'91年アーキテクチャー・ファクトリー、'98年アンドウ・アトリエ共同主宰

新関謙一郎［にいぜき・けんいちろう］NIZEKI STUDIO
1969年東京都生まれ。'95年明治大学大学院修士課程修了。'96年設計事務所を開設し、現在に至る。NIZEKI STUDIO代表

西大路雅司［にしおおじ・まさじ］西大路建築設計室
1950年東京都生まれ。千葉大学工学部建築学科卒業後、設計事務所勤務を経て、京都工芸繊維大学中村昌生研究室にて数寄屋建築の研究を行う。'84年に西大路建築設計室を設立。主に住宅、茶室、店舗の設計監理を行っている。共著に『和風住宅・茶室」納まり詳細図集』(エクスナレッジ)

根來宏典［ねごろ・ひろのり］根來宏典建築研究所
1972年和歌山県生まれ。日本大学生産工学部建築工学科卒業。'95年〜古市徹雄都市建築研究所(2002年〜同嘱託)。'04年根來宏典建築研究所設立。'05年日本大学大学院博士後期課程修了・博士(工学)。'08年〜NPO法人家づくりの会理事('12年〜'18年代表理事)

本間至［ほんま・いたる］本間至/ブライシュティフト一級建築士事務所
1956年東京都生まれ。'79年日本大学理工学部建築学科卒業。'79年〜'86年林寛治設計事務所。'86年本間至建築設計室設立。'94年本間至/ブライシュティフト一級建築士事務所に改称。2010年〜日本大学理工学部建築学科非常勤講師。主な著書に『最高に楽しい[間取り]の図鑑』(エクスナレッジ)など

村田淳［むらた・じゅん］村田淳建築研究室
1971年東京都生まれ。'95年東京工業大学工学部建築学科卒業。'97年東京工業大学大学院建築学専攻修士課程修了。建築研究所アーキヴィジョンを経て、2006年村田靖夫建築研究室。'07年同代表。'09年村田淳建築研究室に改称

森清敏［もり・きよとし］MDS
1968年静岡県生まれ。'92年東京理科大学理工学部建築学科卒業、'94年同大学院修士課程修了。'94年〜2003年大成建設設計本部、'03年MDS一級建築士事務所共同主宰。'06年から日本大学非常勤講師、'09年から東京理科大学非常勤講師。'10年に㈱MDSに改組、現在、代表取締役

八島正年［やしま・まさとし］八島建築設計事務所
1968年福岡県生まれ。'93年東京藝術大学美術学部建築科卒業、'95年東京藝術大学大学院美術研究科修士課程修了。'98年八島正年+高瀬夕子建築設計事務所共同設立、2002年八島建築設計事務所に改称。現在、神奈川大学非常勤講師

八島夕子［やしま・ゆうこ］八島建築設計事務所
1971年神奈川県生まれ。'95年多摩美術大学美術学部建築科卒業、'97年東京藝術大学大学院美術研究科修士課程修了。'98年八島正年+高瀬夕子建築設計事務所共同設立。'02年八島建築設計事務所に改称。現在、多摩美術大学非常勤講師

横田典雄［よこた・のりお］CASE DESIGN STUDIO
1967年大阪府生まれ。'89年武蔵野美術大学造形学部建築学科卒業、'89年〜'98年槇総合計画事務所勤務。'98年CASE DESIGN STUDIOを設立。2007年「軽井沢離山の家」でINAXデザインコンテスト銀賞、中部建築賞最高賞を受賞。'10年「富士桜の家」がINAXデザインコンテスト入賞

和田浩一［わだ・こういち］STUDIO KAZ
1965年福岡県生まれ。'88年九州芸術工科大学芸術工学部工業設計学科卒業。'94年STUDIO KAZ設立。現在、代表取締役。著書に、『最高の家具をデザインする方法』『世界で一番やさしい家具設計』(ともにエクスナレッジ)、『キッチンをつくる』(彰国社)

2章　上質空間をデザインする／家具・インテリア編

赤松明［あかまつ・あきら］ものつくり大学
1950年大阪府生まれ。'74年職業訓練大学校（現職業能力開発総合大学校）木材加工科卒業。'99年職業能力開発総合大学校助教授、2006年ものつくり大学教授、'16ものつくり大学学長。博士（農学）。主な著書・監修に「トコトンやさしい木工の本」（日刊工業新聞）、「木材加工系実技教科書」（雇用問題研究会）など

新井洋之［あらい・ひろゆき］サークル
1955年生まれ。日本工業大学機械工学科卒業。レールメーカーを経て、'95年独立開業、現在に至る

上田知正［うえだ・ともまさ］オクトーバー
1962年東京都生まれ。'86年京都工芸繊維大学意匠工芸学科卒業。'88年東京藝術大学美術研究科大学院修士課程修了。'90年ロンドンAAスクール大学院歴史・理論講座修了。'90年よりユーピーエム八束はじめ建築計画室を経て、'97年上田知正建築設計事務所設立。'01年オクトーバーに社名変更。'10年より東京造形大学准教授

内山敬子［うちやま・けいこ］KEIKO+MANABU
米国・シアトル生まれ。1998年オレゴン大学芸術学部建築学科卒業、'00～'04年妹島和世+西沢立衛／SAANA、'05年KEIKO+MANABUを共同設立

遠藤政樹［えんどう・まさき］EDH遠藤設計室
1963年東京生まれ。'89年東京理科大学大学院修士課程修了。'89～'94年まで難波和彦+界工作舎を経て'94年EDH遠藤設計室設立。'99年より東京理科大学非常勤講師。'08年より千葉工業大学准教授

大河内四郎［おおこうち・しろう］テン取締役
1969年千葉県生まれ。横浜国立大学建設学科卒業。家具修復・補修の専門会社に13年間勤務後、2010年2月、代表取締役・田沼一朗とともにテンを設立。現在に至る

小川晋一［おがわ・しんいち］小川晋一都市建築設計事務所
1955年山口県生まれ。'78年日本大学芸術学部卒業。ワシントン州立大学建築学科に留学。文化庁派遣芸術家在外研修員／在ニューヨーク。ポール・ルドルフ事務所およびアルキテクトニカ（ニューヨーク）勤務。'86年小川晋一都市建築設計事務所設立。現在、近畿大学工学部建築学科教授、日本大学芸術学部非常勤講師、英国エジンバラ芸術大学建築学科客員教授

加藤武志［かとう・たけし］加藤武志建築設計室
1949年東京都生まれ。'79年工学院大学工学部建築学科卒業。'84年KATO建築設計室設立。'98年加藤武志建築設計室に改称

黒崎敏［くろさき・さとし］APOLLO一級建築士事務所
1970年石川県生まれ。'94年明治大学理工学部建築学科卒業。同年、積水ハウスにて新商品企画開発に従事。'98年FORME一級建築士事務所主任技師、2000年APOLLO一級建築士事務所を設立・主宰。'17年から慶應義塾大学理工学部システムデザイン工学科非常勤講師

甲村健一［こうむら・けんいち］KEN一級建築士事務所
1969年愛知県生まれ。'92年名古屋工業大学社会開発工学科（建築コース）卒業後、清水建設を経て、'99年KEN一級建築士事務所設立、主宰。'15-'18年名古屋工業大学客員教授

沢瀬学［さわせ・まなぶ］KEIKO+MANABU
岩手県盛岡市生まれ。1997年石田敏明建築設計事務所入所、'98年横浜国立大学中途退学、'02-'08年ロコアーキテクツ共同主宰を経て、'05年KEIKO+MANABUを共同設立

島田陽［しまだ・よう］タトアーキテクツ／島田陽建築設計事務所
1972年兵庫県生まれ。'95年京都市立芸術大学環境デザイン科卒業、'97年同大学大学院修了。'97年タトアーキテクツ／島田陽建築設計事務所設立

庄司寛［しょうじ・ひろし］庄司寛建築設計事務所
1961年東京都生まれ。'84年早稲田大学理工学部建築学科卒業。フォルム設計、ESPAD環境建築研究所、同取締役、Partnerを経て、'02年庄司寛建築設計事務所を設立・主宰

高橋翔［たかはし・しょう］EOS plus（イオスプラス）
1982年生まれ。青山製図専門学校店舗設計デザイン科卒業、2003年イオス設備工房入社（現：EOS plus）現在に至る

竹内巌［たけうち・いわお］ハル・アーキテクツ
1960年東京都生まれ。'83年法政大学工学部建築学科卒業。'90年リチャード・ロジャース・パートナーシップジャパン、'91年アーキテクトファイブ、2000年城戸崎研究室。同年ハル・アーキテクツ設立

武富恭美［たけとみ・やすみ］d／dt Arch
1968年東京都生まれ。'91年東京大学工学部建築学科卒業、'93年同大学大学院修士課程修了。'94年コロンビア大学大学院修士課程修了。'95年東京大学大学院博士課程中途退学。'94～'03年磯崎新アトリエを経て、'01年d／dt Arch設立。'11年～'16年明治大学兼任講師、'16年から日本大学非常勤講師

津野恵美子［つの・えみこ］津野建築設計室
1973年神奈川県生まれ。'95年東京大学工学部建築学科卒業。'97年同大学工学系研究科修士課程卒業。'97〜03年スタジオナスカを経て、'03年津野建築設計室設立。東洋大学・東京工芸大学・法政大学非常勤講師

戸恒浩人［とつね・ひろひと］シリウスライティングオフィス
1975年東京都生まれ。'97-'04年ライティングプランナーズアソシエーツを経て、'05年シリウスライティングオフィス設立

中川陽子［なかがわ・ようこ］オクトーバー
1959年愛媛県生まれ。'80年学習院女子短期大学卒業。'83年より多摩美術大学芸術学科副手。'89年より小野建築設計室、'90年より白江建築研究所、'91年より坂茂建築設計を経て、'97年より現オクトーバー

夏目知道［なつめ・ともみち］ナツメトモミチ
1966年愛知県生まれ。'89年愛知県立芸術大学美術学部美術科デザイン専攻卒業。同年より近藤康夫デザイン事務所勤務を経て、'99年ナツメトモミチ設立。愛知県立芸術大学准教授、多摩美術大学非常勤講師、名古屋造形大学非常勤講師

新関謙一郎［にいぜき・けんいちろう］NIIZEKI STUDIO
1969年東京都生まれ。'95年明治大学大学院修士課程修了。'96年きき一級建築士事務所設立、'04年NIIZEKI STUDIOに改組

西崎克治［にしざき・かつじ］ニシザキ工芸
1959年東京生まれ。早稲田大学社会科学部卒業。家具金物メーカーを経て、'84年ニシザキ工芸入社。現在、代表取締役。東京都家具工業組合副理事長。東京塗装工芸組合、木工塗装技能士会、木材塗装研究会各監事。自社工場にて実演、実習中心の「設計者のための家具塗装セミナー」を開催

野崎義嗣［のざき・よしつぐ］マカロニデザイン
1974年神奈川県生まれ。'96年ICSカレッジオブアーツ卒業。秋山木工、匠工芸、Moebel Exquisit（ドイツ）、PPMeoebler（デンマーク）を経て、'08年マカロニデザイン設立

服部信康［はっとり・のぶやす］服部信康建築設計事務所
1964年愛知県生まれ。'84年東海工業専門学校卒業。'84年名巧工芸、'87年スペース、'89年総合デザイン、'92年アール&エス設計工房を経て、'95年服部信康建築設計事務所を設立

原田真宏［はらだ・まさひろ］MOUNT FUJI ARCHITECTS STUDIO
1973年静岡県生まれ。'97年芝浦工業大学大学院建設工学専攻修了（三井所清典研究室）、'97-'00年隈研吾建築都市設計事務所、'01-'02年文化庁芸術家海外派遣研修員制度を受けホセ・アントニオ&エリアス・トレスアーキテクツ（バルセロナ）に所属。'03年磯崎新アトリエ、'04年原田麻魚と共に「MOUNT FUJI ARCHITECTS STUDIO」設立。'08年より芝浦工業大学工学部建築学科准教授

原田麻魚［はらだ・まお］MOUNT FUJI ARCHITECTS STUDIO
1976年神奈川県生まれ。'99年芝浦工業大学建築学科卒業。'00-'03年建築都市ワークショップ所属。'04年原田真宏と共に「MOUNT FUJI ARCHITECTS STUDIO」設立

深澤組個［ふかさわ・くみこ］町田ひろ子アカデミー
保険会社、ハウスメーカー勤務を経て、1989年町田ひろ子インテリアコーディネーターアカデミー専門科卒業、現在講師。'91年フリーのインテリアコーディネーターとして独立し、インテリアデザイン事務所「ic-press」主宰

増田憲一［ますだ・けんいち］ブルーデザイン
日本大学生産工学部卒業。長谷工コーポレーションを経て、2006年ブルーデザイン設立。現在、同社代表取締役。'12、'13年4月Milano Salone出展。'16年5月ICFF NYC出展

松山将勝［まつやま・まさかつ］松山建築設計室
1968年鹿児島県生まれ。'91年東和大学卒業。'97年松山将勝建築設計室設立、2000年松山建築設計室に改称。現在、福岡大学・西日本工業大学非常勤講師

間中治行［まなか・はるゆき］間中木工所
1968年生まれ。日本大学生産工学部建築工学科卒業。照明プランニング会社を経て、'92年間中木工所入社、現在代表取締役

宮原輝夫［みやはら・てるお］宮原建築設計室
1966年東京都生まれ。群馬大学大学院博士課程後期を単位取得退学。'90〜'98年竹中工務店勤務を経て、'99年宮原建築設計室設立。ICSカレッジオブアーツ非常勤講師

横河健［よこがわ・けん］横河設計工房
1972年日本大学芸術学部美術学科卒業。'72〜'76年黒川雅之建築設計事務所を経て、'76年設計事務所クレヨン&アソシエイツ設立（共同主宰）。'82年横河設計工房設立。'99年日本建築学会賞（作品）受賞。'03年より日本大学理工学部建築学科教授

和田浩一［わだ・こういち］STUDIO KAZ
1965年生まれ。九州芸術工科大学芸術工学部工業設計学科卒業。'94年STUDIO KAZ設立。現在、代表取締役。著書に「キッチンをつくる」（彰国社）、「最高の家具をデザインする方法」（エクスナレッジ）

渡邊謙一郎［わたなべ・けんいちろう］スタンダードトレード
1972年神奈川県生まれ。神奈川大学工学部建築学科卒業後、品川職業技術訓練校木工科卒業。'98年スタンダードトレード設立。'06年玉川ショップオープン。'18年山手ショップオープン

住宅の高さ寸法攻略マニュアル
最新版

2021年4月13日　初版第1刷発行

発行者　澤井聖一

発行所　株式会社エクスナレッジ
〒106-0032
東京都港区六本木7-2-26
https://www.xknowledge.co.jp/

問合せ先
●編集部　TEL：03-3403-1381
FAX：03-3403-1345
info@xknowledge.co.jp
●販売部　TEL：03-3403-1321
FAX：03-3403-1829